Philological and Historical Commentary
on Ammianus Marcellinus XVI

Philological and Historical Commentary on Ammianus Marcellinus XVI

by

Dr. P. de Jonge

Groningen
Bouma's Boekhuis n.v. Publishers
1972

ISBN 90 6088 035 8

© Copyright 1972 by Bouma's Boekhuis n.v. Groningen, Netherlands.
All rights reserved. No part of this book may be reproduced
or translated in any form, by print, photoprint, microfilm
or any other means without written permission from
the publisher.

printed in the Netherlands.

D. M. Parentum
Uxori Piae

Preface

This Commentary is the fifth in a series on Ammianus Marcellinus of which the first on Book XIV, 1–7 was published in 1935 and the fourth and last on Book XV, 6–13 in 1953.

It is based on the same principles: if offers detailed exposition of the text on linguistic, historical, metric and stylistic grounds, and places Ammianus Marcellinus within the framework of his time by continuous comparison with contemporary literature, profane as well as religious. It is based on the text of the Clark edition, which has not been significantly improved by either Galletier-Fontaine or Seyfarth in their editions already published or now appearing.

Many studies in Ammianus Marcellinus have been published since 1953 and account of them has been taken in the Commentary.

Finally it is my opinion that Gelenius is not to be neglected and that we must be careful with corrections made by Cornelissen, Brakman and Damsté because their attitude was too classicist. I am highly obliged to the Governors and Officials of the Buma-library at Leeuwarden and the Universitylibrary at Groningen.

Hengelo, 1971.

Short bibliography:

Please refer also to the bibliographies, of my Commentaries on Book XIV and XV. Titles marked with * have detailed bibliographies.

G. Alföldi, Fasti Hispanienses, Wiesbaden, 1969.

A. Alföldi, Die monarchische Repräsentation im römischen Kaiserreiche, Darmstadt, 1970.

J. Bayet, Littérature latine, nouvelle éd. revue et mise à jour avec la collaboration de L. Nougaret, Paris, 1965.

W. den Boer, Caesar Flavius Claudius Constantius (Gallus), Tijdschr. v. Gesch., 62, 1949, p. 161 sq.

W. den Boer, The Emperor Silvanus and his army, Acta Classica, I, 1., 1960, p. 105 sq.

M. Braun, Griech. Roman u. Hellenistische Gesch. schr., Frankf. Stud. z. Relig. u. Kult. der Antike, Frankf. a. m., 1934.

* M. F. A. Brok, De Perzische expeditie van Keizer Julianus volgens Amm. Marc., Groningen, 1959.

A. Büttner, Unters. über Ursprung und Entwicklung von Auszeichnungen im Röm. Heer, Bonner Jahrb. CLVII, 1957.

A. D. E. Cameron, An alleged fragment of Eunapius, Class. Quart., XIII, 1963, p. 232 sq.

Averil M. Cameron, Agathias and Cedrenus on Julian, Journ. of Rom. Stud., LIII, 1963, p. 91 sq.

A. D. E. Cameron, Litterary Allusions in the Historia Augusta, Hermes, 92.3, 1964, p. 363 sq.

Alan Cameron, The Roman friends of Amm., Journ. of Rom. Stud., LIV, 1964, p. 15 sq.

A. Cameron, Christianity and tradition in the historiography of the late Empire, C.Q., LVIII, 1964.

Averil and Alan Cameron, Christianity and tradition in the historiography of the late Empire, Class. Quart., XIV, 1964, p. 316 sq.

Averil Cameron, Agathias, Oxford, 1970.

* Alan Cameron, Claudian, Oxford, 1970.

P. Courcelle, Les lettres grecques en Occident, Paris 1948².

P. Courcelle, Histoire littéraire des grandes invasions germaniques, Paris, 1964.

E. Delaruelle, La connaissance du grec en Occident du Ve au IXe Siècle, Mél. Soc. Toul. d'ét. class. I, 1946.

A. Demandt, Zeitkritik u. Gesch. bild im Werk Ammians, Bonn, 1965.

L. Dillemann, Amm. Marc. et les pays de l'Euphrate et du Tigre, Syria 38, 1961, p. 87–158.

S. d'Elia, Amm. Marc. ed il cristianesimo, Studi Romani X, 1962.

W. Enszlin, Zum Heermeisteramt des spätrömischen Reiches, Klio 23, 1930, p. 306–325 (addition to Book XIV, 1–7, p. 26).

W. Enszlin, Gottkaiser u. Kaiser v. Gottes Gnaden, Sitz. Ber. d. Bayer. Akad. d. Wiss., Phil.-Hist. Abt. 1943, 6.

W. Enszlin, Theoderich d. Gr., München, 1959².

A. Erman, Die Obeliskenübersetzung des Hermapion, Sitz. Ber. Berl. Akad. 1924, p. 245–273.

Eugippius, Vita S. Severini, edit. P. Becker, Münster.

Expositio totius mundi et gentium, edit. J. Rougé, Paris, 1966.

* A.-J. Festugière, Antioche païenne et chrétienne, Paris, 1959.

G. B. A. Fletcher, Ammianea, Am. J. of Philol. 58, 1937, p. 392–402.

J. Fontaine, Isidore de Séville et la culture classique dans l'Espagne wisigothique I, Paris, 1959.

A. J. Friedl, Die Homerinterpretation des Neuplatonikers Proklos, Diss. Würzburg, 1934.

E. Galletier–J. Fontaine, Amm. Marc., Histoire, Tome I, 1968, Paris (Budé).

H. Gärtner, Einige Überlegungen zur Kaiserzeitlichen Panegyrik und zu Ammians Charakteristik des Kaisers Julian, Akad. d. Wiss. u. der Lit., Abh. d. Geisteswiss. u. Soz. w. Kl., 1968, 10, Mainz.

H. Gärtner, Zu Amm. Marc., Hermes, Okt. 1969, p. 362 sq.

J. N. Garvin, The vitae s. patrum Emeretensium, Washington D.C. 1946.

J. Gaudemet, La formation du droit séculier et du droit de l'Eglise au IVe et Ve siècles, Paris, 1957.

J. J. Hatt, Histoire de la Gaule romaine, Paris, 1959.

J. J. Hatt, J. Schwartz, Le champ de bataille de Oberhausbergen (357–1262), Bull. de la faculté des Lettres de Strasbourg, Nov. 1963, p. 427 sq.

R. J. H. Jenkins, Social Life in the Byz. Empire, The Cambridge Medieval History, IV, 2., 1967, p. 79 sq.

U. Keudel, Poetische Vorläufer u. Vorbilder in Claudians De consulatu Stilichonis, Imitationskommentar, Göttingen, 1970.

* H. P. Kohns, Versorgungskrisen u. Hungerrevolten im spätantiken Rom., Bonn, 1961.

S. Lancel, "Curiositas" et préoccupations spirituelles chez Apulée R. H. R., CLX, 1961.

P. Langen, Beiträge zur Kritik und Erklärung des Amm. Marc., Philol. 29, 1870, p. 469–487 (correction; cf. Book XIV, 1–7. p. 13).

idem, Zu Amm. Marc., ibid., p. 335–336. (correction; cf. Book XIV p. 13).

D. Levi, Antioch Mosaic Pavements, Princeton, 1947.

A. Loyen, Sidoine Apollinaire et l'esprit précieux en Gaule aux derniers jours de l'Empire, Paris 1943.

O. J. Maenchen-Helfen, The date of Amm. Marc. last books, A. J. Phil., LXXVI, 1955, p. 384 sq.

R. Mac Mullen, "The Emperor's Largesses", Latomus XXI, 1962, p. 159 sq.

R. Mac Mullen, "Roman Bureaucratese", Traditio XVIII, 1962, p. 364 sq.

R. Mac Mullen, "Some pictures in Amm. Marc.", The Art Bulletin XLVI, 1964, p. 435 sq.

R. Mac Mullen, Imperial Bureaucrats in the Roman Provinces, Harvard Stud. in Class. Philol. LXVIII, 1964, p. 305 sq.

R. Mac Mullen, The Celtic Renaissance, Historia XIV, 1965, fasc. I.

R. Mac Mullen, Soldier and Civilian in the later Roman Empire, Cambridge, 1963.

F. Martroye, La répression de la magie et le culte des gentils au IVe siècle, Rev. hist. de droit français et étranger, 1930, p. 669 sq.

E. Massonneau, Le crime de magie et le droit romain, Paris, 1933.

J. Maurice, La terreur de la magie au IVe siècle, Revue hist. de droit français et étranger, 1927, p. 108 sq.

E. L. B. Meurig Davies, Adnot. ad Amm. Marc.: 1. Eranos XLVI, p. 158 sq. 2. Eranos XLVIII, p. 128 sq. 3. Classica et Mediaevalia, X, 2., 1949, p. 182 sq. 4. Epist. ad auct. P. d. J. d. d. 12.1., 1949.

E. L. B. Meurig Davies, Elephant Tactics, Class. Quart., 45, 1951, p. 98 sq.

E. L. B. Meurig Davies, Notes sur l'établissement du texte d'Ammien Marcellin, Revue des études latines XXVI, 1948, p. 102-104 and ibid. XXVIII, 1950, p. 88-93.

* C. P. T. Naudé, Amm. Marc. in die lig van die antieke geskiedskrijwing, 1956, Leiden.

C. P. T. Naudé, Battles and sieges in Amm. Marc., Acta classica, I, 1958, p. 92 sq.

C. P. T. Naudé, Fortuna in Amm. Marc., Acta classica, VII, 1964, p. 70 sq.

K. Niemeyer, Zu Amm. Marc., Neue Jahrb. f. Philol. u. Pädagogik, 155, 1897, p. 119-125.

E. von Nischer, Die Schlacht bei Straszburg im Jahre 357 n. Chr., Klio 21, 1927, p. 391 sq.

R. Noll, Eugippius, das Leben des heiligen Severin, 1963.

R. Novák, Kritische Nachlesen zu Amm. Marc., Wiener Studien, 33, 1911, p. 293 sq.

H. Pernot, Études sur la langue des Évangiles, Paris, 1927.

* P. Petit, Libanios et la vie municipale à Antioche au IVe siècle après J. – Chr., Paris, 1955.

P. Petit, Les étudiants de Libanios, Paris, 1957.

G. B. Pighi, La dichiarazione Cesarea di Gíuliano, Aevum, fasc. 2-3, 1934, p. 489 sq.

* G. B. Pighi, Nuovi Studi Ammianei, Milano, 1936.

G. B. Pighi, I discorsi nelle storie di Amm. Marc., Milano, 1936.

H. T. Rowell, Amm. Marc., Soldier – Historian of the late Empire, Lectures in Memory of Louise Taft Semple, 1st series 1961/1965, Princeton, 1967.

* L. Rydbeck, Fachprosa, vermeintliche Volkssprache und neues Testament, Uppsala, 1967.

E. Sander, Die Kleidung der röm. Soldaten, Historia XII, 1963.

A. Schäfer, Römer und Germanen bei Salvian, Breslau, 1930.

H. J. Scheltema, Byzantine Law, The Cambridge Medieval History, IV, 2., 1967, p. 55 sq.

W. Seyfarth, Der Codex Fuldensis und der Codex E des Amm. Marc., Abh. der Deutschen Akad. d. Wiss., Klasse f. Spr. Litt. u. Kunst, 1962, 2, Berlin.

W. Seyfarth, Ein Handstreich persischer Bogenschützen auf Antiochia, Klio 40, 1962, p. 60 sq.

W. Seyfarth, Philol. Probleme um Amm. Marc., Klio 48, 1967, p. 213 sq.

C. di Spigno, Limiti e pregí della storiografia di Amm. Marc., Atti della Acad. Naz. dei Lincei, 1950, Serie VIII, vol. V., p. 387 sq.

C. di Spigno, Aspetti e problemi della storia degli studi ammianei, Helikon 3, 1963, p. 524 sq.

* H. Stern, Le calendrier de 354, Paris, 1953.

J. C. Straub, Die christliche Geschichtsapologetik in der Krisis des römischen Heeres, Historia I, 1950.

K. F. Stroheker, Eurich, König der Westgoten, Stuttgart, 1937.

K. F. Stroheker, Der senatorische Adel im spätant. Gallien, Tübingen, 1948.

K. F. Stroheker, Germanentum und Spätantike, Zürich, (Artemis), 1965.

L. J. Swift and J. H. Oliver, "Constantius II on Flavius Philippus", American Journal of Philol., LXXXIII, 1962.

* R. Syme, Amm. and the Historia Augusta, Oxford, 1968.

D. Tabachovitz, Eranos 44, 1946, p. 301–305.

idem, Museum Helveticum 3, 1946, p. 144–179.

idem, Eranos 53, 1955, p. 76–78.

E. A. Thompson, Ammianus' account of Gallus Caesar, A. J. Ph., 1943, p. 302–315.

E. A. Thompson, The historical work of Amm. Marc., Cambridge, 1947. (repr. Groningen, 1969).

K. Thraede, Grundzüge griech.-römischer Brieftopik, München, 1970.

H. Tränkle, "Amm. Marc. als römischer Geschichtsschreiber", Antike u. Abendland, XI, 1962, p. 21 sq.

L. Valensi, Quelques réflexions sur le pouvoir impérial d'après Amm. Marc., Bull. Assoc. G. Budé, Suppl. 16, 1957, p. 62 sq.

* J. Vogt, Constantin der Grosze², München, 1960.

J. Vogt, "Amm. Marc. als erzählender Geschichtsschreiber der Spätzeit", Mainzer Akad., 1963, Abh. 8, p. 801 sq.

* J. Vogt, The decline of Rome, London, 1967.

K. Voigt, Staat u. Kirche von Konstantin d. Gr. bis zum Ende der Karolinger zeit, Stuttgart, 1936.

N. Wagner, Getica. Unters. z. Leben des Jordanes u. z. frühen Gesch. d. Goten, Brl., 1967. (Quellen u. Forsch. z. Sprach – u. Kulturgesch. d. Germ. Völker. n. F. 22).

Otto Weinreich, Der griechische Liebesroman, Zürich, 1962.

M. A. Wes, Das Ende des Kaisertums im Westen des Römischen Reichs, Arch. Stud. v. h. Nederl. Hist. Inst. te Rome, II, 1967.

M. Wheeler, Les influences romaines au–delà des frontières impériales (trad. M. Thomas), Paris, 1960.

* J. J. Wilkes, Dalmatia, London, 1969.

H. F. Wolf, Argumentationen, Festschr. J. König, Göttingen, 1964, p. 94 sq.

H. Zilliacus, Zur Abundanz d. spätgr. Gebrauchssprache, Helsinki, 1967.

Pighi gives the following classification of book XVI:

		(A.M. rer. gest. cap. sel., 1948, p.XXV)	
I	1, 1–5	**prooemium de Juliani bellis**	
	1–5	in Gallia Juliano caes. (b. Germ. I)	*kal. ian. 356–*
			hiem. 356/7
	5	**de Juliani virtutibus**	
II	6–8	in Occidente Constantio aug.	*hiem. 356/7*
	7, 4–10	de Eutherio aliisque probis eunuchis	
	8, 10–13	**de delatoribus**	
III	9	in Oriente Constantio aug.	*355–356*
IV	10	in Occidente Orfito praef. Urbi II	*apr.–mai.356*
		Constantii aug. Romam adventus	
V	11–12	in Gallia Juliano caes. (b. Germ. II);	*357*
	11, 2–7	Constantii aug. b. Alam. IV;	*357*
	12, 15–17	Constantii aug. b. Alam. III;	*356*
	12, 67–70	Constantius aug. Sirmii	*aest. aut. 357*
	⎰12, 9–12 et	**orationes Juliani caes. ad milites**	*aug. 357*
	⎱30–33 et 41		
	12, 24–25	**de quibusdam Germanorum ducibus**	

Note 1. Digressiones and orationes are indicated by underlining.
Note 2. B. Alam. I: XIV 10
B. Alam. II: XV 4

I, 1 fatorum ordine contexto versante

p.71.1 *a* The combination of **fatorum** and **orbis Romanus,** as of **fortuna** and **orbis R.** in 25.9.7: Tu hoc loco – Fortuna orbis Romani – merito incusaris.
b Cf. ad 14.1.1 (p.1.4) CI.
c for **fata** cf. Stat. Silvae edit. Vollmer p. 331. For the combination of **ordo** and **fatum** cf. Stat. Theb. II edit. H. M. Mulder (1954) p. 130 ad v. 168–169:

     Vobis hic sanguis et aulae
  cura meae longo promittitur ordine fati.

According to Mulder, who points to Achill. 80–82:

   "ne pete Dardaniam frustra, Theti, mergere classem;
   fata vetant: ratus **ordo** deis miscere cruentas
   Europamque Asiamque manus...."

"Achilleidos locus vocabula **fata** et **ordo** inter se varians verbis **longo ordine fati** aeternam fato destinatam eventuum seriem indicari demonstrat".
Cf. et. ad 15.3.3; 15.5.1 (CIII): Herz, Analecta etc. p. 11. The information given above under **a** and **c** are arguments against the version **factorum.**
d For the **personificatio** cf. Blomgren p. 83 sq.
e **contexto.** As seen frequently: joined together, unbroken.

p.71.2 **apud Viennam.** For V. cf. ad 15.8.21, 15.11.14 in Comm. IV. **apud** cf. ad 15.3.7 (p.43. 1–2) CIII.
in collegium fastorum a consule octiens Augusto adscitus.
a Lindenbr. ad h.l.: "Vocat .. Amm. **collegium fastorum,** collegium consulum, quorum nomina fastis inserebantur, unde etiam fasti Consulares appellantur." Cf. 23.1.1: adscito in collegium trabeae Sallustio praefecto per Gallias; 30.3.1: Secuto post haec anno Gratiano adscito in trabeae societatem ..; 25.10.11: adhibito in societatem trabeae Varroniano filio suo ...
b **a consule octiens Augusto.** Anno 356. Cf. Seeck, Regesten p. 45/46 and p. 202; 15.10.1: Constantius consulatu suo septies et Caesaris iterum ...
c **consule.** Cf. Willems Dr. p. Rom.[6] p. 572: Le consulat est encore considéré comme la plus haute dignité de l'Empire; mais les fonctions consulaires sont réduites à la présidence du sénat de la capitale (Rome et Constantinople), et à certains actes de juridiction gracieuse, par exemple, la manumissio et la tutoris datio.
Les deux consuls ordinaires sont nommés par l'empereur; et leurs noms sont publiés dans tout l'Empire pour servir de désignation à l'année. Leur entrée en charge se fait avec grande solennité, cortège (processus consu-

laris), jeux donnés au peuple, distributions d'or, de diptyques, généralement en ivoire, et d'autres largesses, missilia, etc. Depuis la division de
l'Empire, il y a tantôt un consul d'Occident à Rome et un consul d'Orient
à Constantinople, tantôt deux consuls soit en Occident soit en Orient.
Les consuls ordinaires déposent les faisceaux le 21 April, et sont succédés
par des consules suffecti. Le nombre des colléges de consuls suffecti par
année est inconnu. Ils sont nommés par le sénat le 9 janvier, et leur élection
est ratifiée par l'empereur." (With lit.).
For information on the **office of consul held by the emperor,** as well as on
the further history of the consulate, cf. L. Bréhier, Le monde Byzantin
(1949), Les Instit. etc. p. 104 sq.

urguente genuino vigore "innato sibi et proprio" (Wagner). **Vigor** often   p.71.3
with eccles. as well as in the juridicial litterature. Generally non-classic,
except with Livius. Cf. Krebs Antib. II p. 740; Heumann-Seckel[9] p. 624;
Souter, p. 443.
25.3.8: eo vigore ... quo Epaminondas ... quaerebat "Mit grosser Vor-
liebe gebraucht A .. die einen Zustand, Klang oder eine Gemütsstimmung
bezeichnenden Verbalia auf – or, jedoch ohne wesentliche Abweichung von
dem Gebrauche der Dichter u. Autoren der silbernen Latinität". (Liesenberg, 1888, p. 24.)
pugnarum fragores ... somniabat.
a   **fragores.** Cf. 14.8.5: orientis vero limes ... dextra pelagi fragoribus
patens; Souter p. 153; ad 16.1.1: vigore; Val. Flac. 3.218: armorum fr.;
6.753: belli fr.
b   **somniabat.** Although with the accus. also classical, the entire expression
gives a poetical impression. In the use of ordinary words and constructions
in extraordinary combinations lies **part** of his artistic originality.

provinciae fragmenta. Cf. Luc. Phars. 9.29:   p.71.4
... totae post Magni funera partes.
Libertatis erant. Quas ne per litora fusas.
Colligeret rapido victoria Caesaris actu,
Corcyrae secreta petit (Cato sc.), ac mille carinis,
Abstulit Emathiae secum **fragmenta** ruinae
The expression is unusual and non-classical. Cf. Krebs Antib. I p. 607;
Souter p. 153; ad I, 1 (somniabat). Class. use 24.2.17: fragmentis montium
et missilibus repulsus.
si adfuisset <fortuna> flatu tamen secundo

3

p.71.4-5 **flatus** here: favouring by fate, luck. Therefore the insertion of **fortuna** (Clark) seems to me to be incorrect. Subject is: Julianus; **adfuisset** is coniunct. orat. obl. (= fut. exact. orat. rect.) Cf. et. ad 14.6.22 (I) and 15.10.4 (IV); 19.6.1; Cic. de off. 11.6.19.

I, 2   **res magnae quas ... correxit.** Cf. 25.4.25:
p.71.5-6 quae omnia ... cuncta paene mira dictu celeritate correxit; 30.7.7: quaeque per se vel duces correxit industrios;
a   Wagner ad h.l.: "Amm. enim Graecum κατορθοῦν in animo habuit, quod est recte atque feliciter aliquid agere". Cf. Schickinger op. cit. I.
b   Please note the frequent **alliteration** in this period. Cf. ad 15.2.4 (p. 40.7) III and Blomgren p. 130.

p.71.7 **serie progrediente. Series** does not mean here: rerum series (= εἱμαρμενη; cf. Gellius N.A. 7.2), but: context.
a   Cf. Souter p.375; Stat. (edit. Vollmer) Silvae p.254; Krebs Antib. II p.566; Liesenberg (1888) for the substantiva ending in -i(e)s.
b   for the **introductory formula** cf. ad 15.11.16 (p. 67.10-12) IV
c   **progrediente.** Cf. 18.4.7: quos (motus sc.) docebit orationis progrediens textus. With **variatio** ad 15.1.1 (p. 38.3) III.

p.71.7-8 **instrumenta omnia mediocris ingenii (si suffecerint) commoturus**

a   Literal meaning: 14.6.18: histrionici gestus instrumenta non levia. For substantiva ending in – mentum cf. Liesenberg (1888) p. 8 sq.
b   Translation: to use every aid of my meagre talent, if at least this should suffice. Cf. Plautus Pseud. 109 sq:
>Scis tu quidem hercle, mea si commovi sacra,
>quo pacto et quantas soleam turbellas dare.

Verg. Aen. 4. 301:
>bacchatur: qualis commotis excita sacris Thyias

(Val. Flacc. 3.232; 3.540).
A similar development of the meaning of **commovere.** Cod. Theod. 6.30.1: sine ullo metu judiciariae commotionis (= without any fear of the demeanour of a provincial governor). **Gothofr.** is not very clear here, while in my opinion Heumann-Seckel translates **iudex** incorrectly. The translation by Pharr, The Theodosian Code (1952) is not right either.
c   **commoturus** Cf. ad 14.6.2 (p. 12. 17-18) I.
d   **si suffecerint** = si modo with coniunct. potentialis. Cf. Hofm. Leum. p. 773 sq., p. 782. The fact that coniunct. perf. and fut. II are confused in

later Latin, should always be taken into account. Cf. Grandgent 119, 124.
e Cf. Cic. ad Q. fr. I. 1.13.38; Michael op. cit. I. p. 41 (with more places); 23.4.1: quantum mediocre potest ingenium.

I, 3

a **quidquid ... pertinebit.** Excellent translation, as often, **Büchele:** "Frei- p.71.8-10
lich wird meine ganze Erzählung, obschon kein lügenhafter Witz dieselbe schmückt, sondern unverfälschte, auf augenscheinliche Belege gestützte, Glaubwürdigkeit Alles in vollständigem Zusammenhange gibt, fast in die Classe der Lobreden zu rechnen sein." Another example of the many periods of Amm., which can be better paraphrased than translated. Cf. et. ad 15.7.4 (p. 56.23) IV.
b For the **personificatio:** falsitas concinnat .. fides absolvit cf. Blomgren p. 83 sq.; 22.11.4: ut oraculorum quoque loquitur fides; 24.2.16: sed fides recepta scriptorum veterum recens factum defendit; 22.16.13: et loquitur monumentorum veterum concinens fides; etc.
c Cf. ad 16.1.2 (p. 71.5–6) **b.**

a **falsitas arguta.** Cf. 15.5.12: ex libidine consarcinatae falsitatis adscripta p.71.9
(= falsification; cf. ad 15.5.12 p. 50.2 III); 29.1.43: constrictus etiam Diogenes laqueis impiae falsitatis (= malice, meanness). Late Latin. Cf. Krebs Antib. I p. 577; Souter p. 144; Liesenberg (1888) p. 18 seq. for the subst. ending in -as.
b **arguta** = subtle, astute. Cf. Cod. Theod. 9.17.6: fallax et arguta sollertia; Veget. epit. r.m. 3.6: Dux cum agmine exercitus profecturus fidelissimos argutissimosque cum equis probatissimis mittat .. (in a favourable meaning); Horat. Sat. 1.10.40; Ep. 1.14.42. = callidus, astutus.
concinnat = To hold out (false) promises, to devise. Cf. Cod. Just. 1.7.3: quoniam quidem eos, qui fidem quam deo dicaverant polluerunt et prodentes divinum mysterium in profana migraverunt, tueri ea quae sunt commenticia et concinnata non possunt. Often found with Cato, Plautus. Furthermore with Varro, Apul., Petr., Seneca and others. Archaism or vulgarism? Cf. et. Souter p. 68. This meaning (= fingo) only known to me from Amm. (here) and Cod. Just. (above).
fides integra rerum absolvit = absolvo, perficio, integram, veram narrationem rerum gestarum cui confidi potest. For the varying meanings of **fides** cf. et. Krebs Antib. I p. 589.

a **ad laudativam ... materiam** = ad genus (orationum) laudativum. p.71.10
Several times with Quint., also in conjunction with **materia,** who also uses

the subst. laudativa = laudatio (eulogy). Furthermore Schol. Bob., Prisc. and Donatus, who uses the adverbium: **laudative.** Cf. Georges 1. p. 586; Souter p. 228. Probably a result of his reading of Quint. Extremely rare word. Cf. et. Liesenberg (1888) p. 32 (for adjectiva ending in -ivus).

b As so often, Amm. gives here more proof of his knowledge of rhetoric. Cf. Enßlin, Klio XVI (1923) p. 35 sq.; for his knowledge of Cicero's rhetorical writings: Michael op. cit. I p. 14.

I, 4

p. 71.10–12   **videtur ... supremum.** Cf. ad I. 3 (p. 71.8–10) b. lex quaedam vitae melioris = lex quaedam quae dabat praecepta ad agendam vitam meliorem. Has Amm. been influenced here by Christian (or related) terminology? Cf. W. Bauer, Wörterbuch z. N.T.² p. 856–857; Cypr. unit. eccl. 26.

p. 71.11   **a nobilibus cunis** = a nobili origine. Very far-fetched expression and in this connection not otherwise known to me.

Elsewhere with variation **incunabulum**: cf. 31.2.4: pruinas famem sitimque per ⟨ferre⟩ ab incunabulis adsuescunt. Cf. et. Arch. L.L.G. IX, 59.

p. 71.12   **incrementis.** Cf. 14.6.3: Roma ut augeretur sublimibus incrementis; 14.11.26: incrementorum detrimentorumque momenta versans; 28.6.5: ante incrementa malorum; Liesenberg (1888) p. 8 sq. (for the substant. ending in -mentum).

p. 71.13   **domi forisque** = domi militiaeque. The latter expression more usual. The former probably the result of reading Cicero or Livius, particularly because **foras** and **foris** are interchanged in late Latin: cf. Bonnet op. cit. I p. 579; Roensch It. p. 340.

conluxit. From **collucesco** perfectum. Late Latin. The metaphorical meaning is rare. Cf. Souter p. 59.

p. 71.13–p. 72.1   **ut prudentia ... mores.** The preceding emperors (as well as illustrious Greek kings and heroes) often serve as examples, as "royal mirrors"; in this way it is possible in these times of the **dominate** to criticise indirectly under the guise of "laudatio temporis acti". Cf. 15.1.3 (of Constantius): is qui ad aemulationem **civilium principum** formare vitam moresque suos, ut praedicabat, diligentia elaborabat enixa; Hist. Aug. Claud. 2: in quo Traiani virtus, Antonini pietas, Augusti moderatio et magnorum principum bona sic fuerunt, ut non ille ab aliis exemplum caperet, sed, etiamsi illi non fuissent, his ceteris reliquisset exemplum; Ibid. Sev. Alex. 30: legit et vitam Alexandri (Alexander the Great), quem praecipue imitatus est, etsi in eo condemnabat ebrietatem et crudelitatem in amicos, quamvis utrumque defendatur a bonis scriptoribus, quibus saepius ille credebat; ibid. Carac. 2: sive quod se Alexandro Magno Macedoni aequandum putabat ... Alexandrum Magnum eiusque gesta in ore semper habuit. Tiberium et Sullam (a peculiar combination!) in conventu plerumque laudavit; ibid. Pesc. Nig. 11: ... Marium ante oculos habentem et duces tales. Nec alias fabulas unquam habuit nisi de Hannibale ceterisque talibus ... "Scribe laudes Marii vel Hannibalis..." ...; Julianus Epist. ad Themist. phil. 253 A–B: καὶ μοι πάλαι μὲν οἰομένῳ πρός τε τὸν Ἀλέξανδρον καὶ τὸν Μάρκον, καὶ εἴ τις ἄλλος γέγονεν ἀρετῇ διαφέρων, εἶναι τὴν ἅμιλλαν κ.τ.λ.; (and for the ethical nature of these themes) Seneca Epist. 11 ad Luc. in fine (Lindenbr.).

Vespasiani filius Titus. p.71.13

a **Vespasiani filius** del. Wagner. Clark keeps the 2 words in the text, correctly so, in my view. Although Amm. is quite well-educated (as well as his readers, probably) it should be borne in mind that Titus had already died some 300 years previously and that after his death until Ammianus' historiography much had happened and changed, so that even for historically well-grounded readers such an addition need not appear schoolmasterish.

b **Titus** Flavius Vespasianus 79–81 A.D.
Titus Flavius **Vespasianus** 69–79 A.D.

Traiani = M. Ulpius Traianus 98–117 A.D. p.71.14

Antoninus = Imp. T. Aelius Caesar Antoninus (after the adoption by Hadrianus). 138–161 A.D. p.71.14-15

rectae perfectaeque rationis indagine. Wagner: h. e. philosophiae studio. p.71.15

a For the abundantia **rectae perfectaeque,** also rhyming and alliterating, cf. Hagendahl abund. op. cit. I p. 173 sq.

b **indagine.** cf. ad 15.5.30 (p. 53. 21–22) III; and 28.6.18; 22.4.1: non ut philosophus veritatis indagandae professor.

c In my opinion the first 3 words mean: recte perfecteque vivendi rationis. The meaning of: **doctrine, system, philosophy,** also frequent in classical Latin, particularly with Cicero. **Ratio** also connected with **rectus:** Firm. Matern. V. 5.5.: ... et reddit tales qui omnia rectis soleant consiliorum rationibus invenire.

7

Marco = M. Aelius Aurelius Verus (after the adoption by Antoninus Pius). 161–180 A.D.

I, 5

p. 72. 1 **(ut Tulliana docet auctoritas' "omnium magnarum artium sicut arborum altitudo nos delectat, radices stirpesque non item".** Literally from Cic. Orat. 43.147. (Cf. et. de orat. 3.46).

p. 72.4 **rudimenta.** Cf. 22.5.1: a rudimentis pueritiae primis; 22.5.1: inter ipsa rudimenta iuventae.
obnubilantibus. Cf. 27.6.15: qui virtutem eius etiam tum instabilem obnubilarunt actibus pravis. Gell. Apul. **Aug.** The **latter** also has: **obnubilatio.** A flower from Gellius (I.2)? Cf. ad 16.12.70, p. 103. 10–11.

p. 72.5 **multis et miris.** Clausula I, with alliteration and rhyme.

p. 72.4–5 **quae anteferri ... deberent.** For the **modus** cf. Cic. Epist. ad fam. 3.11.3: unum, quod te ab ipsa re publica defensum scribis, quae quidem etiam in summa bonorum et fortium civium copia tueri tales viros **deberet** etc.

p. 72.5–6 **primaevus.** Cf. ad 15.8.12 (p. 59. 25) IV; Norden Aen. (op. cit. I) p. 177.

p. 72.6–7 **ut Erechtheus in secessu Minervae nutritus ex academiae quietis umbraculis non e militari tabernaculo in pulverem Martium tractus**
a Although the history of **Erechtheus** was, of course, well known to the Greek-speaking Amm. from Greek sources, it is remarkable that in **Cicero,** whom Amm. knows quite well, **Erechtheus** is mentioned more often. Cf. Tusc. I. 48.116; de deor. nat. III. 19.49; de fin. V. 22.62; pr. Sest. 21.48.
For the history of Erechtheus cf. et. Paus. 1.24.7; Herod. 8.41; Aristoph. Lys. 758 sq. + schol.; Eur. Ion 20 sq.; Apoll. Bibl. 3.14.6; 3.14.8; Serv. Georg. 3.113; Murray Fowler, The birth of Erich. Class. Phil. 36 (1943) 28–32; H. Hunger, Lex. der Gr. u. Röm. Myth. (1953) p. 99 sq.
b For the comparison and metaphor cf: De orat. I. 34.157: Educenda deinde dictio est ex hac domestica exercitatione et umbratili medium in agmen, in pulverem, in clamorem, in castra atque aciem forensem; Brutus 9: Phalereus ... Processerat enim in solem et pulverem, non ut e militari tabernaculo, sed ut e Theophrasti, doctissimi hominis, umbraculis; (Orat. 19.64: Mollis est enim oratio philosophorum et umbratilis etc.); de leg. 3.6: Post a Theophrasto Phalereus ille Demetrius ... mirabiliter

doctrinam ex umbraculis eruditorum otioque non modo in solem atque in pulverem sed in ipsum discrimen aciemque produxit.

c **secessu.** Cf. 17.2.1: Caesare in Alamannorum secessibus occupato; 17.7.11: quod in ultimis eius secessibus occupantur (sc. venti).

d **Martium.** Adjective occurring particularly with poets. Here probably poetism. Cf. Ovid. Trist. 2.282:

>Martia cur durum sternit harena solum!

Mart. 2.75.8:

>Martia non vidit maius harena nefas.

a **rigentis Rheni meatibus.** Cf. 25.4.13: militem Gallicanum, pruinis adsuetum et Rheno.   p.72.8
Clausula IV and alliteration.

b **meatus.** Cf. 23.6.65: hanc ... planitiem ... flumina ... lentiore meatu percurrunt; 25.8.2: quidam diversa in necessitatis abrupto versantes, undarum occursantium fluctus obliquis meatibus penetrabant (not an ablat. qualitatis!); 28.2.2: meatum ipsum (fluvii) aliorsum vertere cogitavit; 30.6.5: arefactis ideo membris, quod meatus aliqui (quos haemorrhoidas nunc appellamus) obserati sunt gelidis frigoribus concrustati (here = vein, for more meanings in Late Latin cf. Souter p. 246).

c **pacatis...meatibus. Souter** here translates **meatibus** by region; this is not correct, for we see here another example of personification, well-loved by Amm. Personification of **rivers** cf. Blomgren op. cit. II p.94.

a **cruenta spirantium regum.** Cf. ad 14.9.6 (p. 27. 7–8) II. Cf. et. 22.3.12:   p.72.8-9
alte spirantem addixere et dirum poenae letali; 22.8.18: altiora spirabant; 31.7.2: vesanum adhuc spirantibus barbaris.

b **cruentus.** For adjectives ending in -entus cf. Blomgren p. 120; Liesenberg (1888) p.28.

c Of indirect importance for the use of **cruentus** is the annotation by H. Heuvel ad Stat. Theb. I. 408.

II, 1

a **apud oppidum ante dictum. Vienna** is meant here. Cf. ad 15.8.21 (p.61.17)   p.72.10
IV.

b **ante dictum.** Cf. 16.12.21: cumque ita ut ante dictus docuerat perfuga; 29.5.23: quos <ne> scientes forsitan admonemus, hanc cohortem et facto et exemplo adversam ante dictis ... Georges quotes **Scribonius Largus** (± 48 A.D.). Cf. et. P.W. Hoogterp, Les vies des pères du Jura (1935) p. 33, p.63 (with quoted litt.).

9

p.72.11 **volitabant.** Cf. 22.15.19: trochilus avicula brevis ... circa cubantem feram volitans blande; 29.5.25: iam tela reciprocantes volitantia grandinis ritu; 31.15.11: ut ... emitterentur arcu sagittae, quae volitantes vires integras reservabant; 31.7.13 ritu grandinis undique volitantibus telis (repetition of the same expression!); 20.11.17: telisque igniferis, quae per tegumenta turrium volitantia ..; 22.13.3: volitantes scintillae adhaesere materiis vetustissimis ..; 26.1.1: individua illa corpuscula, volitantia per inane, ἀτόμουσ ut nos appellamus, numerari posse sperabit; 18.6.3: credimus ... per aerios tramites famam praepetem volitare ..; 25.8.13: fama praegrediens .. per provincias volitabat et gentes; 30.4.8: violenta et rapacissima genera hominum per fora omnia volitantium; 25.3.5: verum principe volitante inter prima discrimina proeliorum ...; Liesenberg (1889) p. 5.
Augustuduni. Cf. ad 15.11.11 (p. 65.21) IV.

p.72.12 **spatiosi ... ambitus.** Cf. 17.7.13: ut in Atlantico mari Europaeo orbe spati<osi>or insula. Generally post-classical, meaning: magnus, amplus, and increasingly used in later Latin. (Remarkable is the frequent use of **amplus** in connection with **spatium.** Blomgren p. 171 quotes: 31.4.8; 17.13.22; 31.3.3; 17.12.3; 22.8.12; 14.6.16; 14.7.16; 24.3.12; 27.2.5.)
b **ambitus.** Cf. 19.2.3: Persae omnes murorum ambitus obsidebant; 22.16.7: architecti sollertia Dinocratis, qui cum am <pla moenia fundaret et pulchra, paenuria calcis ad> momentum parum repertae, omnes ambitus liniales farina respersit; 22.16.15: Sed Alexandria ipsa non sensim (ut aliae urbes) sed inter initia prima aucta per spatiosos ambitus; 24.6.13: et timens ne intra moenium ambitus rapidus miles inconsulte repertus ...; 14.2.5: nata et educata inter editos recurvosque ambitus montium; 15.1.4: ambitus terrae totius ... optinet ... In all examples, except the last one, the **pluralis.** Cf. Blomgren p. 125 sq.
Carie vetustatis. Cf. 26.10.19: Laconicam (navem) ... diuturna carie fatiscentem; 20.7.9: intuta lo<ca> carieque nutantia; 29.2.14: tunc rectoris imperii caries tota stoliditatis apertius est profanata ...; 28.4.31: et ubi neglegentiae tanta est caries, exoptato die equestrium ludorum inluciscente, nondum solis puro iubare, fusius omnes festinant praecipites ..., Souter, p. 40 quotes Symm. epist. 3.12.2, where the same meaning is found as in 28.4.31 and 29.2.14.
Extremely rare word, although probably used in the literature of professional authors on agriculture, like the adjective **cariosus.** (not in Amm.). As so often, it is very difficult to determine where Amm. found this word. Cf. et. Georges (op. cit I) 1. p. 1000.

a **veteranos.** For the position of the **veterani** cf. Willems op. cit. I p. 622: p. 72.14
"... le service personnel est obligatoire pour tous les fils de vétérans, capables de porter les armes; de même que ce service est héréditaire dans les familles des soldats des confins militaires (limitanei, ripenses, riparienses, burgarii), établies ici d'une manière permanente sur les terres qui leur sont assignées, et protégées par des burgi ou petits forts." (with quoted literature); Grosse Mil. (op. cit. I) p. 204 sq. (with liter.). These veterani may come from the region itself, or they may be of other (Teutonic, Gallic) origin.

For the valuable help often given by the **veterani** cf. Müller Mil. (op. cit. I) p. 601 and the following places: 26.7.1; 27.8.10; 26.7.4; 31.12.1; 26.5.3. Notable for the position of the **militares** is 26.7.1.: quique **coetu militarium nexi,** ad pacatiora iam vitae discesserant (Cf. Cod. Just. X. 32.27: Privilegio militiae paternae se non vindicet, quem avitus curiae **nexus** adstringit; ibid. 51: ii tamen, qui manifestis curiae **nexibus** illigantur).

b A simple look at the map will convince the reader of the peculiar military situation in Gallia. One is forced to conclude, more over, that some things were not quite in order with both defence and organisation; particularly when one considers how Julianus later dealt with the matter.

concursatione pervigili p. 72.14

a **pervigili.** Cf. ad 14.8.13 (p. 25.5) II.

b **concursatione.** The usual meaning of **concursatio** = skirmish (of the light-armed). Thus Amm. uses **concursator:** 18.8.8: sparsim disiecti hosti concursatori miscemur and **concursatorius:** 16.9.1: At Persae in Oriente per furta et latrocinia potius quam (ut solebant antea) per concursatorias pugnas; 21.13.1: ... Constantius ... nunc ad concursatorias pugnas militem struens, nunc si copia patuisset obsidione gemina Bezabden aggressurus; 31.16.5: Saracenorum cuneus ... ad furta magis expeditionalium rerum, quam ad concursatorias habilis pugnas (Cf. Vales. ad. h.l.: Concursatorias pugnas vocare solet Marcellinus, quas Graeci τὰσ ἐκ διαδρομῆσ μάχασ; quibus opponuntur αἱ στάδιοι ... Sic Livius in principio l. 28 concursationi **stabilem** pugnam et **statarium** militem concursatori opponit). **Concursatorius** seems to occur only with Amm. However, is the meaning given above suitable in this place? One would sooner expect here: **occursatio** (Cf. 19.2.6: confestimque lacrimabilis belli turbo crudescit, rapido turmarum processu, in procinctum alacritate omni tendentium et contra acri intentaque occursatione nostrorum; = counter-attack), although this word also seems to occur only with Amm.

In order to get out of this dilemma there remain 2 possibilities: 1. concursatio is used here in the sense of occursatio. 2. The version given by BG, and included by Clark in his edition (concursatio) is replaced by the better version **concussatione** in the sense of: violent attack. That this word also seems to occur only with Amm., is not necessarily an objection.

p.72.14-15 **abrupta discrimina.** Similar word-connection in Cod. Theod. X. 10.28: (Delatores sc.). Periculosam vero sibi futuram esse victoriam iteratae proditionis abrupto periculo recognoscant.
As for the stylistic aspect, cf. Hagendahl abund. (op. cit. I) p. 202 sq. For the **adverbium abrupte** cf. ad 17.7.8.

p.72.1-15 **ut solet ...**

propulsare. For military truisms (utterances) cf. P. de Jonge (Ammianus and Vegetius), Ut Pictura Poesis, 1955, p. 99 sq.
One should always bear in mind that Ammianus (contrary to, for instance, **Livius** and **Tacitus**) is not only an author and historian (two hard-to-distinguish aspects of the same person) but also a professional soldier.

p.72.16 **II, 2**

ancillari. Cf. 26.6.16 et ancillari adulatione beneficii adlocutus auctores (sc. Procopius).
It seems to me that here Amm. has **Sallustius** in mind, namely: Exc. d. Hist. Orat. Lepid. cs. ad pop. rom. 21: an quibus praelatus in magistratibus capiundis Fufidius, ancilla turpis, **honorum omnium dehonestamentum?**; because the words quoted above are preceded by: ad hoc igitur **dehonestamentum honorum omnium** ludibriose sublatus.
(For the rare **dehonestamentum** = dedecus, ignominia cf. Krebs-Schmalz Antib. I p. 408). Another imitation of this place is, in my opinion, Hist. Aug. Div. Claud. 5.4: nam Gallus Antipater, **ancilla** honorum et historicorum **dehonestamentum,** principium de Aureolo habuit (the same opinion is held by D. Magie). Cf. et. Just. 23.4: nam ex ancilla natus ac propterea a patre velut dehonestamentum generis expositus fuerat (sc. Hiero); Wagner ad h.l.: "servili, sordida ... nam **ancillarum** et ancillularum nomine infamabantur adulatores sordidi, inprimis in ambiendis honoribus ..."
The adjective **ancillaris** very rare. Literally, among other things: Digesten Ulp. 47.10.15.15.
Cf. et. Fesser (op. cit. I) p. 22.

p.72.16-17 **amoenitatem** = cultum amoeniorem, vitamque luxuriosam (Ern.). The meaning is here distinctly unfavourable.

The words: **qua eum proximi ad amoenitatem flexebant (imp. de conatu) et luxum** have a certain tendency. For, even if these proximi attempted this, namely to keep **Julianus** from warlike deeds etc., they could, in my belief, only do this with the approval or at the urging of Constantius. It seems to me unreasonable to suppose that Constantius should go so far. For although he surrounded him with care and supervision, surely he did not want to make a clown of him? For that the situation in Gallia was too critical. Nor does Ammianus speak as an eye-witness: his commander was at **Remi** (16.2.8). Therefore he must also be there himself.

Cf. Thompson. The historical work of A.M. (1947) p. 4; 46 sq. Although the version given by **Julianus** himself in his Epist. ad Ath. is tendentious, it is instructive to compare it with that of Amm., who at once bestows on Julianus a more independent position than the latter either held or wished for. Cf. ibid. 277 D–278A: "Constantius gave me three hundred and sixty soldiers, and in the middle of the winter (355 A.D.) despatched me into Gaul, which was then in a state of great disorder; and I was sent not as a commander of the garrisons there **but rather as a subordinate of the generals there stationed . . .**" etc.

octavum kalendas Julias = June 24th 356 A.D. In Rome this is the festival of Fortuna. It is a moot point whether this date is given by accident or not. If not, then A. has let a golden opportunity go by to introduce Lady Fortuna, whom he so often brings into the picture (cf. Enßlin Klio XVI, op. cit. I, p. 70 sq.), unless the following words: "ubi dedisset **fors** copiam adgressurus" refer to this (but cf. ad h.l.).
Cf. Ovid. Fasti 6. 773 sq.: p. 72. 17–18

        Quam cito venerunt Fortunae **Fortis** honores!
        Post septem luces Junius actus erit.
        Ite, deam laeti **Fortem** celebrate, Quirites!

dux diuturnus. The explanation of this use of **diuturnus** is given in 30.7.11: tamen ipsum quoque satis constat, ut erat expeditae mentis **usuque castrensis negotii diuturno** firmatus, egisse complura (Valentinianus). In the sense of **senior** 23.1.6: . . . e sacerdotum consortio quidam ceteris diuturnior. p 72.18

per diversa. Cf. ad 14.1.3 (I. p. 57) and 14.1.1 (I. p. 55). p. 72. 19

ubi dedisset fors copiam adgressurus. Cf. 30.5.2: ubi fors copiam dedisset aut ratio, e statione proxima reprimebat barbaricos adpetitus. Although **dedisset** can be considered as a conj. orat. obliquae (= or. rectae fut. exact.) cf. ad 14.2.20 (I. p. 78). p. 72. 19–20

II, 3

p. 72.22 **Arbor** .... It appears from the context that a **different** road is meant here than that described in II, 2. p. 72. 22. I see no way out here. Did Amm. have **Aballo** in mind? Is he mistaken? Or are we dealing here only with a corruptela?
Sedelaucum. Cf. Ant. Aug. Itin. (Wesseling p. 360): Cabillono. Augustodunum. **Sidoloucum.** Aballone. **Autesiodorum.** Eburobrica. **Tricasis** (with the distances indicated there); and annot. Val. (= edit. Wagner II p. 177 sq.) and Wesseling ibid. = Saulieu.
Situated in Lugdunensis I, just as Autesiodorum, while Tricassis is in Lugdunensis IV (= Senonia). Cf. ad 15.11.1–18 (IV p. 57 sq.). Not found in Pieper. Tab. Peut. IV. 5.
Coram. In the Not. Dign. Or. a praefectus Sarmatarum **a Chora** Parisios usque is mentioned. Vales. (= ed. Wagner II p. 177) comments here: ... Sed non dubito quin Marcellinus **Coram fluvium** intellegat, qui est inter Augustodunum et Autissiodorum. Certe Ionas in Vita S. Columbani c. 22 Choram fluvium in eodem itinere commemorat. "Per urbem (inquit) Bisontionum Augustodunumque ad Avallonem castrum pervenit: deinde ad Choram fluvium properans, etc. exin Autissiodorum properavit". "Aimoinus Monachus in libro de translatione et miraculis Aurelii, Georgii et Nataliae, pagum ibidem fuisse testatur, de nomine fluvii ita appellatum etc."
Hadr. Val. (the brother of the above quoted Henr. Vales) supposes (correctly in my view) that a place is meant here, for **per Coram** surely can never be meant as: passing through or over the Cora?
At any rate this place lies **between** Sedelaucum and Autesiodorum. Cf. et. Not. Dign. Occ. Böcking **annot.** p. 1140 sq. (also concerning the doubtful spelling).

II, 4

p. 72.23 **subsererent** Cf. ad 14.11.3 (II p. 115). Cf. 14.11.10; 16.7.4; 25.7.10; 28.4.26; 29.5.1; 30.8.12; 31.2.3; Souter p. 396; ad 14.6.9 (I p. 94). **Literally:** Dig. (Ulp.) 7.1.13.2: nam qui agrum non proscindit, qui vites non subserit, item aquarum ductus conrumpi patitur, lege Aquilia non tenetur; Colum. 4.15 (Meaning: after-sowing, after-planting). Cf. et. Hertz Aul. Gell. (op. cit. I).

p. 72.23–24 **Silvanum . . magistrum peditum.** Cf. ad 15.5.2 (III p. 68) and ad 14.9.1 ß (II p. 88).
Although **we** may find the way in which **Silvanus** was "liquidated" by **Ursicinus** and **Ammianus** (cf. 15.5.24–31), hard to accept, it is still apparent

from this paragraph how much the **soldier** Amm. appreciated the **soldier** Silvanus.

compendiosas vias = shortened, short. In this meaning late Latin. Cf. Just. 38.9.6: Sed fugientem Phrahates ... equitum celeritate per compendiosos tramites occupatum retrahit (We may be sure that Amm. had read **Justinus**); Prudent. Perist.
II 333 sq. Sed non volenti impertiam
       praestetur ut mortis citae
       compendiosus exitus,
       perire raptim non dabo.
Souter p. 64.

quia tenebris multis umbrantur. V quiante mumibris. Of the various conjectures the one that pleases me most is: G quia tenebris (also Cl.) and: quia nemoribus Nov. **J. C. Rolfe** A.M. ²(1950) wants to include **Fletcher's** version: quia **ramorum** tenebris multis umbrantur (cf. 16.12.59: ne fraude latenti inter ramorum tenebras exciperetur occultas), which to my view is palaeographically indefensible. Cf. Fletcher, Class. Quart. 24, 1930, p. 193–197.

auxiliarium. Cf. ad 15.5.30 (III p. 115). Addition: cf. Grosse Mil. p. 38–42 (op. cit. I), with the literature quoted there; Müller Mil. p. 581 (op. cit. I). Although the old-time **cohortes** and **alae** have remained, they have become of far less importance. They have been overshadowed by the **auxiliares,** usually consisting of Teutons and Gauls. The description in the Not. Dign. fits the actual facts as given by Amm. Their rank is also apparent from the fact "dass sie sich überhaupt nicht im comitatensischen Feldheere (cf. ad 14.5.8, I p. 129), um so häufiger aber in der Garde finden (palatini). Wir werden später hören, dass diese beiden Armeegruppen nicht von vornherein geschieden waren; als ihre Trennung eintrat, wurden die bisher comitatensischen Auxilien als Elitetruppen in ihrer Gesamtheit der höher geachteten Garde zugeteilt" (Grosse) Cf. et. ad 14.11.15 (II. p. 129).

II, 5

catafractariis. Armoured horsemen = clibanarii. For a description cf. ad 16.10.8 (with comm.). Cf. Grosse Mil. p. 49 sq.; Müller Milit. p. 586 sq. (both with quoted lit.). Catafr. mentioned in: 16.12, 7.38.63; 28.5.6; **clibanarii** 16.12.22 (on the unwieldiness of these iron-clad horsemen).
ballistariis. For the artillery cf. Grosse Mil. p. 337 and Müller Milit. p. 606 sq.
Concerning these **ballistarii** I am faced with a considerable problem. It

seems to me that we should assume that these ballistarii are mounted, just as the catafractarii; for Julianus wants to move on (nequa interveniat mora), but of what use are military technicians to Julianus, who operate ballistae and of whom I have never heard that they were mounted? These **ballistae,** of which there were both smaller and larger ones (cf. 19.5.6) still were fair-sized machines (cf. 23.4.1–4) which shot off arrows.

Making use of Vegetius 2.2: Legio autem propriis cohortibus plena cum gravem armaturam, hoc est principes, hastatos triarios antesignanos, item **levem armaturam,** hoc est ferentarios sagittarios funditores ballistarios... teneat and 4.21: Admotis turribus funditores lapidibus, sagittarii iaculis, **manuballistarii vel arcuballistarii sagittis,** iaculatores plumbatis ac missibilibus de muris submovent homines, I suspect that Amm. here means these manub. of arcub. Cf. et. Veget. 4.22: **Scorpiones** dicebant, quas **nunc** manuballistas vocant, ideo sic nuncupati, quod parvis subtilibusque spiculis inferunt mortem; Amm. 23.4.4; 31.15.12 (scorpio = **onager**).

p.73.3 **rectorem** = ducem (here). Cf. ad 14.10.8 (II. p. 106).
Autosudorum = Auxerre. Cf. ad 16.2.3 (p. 72. 22). Wesseling p. 361; Tab. Peut. II. 4–5; Böcking N.D. Occ. p. 1141, 495; Pieper Tab. 13 (bishop's seat).

II, 6

p.73.4 **Tricasinos.** Cf. ad 15.11.12 (IV p. 66).
recreatus: reflexive. A curious piece of information is given in: brevi **sicut solebat** otio. One is inclined to say that **up to now** Julianus has had very little opportunity to show this quality.

p.73.5 *a* **catervatim.** Cf. Liv. 23.27.5; cum alii catervatim currerent; Sall. Jug. 97.4: sed catervatim... in nostros incurrunt; Verg. Georg. 3. 556; Lucret. 6.1144; Plin. Nat. Hist. 10.35; etc.
No ordinary adverbium. For the **adverbia ending in -im** cf. Liesenberg (1889) p. 14 sq.; ad 15.1.3 (III p. 9). It is well-known that **caterva** is used specially of troops of barbarian or mercenary soldiers. (cf. Tac. Horat.) Cf. Veget. 2.2: Galli atque Celtiberi pluresque barbarae nationes catervis utebantur in proelio, in quibus erant sena milia armatorum.
b When one reads the **paragraphs 6 and 7** with an open mind, one sees how Amm. clearly indicates, in spite of the panegyric tone, that the impetuous and inexperienced Julianus took considerable risks.
partim... alios... non nullos... residuos... for **partim** cf. Krebs Antib 2. p. 247. The variatio partim-alii already found with Sallustius, whom

Amm. imitates quite often. (Jug. 19.5; 38.3; 40.2). Cf. et .ad 14.1.4 (I p. 59).
For the **copulatio** in general cf. Blomgren (op. cit. II) p. 21 seq.

ampliores = numerosiores (Wagner). p.73.5-6

habilibus. Cf. 25.3.20: aut nominatum, quem habilem reor, anteposito p.73.6
forsitan alio, <ad> discrimen ultimum trudam; (c. ad et accus. gerund.):
loca habilia ad plantandum; (c. ad et acc.): ad latrocinia habiles.
inhabilis. 19.5.2: ad eas vero belli artes quibus stringebamur non modo
inhabiles.

decursu. Cf. 20.11.16: et repentino decursu, portis effusi, primosque adorti p.73.6-7
nostrorum (= sally). Here to be taken literally. Liv. Tac. Front. Cf. **adcursus:** 14.2.9; 17.1.7; 26.9.6; 27.10.11; **recursus:** 21.12.13; **procursus:**
14.2.15.

pavore traditos: reflexive! = qui paventes se ipsi tradiderant (Wagner). p.73.7
For this use of the participia perf. pass. **in reflexive meaning** cf. Salonius,
Vitae patrum p. 249 sq. (op. cit. I); Roensch It. (op. cit. I) p. 302 (both
with lit.). (Clark's failure to take this into account caused him to make)
a mistaken conjecture 29.4.5: ignium enim crepitu dissonisque clamoribus, satellites exciti, idque quod acciderat, **suspicati, carpento** veloci
impositum, regem angusto aditu circumfractis collibus abdiderunt (V
suspencti carpenti; suspicati A.G.; carpento EA.G.; suspecti Petsch.
Löfst. Beitr. op. cit. I p. 78). **Suspecti** is the right version. Cf. et. Claud.
Claud. VIII 278 (de IV Cons. Hon.): Neu dubie suspectus agas, neu falsus
amicis//Rumorumve avidus: qui talia curat, inanes//Horrebit strepitus,
nulla non anxius hora.
residuos = reliquos. Cf. 25.6.13; 29.5.22. This meaning quite usual in
juridical Latin. Cf. Heumann-Seckel p. 513 (op. cit. I).
a **proterens.** Cf. Caes. b.c. 41.5; Verg. Aen. 12.330; Plaut. Amph. 1.1.94;
Val. Max. 2.7.14; Cl. Claud. de raptu Pros. 1.128: . . . vitulam non blandius
ambit
  Torva parens: pedibus quae nondum proterit arva,
  Nec nova lunatae curvavit germina frontis.
b Observe the construction: partim . . . observabat . . ., alios . . . proterens, non nullos . . . cepit . . ., residuos . . . abire perpessus est. One should
expect **protrivit** instead of **proterens**, because **alios . . . proterens** clearly
stands opposed to **nonnullos . . . cepit**. Probably it is not only a question of
the **variatio** playing a role but even more the Greek syntax: the part.

praesens replaces here, as often in late-Latin, the missing **part. perf. act.**
J. Pirson (Mulomedicina Chironis, La syntaxe du verbe, Festschr. 12
Neuph. tag. Erlangen 1906, p. 413 sq.) quotes Mul. Chir. 384: si quod
iumentum a vomica vexabitur, hic morbus valde gravis est. signa erunt
huius haec. **incidens** difficiliter resurgit etc. and Veget. Mulomed. 2.117:
Cuius passionis ista sunt signa: **cum accubuerit** difficile surget etc. Cf. et.
Hofm. -Leum. op. cit. I. p. 604 sq.; P.W. Hoogterp, Etude sur le latin du
codex Bobiensis des Evangiles 1930 p. 212.

p. 73. 7-8 **in curam celeritatis omne quod poterant conferentes,** Conferre in (ad) in a
metaphorical meaning, in the sense of: to use for, to spend on, often seen
with Cicero.
The sing. neutr. **omne** far-fetched, instead of the usual: **omnia,** for the sake
of the rhythm, which one notices when reading residuos .... conferentes
aloud.

p. 73. 9 *a* **gravitate praepeditus armorum**
praepeditus = impeditus. Here again the far-fetched and unusual word.
Praepedire and **praepeditio** occur in juridicial Latin (cf. Heumann-Seckel
op. cit. I p. 449). With Amm. the word seems to me to be a literary reminiscence, the more so because it also occurs with Veget. r. mil. in a similar
meaning 2.7: ... antecedentibus aegritudine praepeditis ... Cf. et. Fesser
p. 38.
b for the meaning of these 3 words cf. ad 16.2.5 (with annot.).
c **inpraepeditus.** Cf. 17.10.5; 21.5.6; 22.12.7; 26.6.11; 27.10.2; 30.2.4;
Souter p. 189. Seems to occur only with Amm.
innocuos. Cf. 25.6.13: aut si id perfecissent inno<cui>; 29.1.36: ut factionis
conscius arcessitus in crimen, abscessit innocuus. In both cases in the
passive sense. Cf. Krebs Antib. 1. p. 747: "... ist von Verg. eingeführt; es
hatte zunächst passive Bedeutung, doch schon Ovid gebraucht es auch
aktiv, ebenso Plinius mai. u. Suet. Domit. 19 (aber hier als Adverb), sowie
Spätlat. Ennod. 421, 18 H., Eugipp. 13, 13 Kn.; besser sind innocens, nihil
nocens, **innoxius,** insons."
For **innoxius** cf. ad 14.7.8 (II p. 27).

II, 7

p. 73. 10 *a* **ingruentibus.** Cf. 15.2.9: emergentia; 21.1.10–11: accidentia... ventura;
15.5.23: tristia accidentia; 31.10.19: incidentia multa et seria; 30.5.13;
accidentium; 30.6.1: praeteritorum; 16.12.18: gerendorum; 25.4.25:
impendentium; 21.10.2: venturorum; 22.16.24: coeptorum; etc. Cf. et.
Hassenstein (op. cit. I) p. 24 sq.; ad 14.1.1 (I p. 55).

b **of lifeless objects, events** = to attack, pounce upon, fall upon, with Liv. Verg. Tac. Florus. Curt. Rufus. Colum. Cf. Krebs Antib. (op. cit. I) p. 743; Arch. L.L.G. 10. p. 46.
Rolfe is his edition and **Büchele** are mistaken, to my view, in taking **ingruentibus** for an adj. masc. It seems better to me to consider this as an **adj. neutr. Ingruentia** in the sense of threatening dangers is not otherwise known to me, except in Ps. Aug. Serm. 52.2 ed. Mai (Souter p. 206). This need not at all be an objection, if one considers the numerous **adjectiva neutra pluralia** with Amm.

insperatus. Also usual in class. Latin. On the very numerous adjectiva ending in in compound cf. ad 14.6.15 (I p. 96 sq.). Cf. 14.11.33: alter in vincula ducitur, alter insperatae praeficitur potestati ...; 18.10.1: haec dum primi impetus ⟨turbo⟩ conatibus agitat insperatis ... p.73.11

portas paene pulsante. For the alliteratio cf. ad 15.2.4 (III p. 17); Petschenig Philol. 56. p. 556 sq. (op. cit. I).

ambage. Cf. ad 14.7.11 (II p. 35). p.73.13

II, 8

a **civitatem Remos.** Cf. ad 15.11.10 (IV p. 64). p.73.14
b **civitas.** Cf. Willems (op. cit. I) p. 582: "Chaque province se divise dans les territoires des communes dont elle se compose. Toute distinction de cités de droit romain, de droit latin on de droit pérégrin, de colonie ou de municipe, a cessé. Toutes les communes sont de droit romain, et elles ont à peu près la même organisation.
Le plat pays **(pagi, vici)** est gouverné par le chef-lieu du territoire; cependant chaque **pagus**, chaque **vicus**, a spécialement pour la police, son administrateur, nommé par le chef-lieu **(prae-fectus, praepositus pagi, vici).**"
Cf. et. ad 14.10.8 (II p. 106). Here the town of Rheims is meant, although the same expression can also mean: the territory of the Remi.

a **ubi in unum congregatum exercitum .... iusserat operiri praesentiam suam.** Cf. Koch Jul. (op. cit. I p. 29) p. 384: "Amm. erzählt dass Julian dem Heere befohlen habe, ihn daselbst abzuwarten; das ist natürlich Unsinn; der Befehl ging von Constantius aus, der den ganzen Feldzug vorgeschrieben hatte (cf. ad 16.2.2, p. 72. 16–17). Man musste von **Rheims** (Remi = Durocortorum) nach dem Elsass ziehen; die Beratung, die in Rheims stattfand, bezog sich also nicht auf den Kriegsplan, sondern auf den Weg, den man einzuschlagen hatte, Man wählte den kürzesten Weg und zog also p.73.14–15 über **Metz** (Divodurum = Mettis) und **Decempagi** (Dieuze) nach **Zabern** (= Tres Tabernae). Unterwegs wurde die Armee von der Seite unerwartet überfallen, und zwei Legionen, welche die Nachhut bildeten, hart von den Alamannen bedrängt. Man beschloss deshalb besser achtzuhaben, und kam auch weiter unbehelligt durch den **Pass von Zabern** in das Elsass, und besetzte **Brumath** (= Brotomagus) ... Dieser Feldzug blieb ohne Folgen. Die Besetzung von Brumath konnte die Alamannen, als das Heer abgezogen war, nicht daran verhindern, über den Fluss zu setzen; nur der Wiederaufbau von **Zabern** konnte hier Hilfe bringen; daran dachte man aber damals nicht."

b For **congregare** cf. Krebs Antib. (op. cit. I) I p. 330.
unum in locum congregare(se) is used also by Cicero de orat. 1.33; Sext. 91, Phil. 14.15; Catil. 1.32. Curiously enough this (in)unum congregare is also found in the Cod. Just. 3.28.37.2; 6.27.4.1; 6.30.22.16.

p.73.15 **vehentem .... iusserat.** Rolfe reads: vehentem ‹unius mensis cibaria› iusserat, according to the conjecture by Valesius-Novák. V lac. 18 litt.

p.73.16 *a* **Ursicini successor Marcellus.** For **Ursicinus** cf. ad 14.9.1 (II p.87); Thompson op. cit. p.42 sq. (very much to the point, but probably too critical).

b Cf. Enßlin, Klio 24 (1931), op. cit. I, p. 110: "Einen weiteren Sprengelgeneral fanden wir in Galliën. Hierher war zuerst der magister peditum (cf. ad 14.9.1) **Silvanus** (cf. ad 15.5.2) mit einem Sonderauftrag abkommandiert worden. Nachher hatte **Ursicinus** (cf. ad 14.9.1) dort befehligt, sodass er tatsächlich der erste Sprengelgeneral in diesem Gebiete war. Als **Julian** dann am 6 November 355 zum Caesar ernannt und nach Galliën geschickt wurde, erhielt er den **Marcellus** als militärischen Begleiter ... Freilich über die Abgrenzung des Befehlsbereiches der beiden wissen wir nichts. Auch hatte **Ursicinus** sicherlich keine Gelegenheit sich irgendwie hervorzutun, weil Ammian, der als protector domesticus (cf. ad 14.11.19) dem **Ursicinus** beigegeben war, nichts zu berichten weiss. Es müsste denn sein, dass der Heermeister in der unmittelbaren Umgebung des Caesars weilte; denn dann treten meistens die einzelnen, auch die höchsten Offiziere, zurück und werden nicht genannt. **Marcellus,** der bei Amm. 16.4.3 magister equitum (cf. ad 14.9.1) und 16.7.3 magister armorum heisst (cf. ad 15.5.36), wurde aber schon Anfang 357 durch **Severus** abgelöst. Hatte er sich doch eine grobe Pflichtverletzung dadurch zu Schulden kommen lassen, dass er dem **Julian,** auf dessen Erfolge er eifersüchtig war, im Winter 356/357 bei einem Germanenüberfall auf dessen Winterquartier Sens nicht zu Hilfe gekommen war (Amm. 16.4.3; 16.7.3). Als ex magistro equitum et peditum musste **Marcellus** es erleben, dass sein gleichnamiger Sohn sich unter Kaiser Julian in eine Verschwörung einliess und hingerichtet wurde, ohne dass freilich der Kaiser die Gelegenheit benutzt hätte, sich an seinem alten Widersacher zu rächen, den er vielmehr in hohen Ehren hielt (Amm. 22.11.2). Dass **Marcellus** aber noch zum magister peditum unter Julian aufgestiegen wäre, wie Mommsen zunächst annahm (Ges. Schr. VI. 268.1), ist durch den Wortlant bei Amm. 22.11.2 unmöglich gegeben, wo er eben ex magistro equitum et peditum heisst entweder weil er als Sprengelgeneral tatsächlich amtlich diesen Doppeltitel geführt hatte oder weil das die Titulatur für gewesene Heermeister war."

agere praeceptus. For the construction cf. ad 15.7.6 (IV p. 18). **Agere** in the sense of: to live, to find oneself, as frequently seen with Sall. Tac. Flor. Particularly the form **procul agere** often occurs (20.6.1; 28.1.56; 30.7.3; 31.3.6; 31.4.3; 31.12.12), a flower of speech from Sall. (Tac.). Cf. Fesser p. 19 (and ad adnot. 26.1.5). p.73.17

II, 9

post variatas . . . sententias. Sententias variare found in Liv. and Cic. also as standing expression. Where in jurid. Latin **variari** (= variare) also occurs, in the sense of: to be of a different opinion, (cf. Heumann-Seckel op. cit. I p. 613), it seems plausible to me to assume here also a medium. Cf. et. Krebs Antib. 2. p. 714. p.73.17–18

per Decem pagos. Cf. Ant. Aug. Itin. (Wess.) p. 240; Tab. Peut. III. 2; in the: provincia Belgica I, of the dioecesis Galliarum. p.73.18

a **Alamannicam . . . plebem** Cf. ad 14.10.1 (II p. 96 sq.). Cf. et. Schnetz, Arch. des hist. Ver. v. Unterfranken u. Aschaffenburg 60 (1918) p. 1–78; Phil. Wochenschr. 1921; Bayerische Blätter f. das Gymnasial Schulwesen 60. (1924). p.73.18–19
b **Plebs** has with Amm. the meaning of the Greek δῆμοσ and λαόσ. Cf. 29.5.56: Qui convocatis armatis simul atque plebeiis (soldiers × civilians); 31.4.4: plebem extorrem (population, race = Thervingi); 25.2.1: imae quoque militum plebi penitus indigenti; 25.6.3: elefantos duo straverunt cum hostium plebe non parva; 26.2.3: cohortiumque ommium plebe urgentium destinate; etc. (= common, ordinary soldiers). Cf. et. Souter p. 306; Bauer. Wört. N. Test (1928) p. 732 sq.
c V alamanniam Cl. Alamannicam G. Alamannam. Clark's version

seems to me to be incorrect. Cf. 14.10.6: resistente multitudine Alamanna; 17.10.5: adulescens ducitur Alamannus. He uses **Alamannicus:** 15.4.1; 27.2.9; 30.7.5. But 29.4.7 V reads: quae contra Mogontiacum gens est Alamannia. I see no objection against **Alamannius.** That, after all, is the name of the country: **Alamannia** (20.4.1; 30.3.1).

p.73.19 **densatis agminibus.** Cf. ad 14.2.10 (I p. 73).

II, 10

p.73.20 **dies umectus et decolor.** Cf. 16.12.57: spumans denique cruore barbarico decolor alveus insueta stupebat augmenta (after the battle of Strassburg). Cf. Ovid. trist. 4.2.–42: decolor ipse suo sanguine Rhenus erat; Pac. Paneg. Theod. Aug. 12.34 (Baehrens p. 302): spumat decolor cruore fluvius et cunctantes meatus vix eructatis cadaveribus evolvit ... Cf. Hagendahl Stud. Amm. p. 52: "Vox potissimum poetarum: primi habent Cic. carm. frg. Verg. (Aen. 8.326: decolor aetas). Prop. Ovid., in prosa oratione Seneca epist. Plin. mai. Scriptoribus quarti saeculi admodum usitata est"; Nov. Marc. 4.1.2: nascendi decolor macula (Tit. 4 deals with: de matrimoniis senatorum).

contiguum. Cf. Liesenberg (1888) p. 26: "Besonders häufig ist **contiguus,** welches je nach der Beziehung auf Raum, Reihenfolge, Zeit oder Beschaffenheit "anstossend, angrenzend, wiederholt, nahekommend, gleichkommend" bedeutet." Cf. 16.2.10: aspectum ... c. (= the view of the immediate vicinity); 28.2.7: quorum fortunam sempiterna fides caelo contiguam fecit (= lifted into the clouds); 17.7.2: nec contigua vel adposita cernebantur (= the nearest objects); 24.6.10: Ergo ubi vicissim contiguae se cernerent partes (= as soon as both parties could look into each other's faces); 16.9.3: ducem parti nostrae contiguum (= who was standing closest to our side); 19.1.7 quem ubi venientem iam telo forte contiguum ... advertisset (= as soon as he had noticed that accidentally he had already come within range); 14.2.3: litoribus Cypriis contigui navigabant (= they sailed, keeping close to the Cyprian shore); 20.8.10. ut ... mortem contiguis adsultibus intentarent (= with repeated attacks); 24.1.10: centenario iam contiguus (= almost 100 years old); 31.14.1: quinquagesimo anno contiguus; 28.1.56: contigua morti tormenta (= almost mortal tortures); 21.6.2: suspiciones contiguae veritati; 26.1.1: pericula ... veritati saepe contigua (= dangers linked with the truth); Pighi Stud. Amm. p. 104.

p.73.21 **gnaritate.** Cf. 27.10.9: locorum gnaritate confisi; 30.1.12: hi locorum gnaritate confisi. Fesser op. cit. p. 17: "Amm. scheut sich nicht ... im

Anschluss an Sall. Hist. 3.84 ... das Wort **gnaritas** zu gebrauchen, dass von Sall. möglicherweise aus alter Literatur ausgekramt oder neu gebildet wurde. Es findet sich sonst nur noch bei Donat. z. Ter. Ad. 397, der es aus Sall. kennen mag."

tramite obliquo discurso. Cf. 14.4.1: Saraceni ... ultro citroque discursantes (= running to and fro); 15.5.4: duce Gallias ... discursante (= marching through in all directions). Thus Amm. uses the subst. **discursator** 14.2.6; 16.12.21; 21.7.4; 29.5.7; 31.10.21 in the meaning of: wandering about, skirmishing.

But here **discurro** means: to come to and end, to complete, as in 29.5.17: Exinde cum discursis itineribus magnis. Tipasam noster dux introiret; while in 17.2.3: lusoriis navibus discurrere flumen ultro citroque milites ordinavit it again means: to sail to and fro; as in Cod. Just. XII. 50.20.1: De cohortalinis etiam officiis eadem lege sancimus, ne quis ex his per provinciam suam discurrens veredo uti conetur in posterum the meaning is: to travel about, but in ibid. II. 13.1: ut iactura causae adficerentur ii, qui sibi potentiorum patrocinium advocassent, ut hoc proposito metu iudiciariae lites potius suo Marte discurrerent quam potentiorum domorum opibus niterentur the meaning is once more: to end, to run their course. For the latter meaning Souter quotes op. cit. p. 107: Ennod. epist. 5.2.1 p. 124.21 ("run their course") and Cod. Just. 3.1.13.9 (quominus lis suo Marte **decurrat** Krueger[9]).

In the sense of: to discuss (= disserere, disputare, colloqui) it is found among other places in 17.4.1: Super quo nunc ... pauca discurram. Cf. Krebs Antib. 1. p. 456.

Note. In vulgar and late Latin the replacement of **de** by **di(s)** frequently occurs. Cf. Roensch It. (op. cit. I) p. 463 sq.

arma cogentes = agmen claudentes. In the same meaning 25.3.2: invasa subito terga pone versus arma cogentium principi indicatur; 28.4.8: non nullos ... praegresso exercitu arma cogentes ... sequitur multitudo servorum (doubtful version). p.73.22

delessent. Cf. Hagendahl Arn. (op. cit. II) p. 177 sq. (concerning the battle between the **long** and the **short** forms of verbs, won by the **short, contracted** ones, as well as the factors playing a part there). I do not know of any statistics on Amm. These are also lacking for almost every other later author. Without these, a study of this phenomenon which is of prime importance for an insight into the development of language and style, is almost impossible.

II, 11

p.73.23 **hinc et deinde.** Pleonasm. Cf. Hagendahl abund. (op. cit. I) p. 213, with numerous examples. Cf. e.g.: 15.10.9: Monoeci similiter arcem et portum ad perennem sui memoriam consecravit (sc. Hercules). deinde emensis postea saeculis multis hac ex causa sunt Alpes excogitatae Poeninae.

p.73.25 **cunctator.** Cf. 14.10.14: quam ut cunctator et cautus utiliumque monitor ..; 27.10.10: Valentinianus ut dux cunctator et tutus. In all three places it is used as an **adjective.** Amm. also uses **cessator** in this way 31.14.7: Cessator et piger.

ductoribus. Cf. 14.9.1: (Ursicinus) ... bellicosus sane milesque semper et militum ductor; 23.5.24: ductoris gloria proeliator miles exultans = dux. With Claud. In Eutr. XVIII. 59 = leader of the slaves, slave-dealer:

Inde per Assyriae trahitur commercia ripae.
Hinc fora venalis Galata ductore frequentat
(sc. Eutropius).

II, 12

p.73.26 **audiens** = part. aor. Cf. Hoogterp Et. Lat. Cod. Bob. p. 212; Salonius (op. cit. I) p. 251.

p.73.26–27 *a* **Argentoratum...Mogontiacum.** The places mentioned here all lie in the **provincia Germania I,** part of the **dioecesis Galliarum** of the Praefectura praetorio Galliarum.

b Cf. Epist. Hieron. 123.15 (Hilberg III p. 92): quid-quid inter Alpes et Pyrenaeum est, quod Oceano Rhenoque concluditur, Quadus, Vandalus, Sarmata, Halani, Gypedes, Heruli, Saxones, Burgundiones, Alamanni et – o lugenda res publica – hostes Pannonii vastaverunt, etenim Assur venit cum illis (Ps. 82.9). Mogontiacus, nobilis quondam civitas, capta atque subversa est et in ecclesia multa hominum milia trucidata, Vangiones longa obsidione finiti, Remorum urbs praepotens, Ambiani, Atrabatae extremique hominum Morini (Verg. Aen. 8.727), Tornacus, Nemetae, Argentoratus translatae in Germaniam, Aquitaniae Novemque populorum, Lugdunensis et Narbonensis provinciae praeter paucas urbes cuncta populata sunt, quas et ipsas foris gladius, intus vastat fames; etc.

p.73.26 **Argentoratum.** Cf. ad 15.11.8 (p. 66.15).

Brotomagum = Brumath. Cf. Ptolem. ed. Müller 1, p. 230: Βρευκόμαγοσ; Tab. Peut. III. 3 (Brocomacus); Itin. Anton. Wesseling p. 253 (Brocomago). In the land of the Triboci.

Tabernas = Zabern = Rhein-Zabern, (1), not to be confused with **Berg-** p.73.27
zabern (3) and **Zabern** = **Saverne** (2) (W. of Brotomagus). (1) and (2) are
mentioned in Tab. Peut. III. 3. Perhaps (1) (or (2)?) meant by **Ziaberna**
Anon. Rav. Schnetz p. 61: Item iuxta **super scriptam civitatem Stratiburgo**
est civitas que dicitur: Alaia, Ziaberna etc. Cf. et. N.D. Occ. Böcking p. 116;
Itin. Ant. Wess. p. 240 (2). Even the excellent Wesseling and Böcking are
confused in their notes with these 3 Tabernae. For **Tres Tabernae** (Amm.
16.11.11). Cf. ad h.l. Cf. et. Gall.-Font. 1. p. 279, note 334 and p. 268, note
285.
Salisonem = Selz. The following are sub dispositione v. spect. **ducis Mo-**
gontiacensis (N.D. Occ. Böcking p. 116): the
praefectus militum Pacensium **Saletione** and the
praefectus militum Menapiorum **Tabernis;**
praefectus militum Vindicum **Nemetis;**
praefectus militum Secundae Flaviae **Vangiones;**
praefectus militum Armigerorum **Mogontiaco;** and others. Cf. ibid. annot.
p. 962 sq. All these places, therefore, are garrison towns and frontier fortresses. For the dux Mog. cf. ad 15.11.8 (IV p. 62). Cf. et. Tab. Peut. III. 3
(Saletione); Itin. Ant. Wesseling p. 374 (Salissone).
Nemetas. Cf. ad 15.11.8 (p. 66.15).
Vangionas. Cf. ad 15.11.8 (p. 66.15).
Mogontiacum. Cf. ad 15.11.8 (p. 66.15).

civitates ... territoria. Cf. ad 16.2.8 (p. 73.14). For **territorium** cf. et. Dig. p.73.27-p.74.1
50.16.239.8: Territorium est universitas agrorum intra fines cuiusque civi-
tatis: (with folk-etymology) quod ab eo dictum quidam aiunt, quod magistratus eius loci intra eos fines terrendi, id est summovendi ius habent and
ibid. (Paulus libro primo ad edictum) 2.1.20: Extra territorium ius dicenti
impune non paretur. Idem est et si supra iurisdictionem suam velit ius
dicere.

nam ipsa oppida ut circumdata retiis busta declinant. Cf. 31.2.4: (Huni) p.74.1-2-p.74.2
aedificiis nullis umquam tecti sed haec velut ab usu communi discreta sepul-
chra declinant. Hadr. Val annotates: "Eadem sententia Carolus IX Francorum Rex, cum esset suopte ingenio actuosus nec morari sub tecto eodem
diutius posset, dicere solebat aedes sepulcra esse vivarum hominum, ut in
eius Vita proditum est a P. Masone." But this does not explain **retiis.** This
explanation might be suitable for 31.2.4.
Against the version **lustra** of Accursius (a conjecture) Wagner remarks:

25

"Sed ferri potest altera lectio (viz. busta), si feras cadavera sectantes Amm. in mente habuerit."

Rolfe in his edition (1950) 1. p. 208 sq. says: "E. Maass Neue Jahrb. XLIX (1922) pp. 205 ff., says that graves of women who died in childbed, and might return to get their offspring, were surrounded with nets." It seems to me that, **when** the latter custom was known to Amm., and if he would want to compare **this with** the avoidance of towns by the barbarians, he certainly would not have done so in the words handed down to us, which in my opinion are said in a more general way. With certain reservations I would recommend Wagner's explanation.

p.74.2 **primam omnium.** Cf. ad 14.6.17 (= I p.98).

p.74.2–3 **(Julianus) Brotomagum occupavit, eique iam adventanti ... Germanorum pugnam intentans occurrit.**

V adventanti germanorum pugnam: sine lacuna; Wm2
a. germanorum manus pugnam; G a. G. manus p.; Mommsen: ‹aci› eique iam a. G. p.; Pighi: adventanti ‹acies› Germanorum.

Because of the clausula Pighi's version is probably best. It then reads as follows:

    eíque iam adventánti
    ácies Germanórum
    púgnam inténtans occúrrit
    ≃ ~, ~ ~ ~ ≃ ~/
    ≃ ~ ~, ~ ~ ≃ ~/
    ≃ ~, ~ ≃ ~, ~ ≃ ~//

Pighi compares this (Stud. Amm. p. 36) with:

14.6.17   velut téssera dáta castrénsi,
      iúxta vehículi fróntem
      ómne textrínum incédit.

15.2.3   ut ad successóres officiórum,
      móre poscénte,
      sólent transíre lictóres.

28.6.6   diebus íbi qüadragínta comsúmptis,
      núllo temptáto,
      ídem discésserat cómes.

p.74.4 **II, 13**

bicornem figuram = in the shape of a half-moon. This use of the adjective **bicornis** of an army formation is not known to me from other literature.

The adj., mainly used by poets, is found in Horatius and Ausonius to indicate the new moon. Cf. Hor. Carm. Saec. 35/36: Siderum regina bicornis, audi, Luna, puellas.

a **non nullis ... aliis ... residui.** Cf. ad 14.1.4 (I p. 59). p.74.5-6
b **residui** = reliqui. Cf. 25.6.13; 29.5.22.

III, 1
Agrippinam ... excisam. Cf. ad 15.5.15 (III p. 92), also as regards the time. p.74.8

a **per quos tractus.** In view of 16.2.12 this **tractus** should be understood to p.74.8-9
signify the Rhine region from **Mogontiacum** up to and including **Colonia**.
b **tractus.** Cf. 14.3.2: Mesopotamiae tractus omnes = regions. Similarly in Verg. Liv. Plin. Eutr. Caes. Cic.

castellum. The **civitates** along the frontiers of the State, are of course, all p.74.9
well fortified and often provided with garrisons (cf. et. ad 16.2.8).
Castella are mentioned several times in the Not. Dign., for instance N.D. Occ. Böcking p. 91: Auxilia Augustensia contra Bononiam in Barbarico in castello Onagrino.
The insignia of the duces depict the castella which show little variety.
Castellani milites are mentioned, among other places, in the Cod. Just. 11.60.2. (The three laws in cap. 60 are of interest for the landed property of these castellani) = Cod. Theod. 7.15.2. For the defense of the frontiers cf. Grosse Mil. (op. cit. I) p. 65 sq.
Confluentes ... cognominatum. In the Not. Dignit. Böcking 116–117 is mentioned: the praefectus militum defensorum Confluentibus, who is: sub dispositione viri spectabilis **ducis Mogontiacensis** [this dux is one of the 10 **duces limitum,** who are: sub dispositione viri illustris magistri peditum praesentalis (cf. ad 14.9.1)], while a picture of **Confluentibus** is found on the insignia of the above-mentioned dux (for dux cf. ad 14.7.7.).
Cf. et. ibid. Böcking p. 978 sq.; Anton. Itin. Wesseling p. 371; Anon. Rav. 4.24: Confluentes; Pieper Tab. 13; Tab. Peut. III. 1–2; Venant. Fort. 10.10.47:
> Tum venio, qua se duo flumina conflua iungunt,
> Hinc Rhenus spumans, inde Mosella ferax;

and alluding to **Coblenz** Aus. Mosella 473:
> Vel qua Germanis sub portibus ostia solvis

Confl. is situated in Germania I (Cf. ad 16.2.12).

p.74.10 **Mosella** = Mosel. Cf. Tab. Peut. III. 1; Anon. Rav. 4.26: Item iuxta praenominatum fluvium Mosela, que<m in> Francia Rinensem nominavimus; Aus. Mos.
Rheno Cf. ad 14.10.6 (II p. 103).

p.74.10-11 **Rigomagum.** Cf. N.D. Böcking (annot.) p. 960 sq.; Tab. Peut. III. 1 (Rigomagus); Pieper Tab. 13; Anon. Rav. 4.24 (Rigomagus) = Remagen. Another **Rigomagus** is mentioned in the Itin. Ant. Aug. p. 340 (A Mediolano Arelate per Alpes Cottias) and p. 356 (A Mediolano per Alpes Cottias Viennam) ed. Böcking, and Itin. Burd. 6.16 Geyer = Wesseling p. 557.

p.74.11 **turris.** The word turris is found more than once in the Itineraria etc. Cf. Itin. Anton. Aug. Wesseling p. 74: turris Tamalleni (Tripolis); Itin. Burd. Geyer p. 11: mansio (= tavern) Turribus = Wess. p. 566 (near Naissus); Itin. Burd. p. 29 Geyer: mutatio Turres Aurelianas and mutatio Turres Juliana = Wesseling p. 609 (mutatio = station for the changing of horses), situated in Calabria; Itin. Ant. Aug. Wess. p. 83: ad Turrem (Sardinia); ibid. p. 298: ad Turrem (near Aquae Sextiae = Tab. Peut. III. 1); Tab. Peut. V. 2: ad Turres; Anon. Rav. IV. 22: Turres (Liburnia).
I do not know which fortification is meant here. Cf. et. edit. Wagner ad h.l.

III, 2

p.74.12-14 *a* **non motus est ... quam ... firmaret ... reciperet.** For the construction cf. ad 14.6.23 (I p. 100).
b **mitescere.** Cf. 30.5.4: minari desinens vel mitescens; 22.15.17: ferae ... mitescunt; 22.8.9: mitescens (mare).
c **interim** = temporarily (= ad tempus Wagner).

p.74.12 **Francorum.** Cf. ad 15.5.11 (III p. 86).

III, 3

p.74.14-15 **primitiis.** Cf. ad 14.1.1 (I p. 53).

p.74.15 **Treveros.** Cf. ad 15.11.9 (IV p. 63).
hiematurus apud Senonas. Cf. ad 15.11.11 (IV p. 65). The route along which Julianus marches, is only very summarily indicated. It is probably the shortest route over: Durocortorum, Catalauni, Augustobona. On the Tab. Peut. II. 4–5 – III. 1 the route is not quite clear.

p.74.16-17 **bellorum inundantium molem umeris suis (quod dicitur) vehens.** Cf. Val. Max. 2.8.5: humeris suis salutem patriae gestantes (viz. Scipio and Marcellus).

scindebatur in multiplices curas. Cf. Lucret. III 992 sq.: p.74.17
    Sed Tityos nobis hic est, in amore iacentem
    quem volucres lacerant atque exest anxius angor
    aut alia quavis **scindunt** cuppedine **curae.**
militares. Here = milites. Cf. et ad 15.3.1 (III p. 28) and 14.5.3 (I p. 125).
Cf. Cod. Iust. 12.37.7 = Cod. Theod. 7.4.20.

qui a solitis descivere praesidiis reducerentur ad loca suspecta = ut milites in p.74.17-18
urbes, quibus antea praesidio fuissent, quamquam crebris hostium incursionibus expositas, redirent (Wagner).

conspiratas ... in noxam Romani nominis. Cf. 14.10.16: multitudo omnis p.74.18-19
... consensit **in** pacem (Petschenig CSEL 53. p. 367). For **conspiratus** Cf.
Caesar B.C. 3.46: Milites legionis VIIII subito conspirati pila coniecerunt
.. (= animo conspirantes); Just. 3.5.3: Lacedaemonii ... eo conspiratius
ad arma concurrunt; Suet. Caes. 82: Adsidentem conspirati (substantive),
specie officii, circumsteterunt; Roensch It. p. 297 sq.

disiectaret. Cf. 19.7.2: operum variae species cum turribus ferratis admove- p.74.19
bantur, quorum in verticibus celsis aptatae ballistae propugnatores agitantes humilius disiectabant; 23.4.5: (referring to the Scorpio) nam muro saxeo
huius modi moles imposita disiectat quidquid invenerit subter concussione
violenta, non pondere: Lucret. 2.553; 562; Hagendahl Stud. Amm. p. 67
(annot.) connects **disiectare** with other poetic frequentativa: **eiectare,
exsertare, extentare, iniectare.** This may be possible, although it seems to
me that possibly we are dealing here with a terminus technicus from the
sermo castrensis, for which supposition I have no other evidence, however.
alimenta. In the meaning of: provisions, victuals not with Vegetius d.r. mil.
Cf. 14.6.19 and 14.7.5, where alimenta means: foodstuffs (no military term,
therefore). For the variatio cf. 16.4.4: terrae ... exigua quaedam victui
congrua suggerebant; 18.2.3: horrea quin etiam extrueret ... ubi condi
possit annona ... (4) nam et horrea ... surrexerunt, alimentorumque in
isdem satias condita; 23.3.4: agmina et commeatus omnis generis disponenti imperatori ... (6) His ita ordinatis, ipse exitu simulato per Tigrim, quod
iter etiam re cibaria de industria iusserat instrui; 27.10.6: Contracta igitur
undique mole maxima catervarum, armis et subsidiis rei cibariae diligenter
instructa; 30.5.11: Agens itaque apud Carnuntum imperator per continuos
tres menses aestivos arma parabat et alimenta; Grosse Mil. (op. cit. I) p. 241
sq.; Vegetius r. mil. 3.3: Ordo postulat, ut de commeatu pabulo frumentisque dicatur. Saepius enim penuria quam pugna consumit exercitum et

ferro saevior fames est. Deinde reliquis casibus potest in tempore subveniri, pabulatio et annona in necessitate remedium non habent, nisi ante condantur.

p.74.20   *a*   **per varia discursuro.** Cf. ad 16.2.10 (p. 73. 21).
      b   **per varia.** Cf. ad 14.1.3 (I. p. 57).

IV, 1

p.74.21   **perpensantem.** Cf. 24.2.19: prohibitores ... instantiam obsidentium perpensantes; Grattius cyn. 299 (Georges). Rare verb.
Amm. often uses **pensare**: cf. 14.11.22; 21.12.20; 25.5.4; 26.10.10; 28.5.7; 27.6.9; 29.1.37; 31.10.7.

p.74.21   *a*   **hostilis multitudo.** Hostilis = hostium, in accordance with the use, among others, in Livius, Sall. Tac. Cf. the variatio in Sallustius Cat. 61.4: hostium cadavera; 61.8: hostilia cadavera. Cf. Krebs Antib. (op. cit. I) 1. p. 662.
      b   **hostilis ... multitudo ... quod ei ... didicerant.** Cf. 14.6.17: postrema multitudo spadonum a senibus in pueros desinens, obluridi distortaque liniamentorum compage deformes; 31.6.5: quod confluebat ad eos in dies ex eadem gente multitudo‹du› dum a mercatoribus venumdati (Her. Cl. assume here a gap after **multitudo**; Blomgren, op. cit. p. 48, does not, correctly to my view.)

p.74.22   **confidenter** = bold.

p.74.22-23   **nec Scutarios ... nec Gentiles.** Cf. ad 14.7.9 (II p. 27); ad 14.10.8 (II p. 105); 14.5.6 (III p. 81).

p.74.22   **in maius accensa.** Cf. 28.1.51: simultate una cum potestate in maius accensa Thus: in maius augere (16.10.17; 16.12.16; 20.4.2; 27.9.4); in maius exaggerare (19.11.3; 29.3.1); in maius extollere (28.1.55; 31.4.4 = Liv. 28.31.4); 17.13.28: scandens in maius; 22.15.7: adolescens in maius; 25.4.4: crescebat in maius; 27.3.9: crebriscentis in maius; 30.9.1: progredi in maius; ad 14.1.6 (**in peius;** I, p. 62).

p.74.23   **prodentibus perfugis didicerant:** alliteration!

IV, 1, 2

p.74.24-25   **cum autem ... 2. clausa.** Heraeus: ut commodius vescerentur **quam antea.** (2) Clausa ergo urbe etc. V, however, reads: **cum autem** (lac. 42 litt.) clausa etc. The acumen of Her.'s conjecture does not explain this lengthy void, which I am also unable to fill satisfactorily.

IV, 2

a **propugnacula ... et pinnas.** Another example of the alliteration, often p.74.26
used to embellish the clausula: ínter propugnácula // vísebatur et pínnas.
Cf. 14.2.18: propugnaculis insistebant et pinnis.
b Cf. Veget. r. mil. 3.8: tunc saepibus ductis vel interpositis stipitibus ramisque arborum, ne terra facile dilabatur, agger erigitur; supra quem ad similitudinem muri et pinnae et propugnacula conponuntur.
propugnaculum = rampart, bulwark; **pinna** = pinnacle of a parapet (lorica). What such a **propugnaculum** may look like, is shown f.i. in Veget. r.m. 44: sed amplius prodest, quod invenit antiquitas, ut ante portam addatur propugnaculum, in cuius ingressu ponitur cataracta (trap-door), quae anulis ferreis ac funibus pendet, ut, si hostes intraverint, demissa eadem extinguantur inclusi en ibid. 4.8: Nam obpugnantium machinis per alias machinas consuevit obsisti, praecipue cum subitis operibus addenda sit muris vel propugnaculis altitudo, ne adversariorum mobiles turres supermineant et capiant civitatem.

ira exundante substridens. For **exundare** (poet. and non-class. = redundare, p.74.26-27
inundare, effundi) cf. Krebs Antib. (op. cit. I) 1. p.567; Seneca De ira 1.7: optimum itaque quidam putant, temperare iram, non tollere: eoque detracto quod exundat, ad salutarem modum cogere...; Amm. 14.6.18: paucae domus studiorum seriis cultibus antea celebratae, nunc ludibriis ignaviae torpentis exundant; ibid. 19.8.1: ad potiunda sperata ira et dolore exundans. **substridere** does not seem to occur prior to Amm. and is an extremely rare verb.

cum erumpere saepe conatus paucitate praesentis manus inpediretur. For p.74,27-28
cum iterativum of the past cf. ad 14.2.2 (I p.67).

a **inaniter stulteque cogitasse civitatis obsidium mussitantes.** Cf. ad 14.6.8 p.75.1
(I p.93). Constructed with the acc. cum inf. or an indirect question = to grumble reproachfully at something.
Here with the **nominative c. infinitivo,** actually a Greek construction. Cf. Hofmann-Leumann (op. cit. I) p.588 sq.
b Remarkable in the above words is the effect of the letter (sound) **s.** This is in the manner of poets.

IV, 3

p.75.1-2 **set (quod indignitati rerum est adsignandum)**
a V et. Cl. set Lind. at. **et** the right version. Cf. ad 15.8.3 (IV p. 30); 14.2.5 (I p. 68).
b **indignitas.** The translation of the passage in parentheses is as follows: which should be blamed on the indignity of the situation. Cf. Liv. 1.34.5: spernentibus Etruscis Lucumonem exule advena ortum, ferre indignitatem non potuit (= the position unworthy of her, the discrimination); 5.48.9: rei, foedissimae per se, adiecta indignitas est; Krebs Antib. I p. 725 (excellent). Cf. 14.2.1: namque et Isauri ... ad bella gravia proruperunt ... hac tamen **indignitate** perciti vehementer .... quod eorum capti quidam ... feris praedatricibus obiecti sunt; 14.6.19: postremo ad id **indignitatis** est ventum, ut cum peregrini ... pellerentur ab urbe ..... tenerentur mimarum adseculae veri ...

p.75.1-3 **Suppetias ferre.** Vulgarism, archaism or both? Cf. Krebs Antib II p. 630 (with lit.). = auxilium, subsidium. Often found in Amm. Cf. et. Suet. Vesp. 4: caesoque praeposito, legatum insuper Syriae consularem suppetias ferentem ... fugaverunt.

p.75.3 **Marcellus ‹magister› equitum.** Cf. ad 16.2.8 (p. 73.16).
agens. Cf. ad 16.2.8 (p. 73.17)

p.75.4 **absque.** Cf. ad 14.3.4 (I p. 81).
absque principe abbreviation for: without Caesar being present.

p.75.4-5 **cum etiam si civitas ... vexaretur ... expediri deberet.**
The irrational, hypothetical period: **etiam si** vexata civitas esset ... expediri debebat (in the "correct" form) has been made dependent upon **cum** (= there). For **etiam si** cf. I p. 69; for **si** I p. 79; I p. 62; I p. 94; II p. 121.
malis obsidionalibus. Cf. 14.2.13: nec procedebat ullum obsidionale commentum (= stratagem at the siege).

IV, 4

p.75.5 **efficacissimus Caesar.** For **efficax** cf. Krebs Antib. I p. 491 and ad 14.8.5 (**efficacia**) = II p. 67. Cf. et. Cic. Epist. sel. Süpfle-Boeckel[11] p. 227 annot.; ad 15.5.2 (III p. 69).

p.75.8 (a) **ultima squalentes inopia. Squalere** of desolate and forlorn lands e.g. Sil. Ital. Pun. 3. 653 sq.:

>Nos pene aequoribus tellus violentior hausit.
>Ad finem coeli medio tenduntur ab orbe
>Squalentes campi. (said of Libya)

Ibid. 4. 374 sq.:
>ceu bella leones
>Inter se furibunda movent et murmure anhelo
>Squalentes campos et longa mapalia complent.

Thus: **loca squalida:** Cod. Theod. 11.28.2; 13.11.3 (= neglected). (b) Cf. Liv. 37.31.2: et obsidentis quoque ad ultimam inopiam adducere ...; Fletcher, Rev. de philol. LXIII, 1937, p. 384.

Saepe vastitatae. Cf. 18.2.7: ne (ut saepe contigit) per incivilitatem militis occurrentia vastitantis, abrupte foedera frangerentur; 26.5.9: vastitatis propinquioribus locis; Souter Glossary p. 436. **Vastitare** seems to occur only in Amm.

a **exigua quaedam victui congrua.** Cf. 29.5.15: pollicitique victui congrua militibus; 16.12.32: exsurgamus – viri fortes – propulsemus fortitudine congrua inlisa nostris partibus probra (= fitting, in agreement with). Congruus: archaism and late Latin = congruens, concinnus. Cf. Krebs Antib. I p. 331; Goelzer St. Jérome (op. cit. I) p. 193; ad 14.1.1 (= I p. 55); ad 16.12.29, p. 95.26.

b **quaedam.** Cf. Hofmann-Leum. (op cit. I) p. 484; Hoogterp, Et. sur le lat. du cod. Bob. des Evang. p. 164; eiusd., Les vies des pères du Jura p. 64; S. Optati Milevitani I. 5 (= Ziwsa p. 7): ... ut inter **aliqua,** quae ad nos non pertinent, sicuti probaturi sumus, diceres a nobis contra vos militem fuisse postulatum. ceterum a te in aliis partibus tractatus tui **aliqua** pro nobis dicta sunt et contra vos, ut diluvii et circumcisionis conparatio: **quaedam** et pro nobis et pro vobis, ut ea, quae in laude dixisti baptismatis, etc. (there is no difference in meaning between the 3 underlined pronomina indefinita).

IV, 5

diligentia curato pervigili. Cf. ad 14.8.13 (II p. 80); Apul. Metam. 3.3: pervigilem diligentiam; Fletcher, Rev. de Philol. LXIII, 1937, p. 394.

a **adfusa laetiore spe prosperorum.** Cf. Hagendahl St. A. (op. cit. I) p. 61: "affundere est verbum poetarum, nisi quod semel technice ponit Varro; inde a Sen. transiit ad prosarios. Ab Ammiano consuetudine poetarum etiam ab aliis scriptoribus (Sen. Plin. mai. Frontin. Tac. Flor. Sidon.) recepta genus passivum eodem modo atque in lingua Graeca medium usurpatur"; Thes. I 1248; Krebs Antib. I 127; 17.13.28: (Quadi) adfusi sunt vestigiis Augusti clementis; Ovid. met 9.606; Sidon. epist. 4.23.3; Flor. 4.2.56.

b **prospera** = res secundae. Similarly in Pacuv. Ovid. Tac. Plin. Ep. Lucan. Sil. et al.

genit. plur. **prosperum** 23.5.24: speque prosperum elatior (Clark: prosper-<or>um; V: prosperum). This genit. is signalized by Georges (op. cit. I) in Pacuv. tr. 307.

V, 1

p.75.12 **factuque difficile.** For the supinum cf. ad 14.11.4 (II p. 117).

p.75.12-13 **temperantiam ipse sibi <in>dixit.** V: dixit. The version of BG (Clark) is supported by Cic. in Verrem 3.1.1: legem enim sibi ipsi indicunt innocentiae continentiaeque virtutumque omnium.

p.75.13 *a* **tamquam adstrictus sumptuariis legibus viveret.** Amm. probably has Gellius in mind 2.24 (De veteri parsimonia, deque antiquis legibus sumptuariis), where the latter writes: Postea L. Sulla dictator, cum **legibus istis situ atque senio oblitteratis** plerique in patrimoniis amplis helluarentur et familiam pecuniamque suam prandiorum gurgitibus proluissent, legem ad populum tulit, etc. For the **leges sumpt.** cf. Madvig, Die Verfassung und Verwaltung des röm. Staates (1882) II p. 734 sq (with lit.)

b **adstringere:** often used by jurists. Cf. et. Cic. Cluent. 57(155): non metuere, ne lege ea, ... per paucos iudices adstringatur.

p.75.13-14 *a* **quas ex rhetris Lycurgi, (id est axibus) Romam translatas.** Cf. Rolfe ad h. locum:

"The rhetrae (ῥῆτραι) were oracular utterances which Lycurgus professed to have received directly from Apollo at Delphi; later the word was used generally for the laws of Lycurgus."

b "The laws of Solon were called ἄξονεσ because they could be revolved on pivots. Many ancient writers state that the tablets were originally of wood, and they retained this name after they were republished on marble slabs. **R. Scholl** was probably right in assuming a lacuna after **Lycurgi,** and Ammianus may have included a reference to Solon's ἄξονεσ, for ῥῆτφαι and ἄξονεσ were used throughout antiquity of the two lawgivers' works distinctively. For their history see **J.H. Oliver,** Hesperia 4, 1935, p. 9 sq."

c **Büchele** annotates that **Lycurgi** undoubtedly is a marginal note, which has accidentally crept into the text, because if this were not the case, our author would certainly have added to **axonibus: Solonis**. This is also Wagner's opinion. I have the impression that Amm. here considers **rhetrae** and **axones** as identical and ascribes **both** to Lycurgus (possibly also because he imagines these rhetrae to be engraved on axones?).

d **rhetrae** seems to occur only in Amm. and **axones** in this particular meaning as well; unless one wants to make an exception for Porf. Hor. ars 399: Oppida moliri, leges incidere ligno, where this commentator says: "Aereis enim tabulis antiqui non sunt usi sed roboreis. In has incidebant leges, unde adhuc Athenis legum tabulae ἄξονεσ (et κύρβεισ) vocantur" (cf. Gellius 2.12.1: In legibus Solonis illis antiquisimis, quae Athenis **axibus ligneis** incisae sunt).

e For **Lycurgus** and his legislation cf. Beloch² I. 2 p. 253 sq.; Bury, History of Greece p. 135, 859.

For **Solon** and his legislation cf. Beloch² I. 1 p. 363 sq.; ibid. I. 2 p. 318 sq.; Bury, H. of Gr. p. 181 sq. And for **both** Zimmern⁴, The Greek Commonwealth p. 131 sq.

f This entire caput 5 really shows the fashion of that period, as well as Ammianus' predilection for the embellishment of his text with quotations and examples from the Greek and Roman past.

g **Roman translatas.** One of the many hellenising fictions from Roman history.

et senescentes. R. Schöll: set; V Clark: **et**. Cf. ad 16.4.3 (p. 75. 1–2).   p 75.15
Sylla dictator: 82–79 B.C. Full name: L. Cornelius Sulla. Cf. Niesse-Hohl (op. cit. I) p. 206 sq.; Drumann (op. cit. I) 2 p. 364.
The spelling Sylla (also in 16.12.41) betrays the Greek. Rolfe wrongly reads: Sulla.

a **reputans ex praedictis Democriti, quod ambitiosam mensam fortuna,**   p. 75.15–16
parcam virtus adponit.
For the ethics of **Democritus of Abdera** (born ± 460 B.C.) cf. Gomperz, Griechische Denker⁴ I p. 305 sq. and p. 477 note (with lit.). It seems to me not unlikely that Amm. acquired his knowledge of **Democritus** also from **Seneca,** who mentions him quite frequently (cf. et. ad 15.1.4 = III p. 11).
b Cf. Seneca Epist. 120: nihil praeter cibum natura desiderat.
                Num tibi, cum fauces urit sitis, aurea quaeris
                Pocula? num esuriens fastidis omnia, praeter
                Pavonem rhombumque?
Ambitiosa non est fames: contenta desinere est: quo desinat, non nimis curat.

c **praedictis** = praeceptis, placitis. Cf. Liv. 23.19.5; Krebs Antib. II p. 351.

V, 2

p.75.17-19 *a* **id enim etiam Tusculanus Cato prudenter definiens cui Censorii cognomentum, castior vitae indidit cultus.**
Refers to the well-known **M. Porcius Cato,** nicknamed Censorius, censor in 184 B.C. Cf. Drumann (op. cit. I) 5. p. 102 sq.
b for **censorius** cf. 18.1.4: Numerium ... accusatum ut furem, inusitato censorio vigore ... audiebat (sc. Julianus); 25.4.7 (of Julianus); censor in moribus regendis acerrimus.
Valesius rightly annotates: "Non enim assentior Marcellino, qui a castitate et sanctitate vitae id ei cognomentum inditum esse pronuntiat. Fefellit Marcellinum, quod sua aetate **Censorios** dici audiebat homines qui castius viverent." Cf. Hist. Aug. Tyr. trig. 33 (on **Censorinus**): cumque se gravissime gereret neque a militibus ob disciplinam censoriam ferri posset; ibid. Valer. 5 (at the election of a censor in the Senate; the following words are taken from a completely false and imaginary senatus consultum): "Valeriani vita censura est.... Valerianus a prima pueritia fuit censor. Valerianus in tota vita sua fuit censor ... hunc censorem (now the office is meant) omnes accipimus, hunc imitari omnes volumus ..."; cf. et. Arnob. adv. nat. 5.23: vellem itaque videre patrem illum deorum Iovem ... arripientem hos manu censoria illa atque divina qua vibrare coruscos ignes et saevire fulminibus suetus est ...
c Attention should be paid to the frequent alliteration in this passage.
d **Cognomentum:** cf. ad 14.7.18 (II p. 46) and ad 14.5.8 (I p. 88).
e **castior vitae cultus.** Wagner annotates: "Voce **cultus** interdum ad periphrasin utitur Ammianus: sic 30.9.2" (omni pudicitiae cultu domi castus et foris, nullo contagio conscientiae violatus obscenae, nihil incestum).
f The quotation from Cato in the edit. Jordan p. 110, 22 (which contains the fragments, apart from **de re rustica**).

V, 3

p.75.19 **libellum.** Valesius annotates: "**Libellum** pro epistola ponit, quo Constantius Imp. annonas et salaria tam Juliano Caesari quam palatio eius constituerat. Similes Imperatorum epistulas refert Pollio in Claudio c. 14, Vopiscus in Aureliano c. 9 et 13 ac Probo c. 5." Wagner objects to Valesius' explanation: "Libellum Vales. interpretatur epistolam. Nil opus; est scida, schedula". But for **libellus** the meaning **letter** is quite usual, also in classical Latin and needs no further adstruction. Cf. et. 20.9.6: (Leonas brings an imperial letter in Paris from Constantius, which he has to read to Julianus) replicatoque **volumine edicti** quod missum est et legi ab exordio coepto etc.; while previously is said: **scripta** iubetur offerre (sc. Leonas); Matth. 19.7: Dicunt illi: Quid ergo Moyses mandavit dare libellum repudii, et dimittere? (δοῦναι βιβλίον ἀποστασίου καὶ ἀπολῦσαι).

ut privignum ad studia mittens. Wagner: "Ut privignum vitricus aliquis ad studia Athenis prosequenda." He quotes Vell. Paterc. 2.59: eum in studia miserat Apolloniam. Cf. et. Cod. Theod. 14.9.3 (de professoribus publicis Constantinopolitanis), where **studia** occurs twice in the sense of lecture (lecture hall?). p. 75.20

manu sua. Cf. Dig. 20.1.26.1: ut ... chirographum perscriberet sua manu filius eius, quod ipse impeditus esset scribere. This **manu sua** is especially mentioned by Amm., because a letter from the Emperor written by his own hand is an exception. He does **sign** laws, for instance, which have been prepared by the quaestor sacri palatii (cf. ad 14.7.12 = II p. 38) and drawn up by the scrinia (offices), with purple ink (manu divina), but that is usually the extent of his writing. The fact that in this case he wrote the **libellus** himself, can be explained just as well as fatherly care than as narrow-minded censoriousness, though Amm. undoubtedly means the latter.

praelicenter. Cf. 17.8.3: ausos olim in Romano solo ... habitacula sibi figere praelicenter (too bold); 28.4.25: ad aurigam confugit (sc. debitor) audentem omnia praelicenter; Gellius 16.7.1. p. 75.20-21

a **fasianum et vulvam et sumen exigi vetuit et inferri.** Cf. Plin. Nat. Hist. 8.51 (209): Hinc censoriarum legum paginae, interdictaque coenis abdomina, glandia, testiculi, **vulvae**, sincipita verrina; Hist. Aug. Alex. Sev. 37: usus **convivii** diurnus hic fuit.... erant decreta et carnis diversae pondo triginta, erant et gallinacei duo, adhibebatur anser diebus festis, kalendis autem Januariis et Hilariis Matris Deum et Ludis Apollinaribus et Jovis Epulo et Saturnalibus et huius modi diebus **phasianus,** ita ut aliquando et duo ponerentur additis gallinaceis duobus; ibid. Pert. 12.6: **Phasianum** numquam privato **convivio** comedit aut alicui misit. (cf. ibid. Anton. Elag. 20. 4-7; 24.3; this one forms a complete contrast to the 2 emperors just mentioned). For the delicacies **vulva** and **sumen** cf. Hist. Aug. Ant. Elag. 21.3: exhibuit et sumina apruna per dies decem tricena cottidie cum suis vulvis etc. In general one should compare L. Friedländer, Sittengesch. Roms II (Der Luxus) 2 (Der Tafelluxus etc.); Wilh. Kroll, Die Kultur der Cic. Zeit (1933) II p. 68 sq. (both with lit.). p. 75.21-22 *b* **exigi,** anquiri vetuit sc. Julianus **et inferri,** apponi (Wagner). The meaning of **inferre** = to put on the table, is definitely unusual. Cf. Plin. N. Hist. 9.35 (mensem secundam); 33.11 (lancem); Vulg. Esther 1.7 (Georges quotes these passages).

p.75.22 **munificis militis.** Cf. ad 15.1.2 (III p.8).

p.75.22-23 **fortuito cibo.** Cf. Horat. Carm. 2.15.17 sq.:
>Nec fortuitum spernere caespitem
>leges sinebant ... and:

Pind. Pyth. 4. 59-61: .... ἂν δ'
>εὐθὺσ ἁρπάξαισ ἀρούρασ
>δεξιτερᾷ **προτυχὸν ξένιον** μάστευσε δοῦναι.

The underlined words mean: a lump of earth which happened to lie there. Cf. et. ad p.76 4-6 (a).

V, 4

p.75.25-p.76.2 **quod factitasse Alexandrum ... abrumperet somnum.**

p.75.26 **aenea concha** = a shell-shaped bowl. Cf. Dig. 33.7.17: Item pictoris instrumento legato cerae colores similiaque horum legato cedunt, item peniculi et cauteria et **conchae**; Paul. Sent. 3.6.90 (Huschke p. 394): Argento potorio legato, omnia, quae ad poculorum speciem comparata sunt, debebuntur, veluti paterae, calices, scyphi, urceoli, oenophoria et **conchae**; Cato, de agri cult. 13.2: In cellam oleariam haec opus sunt ... concas maioris II et minoris II etc.; 66.1; 156.4.

p.76.1-2 *a* **cum ... laxasset.** For **cum iterat.** cf. ad 14.2.2 (I p.67): Hofm.-Leum. op. cit. p.750 sq.

b **sopor infusus.** Cf. 31.2.6 (about the Huns): ex ipsis quivis in hac natione pernox et perdius emit et vendit, cibumque sumit et potum, et inclinatus cervici angustae iumenti, in altum **soporem** ad usque varietatem **effunditur** somniorum. For the poetic **sopor** cf. Krebs Antib. 2 p.590. Amm. greatly favours the use of these substantiva ending in -or, indicating a situation, sound or mood; according to Liesenberg this is not really different from the use by poets and authors from the silver age of Latinity. As far as **infundere** is concerned, this is certainly a poetic reminscence particularly in combination with **sopor**, cf. 14.1.1: fortunae saevientis procellae tempestates alias rebus infudere communibus; 14.5.6: (Paulus notarius) fluminis modo fortunis complurium sese repentinus infudit.

c **vigorem.** Cf. 25.3.8: eo vigore ... quo. The word is non-classical, in prose not before Livius, in poetry since Vergilius. Often found in late Latin, especially eccles. Cf. Krebs Antib. 2 p. 740.

gestaminis. Cf. Hagendahl Stud. Amm. (op. cit. I) p. 34: "**sensu passivo,** id quod geritur ... Plerumque a poetis, in primis de ornamentis, adhibetur .. In prosa oratione raro (nec ante Plin. nat.) inveni apud Apul. met. flor.; Sol.; Jul. Val.; Mart. Cap." (with the places quoted there). p.76.2

V, 5

a **absque instrumento.** For **absque** cf. ad 14.3.4 (I p. 81 sq.). p.76.3
b **instrumento.** Here: auxiliary, artificial aid; as usual and seen more often.

nocte dimidiata. Has Ammianus read Gellius N. Att. 3.14, where the difference between **dimidius** and **dimidiatus** is set forth? For **nocte dimidiata** seems an unusual expression to me. Cf. et. Cat. agr. cult. 37.4: nisi intermestri lunaque dimidiata ne tangas materiem. p.76.3-4

a **non e plumis vel stragulis sericis ambiguo fulgore nitentibus, sed ex tapete et <si> syra, quam vulgaris simplicitas susurnam appellat.** Cf. Mam Grat. actio Jul. 11 (= Baehrens p. 253): neque enim ei parandae sunt picturatae marmorum crustae et solido auro tecta laquearia qui maiorem anni partem in nuda humo cubet et caelo tantum tegatur; neque turbae institorum ac deliciae ministrorum cui tam pauca sint ministranda; neque impensus epularum ei qui saepius statarium prandium ad necessitatem humani corporis capiat gaudens castrensi cibo, ministerio obvio et poculo fortuito; Jul. Misop. 340 B: p.76.4-6
Καίτοι πόστον εἴρηταί μοι μέροσ τῶν ἐμῶν εἰσ ὑμᾶσ ἀδικημάτων; τὰ δὲ ἔνδον ἄγρυπνοι νύκτεσ ἐν στιβάδι, καὶ τροφὴ παντὸσ ἥττων κόρου πικρὸν ἦθοσ ποιεῖ καὶ τρυφώσῃ πόλει πολέμιον (πόλει = Antiochiae); Liban. Orat. 18.269 (= Foerster 2 p. 354): καὶ κομίζεται πρὸσ τὴν σκηνὴν καὶ τὴν μαλακὴν εὐνήν, τὴν λεοντῆν καὶ τὸν φορυτόν, ταυτὶ γὰρ ἡ 'κείνου στρωμνή;
Varro de h. lat. 5.35 (= Goetz-Schoell p. 50): super lectulis origines quas adverti, hae: lectica, quod legebant unde eam facerent stramenta atque herbam, ut etiam nunc fit in castris etc.; Vales. annot.: "**Tapetem** hoc in loco Marcellinus **plumis** opponit: **sisurnam** vero **stragulis sericis** diversicoloribus. Huius modi erant militum lecti. Stramentum et algam colligabant; super iis tapetem ponebant villosum ... Qui lecti a Graecis dicebantur χαμεῦναι et στιβάδεσ." Cf. et. 25.2.4: relictoque humi strato cubili,

adulta iam excitus nocte, etc.; 22.4.6; 29.4.5; Cic. Tusc. 5.90; Fronto princ. hist. 13 p. 208 N.

b **stragulis.** Cf. Dig. 33.7.12.28: Proinde si fundus sit instructus legatus, et suppellex continebitur, quae illic fuit usus ipsius gratia, et **vestis** non solum **stragula,** sed et qua ibi uti solebat (Ulp.); 33.10.5 ibid.: De tapetis quaeri potest, subsellia cathedraria quibus insterni solent utrum in veste sint, sicut **stragula,** an in suppellectili, sicut toralia, quae propria **stragulorum** non sunt (Paulus); ibid. 34.2.23.2: virilia (vestimenta) sunt, quae ipsius patris familiae causa parata sunt, velut togae tunicae palliola **vestimenta stragula** amfitapa et saga reliquaque similia (Ulpianus); ibid. 34.2.24: Cum et tunicas et **stragula pellicia** non nulli habeant (Paulus); ibid. 34.2.25.3: Tapeta vesti cedunt, quae aut sterni aut inici solent: sed **stragulas** et babylonica, quae equis insterni solent, non puto vestis esse (Ulpianus); 50.16.45: In "stratu" omne vestimentum contineri quod iniciatur Labeo ait: neque enim dubium est, quin **stragula vestis** sit omne pallium, περίστρωμα in victu ergo **vestem** accipiemus non **stragulam,** in stratu omnem **stragulam vestem** (Ulp). The meaning of **stragula, -um** is evident from the above passages. From the form **stragulis** cannot be seen whether Amm. uses the fem. or the neutr. For the "correct" form stragula (vestis) cf. Krebs Antib. 2 p. 606.

c **sericis.** Cf. Claud. in Eutr. 2.335 sq.:
        Vestis adoratae studium, laus maxima risum
        Per vanos movisse sales, minimeque viriles
        Munditiae, comti vultus, onerique vel ipsa
        Serica;
        ibid. de laud. Stil. 2. 350 sq.:
        Parte alia spumis fucantem Serica frena
        Sanguineis, primae signatus flore iuventae,
        Eucherius flectebat equum;
        Dig. 34.2.23.1; Amm. 23.6.67; Amm. 28.4.18;
Cod. Theod. 10.20.13 (a° 406): Lotas in posterum sericas **blattae** ac **mataxae** huius modi (cuiusmodi?) species inferri praecipimus [C. Comm. Gothofr.: "Ex his iam apparet duas sericas species hac lege indicari: unam sericam blattae, alteram metaxae: et vero proculdubio sic hic legendum, sericas blattae ac metaxae species: ac si dixisset, sericas species sive blatteas, id est, purpura fucatas, sive metaxatas, id est, nondum fucatas. **Species,** id est, vestes (cf. Amm. 14.9.7: cuius prolatae litterae scriptae Graeco sermone, ad Tyrii textrini praepositum, celerari **speciem** perurgebant) . . . . .".]

d **quam vulgaris simplicitas sisurnam appellat.** Cf. annot. Vales.: "Grammatici tamen, plerumque nimis

1 scrupulosi, σισύραν et σίσυρναν distinguunt. Nam σισύραν quidem pellem esse dicunt: σίσυρναν vero tunicam ex pellibus caprinis consarcinatam; ut videre est apud Hesychium et Ammonium: et scholiastes Lycophronis σίσυν, et σισύραν, ac σίσυρναν differre scribit: ac σίσυν esse quodvis vile amiculum; σισύραν vero gunam seu amiculum e pelle villosa; σίσυρναν denique pellem absque villis. Sed hanc grammaticorum distinctionem saepe auctores negligunt.." Cf. et. Liddell and Scott, dict. sub vv.; Pape sub vv.

2 **vulgaris simplicitas.** Cf. 17.13.9: quem habitum caput porci simplicitas militaris appellat.

e **ambiguo fulgore.** Cf. annot. Wagner: "... quia versicolores sunt. Reinesius: ut peculiarem nullum colorem posses dignoscere"; 26.5.9: super adpetitu vero Procopii, antequam adulisceret, reprimendo, curis diducebatur ambiguis.

a **occulte Mercurio supplicabat, quem mundi velociorem sensum esse motum** p.76.6–7
mentium suscitantem, theologicae prodidere doctrinae. Cf. Enßlin, zur Gesch. schr. etc. (op. cit. I) p.60: "So müssen wir zusehn, ob und wie sich bei Amm. auch sonst ein Ausblick auf die Zeitphilosophie oder, was auf dasselbe hinausläuft, Zeittheologie eröffnet. Da lesen wir 17.7.12 im Erdbebenexkurs: ideoque Neptunum umentis substantiae potestatem Ennosigaeon et Sisichtona poetae veteres et theologi nuncuparunt. Die Stelle hat ihre Parallele bei Gellius 2.28.2 und Macrob. Sat. 1.17.22. Statt **theologi** würden wir eher **physici** erwarten, ein Wort, das wir dann anderweitig dort finden werden, wo wir eher die theologi voraussetzen würden (21.1.11). Wir entnehmen daraus nur, dass Ammian einer Richtung folgt, für welche die Lehre der Theologen und Physiker eine gemeinsame Denkgrundlage abgeben, oder noch besser, in der Physiker und Theologen dieselben Personen sind, wie wir das etwa in Julians Rede auf den König Helios verfolgen können. Amm. sagt ein andermal von dem insgeheim schon heidnisch gesinnten Julian: 16.5.5 (mentioned above). Vielleicht hat er hier an Julians eigene Schriftstellen gedacht, wo Hermes als Führer in aller Philosophie und Beredsamkeit genannt wird und öfters λόγιοσ zubenannt ist. (Cf. Mau Rel. Jul. op. cit. I, p.17). Mit Julian wären wir dann wieder mitten in dem neuplatonischen Vorstellungskreis." Cf. et. Jul. orat. 7. p.237C; Misop. p.354C; orat. 4 p.150D; orat. 4 p.144A; contra Galil. 235B; Mau op. cit. p.52: "So will ich hier sogleich die Bemerkung einfügen, dass zwei Auffassungen bei Julian sich finden, die eine, die die Eigenschaften des sichtbaren und denkenden Helios scharf sondert, die andere, die die Sonne als Kraft der Nus in der sichtbaren Welt ansieht und daher Sonne und den-

kenden Helios nicht auseinanderhält, sondern einen Helios annimmt, dessen ἐνέργεια sich in der Sonne zeigt, der aber seinem Wesen nach der Mittelpunkt der denkenden Welt ist. Die Beziehung des Helios zum Nus lässt uns auch verstehen, wie bei Amm. Marc. (21.1.11: sol enim, ut aiunt fysici, mens mundi nostras mentes ex sese velut scintillas diffunditans, cum eas incenderit vehementius, futuri conscias reddit) und bei Macrobius (1.18.17: mundi autem mentem solem esse opinantur auctores) die Sonne als mens mundi bezeichnet werden kann". Cf. et. Camus, Amm. Marc. p. 133 sq. (1967). In order to understand these images it is necessary to have read Iamblichus and the writings of Julianus, especially the latter's speech to King Helios, a reading-matter, however, which makes such demands on our capacity for imagination and feeling, that it discourages nearly all readers; not to mention the difficulties of this particular type of Greek.

b **velociorem.** For the compar. cf. ad 14.6.12 (I p.96).

c **prodidere.** Cf. Hagend. Perf. formen (op. cit. I). Here metri causa, as often.

p.76.8 *a* **atque in tanto rerum defectu, explorate rei publicae m . . . . curabat.** Val.: explorate rei publicae ⟨munera⟩.

Although there is some doubt about the first 3 words after the comma, **explorate** can be defended by its use by Cicero: de nat. deor. 1.1; ad Q. fr. 2.15b3; ep. 6.1.5 (ad fam.).

Instead of munera Cl. reads **munus,** Nov. **munia.** Perhaps Amm. is following its use by Tac., who distinguishes between munia and munera (Cf. Nipperdey ad Tac. ann. 3.2)? Cf. et. Krebs Ant. 2. p. 115.

b **defectu.** In the meaning of: inopia, certainly unusual and probably late Latin. Just as Sol. 27.3 (cuius sali defectus vel incrementa) Amm. uses the pluralis 23.6.61: circa defectus et crepidines montium and 23.6.70: ipsi quoque montium defectibus inclinati; which use strengthens my belief in a literary reminiscence. The meaning in the last 2 places is: steep slope. In the Digests one finds several times: defectus condicionis. Cf. et. Souter p. 91.

V, 6

p.76.9-13 *a* Cf. 25.4.5 (where the same classification is found of: sleep, matters of state and studies): ubi vero exigua dormiendi quiete, recreasset corpus laboribus induratum, expergefactus, explorabat per semet ipsum vigiliarum vices et stationum, post haec seria ad artes confugiens doctrinarum; and for the Cicero reminiscences de nat. deor. 1.4.9: omnes autem eius (sc. philosophiae) partes atque omnia membra (Amm.: per omnia philosophiae membra); de senectute 14.49: si vero habet (sc. animus) aliquod

tamquam pabulum studii atque doctrinae (Amm.: principalium rerum notitiam celsam indagans et quasi pabula quaedam animo ad sublimiora scandenti conquirens); Acad. II 41.127: est enim animorum ingeniorumque naturale quoddam quasi pabulum.
b How different is the spirit emanating from the Dist. Cat. 2.2:
        Mitte arcana Dei, coelumque inquirere quid sit:
        Quum sis mortalis, quae sunt mortalia, cura.

post quae ut ardua et seria terminata. Post + part. perf. pass. instead of abl. abs. quite usual in late Latin. Cf. Hofm.-Leum. (op. cit. I) p. 501, 608; Ahlquist (op. cit. I) p. 67; Riemann Tit. Liv. (op. cit. I) p. 105 annot. 1. Compare the use of μετά + infin. (without the article) in late Greek popular language. Cf. Ljungvik (op. cit. I) p. 4 sq.   p.76.9
ad procudendum ingenium. Cf. ad 15.2.8 (III p. 24).

incredibile quo quantoque ardore. Cf. ad 15.8.15 (IV p. 39).   p.76.10

a **principalium rerum notitiam celsam indagans.** = investigating the lofty knowledge of the principal truths (of philosophy). Cf. Souter p. 322; Heum.-Seckel p. 458. (In jurid. lit. in the meaning of: first, principal and: imperial); Amm. 16.8.8: amictus ... principalis (= imperial); Cic. de Fato 18: Causarum enim, inquit, aliae sunt perfectae et principales, aliae adiuvantes et proximae.   p.76.10-11
b **indagans.** The verb is here probably once more a literary reminiscence, perhaps from Cic. Cf. Krebs Antib. 2. 720.

quasi pabula quaedam. Cf. Cic. Cato m. 14.49: Si vero habet aliquod tamquam pabulum studii atque doctrinae, nihil est otiosa senectute incundius.   p.76.11

scandenti. Simplex pro composito. Following the poets' custom. Cf. Draeger über Synt. Tac. (op. cit. I) p. 9 sq.; A. Engel. De Q. Horatii Flacci sermone metro accommodato (Breslau 1914) p. 68; Hofm.-Leum. p. 548 (with lit.); Fesser p. 25; Pighi St. Amm. p. 172.   p.76.12
per omnia philosophiae membra. Cf. Cic. de nat. deor. 1.4.(9): Omnes autem eius (Sc. philosophiae) partes atque **omnia membra** tum facillime noscuntur ...; Michael (de A.M. Stud. Cic.) p. 34.

prudenter disputando. Cf. 20.8.11: (from a letter from Julianus to Constantius) et condicionum aequitatem quam propono bona fide suscipito cum animo disputans haec statui Romano prodesse nobisque ... = to look at   p.76.12-13

43

from both sides, to consider carefully. Cf. et. Krebs Antib. p. 458 sq. More usual: secum reputando.

V, 7

p.76.13 *a* **sed tamen cum haec effecte pleneque colligeret. effecte:** an extremely rare adverb. Cf. Apul. flor. 9: idque facere adortus sum, dum moderationem tuam in provincialium negotiis contemplor, qua **effectius** te amare debeant (van der Vliet is mistaken, in my opinion: qua effecisti ut te amare debeant; p. 159 of his edit.) experti propter beneficium, expertes propter exemplum, Mart. 2.27.3:

> Laudantem Selium cenae cum retia tendit
> Accipe, sive legas sive patronus agas:
> "Effecte! graviter! cito! nequiter! euge! beate!
> "Hoc volui! Facta est iam tibi cena, tace".

= cum effectu = late Latin effective.
Cf. Wagner: "perfecte et ita, ut omnes philosophiae partes animo complecteretur"; 22.8.6: et ut effecte pleneque Φ litterae figura servetur, in meditullio ipso rotunditatis, Proconesus insula est oblonga et Besbicus.

b **colligere** (here) = to reflect on, to ponder. Cf. Cic. Invent. 1.1: Nam cum et nostrae rei publicae detrimenta considero et maximarum civitatum veteres animo calamitates colligo.

p.76.13-14 *a* **nec humiliora despexit, poeticam mediocriter et rhetoricam.** Before **ut ostendit** Wagner inserts: amavit. Clark assumes a lacuna here. Büchele rightly annotates: "Wagner will hier das ausgelassene Verbum **amavit** supplirt wissen, weil **despexit** wegen des dabeistehenden **mediocriter** unmöglich mit **poeticam** und **rhetoricam** verbunden werden könne, ohne das Gegenteil von dem, was gesagt werden sollte, auszudrücken. Richtig; aber warum gerade ein neues Verbum in den Text schieben? in **non despexit** ist bereits **amavit**, oder wenigstens das gemässigtere **coluit** enthalten; es ist diess eine, auch bei den besten Autoren vorkommende Redefigur."

b The Greek-talking (and -thinking) Antiochian, which is what Ammianus is, has acquired here the typically Roman way of thinking.

c The poetry can be found in an edition by **Bidez** of letters, etc. by Julianus (op. cit. I) and in the edition of Julianus in the Loeb Classical by W.C. Wright III p. 304 sq.

p.76.14-16 *a* **ut ostendit ... historiam multiformen**
The best editions of the **orationes** and **epistulae** are those by Wright and Bidez (cf. prior note and the literature given in I and II). For the letters in particular, the older editions are inferior.

For his **legislative work** cf. W. Ensslin, Klio XVIII 1923 (op. cit. I), quite excellent, like everything Ensslin has written.

For his **literary hobbies** cf. et. Bidez La vie de l'empereur Julien, p. 172 sq.: Occupations litteraires (with notes); Geffcken Jul. p. 173 Register (very exhaustive). On his own **historical writings** Bidez ibid. p. 384 note 7; Geffcken ibid. p. 113, 149.

b **cum gravitate comitas incorrupta.** The judgment of the contemporary Ammianus on Julianus' style. We look at this somewhat differently. On the other hand, many people in **our** time lack the capacity to enter into the style and language **then** in use. Cf. Norden Ant. Kunstpr. II. 646 sq. (with lit.), definitely worth reading, although in my opinion his ideas are out of date.

c The correct version is: et nostrarum **et** externarumque rerum historiam multiformem. Cf. Pighi Stud. Amm. p. 79; Hagendahl abund. p. 215; Amm. 21.5.12; 14.6.26.

super his aderat latine quoque disserendi sufficiens sermo. This is necessary for an educated man of that period. But Julianus certainly has never been as interested in Roman language and literature as Ammianus. Everything points that way. Cf. Geffcken Jul. p. 48 line 34 sq. His whole education had been directed towards Greek culture and finished in a Greek (Eastern) environment. p. 76.16–17

V, 8

a **si itaque verum est ... exhausisse.** Cf. Cic. Tusc. 1.24: Quid est enim illud, quo meminimus? aut quam habet vim? aut unde natam? Non quaero, quanta memoria Simonides fuisse dicatur; quanta Theodectes etc.; De orat. 2.86 (353): Hoc interim spatio conclave illud, ubi epularetur Scopas, concidisse: ea ruina ipsum oppressum cum suis interiisse. Quos cum humare vellent sui neque possent obtritos internoscere ullo modo: Simonides dicitur ex eo, quod meminisset, quo eorum loco quisque cubuisset, demonstrator uniuscuiusque sepeliendi fuisse. Hac tum re admonitus invenisse fertur, ordinem esse maxime, qui memoriae lumen afferret; de fin. 2.32: Primum in nostrane potestate est, quid meminerimus? Themistocles quidem, cum ei Simonides, an quis alius, artem memoriae polliceretur, oblivionis, inquit, mallem. Nam memini etiam quae nolo, oblivisci non possum quae volo; de orat. 3.32: Ex quibus Eleus Hippias, cum Olympiam venisset, maxima illa quinquennali celebritate ludorum, gloriatus est, cuncta paene audiente Graecia, nihil esse ulla in arte rerum omnium, quod ipse nesciret; Plin. Nat. Hist. 7.24: Cyrus rex omnibus in exercitu militibus p. 76.17–22

nomina reddidit (Xenoph. Cyri disc. 5.3.47); Simonides 53 (56) with Gaisford's annotation (= poetae minores graeci III p. 175):
 Μνήμην δ'οὔ τινα φημὶ Σιμωνίδῃ ἰσοφαρίζειν
 ὀγδωκονταέτει, παιδὶ Λεωπρεπέοσ.
Quint. 11.2.
b Cf. Gellius 5.3.7: is tamen Protagoras insincerus quidem philosophus, sed acerrimus sophistarum fuit; Fletcher, Rev. de philol. LXIII, 1937, p. 393.

p.76.17–20 *a* **si ... verum est ... Cyrum regem et Simonidem ... ideo valuisse memoria, quod epotis quibusdam remediis id impetrarunt, credendum est** ... Cf. Hagendahl abund. (op. cit. I) p. 216: "Restat tamen ut moneam haud raro fieri, ut verbositate quadam eodem quod ante iterum dicto tautologia molesta efficiatur, quam rem sat habeo nonnullis exemplis illustrare: 22.16.7; 27.3.15; 25.4.4: iuvante parsimonia ciborum et somni, quibus domi forisque tenacius utebatur; 28.1.10; 29.2.9; 31.5.4. Id quod iam in sententia primaria satis dictum est, in sententia secundaria repetitur: our place above; 27.10.4: prae metu poenarum quas verebatur; 30.3.7: periit autem in Francia postea, quam dum internecive vastando perrupit avidius, oppetit; 30.5.19: innata feritate concitus, ut erat inmanis ... iussit.
Denique locum affero, ubi Flor. 1.12.14: laborat annalium fides, ut Veios fuisse credamus, exscripsit, sed ita, ut tautologia notabilis existeret: 23.5.20: Suadere nobis laborat monumentorum veterum fides, ut has civitates (sc. Fidenas Faliscos Veios) aliquando valuisse credamus."
b The abundantia, a rhetoric means of expression, often deteriorates with Ammianus, as Hagendahl rightly remarks, into a kind of verbosity, which is found in nearly all authors of this later age, Greek as well as Latin, and not only in literature in the strict sense, but also in juridicial writings (one only ha s to read some of the lengthier laws from the Codex Theodosianus) and in non-literary papyri.
Although the phenomenon has been observed before, there is to my knowledge no systematic discussion, let alone any hypothesis to explain this peculiarity. Personally I find the cause and origin of this verbosity one of history's mysteries. For nothing is settled by saying that it suits the period. I could just as easily prove that it does **not** suit the times.
In any case we will have to accept the phenomenon, not just interpret it away, and particularly we should keep in mind that this was entirely normal for the people of this late imperial age.
However, it does constitute an added difficulty in interpreting the late Greek and late Latin texts.

c **memorant.** Cf. ad 14.6.8 (I p. 93).

memoriae dolium. Wagner does not know where Amm. found this dolium p. 7 .21
memoriae, nor what it really means; Lindenbr. refers to Hesiodus Ἔργ.
98. How this passage could be related to that of Amm. is a mystery to me.
Perhaps Amm. had in mind Plautus Pseud. 369:
      in pertussum ingerimus dicta dolium, operam ludimus?

V, 9

a Diebus vero quae ornate dixerit et facete, quaeve ... egerit ... aut ... p. 76. 23–25
correxit et libertate ... demonstrabuntur.
Cf. Hagendahl. Stud. Amm. p. 124: "Sic V, Harmon (op. cit. I) p. 169 adn. 2
Clark. Ceteri editores hunc quoque locum ad leges severas syntacticas varie
correxerunt, velut Lindenbrog **dixit... egit,** Accursius Eyssenhardt Gardthausen **correxerit,** Valesius et Wagner parum constanter **dixerit... egit...
correxit** scribunt ... Apparet enim Amm. modos ideo mutasse, quod
oratio numerose cadere aliter non poterat:

$\overset{x}{\smile}\sim\sim\sim\overset{x}{\smile}\sim \quad \overset{x}{\smile}\sim\sim\sim\sim\overset{x}{\smile}\sim$

dixerit et facete, correxit et libertate".
b **apparatu** = belli apparatu = preparations for war.
Cf. Krebs Antib. I p. 184 sq.
c **libertate** (Gardthausen liberalitate) = liberalitate. Cf. Löfstedt, Beitr.
z. Kenntnis der späteren Latinität (U U Å 1907) p. 70 sq. But reversely **liberalitas** in late Latin means sometime **libertas.** Cf. Souter p. 231.
ornate et facete. Cf. Cic. de orat. 3.53: qui distincte, qui explicate, qui abundanter, qui inluminate et rebus et verbis dicunt et in ipsa oratione quasi
quendam numerum versumque conficiunt, id est, quod dico, ornate;
A. D. Leeman, Caesar and Cicero in Hermeneus 28.7. (1957) p. 138 sq. And
about **facete** Cic. De orat. 2.54 (216 sq.): Ego vero, inquit Caesar, omni de
re facetius puto posse ab homine non inurbano, quam de ipsis facetiis
disputari ... Etenim cum duo genera sint facetiarum, alterum aequabiliter
in omni sermone fusum, alterum peracutum et breve: illa a veteribus superior, cavillatio, haec altera dicacitas nominata est.
e **diebus** contrasts with noctes cf. 4. The plural in the meaning of: in the
daytime, by day, is certainly very unusual, though there is the connection:
noctibus atque diebus. Cf. Veget r. mil. 3.6 (Lang p. 76): Tutius autem
operantur exploratores noctibus quam diebus (but: Veget. mulom. 184.3:
die ac nocte = Chir. mulom. 123.15: die et nocte); Salonius Vitae patr.
p. 121 sq.; Grevander Mulom. p. 94; Ahlquist Mulom. p. 48 sq.

p.76.24 *a* **congressibus proeliorum.** Genitivus identitatis. Cf. Hagend. abund. (op. cit. I) p. 198: "Eandem formam loquendi apud Iust. Vulg. Cassiod. invenimus. Sed omnino, ubi de proeliis agitur, saepe fit, ut vox addatur, cui notio congrediendi vel certandi in est"; Thes. IV 295.7 sq; III. 883.14 sq.; IV 295.13 sq.; I. 1412.68 sq.
Hagend. wrongly quotes: congressionibus. Amm. writes: **congressibus.**
b Cf. Gellius 1.11.9: Quid ille vult ardentissimus clamor militum Romanorum, quem in congressibus proeliorum fieri solitum scriptores annalium memoravere?

p.76.25 **singula.** Heraeus: singulatim. I see no objection at all against the traditional version.

V, 10
p.76.26–77.3 **cum exercere ... exclam ⟨ab⟩ at**
a **proludia** cf. II p. 116; Souter p. 326.
b **artemque modulatius incedendi per pyrricham.** Cf. Grosse Mil. (op. cit. I) p. 221 sq.: "Dass auch im 4 Jahrhundert das kunstgemässe
1 Exerzieren noch geübt wurde, sehen wir daran, dass grosser Wert auf die **armatura** oder pyrricha militaris gelegt wurde. Es war dies eine Art Kriegstanz, ein beliebtes militärisches Paradestück, wie es seit republikanischer Zeit an Festtagen im Zirkus (Veget. 2.23) dem Volke vorgeführt wurde. Eingeübt wurde es von den Exerziermeistern, den **campidoctores** (Veget. 1.13; 2.23). Bei der **armatura pedestris** wurde kunstvoll nach den Klängen der Musik marschiert (Amm. 16.5.10). Dies hatte auch praktische Bedeutung, da auch gelegentlich beim kriegsmässigen Marsche nach dem Takte der Musik getreten wurde (Amm. 19.6.9; 24.6.10) ... Eine Schilderung der **armatura equestris** gibt uns Claudian aus dem Jahre 404 (Paneg. de VI consulat. Honor. 621–639) ... Das Ganze setzt voraus, dass die römische Reiterei nicht nur im Geländereiten ausgebildet wurde, sondern auch eine gründliche Reitschule durchmachte. Welch hoher Wert auf diese Übungen bei Infanterie und Kavallerie gelegt wurde, geht daraus hervor, dass Ammian des Constantius gründliche Kenntnis der armatura pedestris rühmt (Amm. 21.16.7; cf. ad 14.11.3) und dass Julian die pyrricha militaris erlernte (Amm. 16.5.10), dass diese Übung ferner die grösste Freude des sonst unfähigen Heermeisters Sabinianus war (18.7.7)" Cf. et. ad 14.1.1 (march-music) and ad 14.6.17 (**armatura**); annot. Vales. Wagner. ad h.l.
2 **modulatius.** For the comparativus cf. ad 14.6.12. Cf. Cic. de nat. d. 2.22: Si ex oliva modulate canentes tibiae nascerentur, num dubitares quin inesset in oliva tibicinii quaedam scientia? Gellius. 13.24.9: Quid igitur,

inquit Favorinus, valet haec repetitio instauratioque eiusdem rei sub alio nomine in manubiis et praeda? Num ornat, ut alioqui solet, orationem? num eam modulatiorem aptioremque reddit?; ibid. 1.11.1: ... Thucydides Lacedaemonios summos bellatores non cornuum tubarumque signis, sed tibiarum modulis in praeliis usos esse refert ... neque etiam ut excitarentur atque evribarentur animi, quod cornua et litui moliuntur; sed contra ut moderatiores modulatioresque fierent ...; Florus 2.7.15: Et iterum iterumque praeconem repetere illam vocem iubebant, qua libertas Achaiae pronuntiabatur: nec aliter illa consulari sententia, quam modulatissimo aliquo tibiarum aut fidium cantu, fruebantur.

c **exercere.** How important exercises were thought to be, is shown by Veget. r. mil. 2.23: Iuniores quidem et novi milites mane ac post meridiem ad omne genus exercebantur armorum. Veteres autem et eruditi sine intermissione semel in die exercebantur armis. Neque enim longitudo aetatis aut annorum numerus artem bellicam tradit, sed, post quanta volueris stipendia, inexercitatus miles semper est tiro.

concinentibus disceret fistulis. In connection with the preceding note (b. 2) p. 77. 1-2
it seems to me that Amm. here uses per variationem fistula for **tibia,** because the latter really seems more suitable to me for the pyrricha than the fistula. The word probably is another poetic reminiscence. Cf. Claud. De cons. Stil. (24) 282 sq: .... posita ludat formidine pastor,
               Securisque canat Stilichonem fistula silvis
ibid. Epith. Pall. et Celer. (31) 39 sq.:
               Restitit, ut vidit Venerem, digitisque remissis
               Ad terram tacito defluxit fistula lapsu.
99 sq.: Haec quoque non vilem mihi fistula commodat usum,
               Responsura choris

clitellae bovi sunt inpositae: plane non est nostrum onus. Cf. Cic. ad Att. p. 77. 2-3
5.15.3.

V, 11

a **inducente ... eius quadam sollemnitate agentes in rebus in consistorium.** p. 77. 4-5
V inducet et eius solemni (lac. 5 litt.) agens. Seeck wants to insert after inducente: magistro admissionum (first chamberlain); Novák reads: Cum inducti essent iussu eius; Heraeus adds to the last 2 words: Sollemnitate agentes. Although Novák's version is the simplest, it does not quite satisfy me. I have not succeeded in finding a satisfactory conjecture. The text seems to me fairly corrupt. Cf. et. Gall. – Font. I p. 154.

- *b* **agentes in rebus.** Cf. ad 14.11.19 (II p. 134 sq.).
- *c* **consistorium.** Cf. ad 14.7.11 (II p. 34 sq.).
- *d* **solemni.** This cannot be changed in my opinion = solemniis. Cf. Souter p. 381; Heumann-Seckel p. 545 sq. Which solemnia are meant here, cannot be concluded from the context. Cf. following note.

p.77.5 **ut aurum acciperent.** Rolfe translates: to receive **their** gold. Though what gold these agentes received **inter alios** (why, for what) is not clear. It is certainly not a salary which these subordinates of the magister officiorum will be paid in another way. Rewards for special achievements in connection with their function? To this may also point the distinction of being admitted to the consistorium.

a **quidam ex eorum consortio**
consortium for the classical consortio = societas. Cf. Krebs Antib. 1. p. 342. Often found with legal authors. Cf. Amm. 22.9.8: alii querentes consortiis se curialium addictos iniuste (Cf. for the plural Tac. Ann. 3.34; Colum. 9.9.1). Just as consortium here means collegium, so **consors** has the meaning of colleague in 15.7.6: Liberius ... plurimorum sui consortium decretis obsistens. As so often, Amm. here does not use the professional term, which according to the position of these agentes should have been either **schola** or **officium** (viz. of the mag. off.).
b for **quidam** cf. ad 16.4.4 (p. 75. 8-9)

p.77.6 **pansa chlamyde.** Cf. Lib. Foerster III p. 387:
Ἀλλ' ἐνταῦθα μὲν χλαμύδεσ καὶ ἀναξυρίδεσ καὶ ὄνομα πολεμίων, εἰ καὶ μὴ κινδύνων ἔρωσ, τῶν δὲ κηφήνων τούτων τίσ ἂν ἐνέγκαι τὰσ γαστέρασ τῶν ἐν ἀργίᾳ τὴν ἑτέρων ταλαιπωρίαν ἐσθιόντων;
ibid. IV p. 353: μετὰ γὰρ τὸν τρίβωνα καὶ τὸ Λύκειον καὶ λόγουσ καὶ προλόγουσ καί, νὴ Δία γε, Ἀριστοτέλην ἀναξυρὶσ καὶ ζωστὴρ ὁ τῶν διακονούντων ταῖσ βασιλέωσ ἐπιστολαῖσ ἆσ ἐκ <τῶν> βασιλείων ἀνάγκη φέρεσθαι πανταχοῖ τῆσ γῆσ.
The entire corps of civil servants, as well as the personnel of the various offices were organised and dressed in a military fashion. Hence the **chlamys** and the **cingulum** found so often. Cf. et. Willems Dr. publ. rom. p. 545, 546, 549. Cf. et. Gall. – Font. I p. 270 annot. 298.

p.77.7 **"rapere inquit" "non accipere sciunt agentes in rebus"**
This witticism shows the unpopularity of these agentes in rebus to Julianus. Cf. Aurelius Victor, Caesares 39.44: remoto **pestilenti** frumentariorum genere, quorum nunc agentes rerum simillimi sunt.

V, 12

aditus a parentibus virginis raptae eum qui violarat convictum relegari decrevit.   p. 77. 7-9

a For the punishment cf. ad 15.7.5 (IV p. 16) and ad 14.5.3 (I p. 126) for the concept **relegari**. Ammianus' terminology is in my view certainly not purely legal (and does not have to be so). It is difficult to determine whether the malefactor in this case is being accused and condemned for **raptus alone** or for **raptus and violatio**, or, what seems probable, that Amm., as appears from the verb **violarat**, takes raptus for violatio, although there is a clear distinction between the two. Cf. Cod. Just. 1.55.7: Defensores civitatum oblatos sibi reos in ipso latricinio vel congressu **violentiae** aut perpetrato homicidio stupro vel **raptu** vel adulterio deprehensos et actis publicis sibi traditos expresso crimine cum his a quibus fuerint accusati, mox sub idonea prosecutione ad iudicium dirigant (= Cod. Theod. 9.2.5).
b **aditus.** The correct term: Adire in ius (in iure) aliquem, e.g. Dig. 2.12.6: ... neve quis ad quem de ea re in ius aditum erit iudicatum facere cogat.

a **hisque indigna pati querentibus, quod non sit morte multatus, responderat**   p. 77. 9-11
hactenus:
For the constructions of **quod** cf. ad 14.7.14; 14.10.14; 14.11.7; 14.11.11.
b **hactenus** = in the following manner. This meaning is late Latin. Cf. Kalb Roms Jur. (op. cit. I) p. 63; Heumann-Seckel p. 234.
c **responderat hactenus.** Note the variatio: decrevit ... responderat. Claus.: $\overset{x}{\smile}\sim\sim, \overset{x}{\smile}\sim\sim$. Cf. Hagendahl p. 122.

incusent iura clementiam, sed imperatorem mitissimi animi legibus praestare   p. 77. 10-11
ceteris debet. Rolfe translates: "The laws may censure my clemency, but it is right for an emperor of very merciful disposition to rise above all other laws", which is not right in my opinion. Wagner rightly paraphrases: "(Incusent iura clementiam) dicant homines me clementiorem esse iusto, migrare leges, ut clemens habear, (sed Imperatorem mitissimi animi legibus) hanc sibi legem scribere ipsum, ut non potestate, sed miti animo (praestare) aliis videatur". Büchele understands this passage in a similar sense.

V,13

a **egressurum ... mitigabat**   p. 77. 11-14
interpell‹ab›ant. V interpellant. Neither on the basis of the clausula nor on that of the use of the **praesens historicum** by Amm. do I see any objection against the handwritten version. Cf. ad 14.11.32 (II p. 143 sq.). **Interpellare**

51

is the juridicial terminus technicus = adire. Cf. Dig. 2.4.14: Libertus a patrono reus constitutus, qui se defendere paratus pro tribunali praesidem provinciae frequenter **interpellat,** patronum accusatorem in ius non videtur vocare: Cod. Just. 7.14 (de ingenuis manumissis). 5: Defamari statum ingenuorum seu errore seu malignitate quorundam periniquum est praesertim cum adfirmes diu praesidem unum atque alterum **interpellatum** a te vocitasse diversam partem, ut contradictionem faceret, si defensionibus suis confideret. Unde constat merito rectorem provinciae **commotum adlegationibus tuis** sententiam dedisse, ne de cetero inquietudinem sustineres. Si igitur adhuc diversa pars perseverat in eadem obstinatione, **aditus** praeses provinciae ab inuria temperari praecipiet.

b **ut laesi.** Büchele: "wegen vorgeblicher Rechtsverletzung: **Laedere** is the legal term for: to injure, to hurt, to infringe upon a person's rights, and is used with regard to personal rights as well as property rights. Cf. Heum.-Seckel (with example) p. 304.

c **quos audiendos provinciarum rectoribus commendabat.** For the authority of the rectores prov. (cf. ad 14.10.8 II p. 106) cf. Willems Dr. publ. rom. p. 580: "Le gouverneur administre la juridiction civile et criminelle supérieures; il préside à la levée des contributions, il veille à la sécurité et au bien-être de sa province. **Mais, dans l'exercice de toutes ses attributions, il est entièrement subordonné au vicarius, comme celui-ci l'est au praefectus praetorio."** Thus in his quality of magistrate the provincial governor is also called: **judex ordinarius** or simply **iudex.** (For vicarius cf. ad 14.5.7, for praef. praet. ad 14.7.9). The towns (civitates), with municipal magistrates (cf. Willems p. 586), have two more functionaries **(II viri quinquennales)** in their midst, who, apart from the presidency of the senatus of their civitas, also have criminal jurisdiction for dealing with less serious offenses, as well as a limited civil jurisdiction. (cf. Willems p. 587 c. annot.). Cf. et. Cod. Theod. 7.10.2 and 9.41.1 (c. annot. Gothofr.); further ibid. 11.31.1 and 3 (c. annot. Gothofr.).

By delegating part of his legal competence to high state functionaries, the Emperor takes a smaller part in the administration of justice than during the dyarchial period. There were 3 reasons for a personal intervention of the Emperor, namely: 1° the **appellatio;** 2° the relatio or consultatio and 3° the **supplicatio.** For the appellatio cf. Willems. p. 611: "Quand il y appel d'une cause, jugée par un fonctionnaire dont il y a appel immédiat à l'empereur (these do **not** include the rectores provinciarum), l'empereur se réserve le jugement de l'appel, ou il le délègue à un juge spécial (iudex delegatus). D'après une loi de Théodose II, l'empereur ne se réserve plus que l'appel qui est fait des iudices illustres (these do **not** include the rectores provinciarum), pour autant que leurs jugements sont soumis à l'appel, tandis que l'appel fait des iudices spectabiles (including, among others the **proconsules;** cf. ad 14.10.8) est renvoyé à une commission formée du praefectus praetorio in comitatu et du quaestor sacri palatii (cf. ad 14.7.12)." There is no question therefore, of appellatio in this case, nor of a relatio to or consultatio of the Emperor (in difficult legal matters); there only remains the supplicatio, which is done by means of a request sent by one of the parties to the Emperor, so that he himself either administers justice in the first instance or appoints a iudex delegatus. "Rarement l'empereur intervient personellement dans l'instruction. Généralement il charge le quaestor sacri palatii de rédiger et de signer un rescrit avec lequel le postulant est renvoyé soit au **iudex ordinarius** (in this case the rector prov.) soit à un iudex delegatus. Le plaignant doit transmettre son libelle et le rescrit impérial au juge, qui les communique à la partie adverse. La suite du procès se fait d'apres la procédure ordinaire". (Willems p. 612).

What applies to the Augusti, mutatis mutandis also applies to the Caesares, in casu Julianus. From Ammianus' words I conclude that those who felt **laesi** had been judged by some juridicial competents other than the rectores provinciarum, because otherwise Julianus (see above) could not have remitted them to the rectores prov., who are the iudices ordinarii here.

d **genuina** = innate. In this meaning found also in juridicial lit. Cf. Dig. 43.29.3.4: Si eum quis retineat filium, quem non habet in potestate, plerumque sine dolo malo facere videbitur: pietas enim genuina efficit sine dolo malo retineri; Cod. Theod. 14.10.1, where the term **genuina functio** is used of the compulsive hereditary profession (in casu of the suarii and the pecuarii), referred to ibid. 14.8 as: **functio originaria.** Cf. et. Souter p. 160; Amm. 16.1.1.

e **vindictas.** Vindicta = punishment, revenge; post-classical, poetical, in juridicial lit.

V, 14

a **ad ultimum ... conplentes.** p. 77.14-19

ad ultimum should be connected to: quod profuerit .... Galliis. In spite of this "finally" follows § 15: **Denique,** rightly translated by Rolfe by: "To conclude".

b **exceptis victoriis, per quas cadentes saepe incolumi contumacia, barbaros fudit.** Ernestius quotes in connection with exc. vict. Tac. Hist. 2.52: cum alius insuper metus senatoribus instaret, ne praevalidis iam Vitellii partibus cunctanter excepisse victoriam crederentur (= non alacri gaudio excepisse nuntium victoriae et cunctatos esse victori se submittere Rup.). But that

53

passage is in no way related to the one under discussion here. Büchele does not seem to have understood the passage either, when he translates: – mit Ausnahme der Siege, wodurch etc. Rolfe is correct: "Last of all, **not to speak of the victories** in which he routed the savages, who often fell with spirits unbroken, what good he did to Gaul etc."

Note the **alliteration,** which in my view guarantees this version and constitutes a warning against the conjectures **audentes** (Birt), **vagantes** (Nóvak). (For the alliteration III p. 16 and p. 17).

c **quod profuerit ... hinc ... claret.** Cf. Blomgren (op. cit. II) annot. 2: "Hoc loco **quod** cum coniunctivo pro accusativo cum infinitivo positum credo. Neque enim ausim hoc unico loco **quod** pro **quid** substitutum statuere. Germanice sic interpretor: "Dass er endlich auch abgesehen von den Siegen, wodurch er die ... Barbaren überwältigte, Gallien ... nützlich war, wird besonders daraus klar, dass etc." On the contrary, I believe that quod here stands for: quid. The conjunctivus indicates, in my opinion, that Amm. thinks of quod profuerit etc. as a dependent question, which, as we know, may begin in Greek with a relativum or an interrogativum. Moreover, quod here means **quantum,** as is seen more often. Cf. Grevander (op. cit. I) p. 46; Hedfors (op. cit. I) p. 160.

p. 77. 16 *a* **anhelantibus extrema paenuria Galliis**
Cf. 18.4.2: haec saepe taliaque replicans, quod interempto Silvano, quasi paenuria meliorum, ad tuendas partes eoas denuo missus, altius anhelabat (sc. Ursicinus); 26.6.1: (Procopius) post Constanti obitum in rerum conversione, velut imperatoris cognatus, altius anhelabat; 28.1.31: anhelans flatu superbo Maximinus etiam tum praefectus annonae; 27.9.4: qui (potiores) ex eo anhelantes, ex nutu suo indistanter putant omnium pendere fortunas. In another meaning: **to work very hard,** literally: **to breathe with difficulty,** here as well as in 29.6.1: Dum hoc pulvere per Mauritaniam dux ante dictus anhelat et Africam. Cf. et. Stat. Silv. edit. Vollmer p. 272 sq.

p. 77. 17 *a* **primitus partes eas ingressus**
primitus = primum, primo. Adverbium from Old Latin, non-classical, often found in late Latin, among others in Gellius, Lactantius, etc. Also in jurid. Latin. Cf. Cod. Theod. 14.9.1.: primitus ... deinde .. tertio; Heumann-Seckel p. 457. Cf. et. Krebs Antib. 2. p. 376 sq.; Arch. L.L.G. XII p. 3.
b **partes eas.** Partes in the meaning of: territory of the State, province, is late Latin and an official term of these times. Cf. Cod. Just. 12.39.2: per Aegyptum et Orientis partes; Cod. Theod. 11.16.12: suburbicariae partes (= provinciae); Heumann-Seckel p. 457; Gothofr. annot. ad 11.16.2 (g);

and the full title of the **Notitia Dignitatum,** which is: N.D. omnium tam civilium quam militarium in partibus Orientis; and similarly: ..... in partibus Occidentis.

a **pro capitulis ... conplentes.** Cf. Willems Dr. Publ. rom. p. 596 sq.: p. 77. 17–19
"L'empereur Dioclétien assimila, sous le rapport des contributions, l'Italie aux autres parties de l'Empire. La base de la contribution foncière resta la **formula censualis,** telle qu'elle existait antérieurement; mais, pour la perception de l'impôt, Dioclétien adopta une unité, appelée **iugum** ou **caput,** qu'il soumit à un **tributum,** appelé **iugatio** ou **capitatio (terrena).**
Le **iugum** est une unité comprenant une certaine étendue de terrain, variant selon la nature et la qualité de la terre ....
Dans certaines provinces, il y avait en dehors du **iugum** des unités supérieures, comme la **centuria** en Afrique, la **millena** en Italie.
b La liste des unités imposables **(caput, iugum)** est dressée par ressort financier, **civitas** ou métrocomie **(capitastrum, catastrum),** d'après les données du recensement, et elle est, le cas échéant, contrôlée par les **peraequatores** et **inspectores,** envoyés en province par les préfets du prétoire. Le taux de la contribution **(canon)** à payer par **iugum (iugatio, capitatio terrena)** est fixé par édit impérial **(indictio)** et il ne peut être augmenté **(superindictiones)** on diminué **(relevationes)** extraordinairement que par une autorisation spéciale de l'empereur. De même l'empereur peut, en faveur d'une cité, réduire le nombre des **iuga** imposables.
c L'impôt est payé soit en argent, soit en nature, et il comprend en outre une **annona** ou prestation spéciale d'objets de subsistance et de vêtements, **annonariae functiones** (pain, huile, viande, fourrage, bois et vêtements). L'annona fut aussi peu à peu et enfin généralement, payée en argent **(annona adaerata).**
Annuellement chaque préfet du prétoire ordonne la perception de l'impôt dans l'étendue de sa préfecture. Il transmet cet ordre aux gouverneurs des provinces, qui, à leur tour, le communiquent à chaque **civitas.** L'impôt à payer par chaque **civitas** étant déterminé d'une manière globale selon le nombre de **iuga** imposables que la territoire de la **civitas** renferme, cette somme globale est répartie par les **principales** ou décurions (= ± municipality), d'après les registres du recensement, parmi les propriétaires fonciers de la commune **(possessores, collatores,** ou συντελεῖς) et la liste de la répartition **(distributionum forma)** est gardée au **tabularium** de la cité par les **tabularii.**
d Le paiement se fait en trois termes, le 1 septembre, le 1 janvier et le 1 mai, contre quittance **(securitas, apocha)** ....

Les comptes sont contrôlés par les **discussores** et des **officiales** spéciaux du **comes sacrarum largitionum (mittendarii, canonicarii, compulsores)** sont envoyés en province pour obliger les gouverneurs à faire rentrer les arriérés **(reliqua)**. Cependant la remise des dettes arriérées était parfois accordé par un édit impérial **(indulgentia reliquorum)**. Cf. et. II p. 29 (com. larg.); II p. 36 (annona); III p. 35 (rationalis); III p. 73 (com. rei priv.); III p. 124 (rationarius); and particularly III p. 127 **(Gallicanis thesauris)**.

e   **pro capitulis.** From the above (a and b) follows what Ammianus means when one reads with Acursius: pro capitibus or when one equalizes **capitulum** with **capitatio**. The usual meaning of capitulum is: capitularia functio = temonaria functio = temo = the obligation to place recruits [(or the payment of the necessary sum, (the latter of the two terms)].

This capitularia functio can not have been meant here because of the addition **tributi nomine**. Cf. Cod. Theod. 7.13.7 (c. comm. Gothofr.); 11.16.14, 15. However, I know of no passage where capitulum = capitatio. Cf. et. Stein Spätr. Gesch. p. 109 seq. (c. annot. 1); Mazzarino (op. cit. IV) p. 401 (note 36, particularly with reference to this passage); Déléage, La capit. du bas-emp. (1945).

p. 77.18   **aureos.** Aureus gold coin = **solidus,** since Constantine = $\frac{1}{72}$ Roman pound (= 4.55 grams), divided into 24 siliquae (silver). Cf. Stein Spätr. Gesch. p. 177 sq. For its value cf. Mazzarino (op. cit. IV) p. 349 sq. (c. annot. 13).

p. 77.18–19   *a*   **discedens vero septenos tantum munera universa complentes.** Cf. Mazzarino (op. cit. IV) p. 215. For the problem of the paying of taxes in money (instead of in natura). Cf. Mazz. ibid. p. 211; and the entire chapter: Aderazione e politica tributaria nel IV Secolo.

b   For the **personification** cf. ad 15.4.3 (III p. 58).

p. 77.19–20   *a*   **ob quae ... leatabantur.** One of the many sentences which are embellished by poetical expressions, alliteration and the combination unknown to me from other sources: squalentes tenebras.

b   **tripudiis.** Cf. Fesser p. 54: "Ein altes Wort aus sakraler Sphäre. Ursprünglich vom Tanz der Salier, von Liv. auf barbarisch wilde Bewegungen übertragen".

Amm. uses the verb **tripudiare** 27.1.6: Post cuius interitum, Erulorum Batavorumque vexillum direptum, quod insultando tripudiantes barbari crebro sublatum altius ostendebant, post certamina receptum est magna; 28.3.9: Ita spectatissime ante dictis rebus aliisque administratis similibus, ad comitatum accitus, tripudiantesque (= jubilant) relinquens provincias, ut Furius Camillus vel Cursor Papirius, victoriis crebris et salutaribus erat insignis; Fesser p. 42.

V, 15

utiliter. Cf. 24.7.4: idque putabat utiliter ordinasse; 30.1.15: quibus ita utiliter ordinatis Cf. et. Hedfors (op. cit. I) p. 91 (In the Compos. utiliter occurs 32 times); Liesenberg (1888) p. 11 (for the adverbia ending in -iter); Heum.-Seckel p. 608 sq.

a **ne per indulgentias (quas appellant) tributariae rei concederet reliqua.** for **indulgentias** and **reliqua** cf. ad 16.5.14 (p. 77. 17–19, *d*). This **indulgentia** (= συγχώρησισ, concedentia, concessio, remissio) should not be confused with **relevatio** (cf. ad 16.5.14 ibid. *b*) = κουφισμὸσ τῶν δημοσίων". "Indulgentiae (λοιπάδεσ) sunt τοῦ προλαβόντοσ χρόνου. Relevationes vero τῆσ εἰσελευσομένησ ἐπινεμήσεωσ" (Lindenbr.). Cf. et. 31.14.2 (on Valens): ... provinciarum aequissimus tutor, quarum singulas ut domum propriam custodibat indemnes, tributorum onera studio quodam molliens singulari, nulla vectigalium admittens **augmenta,** in adaerandis **reliquorum** debitis non molestus...; Cod. Theod. 11.28 (c. ann. Gothofr.); Cod. Just. 10.72.3: Susceptores novi non modo **praesentis anni** debita, verum etiam species (= e.g. fruit, corn etc.), quas **ex reliquis** inferunt (sc. fisco), quia novae sunt ac recentes, suscipiant.

b **quas appellant** = as these are called = so-called.

c **tributariae rei.** Tributarius is one of the many adjectiva ending in -arius, which occur frequently in Amm. and later Latin. Res trib. here means: taxes. In its usual meaning of: tributary the word is found in 14.8.15: (Cyprus)... tributaria facta est; and often in legal writings. Cf. ct. 19.11.6: ut diuturno otio involuti et Quietem colentes (tamquam salutarem deam) tributariorum onera subirent et nomen.

norat enim hoc facto se aliquid locupletibus additurum.
Wagner: "se solis gratificaturum divitibus, qui indulgentiis istis abuti soliti minus quam possent ac deberent, solverent".

a **cum constet ubique pauperes inter ipsa <in>dictorum exordia solvere universa sine laxamento conpelli.**
Indictorum. This is how Pithoeus reads it. Seeck: <in>dictionum. For **indictio** cf. ad 16.5.14 (p. 77. 17–19) *b*.; Willems p. 597 note 7; Gothrof. ad Cod. Theod. I CCV–CCVII (= Indictionum XXIV laterculus, quarum mentio sit diserte in Codice Theod.); Souter p. 199; Heum.-Seckel p. 260;

W. Liebenam, Fasti consulares imperii romani (1910) p. 125 (Indictionentabelle). The indictiones are very important for the chronology. The 2 meanings of the word are: tax-assessment and 15-year taxation period.

Ammianus here uses instead of indictio, **indicta**, according to V **dicta**. Cf. 25.4.15: (on Julianus) Liberalitatis eius testimonia plurima sunt et verissima, inter quae indicta sunt tributorum admodum levia, coronarium indultum, remissa debita multa diuturnitate congesta, aequata fisci iurgia cum privatis etc. Although I do not know of any examples where dicta = indicta (itself an extremely rare word) = indictiones, the traditional version **in Amm.** seems to me quite acceptable, especially because of the rhythm of the sentence.

b On the pitiful economic circumstances under which many people, especially farmers, were then living, cf. Stein Spätröm. Gesch. p. 301 sq. (with lit.); Thompson, The historical work of Amm. Marc. (1947) p. 131 sq.

c **laxamentum.** This word may here have the meaning of: **relevatio** (cf. ad 16.5.14, p. 77. 17–19 *b*); more probable: dilatio, extension of payment, therefore temporary relief.

V, 16

p.78.1 *a* **regendi moderandique vias.** Cf. Hagendahl Abundantia (op. cit. I) p. 183 sq.

b For **vias** cf. ad 14.10.10 (II p. 107). Cf. et. 21.5.6: sequimini viam consilii mei salutarem (ut puto); 22.12.8: novam consilii viam ingressus est; 26.7.13: ac repentino pavore vias providendi turbante; 29.5.7: multa cum animo versans, qua via quibusve conmentis; Blomgren p. 89.

p.78.2 *a* **barbarica rabies exarserat ... maius.** The barbarians, as is apparent from previous capita, are in this case the Alamani. B G reads: in maius V sine lac. For **in maius** cf. ad 14.1.6 (I p. 62). Heraeus reads: exarserat rursus in maius, in order to save the clausula, according to Fesser. But the clausula is in order (cl. I) without **in** and **rursus** can not be defended. With Löfstedt (Synt. I p. 200) I believe the traditional version to be the right one (maius = magis).

In general there is nothing unusual in the use of the neutrum of an adjective pro adverbio with writers as, for instance, Amm. Apul. Tertull; besides which Ammianus is of course, familiar with its use in Greek. Cf. et. Cic. Tusc. 2.56: exclamare **maius**; Sall. hist. 3.56: immensum aucto mari; Hof.-Leum. p. 380 sq.

b **exarserat.** For the numerous inchoativa cf. Liesenberg (1889) p. 5.

V, 17

raptu. Cf. 31.11.5: raptuique intentos; 29.6.1 (raptu: conjecture by Valesius).

abscesserunt. Perfectum gnomicum. Cf. Hofm.-Leum. p. 560. Here it probably is a Grecism, because the **aoristus gnomicus** is often used in comparisons. Cf. et. ad 14.2.9 (I p. 72) and ad 14.3.4 (I p. 81).
tumescentes. Cf. 24.2.1: ad castra pervenimus nomine Thilutha, in medio fluminis sita, locum immenso quodam vertice tumescentem. Beside this **intumescere** (of rivers): 22.8.26; 22.15.7; 23.6.19.
inedia. With Amm.: lack of vituals, hunger, starvation. Cf. ad 14.7.5 (II p. 20).

sine respectu salutis. Cf. 14.2.15: exactly the same words; 21.12.20: sine respectu periculi (conjecture); 25.3.4: sine respectu periculi sui; 29.5.38: sine sui respectu ruentes in pugnam; 31.2.9: comminus ferro sine <s>ui respectu con<fligunt>; 27.11.4: sine respectu boni honestique; 25.7.6: humanorum respectu (= with a view to the humanity).

incursant = to invade, to attack; with single accusativus, as in Tac. and Liv. Cf. 14.3.1: incursare Mesopotaniam; 16.10.20: Raetias incursare; 26.4.5: Africam ... incursabant; 27.12.15: eam (Armeniam) incursare; 29.6.16: incursantes cuneos; Krebs Antib. 1. p. 719 sq. (especially for the constructions); Liesenberg (1889) p. 1 sq. for the intensiva (iterativa). Besides incursare, Amm. uses: concursare, discursare, procursare, occursare.

aliquotiens ... interdum. Cf. 16.9.1: (Persae) hominum praedas agitabant et pecorum, quas non numquam lucrabantur ut repentini, aliquotiens superati multitudine militum amittebant, interdum nihil conspicere prorsus quod poterat rapi permittebantur; ad 14.1.4 (I p. 59).

a **antequam contingerent aliquid.** For the construction cf. ad 14.6.23 (I p. 100).
b **contingerent** = to come upon, to find. Cf. Cic. Tusc. 1.43: Quam regionem cum superavit animus, naturamque sui similem contigit et agnovit.

oppetebant. Cf. 20.4.8: gloriosum esse existimans iussa morte oppetere. Cf. Krebs Antib. 2. p. 218: "**oppetere,** für sich allein in der Bedeutung sterben, ist poet. lat. und kommt nachklass. in Prosa nur beim ältern Plinius, Tacitus und ähnlichen vor; klass. und bei allen bessern steht es nur mit dem Zusatze **mortem** ...".

VI, 1

p. 78.9 **comitatu.** Cf. ad 14.5.8 (I p. 129).

a **circumlatrabat.** Cf. 22.12.4: et haec diu multumque agitantes frustra virum circumlatrabant inmobilem occultis inuriis ut Pygmaei vel Thiodamas agrestis homo Lindius Herculem (note this reminiscence, applied in a learned, as well as in an elegant manner); 22.16.16: inter quos Chalcenterus eminuit Didymus... qui... Tullium reprehendit... incusatur, ut immania frementem leonem, trepidulis vocibus canis catulus longius circumlatrans. For the many composita with **circum** cf. Liesenberg (1889) p. 7. Some of these are extremely rare. In general late Latin has numerous verba, substantiva and adjectiva compounded with **circum**. Cf. Souter p. 50 sq.; Rönsch It. p. 486.

b **circumlatrabat Arbetionem invidia ... decora cultus imperatorii praestruxisse** = omnia quae ad splendorem principum faciant, praeparasse (Wagner). In normal prose one would expect here a construction with **quod** (instead of the acc. c. inf.; for **invideo quod,** also very rare, cf. Krebs Antib. I p. 786).

Arbetionem. Cf. ad 14.11.2 (II p. 114).

In Greek the construction of φθονέω c. (acc. c.) inf. is quite normal. Cf. Herod. 8. 109: θεοί τε καὶ ἥρωεσ, οἳ ἐφθόνησαν ἄνδρα ἕνα τῆστε Ασίησ καὶ τῆσ Εὐρώπησ βασιλεῦσαι....

c for the **personificatio** cf. ad 15.4.3 (III p. 58).

d note the **variatio** in the constructions: circumlatrabat A. invidia ... praestruxisse and: arguens ... quod ... adpeteret. Cf. et. Ehrismann p. 66 sq.; Reiter p. 46 sq.; Hagend. St. Amm. p. 128 sq.

e Although he does not give an exact translation, Büchele has rendered the meaning of this passage quite well: "... umbellte die Missgunst den Arbetio und beschuldigte ihn, sich der Oberherrschaft bemächtigen zu wollen, zu welchem Zwecke derselbe Alles, was zum kaiserlichen Glanze gehöre, schon in Bereitschaft hätte..."; for the emphasis is not on the infin. praestruxisse, but on the **part. adepturum,** as so often with Amm. Cf. ad 15.7.5 (IV p. 14).

p. 78.10 **velut ... adepturum.** For velut + part. fut. (= ὡσ + part. fut. in Greek) cf. Riemann Tit. Liv. (op. cit. I) p. 304; Hofm.-Leum. p. 603. The meaning of the sentence is: because, **in their opinion,** he intended to seize the highest authority, (the part. fut. used by itself would be only causal). As so often with Amm., the syntax seems to me of Greek origin, although it is not impossible that this is a literary reminiscence. Cf. et. Grevander (op. cit. I) p. 92 sq.

a **decora cultus imperatorii praestruxisse.** p. 78. 10-11
praestruere = to prepare, to take care in advance (constructed with the acc. c. inf. or ut). Cf. 16.11.3: cogitatum est enim, soliciteque praestructum ut saevientes ... Alamanni ... caederentur; 27.10.1: Alamannus regalis (Rando nomine) diu praestruens quod cogitabat; 28.6.17: Ingresso post haec Palladio Africam, Romanus quas ob res venerat, ante praestructus (here = forewarned); 31.7.6: id scilicet praestruentes ut... perfoderent... averterent; Suet. III. 53: Quondam vero inter coenam porrecta a se poma gustare non ausam (Agrippinam), etiam vocare desiit (Tiberius) simulans veneni se crimine arcessi: cum praestructum utrumque consulto esset ut et ipse tentandi gratia offerret et illa quasi certissimum exitium caveret (= staged beforehand); Claud. 5.280 sq.: (In Rufin. II)
          sensu dolor haeret in alto
     Abditus et tacitas vindictae praestruit iras
("silentio tegit, tanquam cratibus vineisque obiectis, ulciscendi et puniendi Rufini consilium": Gesner); ibid. 8.321: et saevo praestrue Marti (sc. agmina; = praepara); ibid. 26. 284 sq. (de bello getico)
     Nunc vero geminis clades repetita tyrannis
     Famosum vulgavit iter. nec nota fefellit
     Semita praestructum bellis civilibus hostem
("Eugenius et Maximus tyranni inter Alpes oppressi. Itaque bellis illis civilibus hostis praestructus, q.d. prae instructus, edoctus et munitus est": Gesner); Cod. Theod. 6.22.8 (de honorariis codicillis): Non alias adspiraturo quoquam ad Consistorianorum Comitum dignitatem, nisi ad eius claritudinem viam sibi ex Constitutionis avitae norma praestruxerit (Theodosio A. XI et Valentiniano Caes. cons. [425]) with Gothofredus' comment: "Sub finem tandem huius legis id additur, de Consist. Com. dignitate: nempe Theodosium M. iam antea et Theod. Iun. nunc rursum ad eam adspirare quenquam vetuisse, nisi prius viam sibi praestruxisset certa norma ceu ratione, quae tamen hic non exprimitur: Nempe cum passim quibusque haec dignitas conferreretur, eaque re claritudo eius vilesceret, modum normamque ei rei quandam Principes illi praestruxere: cuius nullum alibi vestigium occurrit." Cf. et. (for the numerous and often extremely rare composita with **prae** in Amm.): Liesenberg (1889) p. 10; Fesser p. 38 sq.; ad 14.2.15 (I p. 76).

b **imperatorius** = of the Emperor, probably borrowed from Tacitus. Cf. Ann. 2.11; Suet. Dom. 10: quod habere imperatoriam genesin vulgo ferebatur. Instit. Pr. 1: **Imperatoriam** maiestatem non solum armis **decoratam,** sed etiam legibus oportet esse armatam etc.

p.78.11 **strepens immania.** Cf. ad 14.9.6 (II p. 91); 16.12.36: frendentes immania. Cf. et. ad 15.8.15 (IV p. 39).
comes Verissimus nomine. Verissimus is not mentioned elsewhere. For **comes** cf. ad 14.5.1 (I p. 125). The accusation voiced by Ver. was certainly highly dangerous, but not unusual in a state which lacked every vestige of democracy and where the soldier and the civil servant were nearly allpowerful.

p.78.11-13 **arguens ... quod ... adpeteret.** For the construction with quod cf. ad 14.10.14 (II p. 111); ad 14.7.5; ad 14.7.14; ad 14.11.7; Reiter (op. cit. I) p. 39 sq.

p.78.12 **a gregario ad magnum militiae culmen evectus**
a for gregarius cf. ad 15.1.2 (III p. 8).
b note the alliteration.
c for **culmen** cf. Cod. Just. 1.31.4 (de officio magistri officiorum): Curae perpetuae tui culminis credimus iniugendum, ut ...; Boak-Dunlap (op. cit. II) p. 115. (Tuum) culmen is a title, as well as (tua) celsitudo of the magister officiorum (cf. ad 15.5.12 = III p. 88 sq.) = ἡ σὴ ὑπεροχή. According to Boak-D. both titles were "employed from about the middle of the fifth century until well into the sixth". Cf. et. Souter p. 84; Claud. De VI cons. Honor. 64:
  Publicus hinc ardescit amor, cum moribus aequis
  Inclinat populo regale modestia culmen
d Cf. Tac. Hist. 2.75: sic percussorem eius Volaginium e gregario ad summa militiae provectum; Fletcher, Rev. de philol. LXIII, 1937, p. 390.

p.78.13 **locum ... principalem.** Cf. 16.8.8: amictus ... principalis = imperial = imperatorius.

VI, 2
p.78.14 **specialiter.** Cf. Krebs Antib. 2 p. 592: "Specialis und specialiter, insbesondere, sonderlich, speziell, abgesondert, einzeln, kommen erst nachklass. und spätlat. bei Celsus, Columella, Seneca, Quintilian, Gaius (1.7.46), scr. H. Aug. Ampelius, Amm. u. Eccl. vor, aber nie beim jüngern Plinius, als Gegensatz von generalis, generatim, generaliter ... Klass. wird dafür singularis, praecipuus, proprius und als Adv. singillatim, separatim, proprie, nominatim gesagt ...." (with the literature quoted there).

Dorus quidam ex medico Scutariorum
a **Dorus:** only mentioned here.
b **ex medico Scut.** For **Scutarii** cf. ad 14.10.8 (II p. 105) and ad 14.7.9 (II p. 27 sq.). Concerning the **medici** cf. Dig. 50.6.7: Tarruntenus Paternus (under Marcus Aurelius and Commodus) libro primo militarium. Quibusdam aliquam vacationem munerum graviorum condicio tribuit, ut sunt mensores... **medici**..... **artifices** etc. Both, medici and artifices, are mentioned by Amm. without further indication of their rank. (Cf. Grosse Mil. op. cit. I p. 111).
Medici are mentioned by Vegetius (Lang) p. 44.13; 68.8; 68.14. For the use of **ex** in conjunction with the names of offices cf. Cod. Just. Summa § 2, where the following are mentioned: ex quaestore, ex praefecto praetorio, ex consule and ibid. 12.16.1: ex magistro officiorum ... dignitatem.

a **quem nitentium rerum centurionem sub Magnentio Romae provectum** p.78.14-16
retulimus accusasse Adelphium urbi praefectum ut altiora coeptantem.
Sub dispositione v. ill. praef. urbis Romae are mentioned in the Not. Dign. Occ. IV: tribunus rerum nitentium [for praef. urbis cf. ad 14.6.1 (I p. 131)]. Cf. Cass. Var. 7.15: Romanae fabricae (collectivum = structure, building) decus convenit perito habere custodem, ut illa mirabilis silva moenium diligentia subveniente servetur et moderna facies operis affabris (ἔντε-χνοσ) dispositionibus construatur. Hoc enim studio largitas nostra concedit ut et facta veterum exclusis defectibus innovemus et nova vetustatis gloria vestiamus. Proinde illum illustris magnitudo tua Romanis arcibus ab illa indictione datum architectum esse cognoscat. Et quia iustis commodis studia constat artium nutrienda, ad eum volumus pertinere quidquid decessores eius constat rationabiliter consecutos. Videbit profecto meliora quam legit, pulchriora quam cogitare potuit, statuas illas auctorum suorum, scilicet, adhuc signa retinentes, ut quandiu laudabilium personarum opinio superesset, tandiu et similitudinem vivae substantiae imago corporis custodiret: conspiciet expressas in aere venas, nisu quosdam musculos tumentes, nervos quasi gradu tensos, et sic hominem fusum in diversas similitudines, ut credas potius esse generatum. Has primum Thusci in Italia invenisse referuntur, quas amplexa posteritas pene parem populum Urbi dedit quam natura procreavit. Mirabitur formis equinis signa etiam inesse fervoris etc. (Formula ad pr. urbis de **architecto publicorum**).
The contents of this formula (which gives a fine example of Cassiodorus' style) are brought by Böcking in his comment ad N.D. Occ. IV. 15 (p. 203 sq.) in connection with these tribunus rerum nit. = centurio r. nit. He

translates with the title: Galerien-Inspector, Aufseher der öffentlichen Kunstschätze Roms. Particularly in view of the last lines of this formula, I do not believe that 7.13 (formula comitivae romanae) and form. 7.17 (form. de praeposito calcis) can be applied to this trib. rer. nit. His duties, therefore, should not be confused with those of the v.c. curatores operum maximorum, operum publicorum, statuarum etc. (Cf. Willems p. 568). Cf. et. Cod. Theod. 15.1.25 (with comment by Gothofr.); Amm. 27.9.10.

b **Magnentio.** Cf. I p. 40–42.

c **Adelphium.** Clodius Adelphius took over the praefectura urbis on June 7th 351 post consulatum Sergii et Nigriniani (in the West: Magnentio et Gaisone css.). Cf. Seeck Regesten p. 198.

d **retulimus.** In one of the lost books. Cf. ad 14.7.21 and 14.7.7. (II p. 23, 51).

e For the curious use of **nitens** cf. et. Cod. Theod. 10.19.2: Quoniam marmorum cupiditate in inmensum quoddam saxorum pretia aucta sunt, ut sumptuosa voluntas copia relaxetur, permittimus omnibus, ut qui volunt caedere, habent licentiam adtributam: fore enim arbitramur, ut etiam conplures **saxorum nitentium** venae in lumen usumque perveniant. (marmorum = saxorum = sax. nitentium).

VI, 3

p.78.16-18 *a* **cumque res<in> inquisitionem veniret, necessariisque negotio tentis, obiectorum probatio speraretur.**
Clark notes in his criticism: om. **in.** I doubt, however, if that is the case. Cf. 27.8.2: quo (Severo) paulo postea revocato, <Io>vinus ... <in> eadem loca profectus reverti isdem celeri gradu permisit (where Heraeus inserts **in**); 30.5.1: Valentinianus a Treveris motus, per nota itinera gradu celeri contendebat eique regiones adventanti quas petebat, legatio Sarmatarum offertur (where no one, as far as I know, inserts **in** before regiones); 17.13.32: et reductus imperator ad regiam, otioque bidui recreatus, Sirmium cum pompa triumphali regressus est, et militares numeri destinatas remearunt <ad> sedes (Clark; C. F. W. Müller reads <ad> destinatas etc.; if one wants to insert **ad,** it should be done before sedes, metri causa: clausula I; although the clausula need not be an objection; cf. Blomgren op. cit. p. 93, with numerous examples of the cl. $\smile \sim \smile \sim$). Cf. Draeger über Synt. Tac. (op. cit. I) p. 19; Hofm.-Leum. p. 386 sq.; Hassenstein p. 11.

b **necessariisque negotio tentis.** Rolfe wrongly translates: and everything needful for the business was at hand. Büchele is right: Als nun ..... die Hauptfordernisse für das gerichtliche Verfahren immer hingehalten wurden. Cf. Hier. Ep. 130.15 (= Hilberg p. 195, CSEL, LVI): si tantis operum varietatibus fueris occupata, numquam tibi dies longi erunt sed, quamvis aestivis tendantur (reflexive) solibus, breves videbuntur, in quibus aliquid operis praeter missum est; Cod. Theod. 11.14.1: (de conditis in publicis horreis in 364 p. Chr. n. addressed to the praef. urbi Volusianus) ... Ante omnia autem quae in horreis habentur expendi volumus ita ut non prius ad id frumentum tendatur expensio quod sub Praefectura tua urbis horreis infertur, quam vetera condita fuerint erogata (reflexive). So the meaning is: to stretch (oneself), (or to be stretched = held up, as here). Wagner: tentis = dilatis, procrastinatis.

negotium has the usual legal meaning of **causa**. Cf. Heumann-Seckel p. 366.

c **obiectorum.** Cf. ad 15.5.23 (III p. 108). **Obicere** is the set phrase in legal lit. for: to blame someone for a crime, – to accuse him of it, e.g.: crimen adulterii, stuprum, lenocinium, culpam etc. obicere. Similarly **probatio** for: proof, argumentation. Cf. Heumann-Seckel p. 379; 461.

a **tamquam per satyram subito cubiculariis suffragantibus.**   p. 78. 18–19
cubiculariis. The v. ill. praepositus sacri cubiculi has under his command (sub dispositione) among others: the vir spectabilis primicerius sacri cubiculi (first chamberlain), head of the cubicularii, who serve the Emperor in his quarters. Cf. N. Dign. (Böcking) Or. and Occid., p. 264 and p. 398 sq. respectively; Comm. II p. 47; Comm. III p. 27; Amm. 29.2.7: (Heliodorus) ea fiducia sublatior, quod ad lupanar, quo (sicut ipse voluit) liberius versabatur, **cubiculariis officiis praepositus,** adsidue propalam ventitabat. This title is also meant, as Böcking probably correctly assumes, to indicate the above mentioned primicerius.

b **per satyram** Vales.: "Id est, tumultuarie et confuse." Cf. Grat. actio Const. Aug. (Paneg. VIII) 11.1: Separate igitur utrumque dicam: neque enim quasi per saturam confundenda sunt tanta beneficia; Const. Omnem § 1: et primi anni hoc opus legentibus tradebatur non secundum edicti perpetui ordinationem, sed passim et quasi per saturam collectum et utile cum inutilibus mixtum; Festus F. 314 = Bruns Fontes iuris rom. ant.[7] p. 36; Fesser p. 17.

c **suffragari** in the legal sources of that time usually has the meaning of: to recommend for an office, (substantive: suffragium) and then: to support (Cf. Heum.-Seckel p. 567). But from the context, I think it is better here to take this as: to give one's vote (= suffragium ferre). The whole sentence tamquam .... suffragantibus is extremely affected.

ut loquebatur pertinax rumor. For the **personificatio** cf. ad 15.5.1 (III p. 5).   p. 78. 19
a **et vinculis sunt exutae personae.**

exuere = liberare, solvere: here; 19.6.4: ne urbe excisa ... aut exuta periculis; 22.14.5: exutus omni metu clementia patris; 28.2.9: praeter Syagrium, qui .... irati sententia principis sacramento exutus; = privare: 29.2.5: Tunc et Bassianus ... patrimonio opimo exutus est; 31.8.8: eum puncto temporis brevi opibus exutum et dulcedine caritatum. In all these vb. with the ablativus. With the accus. 15.1.2: Nondum apud Noricum exuto penitus Gallo; 15.13.2: Auctores diri facinoris exutis patrimoniis absoluti sunt divites.

b **personae (quae)** = homines, viri qui. In this meaning usual in late Latin. Cf. Krebs Antib. 2. p. 286 sq.; Heum.-Seckel p. 425 sq.; Souter p. 299; Arch. L.L.G. (Hey) 15 p. 149.

p.78.20 **stringebantur** = were put in irons, were imprisoned.

p.78.21 **vel<ut> aulaeo deposito scenae.** Rolfe: "just as when on the stage the curtain is lowered and put away" and the note with these words (1. p. 225): "We might say "The curtain is dropped", but the lowering of the curtain revealed the stage of the Roman theatre. Here the reference is to putting the curtain away and closing the theatre, as in Juvenal 6.67 sq.:
>Ast aliae, quotiens aulaea recondita cessant
>et vacuo clusoque sonant fora sola theatro
>atque a plebeis longe Megalesia, tristes etc."

VII, 1

p.78.22 **adlapso rumore.** Probably poetic reminiscence. Cf. Verg. Aen. 9.473 sq.:
>Interea pavidam volitans pennata per urbem
>Nuntia Fama ruit matrisque allabitur aures
>Euryali.

Cf. et. Krebs Ant. 1. p. 146.

p.78.22-23 **obsesso – Marcellum.** Cf. ad 16.2.8 (p. 73.16). Cf. et Thompson (op. cit.) p. 45 sq.; Koch Julian (op. cit. I) p. 383; Jul. Ep. ad Ath. 277d sq. One can not properly judge Marcellus' activities in Gaul, unless one compares them with those of Ursicinus. It is a pity that Thompson has failed to consider the authorities of the generals, which might have led to different conclusions. He does not seem to have been sufficiently well-informed on that point or to have neglected it.

p.78.23-24 **eum sacramento solutum.** Cf. 24.3.2: residuos duo tribunos sacramento solvit (ut desides et ignavos); 25.1.9: abiecti sunt autem sacramento etiam alii quattuor ob flagitium simile vexillationum tribuni (abiecti etc. seems to have been Amm.'s invention, according to Liesenberg).

abire iussit in larem. In the meaning of: home, furnishing of a home, house, p.78.24 also in juridicial lit. Cf. Cod. Just. 9.51.10: Impp. Diocl. et Maxim. Demetrio. Cum indulgentia nostra interveniente sis reversus ad lares tuos etc.; ibid. 12.59.3. Imppp. Grat. Valent. et Theod. Augusti ad Eusignium pp. Nullus apparitor amplitudinis tuae vel de officiis palatinis ad eam provinciam, ex qua oriundus est vel in qua collocaverit larem etc.
His **lares** are at Serdica. Cf. 16.8.1: Superato (ut dixi) Marcello reversoque Serdicam, unde oriebatur.

quaedam. Cf. ad 16.4.4 (p. 75. 8–9). p.78.25

auribus Augusti confisus in omne patentibus crimen. p.78.25–26
Cf. 14.11.4: Cum haec taliaque sollicitas eius aures everberarent, expositas semper eius modi rumoribus et patentes.

VII, 2
a **Eutherius praepositus cubiculi.** The facts concerning the Armenian-born p.78.26–27 eunuch Euth. are to be found in this chapter (16.7.7) and 20.8.19. He appears to have worked at the courts of Constantine the Great and Constans, and to have had the elevated function of praep. sacri cub. at Julianus' court. He also enjoyed Constantius' full confidence. When he laid down his function, is not mentioned by Amm. Seeck B.L.Z.G. p.150 says: "Nach seiner Abdankung liess er sich in Rom nieder und lebte dort noch um das J. 392: Amm. 16.7.7." In my opinion it is only clear from Amm.'s words that Eutherius was still alive at the time that Amm. wrote (or edited) this book. According to Pighi Amm. Marc. rer. gest. cap. sel. (1948) p.IX the books XIV–XVI have been edited in 385–396 p. Chr. n. It is, of course, impossible to establish the exact year. Addressed to Eutherius ep. Jul. 69 (= 29 Bidez), probably written before 11 Dec. 361 (cf. Bidez, Lettres et fragments p. 34 sq.).
b **praepositus cubiculi.** Cf. ad 15.2.10 (p.41. 10–11) = III p.27.

mittitur statim post eum = was immediately sent on after him. Cf. N.T. p.78.27 Marcus 8.33: Qui conversus et videns discipulos suos, comminatus est Petro, dicens: Vade retro me (cod. Bob. post me) satana, quoniam non sapis quae Dei sunt, sed quae sunt hominum; ibid. Mat. 4.19: Venite post me et faciam vos fieri piscatores hominum. The use of **post** in a local meaning with verbs indicating motion is characteristic of vulgar Latin.

Cf. Hoogterp, Et. sur le lat. du cod. Bob. p. 103; Hofm. Leum. p. 501.

p. 78.27 *a* **siquid finxerit convicturus.** For the use of the part. fut. cf. ad 14.1.1 (I p. 54).

b **finxerit.** Cf. 21.5.10: iuravere ... omnes pro eo casus, quoad vitam profuderint, si necessitas exegerit, perlaturos; 24.4.21: nuntiatur imperatori ... legionarios milites ... ima penetrasse fundamentorum, iam, si ipse disposuerit, evasuros; 29.5.32: pro negotio consultabat ... hostem ... si fors copiam dederit, oppressurus; 29.1.6: exclamabat ...: alia se, si licuerit dicere, monstraturum ... quae ... nisi prospectum fuerit, universa confundent; 17.1.13: venerunt ... iurantes ... foedera ... cum munimento servaturos intacto frugesque portaturos humeris, si defuisse sibi docuerint defensores (= si deesse sibi docuissent); 16.7.3: Caesarem ... apparitorem ... fidum auctori suo quoad vixerit fore ... spondebat; 17.1.8: stetit diu cunctando ... doctus ... latere plurimos, ubi habile visum fuerit, erupturos; 21.5.10: iuravere ... omnes pro eo casus, quoad vitam profuderint ... perlaturos (cf. 16.7.3); 24.2.1: hactenus responderunt quod cum interiora occupaverint ... Romani, se quoque ... victoribus accessuros; Reiter (op. cit. I) p. 65 sq. In all these examples **fut. exactum.**

p. 78.27–p. 79.1 **verum ille hoc nesciens, mox venit Mediolanum, strepens et tumultuans (ut erat vanidicus et amenti propior) admissus in consistorium, Julianum ut procacem insimulat, iamque etc.**

The construction of the periods is not quite clear with this punctuation. Rolfe places behind propior; and also behind iamque .... aptare. But both sentences verum ... propior and admissus ... insimulat are asyndetically connected. Cf. 16.12.11; 27.12.12; 28.6.9; Blomgren p. 40.

p. 78.28 **Mediolanum.** Cf. Comm. II p. 112.

p. 78.29 **vanidicus.** Cf. Plautus Trin. 274 sq.:

.... eo mihi magi 'lubet
cum probis potius quam cum inprobis vivere vanidicis.

Quite probably derived from Plautus. Cf. et. Pighi Stud. Amm. p. 83.
consistorium. Cf. Comm. II 34 sq.

p. 79.1 **insimulat.** Cf. 17.5.10: (Constantius to Sapor) Sospitati quidem tuae gratulor ut futurus (si velis) amicus, cupiditatem vero semper indeflexam **fusiusque vagantem,** vehementer **insimulo.**

a **iamque ad evagandum altius validiores sibi pinnas aptare.** Cf. 18.6.3:   p.79.1-2
credimus (neque enim dubium est) per aerios tramites famam praepetem
volitare (Aen. 9.473; 7.104); 27.11.2: hunc (Probum) quasi gemina quaedam (ut fingunt poetae) fortuna vehens praepetibus pinnis (Aen. 6.15).
Apparently these poetical **pinnae** do please Amm. I would not be surprised
if he had had in the back of his mind Horat. Epist. I. 20.20 sq.:
>Me libertino natum patre et in tenui re
>Maiores pennas nido extendisse loqueris,
>Ut, quantum generi demas, virtutibus addas.

and (or) ibid. II. 2.49 sq.:
>Unde simul primum me dimisere Philippi,
>Decisis humilem pennis inopemque paterni ...

b **evagandum.** Cf. 28.1.10: supra plantam (ut dicitur) evagatus tartareus
cognitor ... docuit principem ... (from the shoemakers' vocabulary; cf.
Val. Max. 8.12. ext. 3: (sutorem) supra plantam ascendere vetuit; Amm.
31.2.6: eorumque calcei formulis (= lasts) nullis **aptati** vetant incedere
gressibus liberis). Cf. et. Souter sub vv. evagatio, evaginatio; Krebs Antib.
I. p. 529.

a **ita enim cum motu quodam corporis loquebatur ingenti.**   p.79.2
For the classification of the periods verum – ingenti cf. ad 16.7.2, p. 78.27–
p. 79. 1.
Rolfe translates somewhat freely, but correctly: "for thus he spoke with a
mighty movement of his body to match his words." One finds in Amm. the
indicativus used at the transition from the oratio obliqua into the orat.
recta e.g. 19.12.12: sacrificasse confutatus infitiari non potuit, adserens
propitiandi causa numinis haec a prima adulescentia factitasse non temp-
tandi sublimiora scrutatis; **nec enim quemquam id noverat adfectare.** Cf.
Reiter (op. cit. I) p. 67 sq.
For the outward behaviour of Julianus and his uncontrolled movements,
etc. cf. Bidez, la vie de l'empereur Julien p. 118 and the passages of Greg.
Naz. quoted on p. 374.

VII, 3
licentius. For the compar. cf. ad 14.6.12 (I p. 96).   p.79.3

verecunde. Cf. ad 16.12.67, p. 102. 17.   p.79.4
velari veritatem mendaciis. Cf. 14.11.11: velamento subagrestis ingenii.

magistro ... armorum. Cf. ad 15.5.36 (III p. 124).   p.79.4-5

p.79.5 **cessante consulto.** Alliteration is probably the reason for this combination. Cf. 16.1.2 (p. 71. 5–6). Cf. et. ad 14.11.3 (II p. 116).
industria vigili. For the variatio cf. ad 14.8.13: (sollicitudo pervigil) = II p. 80.

p.79.6 **apparitoremque fidum.** Wagner: "Ministrum in administranda republica obedientissimum". Cf. 14.11.10 and adnot. II p. 122. For **apparitor** cf. ad 14.5.36 (III p. 125); 15.7.3 (IV p. 12).

p.79.7 *a* **auctori suo.** Cf. 14.1.1: (Gallus) ausurus hostilia in auctorem suae felicitatis (= Constantius); 21.10.7: (after receipt of a letter directed against Constantius in the Senate, written by Julianus) exclamatum est enim in unum, cunctorum sententia congruente: auctori tuo (= Constantio) reverentiam rogamus"; 25.8.11: prudentique consilio Malarichum... Iovino iussit succedere ... ut ... homo inferioris spei ad sublimiora provectus, auctoris sui (Ioviani sc.) nutantem adhuc statum studio fundaret ingenti; H. Aug. Spart. Hadr. 10.2: exemplo Scipionis Aemiliani et Metelli et auctoris sui Traiani.
Loyalty to the legal Emperor is self-evident to Amm. Cf. Enszlin (op. cit. I) Zur Gesch. schr. etc. p. 20 sq.
obligata cervice sua spondebat. Cf. 15.5.27: Susceptus tamen idem dux leniter adactusque, **inclinante** negotio ipso **cervices,** adorare sollemniter anhelantem celsius purpuratum, ut spectabilis colebatur et intimus (Ursicinus received by the imperator-usurpator Silvanus). [The opposite of this is found in the Cod. Just. 7.6.2: Si manumissus ingratus circa patronum suum exstiterit et quadam iactantia vel contumacia **cervices adversus eum erexerit** etc.]
b **obligare** here = to pawn, in the usual sense. In the meaning of: to oblige, **constructed with supinum** 28.4.10: cuius forte etiam gratia sunt obligati interrogatum quibis thermis utatur etc. The punctuation as given by Clark and Rolfe is completely obscure and leads to the assumption of an impossible construction of the sentence.

VII, 4

p.79.8 **super.** Cf. ad 14.7.12 (II p. 40).
subserere. Cf. ad 14.11.3 (II p. 115); ad 16.2.4 (p. 72.23).

p.79.9 **si ... dicerent ... adderent.** Si = etiamsi (Wagner: "ut interdum εἰ apud Graecos).
Numa Pompilius vel Socrates. For the former cf. ad 14.6.6 (I p. 133). The

70

combination of Socrates and Numa Pompilius is curious in our eyes, but not to Amm., who in the first place is no philosopher and whose concept of philosophy moreover is completely different. Instructive 21.14.5 (concerning the genii): itidem ... sempiternis Homeri carminibus intellegi datur, non deos caelestes cum viribus fortibus conlocutos, nec adfuisse pugnantibus vel iuvisse, sed familiaris genios cum isdem versatos, quorum adminiculis freti praecipuis, Pythagoras enituisse dicitur et Socrates, Numaque Pompilius et superior Scipio et (ut quidem existimant) Marius et Octavianus, cui Augusti vocabulum delatum est primo, Hermesque Termaximus et Tyaneus Apollonius atque Plotinus, ausus quaedam super hac re disserere mystica etc. It certainly is a curious company in which to find Socrates. A remarkable anecdote is told about Socrates later on: 28.4.15.

a **si ... dicerent .... adderent ... arguebantur.**   p.79.9-11
For the construction of this unreal hypothetical period cf. Hofm.-Leum. p. 567, 774 with quoted lit.
Arguebantur is much more definite than **arguerentur** would be. Translation: they would certainly have been accused of this etc. Although the coniunctivi dicerent .... adderent, according to the strict classical rules, fit an irrealis of the present, I am not sure that this is the case here. Both conceptions can be defended.
b   Cf. Ovid. Fasti 3. 365 sq.:
         Atque ita "tempus adest promissi muneris," inquit
         "Pollicitam dictis, Juppiter, adde fidem."
ibid. Her. 12. 194: adde fidem dictis; Fletcher, Revue de philol. LXIII, 1937, p. 383.

spadone. Cf. ad 14.6.17 (I p. 143).   p.79.10
religionum ... fidem = confirmation by oaths. **Religio** = sacramentum, iusiurandum also in jurid. lit. Cf. Heumann-Seckel p. 503; III p. 115.

sed inter vepres rosae nascuntur. Where Amm. found this saying (quite p.79.11 possibly from colloquial language) is not known to me.

et inter feras non nullae mitescunt. Cf. Liv. 33.45.7: ut feras quasdam nulla p.79.11-12 mitescere arte, sic inmitem et inplacabilem eius viri animum esse; Horat. ep. 1.1.39:
         Nemo adeo ferus est, ut non mitescere possit.

a   **itaque carptim eius praecipua ... monstrabo.**   p.79.12
Cf. 23.6.10: Nunc locorum situm (quantum ratio sinit) carptim breviter-

71

<que> absolvam [for – que cf. Blomgren p. 16 sq.]; 28.1.2: tamen praesentis temporis modestia fretus, carptim ut quaeque memoria digna sunt explanabo; 30.2.8: quae funera tunc explicari poterunt carptim, si ad ea quoque venerimus; Krebs Antib. 1. p.263; Liesenberg (1889) p.14 sq. (for the adverbia ending in -im).

b Cf. 14.6.25: per minu<ti>as aurigarum equorumque praecipua vel delicta scrutantes; 16.7.8: inter praecipua enim quae eorum quisque studio possiderat vel ingenio.

VII, 5

p.79.13 **natus in Armenia sanguine libero.**
a **Armenia.** Cf. II p.147.
b **sanguine libero:** affected expression.

p.79.14-15 **etiam tum parvulus abstractis geminis Romanis mercatoribus venundatus.**
a **etiam tum.** Cf. ad 14.1.1 (I p.54).
b **parvulus.** For the numerous diminutiva cf. Liesenberg (1889) p.16 sq.
c **abstractis geminis.** Vales.: "**Geminos** autem vocat testes, more Graecorum, qui διδύμονσ nominant. Sed et Solinus 13.2. ita appellat, cum de fibro dicit: Ne captus prosit, ipse geminos suos devorat." Cf. et. Souter p.159.
d **Romanis mercatoribus.** For slaves and the slave-trade. cf. Stein Spätr. Gesch. 1. p.28 (with notes); Cod. Just. 4.42.2: Barbarae autem gentis eunuchos **extra loca nostro imperio subiecta** factos cunctis negotiatoribus vel quibusque aliis emendi in commerciis et vendendi ubi voluerint tribuimus facultatem (a° ± 460). But in 4.42.1 (Imp. Constantinus A. Ursino duci Mesopotamiae) is written: Siquis post hanc sanctionem in orbe Romano eunuchos fecerit, capite puniatur; and the transferring of, thus the trade in the latter category, is expressly forbidden in 4.42.2, under threat of very severe punishment.

p.79.15 **venundatus.** Dignified for: venditus. Cf. Krebs Antib. 2 p.723 (with lit.); Heum.-Seckel p.618.
ad palatium Constantini deducitur.
a **palatium.** Cf. ad 14.5.8 (I p.129).
b **Constantini:** Constantine the Great. Cf. I p.43. (Stammtafel).

p.79.15-20 **ubi paulatim .... audiret.** The text is corrupt and shows 3 lacunas. I can not think of any better conjectures than those found by Valesius and followed by Clark.

a **litteris quantum tali fortunae satis esse poterat cruditus.** The professional soldier Amm. is contemptuous of these eunuchi. Hence: **tali** fortunae and: quantum satis esse poterat. But one should not believe, from this utterance, that the education of the eunuchs, at least in court, did not reach a very high level. On the contrary. That would not fit in with their influential positions, which required an extensive specialistic knowledge.

b **cogitandi inveniendique dubia et scrupulosa acumine nimio praestans.** Amm.'s meaning is clear, although his words are not. Rolfe: conspicuous for his remarkable keenness in devising and solving difficult and knotty problems; Büchele: zeichnete sich in hohem Grade durch Scharfsinn in Beurtheilung und Ergründung dunkler und tiefliegender Wahrheiten auf. **scrupulosa** = (here) difficilia. But in 16.7.9: Verum si forte scrupulosus quidam lector antiquitatum ... nobis opponat, the word means: hypercritical.

acumine. Keen mind, acumen. As found often in Cicero. Cf. Cic. ad fam. 5.14.2: Quid enim? tu solus aperta non videbis, qui propter acumen occultissima perspicis? and the well-known verse: Horat. Epist. 2.1.161:
    Serus enim Graecis admovit acumina chartis.

c **immensum quantum memoria vigens.** Cf. ad 15.8.15 (IV p. 39).

d **Constans imperator.** Cf. I p. 43 (Stammtafel).

e **ex adulto.** Cf. ad 14.7.7 (II p. 24). On the basis of the usage by Amm. this version can be defended, in my opinion.

f **honesta suadentem et recta.** For the **traiectio**, metri causa, cf. Blomgren p. 25 sq. (and passim).

g **nulla vel venia certe digna peccasset.** An allusion to the homosexual debaucheries indulged in by Constans. Cf. Aur. Vict. 41; Zos. 2.42; Stein, Spätr. Gesch. I p. 202 sq.

Note the variatio temporum: audiret ... peccasset. Clausula: (maturum audiret) $\overset{x}{\smile} \sim \sim \overset{x}{\smile} \sim$ (I).

VII, 6

praepositus cubiculi cf. ad 16.7.2 (p. 78. 26–27).

a **Iulianum ... Asiaticis coalitum moribus, ideoque levem.** Cf. 22.10.3: hoc autem ideo adsequi potuit, quod levitatem agnoscens commotioris ingenii sui, praefectis proximisque permittebat, ut fidenter impetus suos aliorsum tendentes atque decebat, monitu opportuno frenarent: monstrabatque subinde se dolere delictis et gaudere correctione. (ut fidenter .... monstrabat om. V. add. G); 25.4.16: Digestis bonis quae scire potuimus, nunc ad explicanda eius vitia veniamus, licet dicta sint carptim (cf. ad 16.7.4, p.79.12a). Levioris ingenii, verum hoc instituto rectissimo temperabat, emendari se cum deviaret a fruge bona permittens. Cf. Geffcken Iul. (op. cit. I) p.133: "Es handelt sich also um seine Veränderlichkeit, seine Launen, sein ganzes unruhiges Wesen, das die Römische Sprache, nicht reich an Charakteristik, mit **levitas** bezeichnet; Iulian fehlte die **gravitas,** Constantius' Grandezza."

b **Asiaticis.** Cf. 17.9.3: miles ... Julianum conpellationibus incessebat et probris, Asianum appellans, Graeculum et fallacem et specie sapientiae stolidum; Quint. 12.10.17: Asiana gens tumidior alioqui atque iactantior, vaniore etiam dicendi gloria inflata est; Cic. pro Mur. 5: Et, si habet Asia suspicionem luxuriae quandam, non Asiam nunquam vidisse, sed in Asia continenter vixisse, laudandum est. As Gronovius observes from Firm. Math. 1.1. **levitas** is generally attributed to the Greeks, but **luxuria** to the Asiani. I see no difference between **Asiaticus** and **Asianus,** as used by Amm., unless perhaps Asianus has an even more unfavourable sound. It is piquant to hear the Antiochian-born Amm. speak in this way about the Asiatici mores of Julianus. How hard he tries to be a Roman! Cf. et. Pighi Stud. Amm. p.71 (op. cit. I).

c **coalitum.** Cf. 23.6.38: oleum usus communis herba quadam infectum condiunt harum rerum periti ad diuturnitatem servantes et coalescens (= growing thick, thickening); 31.2.20: iuventus vero equitandi usu a prima pueritia coaliscens (= growing up with, growing together with); Souter p.55.

p.79.23 **digressus ad otium** = after he had left the service on a pension.
adscitusque postea in palatium. = And after he had later been summoned to the court **again.** I miss here a word such as: iterum, denuo, rursus. For Eutherius is taken into court service **again.** Whether Amm. just does not express himself very clearly, or whether this **adscisco** has that fine distinction, I have not been able to discover.

p.79.23–25 *a* **semper sobrius et in primis consistens, ita fidem continentiamque virtutes coluit amplas.** Vales.: "Legendum videtur: inprimis **constans** ... Itaque ut sobrius ad continentiam refertur; constans referri debet ad fidem." The objection raised by Vales, does not hold, for consistens = constans. The **chiasm** is maintained. For chiasm cf. Blomgren p.20, 22, 41.

b **consistere** is a typical soldier's expression. Amm. uses these quite frequently (Cf. ad 15.12.3, IV p.76). Cf. Veget. edit. Lang p.182 (index) and ibid. 1.20 (p.23): nec erant admodum multi, qui cedentes, si proelii necessitas conpulisset, inter principia legionum recipi solebant, ita ut acies inmota consisteret (= stood firm).

arcanum. Cf. Cod. Just. 9.8.5 § 7 (Ad legem Iuliam maiestatis): Is vero, qui usus fuerit factione (= conspiracy), si vel sero, tamen incognita adhuc **consiliorum arcana** patefecerit, absolutione tantum ac venia dignus habebitur (a° 397).

nisi tuendae causa alienae salutis. Cf. ad 16.7.5 (p. 79. 15–20 f.); 26.8.14: legendosque eruendi peritos auri; etc.

a **arcesseretur.** In the meaning of: to accuse, to summon, not found in legal sources, although Amm. is otherwise well-versed in technical legal terms. Cf. Pighi Nuovi St. Amm. p. 204 (lingua della giurisprudenza).
b For the construction cf. ad 15.3.1 (III p. 29); 15.5.28; Hofm.-Leum. p. 589.

VII, 7 subinde Romam secedens.
a **subinde** = (here) immediately following (in the often occurring meaning; cf. Hofm.-Leum. p. 540). Büchele seems to have taken the word to mean **often,** which is usual in late Latin. But in that case subinde-secedens and ibique-consenescens do not belong together, resulting in a twisted and, in my opinion, incorrect translation. Rolfe gives a correct translation of the text.
b **secedens** = digressus ad otium. Cf. Suet. Tib. 10.1: Tot prosperis confluentibus, integra aetate ac valetudine statuit repente secedere, seque e medio quam longissime amovere. Hence the meaning: to go to rest = to die. Cf. Georges (op. cit. I) 2 p. 2555; Heum.-Seckel p. 530.

a **ibique fixo domicilio consenescens. fixo.** Cf. Iuven. 3. 1–3:
    Quamvis digressu veteris confusus amici
    laudo tamen, vacuis quod sedem **figere** Cumis
    destinet atque unum civem donare Sibyllae.
Krebs Antib. 1. p. 591.
b **consenescens.** Cf. Eutr. 1.11: Tarquinius .... Tusculum se contulit ... atque ibi per quattuordecim annos privatus cum uxore consenuit; 10.2: Quo nuntio Maximianus Herculius (Cf. I p. 44 Stammtafeln) ad spem arrectus resumendi fastigii, quod invitus amiserat, Roman advolavit e Lucania, quam sedem privatus elegerat, in agris amoenissimis consenescens; 9.7 (with a somewhat unfavourable flavour) Valerianus (253–259 p. Chr. n.) ... mox etiam captus apud Parthos ignobili servitute consenuit.

consenescens-cunctis. Note the alliteration. Cf. ad 16.1.2. (p. 71. 5–6, *b*).

p.80.1 **id genus homines.** Cf. ad 15.5.37 (III p. 128).

p.80.2 **captare.** Cf. 18.5.7: (Antoninus) educatus enim in medio, ut rerum omnium gnarus, auditorum nanctus vegetos sensus et aurium delenimenta captantes etc.

p.80.2-3 *a* **ut lucifugae vitantes multitudinis laesae conspectus.**
lucifugae = afraid of the light. Cf. Apul. Apol. 16 (v.d. Vliet p. 24): Nam ad eundem modum tu quidem quid ego in propatulo et celebri agam, facile e tenebris tuis arbitraris, cum ipse humilitate abdita et lucifuga non sis mihi mutuo conspicuus; Georges 2. p. 710; Krebs Antib. 2. p. 36. With Amm. probably poetism.
b **conspectus.** Although the plural, as usual, can be explained, it might just as well have been a singularis here. For the abundant use of the pluralis (often variationis causa) cf. ad 14.1.1 (I p. 53); Blomgren p. 86 sq.; Lögdberg, In Macr. Saturnalia adnot. (1936) p. 104 sq.; Andersson, Studia Vegetiana p. 96 sq.; Hagendahl Stud. Amm. p. 113 sq.; Salonius Vitae Patr. p. 78 sq.
When one leaves the metrum and the variatio out of consideration, the use of the pluralis sometimes gives an impression of arbitrariness. Cf. 14.6.23: et quoniam aput eos ut in capite mundi, morborum acerbitates celsius dominantur, ad quos vel sedandos **omnis professio medendi** torpescit (the entire medical science); 21.16.5: ... id enim evenire corporibus a lascivia dimotis et luxu, diuturna experimenta et **professiones medendi** monstrarunt (same meaning).

VII, 8

p.80.3-4 **conparare debeam.** Cl. cursus causa: deberem, not right, in my view. Cf. Blomgren p. 93.

p.80.4 **antiquitates replicando.** The mscr. read: antiquitatem. Gardth.'s conjecture is right in connection with conplures, antiquitatum as given by Mommsen superfluous. Cf. 20.6.9: et licet ad praesciscendos adversos subitosque motus, id munimentum oportune locavit antiquitas; 27.4.4: et partem earum habitavere Scordisci, longe nunc ab isdem provinciis disparati, saevi quondam et truces et (ut antiquitas docet) hostiis captivorum Bellonae litantes et Marti; 30.4.5: et Antifon ille Rhamnusius, quem ob defensum negotium, omnium primum antiquitas prodidit accepisse mercedem; 31.16.7: exinde digressi sunt effusorie per arctoas provincias, quas ‹per›agravere licenter, ad usque radices Alpium Iuliarum, quas Venetas appellabat antiquitas; 22.4.6: et quaerebantur aedes marmoreae, cum scriptum sit antiquitatibus, Spartanum militem coercitum acriter, quod procinctus tempore ausus sit videri sub tecto; Krebs Antib. 2 p. 180 sq. The meaning of **antiquitas** is quite clear from the examples. **Antiquitates,** on the other hand = historici prisci or: libri historicorum priscorum. (The passages quoted by Hassenstein, op. cit. I p. 14, namely Cic. de legg. 2.11 and Plin. h.n. 12.42 (19), where we find the **singularis** antiquitas, are no proof for the above-mentioned meaning of antiquitates).

a **(licet oppido pauci,) fideles et frugi.** p.80.5
Note the **alliteration,** often leading to the use of less general (poetic, archaic) words.
b **oppido:** according to Quint. 8.3.25, already obsolete in his time. Cf. Amm. 28.4.17: defectum enim patrimonii se opimi (V patrimoniis oppidi) perpeti senator existimat, si is defuerit quem aliquotiens libratis sententiis, invitaverit semel (in spite of Heraeus, who guesses **opimi,** referring to 29.1.43: opimum patrimonium, the version **oppido** seems to me quite acceptable, as oppido belongs to perpeti, so often connected with verbs); ad 14.6.1 (I p.89); Terent. Adelph. 322; ibid. Phormio 317 (with notes of the editions by Dziatzko-Kauer[2] and Dziatzko-Hauler[4]); Rönsch Itala p.237.
c **frugi.** Cf. Hofm.-Leum. p.418, 459; Krebs Antib. 1. p.612; Heum.-Seckel p.224; 25.4.16: levioris ingenii, verum hoc instituto rectissimo temperabat, emendari se cum deviaret a fruge bona permittens; Gell. 13. (28) 27.2: ibi scriptum est, cum multa alia ad bonam frugem ducentia, tum vel maxime, quod esse haerereque in animo debet.

a **set ob quaedam vitia maculosi.** p.80.5–6
For **set** cf. Grandgent (op. cit. I) p. 282. V: fruges et. See also previous note. However, one should deal very carefully with the, at first sight, improbable versions of Amm.' mss., however corrupt they may be. It is possible that Amm. used **fruges** as nom. plur. (although I know of no other examples); the original version would then be: et fruges, ⟨s⟩et ob etc.
b **quaedam.** Cf. ad 16.4.4.
c Cf. 22.4.6: Quibus tam maculosis accessere flagitia disciplinae castrensis; Cod. Just. 10.1.8: Qui in contractibus scelestis ac fisco perniciosis interversorum maculosis se fraudibus implicuerunt, in quadrupli redhibitionem teneantur; Tac. Hist. 3.38: eum omni dedecore maculosum...; etc.

praecipua. Cf. ad 16.7.4 (p. 79.12, *b*). p.80.6

p.80.7-8 **contemptior ... propensior ... superbior.** For the comparativi cf. I p. 96. In all these places a positivus would have been proper, although there may be some justification for the comparativus. The comparativus is often used for the sake of the clausula; just as here with the 2 firstmentioned comp.

p.80.9 *a* **ex omni latere.** Wagner: omnibus partibus consideratum. Probably an expression derived from the soldiers' vocabulary. Cf. ad 16.7.6 (p. 79. 23-25, *b*).

b **peritum.** Damsté with reference to Cic. in Cat. 3.7.17: paratum, which version is taken over by Rolfe completely superfluously in my view.

c **neque legisse me neque audisse.** Legere and audire peritum = legere and audire de perito. Cf. 24.6.14: longae loquantur aetates Sofanem et Aminiam et Callimachum et Cynegirum, Medicorum egregia culmina illa bellorum; 28.4.32: quae longe abhorrent a studiis et voluntate veteris illius plebis, cuius multa facete dicta memoria loquitur et venusta; 30.4.12: hi ut altius videantur iura callere, Trebatium locuntur et Cascellium et Alfenum et Auruncorum Sicanorumque iam diu leges ignotas ...; 21.16.15: quo pravo proposito magis quam recto vel usitato, triumphalis arcus ex clade provinciarum sumptibus magnis erexit in **Galliis et Pannoniis,** titulis gestorum adfixis, **se** (quoad stare poterunt monumenta) **lecturis;** Blomgren p. 76; Hofm.-Leum. p. 845 (Zusatz γ).

VII, 9

p.80.11 *a* **scrupulosus lector antiquitatum.**
for **antiquitates** cf. ad 16.7.8 (p.80.4).

b for **lector** cf. Krebs Antib. 2 p. 12.

c **scrupulosus** = hypercritical, over-careful, very precise. Cf. Dig. 22.6.6: Nec supina (= tardy, negligent) ignorantia ferenda est factum ignorantis ut nec scrupulosa inquisitio exigenda: scientia enim hoc modo aestimanda est ut neque neglegentia crassa aut nimia securitas (carelessness) satis expedita sit neque delatoria curiositas exigatur; Heum.-Seckel p. 530. In this meaning found in: Val. Max.; Quint.; Plin. n. hist.; Tert.; Apul. met. 9.30: forsitan lector scrupulosus (Fletcher, Rev. de Philol. LXIII, 1937, p. 394). In the same meaning: **scrupulose** and **scrupulositas** (not with Amm.). Cf. et. **scruposus** 20.10.2 and 31.8.4; Rönsch It. p. 55; p. 128; Georges 2 p. 2547; Bened. Reg. 40; Amm. 21.16.3: examinator meritorum non numquam **subscruposus.**

p.80.11-12 **Menofilum Mithridatis Pontici regis eunuchum.**
a **Menofilus.** Unknown, only mentioned here.

b **Mithridates Pontici regis.** = Mithridates VI Eupator from 111 B.C. – 63 B.C. King of Pontus. Cf. Niese-Hohl (op. cit. I) p. 190–233 passim; Pelham, Outlines of Roman History p. 268–294 passim; Mommsen Röm. Gesch. II p. 266–334 passim; III 51–137 passim; Drumann (op. cit. I) IV² p. 427 sq.; Reinach, Mithr. Eup. (1895).

hoc monitu recordetur. Wagner: "me monente". Cf. 25.10.16: Dicebatur   p.80.12
autem Varronianus pater eius monitu cuiusdam somnii dudum praescisse quod evenit ...; 31.15.13: Sed bucinis optimatum monitu occinentibus instauratum est proelium ....; Krebs Antib. 2. p. 99.

gloriose monstravit. Rolfe translates: .... "that nothing was recorded of   p.80.13-14
Menophilus save this one fact, that in the supreme crisis he made a glorious showing". This translation is in any case inexact, probably also inaccurate. For quod is not a conjunction, but a relativum, with the antecedent: id solum. Also the meaning Rolfe gives to **monstrare** is not known to me. The adverbium does not occur very often. Cf. et. Veget. r. mil. 4 praef.: ... Roma documentum est, quae salutem civium Capitolinae arcis defensione servavit, ut gloriosius postea totius orbis possideret imperium.

VII, 10
Ingenti ... reliquit.   p.80.14-17
a **Pompeio.** Refers to Cn. Pompeius Magnus 106 B.C. – 48 B.C. Cf. Drumann (op. cit. I) IV p. 332 sq. For the events (66 B.C.) cf. ibid. p. 443 sq. (with lit.). There is no question but that the names and events recorded in this paragraph 9 and p. 10, are authentic.
b **regna Colchorum.** After his defeat against Pompeius Mithr. spent the winter in the Colchian town Dioskurias. Cf. Drumann IV p. 447 (with lit.). Time: 66–65 B.C.
Colchis belonged to the realm of Mithr.
For the poetic pluralis cf. ad 14.8.5 (= II p. 66).
c **Drypetinam.** Cf. Valer. Max. 1.8. extr. 13: Mitridatis vero regis filia Drypetine, Laodice regina nata, duplici ordine dentium deformis admodum comes fugae patris a Pompeio devicti fuit. Nowhere else is this princess mentioned. The difference between Val. Max. and Amm. is striking: to the former Drypetina is a companion of the King on his flight, whereas the latter describes her as being ill "in castello Sinhorio". Cf. et. Gall.-Font. I p. 272 sq.
d **vexatam asperitate morborum.** For the poetic pluralis, metri causa, cf. above *b* (there also metri causa).

e **in castello Sinhorio.** This castellum is mentioned more often. Boissevain has collected the places in Cassius Dio 37.7.5. From App. Mithr. 101 it appears that part of the royal tresures were kept there, so that it must have been a strong fortress. Cf. et. Drumann IV p. 446 annot. 2. Gall.-Font. I p. 273.

f **rex praedictus** = supra dictus, supra memoratus. Cf. Krebs Antib. 2 p. 351 (with lit.); S. Opt. Milev. (ed. Ziwsa p. 24): intra momenti spatium ad transglutiendos praedictos terra patuit, rapuit, clausa est. Very frequent in late Latin. Often replaces a pronomen demonstrativum or is, to our feeling, abundant. Cf. et. Heum.-Seckel p. 446.

p. 80. 17–21 *a* **Qui virginem . . . compegit.** This characteristic Ammianic period with its many participia which, as in Greek, often are more important than the verbs, can be clarified as follows: Qui virginem omni remediorum solacio plene curavit (= cured) et patri tutissime servabat (imperf. de conatu), cum a Mallio Prisco, imperatoris legato, munimentum quo claudebatur obsideri coepisset et hac de causa defensores eius deditionem meditari sentiret; sed veritus ne parentis opprobrio puella nobilis captiva superesset et violata interfecit illam et deinde gladium in viscera sua compegit.

b **solacium** = help, relief. The meaning of this word has expanded very much in late Latin. Cf. Dig. 24.3.22.9: sin vero dotem ita dissipaturus ita manifestus est, ut non hominem frugi oportet, tunc dotem sequestrari, quatenus ex ea mulier competens habeat solacium una cum sua familia (= livelihood). It also means: support (in concreto), salary, gift. Cf. Souter p. 380; Heum.-Seckel p. 544. Therefore the word may have been more common to Amm., more "technical", also in this connection, than we would be inclined to think at first sight.

c **Mallius Priscus.** Only mentioned here. A Manlius Priscus is mentioned in an inscription from Amaseia (Helenopontus) in Bulletin corresp. Hell. VII. 28. It is doubtful whether that is the same person. Cf. Reinach, Mithr. Eup. (1895), p. 398, annot. 5; Finke (op. cit. I) p. 29.

d Finke op. cit. p. 29 assumes that Amm. has found the story he tells here, in Sallustius, whom Amm. in any case has read very carefully. It is hard to supply stringent proof, as Sallustius' Historiae have only been handed to us in a very ruinous condition.

An argument in favour is found in Amm. 23.6.56: et pecus quod illic per campestria loca vescitur et montana, membris est magnis compactum et validis, ut indicio sunt **cameli,** a Mithridate exinde perducti et **primitus** in obsidione Cyzicena visi Romanis (74 B.C.). This information is at variance with Liv. 37.40.12 and Plut. Lucull. 11.3 seq. where it is said that this was already the case at the battle of Magnesia (190 B.C.). Plutarchus is surprised at **Sallustius'** saying that that was the first time (74 B.C.) that the Romans saw camels.

It thus appears from the above passage, in his protrayal of the Persian realm, that Amm. used Sallustius as his source in recalling the wars against Mithridates. In that case it has probably also been done here. Cf. et. Sall. Hist. 3.42 Maur.; Finke p. 21 sq.

e **opprobrio.** Cf. Krebs Antib. 2. p. 219 (with lit.); Heum.-Seckel p. 394.

f **superesset:** H² B G Rolfe. V: superasset. The latter version is in my opinion the right one. Cf. Itin. Aeth. 4.5: Ecce et coepit iam esse hora forsitan octava et adhuc nobis superabant milia tria, ut perexiremus montes ipsos, quos ingressi fueramus pridie sera; ibid. 46.5: Cum autem iam transierint septem septimanae ⟨et⟩ superat illa una septimana paschalis, quam hic appellant septimana maior etc.

VIII, 1

Superato ... perpetrabantur. p. 80.23–p. 81.1

a **Marcello.** Cf. ad 16.2.8 (p. 73.16).

b **Serdicam** = Sophia. Capital of Dacia Mediterranea, a provincia of the diocesis Daciae, which diocesis belongs to the praefectura Illyrici, Italiae et Africae (± 390 A.D.). According to N.D. Or. Böcking p. 13 are sub dispositione praef. praet. per Illyricum: Macedonia and Dacia, as dioceses. The following provinciae were also part of Dacia: Dacia Mediterranea, Dacia ripensis, Moesia prima, Dardania and finally: Praevalitana et pars Macedoniae salutaris. Serdica is the seat of an archbishop, like **Ratiaria,** the metropolis of Dacia ripensis (cf. Pieper Tab. 14).

Cf. et. Amm. 21.10.3, 31.16.2; Anon. Vales. 8; 19 (= p. 18 and 32 edit. Westerhuis, **with annot.**); Ptol. 1. p. 482 ed. Müller (with adn.); Tab. Peut. VII. 5: Sertica; N.D. Or. Böck. p. 136; Anon. Rav. Schnetz p. 50: Sertica; Itin. Ant. Aug. Wess. p. 135; Itin. Hieros. Wess. p. 567; Hierocl. Synecd. Wess. p. 654; Itin. Burd. Geyer. p. 11, 13; etc.

c **oriebatur.** The imperfectum instead of the plusquam perfectum. Cf. 18.10.4: lenitudinem profecto in tempore simulans, ut omnes quos antehac diritate crudelitateque **terrebat,** sponte sua metu remoto venirent. **unde oriebatur** claus. III. Cf. ad 16.7.5 (p. 79. 15–20 g.).

in castris Augusti. The meaning here is: in comitatu. Castra is the "transla- p. 80.24 tion" of the Greek στρατόπεδον. Cf. Juven. 4.134–135:

"Argillam atque rotam citius properate; sed ex hoc
Tempore iam, Caesar figuli tua castra sequantur".

Hist. Aug. Hadr. 13.7; Cod. Theod. 6.32.1 (with the very extensive exposition by Gothofredus); Amm. 18.5.6; 26.7.1; 14.5.9: Quibus ita sceleste patratis, Paulus cruore perfusus, reversusque ad principis castra, multos coopertos paene catenis adduxit (while Amm., just before, uses ad comitatum imperatoris without any difference in meaning).

tuendae maiestatis imperatoriae. Cf. 29.2.2: (Palladius) multos intra casses lugubres includebat, quosdam veneficiorum notitia pollutos, alios ut adpetitoribus imminuendae conscios maiestatis. For the **laesa maiestas.** Cf. Cod. Just. 9.8; Willems Dr. publ. Rom. p.231, 421 adnot. 4; Madvig Verf. u. Verw. des röm. St. 2. p.274 sq.; ibid. 1. p.550; Cod. Theod. 9. 4–6 (with comm. by Gothofr.).

Very interesting for the sensitivity of the Emperor to criticism (which could easily be explained as laesa maiestas) is the Cod. Theod. 9.4: Siquis imperatori maledixerit.

p.81.1 **multa et nefanda perpetrabantur**
a For **perpetrare** cf. ad 14.1.4 (I p.58); Krebs Antib. 2. p.284.
b Cf. 17.13.1: ad Limigantes, Sarmatas servos, ocius signa transferri utilitas publica flagitabat, quos erat admodum nefas, impune multa et nefaria perpetrasse.
c perpetrabant V perpetrabantur G Rolfe Cl. I see no reason to change V's version. The clausula is certainly no motive: nefánda perpetrabántur cl. III; but **nefánda perpetrábant** results in a clausula, which though unusual, is seen more frequently. (cf. ad 15.5.33 = III p.119 sq.).

VIII, 2
p.81.1-4 **Nam ... auctoritas.**
a For the superstition in Amm. cf. Ensslin (op. cit. I Zur Gesch. schr. etc.) cap 8 and particularly p.94 sq.
b **super occentu soricis vel occursu mustelae.**
1 The squeaking of a shrew-mouse was a bad omen. Cf. Plin. N.H. 8.57: Nam soricum occentu dirimi auspicia annales refertos habemus; Val. Max. 1.1.5: Occentus autem soricis auditus Fabio Maximo dictaturam, C. Flaminio magisterium equitum deponendi causam praebuit. Cf. et. Aurel. Vict. Epit. 41.10: (Licinius) Spadonum et aulicorum omnium vehemens domitor, tineas soricesque palatii eos appellans.
2 **occentus.** Rare word. (see above b. 1). **Occinere** occurs in Amm. 16.12.62: Quibus ita favore superni numinis terminatis, post exactum iam diem, occinente liticine revocatus invitissimus miles prope supercilia Rheni tendebat ...; 31.15.13: Sed bucinis optimatum monitu occinentibus, instauratum est proelium ....

3   Note the **chiasmus** in the above-quoted sentence-part. Cf. 14.11.32: eadem Mancinum ... dedi‹di›t Numantinis, Samni‹tum› atrocitati Veturium et Claudium Corsis; 25.3.12: Concursus itaque armatorum et cadentium gemitus, equorum flatus[et], tinnitus ferri procul audiebatur...; 21.12.13: quidam fossas ardentius transire conati repentinis eorum adsultibus, qui erumpebant clanculo per posticas ruebant incaute [aut], saucii discedebant. Chiasmus is often accompanied with asyndeton. Cf. Blomgren p. 20, 22, 41.

c **vel similis signi gratia consuluisset quemquam (V. Heraeus: quisquam) peritum.**

1   For the contents cf. Cod. Theod. 9.16: De maleficis et mathematicis et ceteris similibus (c. ann. Gothofr.).

2   signi = portenti.

3   The version quemquam (V) can hardly be maintained, because then consuluisset has no subject. For **quisquam** cf. 22.16.19: Sed‹si› intellegendi divini editionem multiplicem et praesensionum originem mente vegeta quisquam voluerit replicare etc.
In late Latin the differences between aliquis, quisquam and ullus disappear. Cf. Goelzer, Le Latin de S. Avit p. 668. Whether one reads quisquam or quemquam, in both cases the meaning of the pronomen is no different than that of aliquis or quidam. A contemporary of Amm., on the other hand, S. Optatus Milevitanus, still knows how to use quisquam "purely". Cf. et. Hofm.-Leum. p. 483 sq.

4   For the **conj. iterat.** cf. ad 14.6.12–14 (= I p. 94) (consuluisset adhibuisset).

1   **anile in cantamentum.** Cf. 29.2.3: Et ne vel coniugibus maritorum vacaret miserias flere, immittebantur confestim qui signatis domibus inter scrutinia suppellectilis patris addicti, incantamenta quaedam anilia vel ludibriosa subderent amatoria, ad insontium perniciem concinnata. p. 81.3

2   Examples of an **incantamentum:** Varro r.r. 1.2.27 (Keil p. 131): ... cum homini pedes dolere coepissent, qui tui meminisset, ei mederi posse. ego tui memini, medere meis pedibus "terra pestem teneto, salus hic maneto in meis pedibus". hoc ter noviens cantare iubet, terram tangere, despuere, ieiunum cantare; Cato agr. cult. 160 (a still finer example; unfortunately the text is obscure) = Keil p. 106; Mulomed. Chir. 855 (= Oder p. 260); Veget. Mulom. 4.27 (= Lommatzsch p. 306); Lindenbr. adnot. = edit. Wagner II p. 198.

p.81.3-4 1 **quod medicinae quoque admittit auctoritas.**
For the personificatio cf. 14.6.23: et quoniam apud eos, ut in capite mundi, morborum acerbitates celsius dominantur, ad quos vel sedandos omnis professio medendi torpescit; 21.16.5: id enim evenire corporibus a lascivia dimotis et luxu diuturna experimenta et professiones medendi monstrarunt; Blomgren p. 83 sq.

2 Cf. Apul. Apol. 40 (= v.d. Vliet p. 53): veteres quidem medici etiam carmina remedia vulnerum norant, ut omnis vetustatis certissimus auctor Homerus docet, qui facit Ulixi de vulnere sanguinem profluentem sisti cantamine. nihil enim, quod salutis ferendae gratia fit, criminosum est.

p.81.4 **reus unde non poterat opinari delatus.**
1 **reus:** predicative.
2 **unde** = from which side = a quo. Cf. Grandgent (op. cit. 1) cap. 10, 70, 73, 84, 393; Hofm.-Leum. p. 491 (with lit.); Salonius p. 211 sq.; Löfstedt Peregr. p. 180 sq.

p.81.5 **raptusque in iudicium.** Cf. Plaut. Aul. 4.10.30:
                                               Quod surrupuisti meum,
Iam quidem hercle te ad praetorem rapiam et tibi scribam dicam;
ibid. Poen. 5.5.56: ..... Bellum hominem, quem noveris!
   Rapiamus in ius;
etc.

poenaliter interibat. Cf. 14.9.6: et tandem nec confessus nec confutatus, cum abiecto consorte poenali est morte multatus. Rare word. Cf. Souter p. 308.

VIII, 3

p.81.6-7 *a* The text in this paragraph is quite corrupt. See the apparatus criticus given by Clark. Among other things I object to the conjecture **servum** by Heraeus. Clark (?) and Rolfe read: Per id tempus fere servum quendam, nomine Danum, terrore tenus uxor rerum levium incusarat.

The story then continues to describe how Rufinus in some way or other is acquainted with Danus' wife, and how he seduces here (post nefandum concubitum) with fine talk and promises (ut loquebatur iactantius) to accuse her innocent husband of laesa maiestas, and of stealing a purple gown from the grave of Diocletianus and hiding this with the knowledge of some other persons.

I find it hard to swallow this story. That Rufinus, princeps apparitionis praefecturae praetorianae, would have started a liaison with the wife of a slave, named Danus, however charming and frivolous (versabilis) the lady may have been, and then to have induced this lady after the adultery to accuse her husband (again: a slave) of laesa maiestas, seems to me absolutely impossible. The position of the man simply does not allow this. On "marriage" ties between slaves and persons of high rank cf. Cod. Theod. 4.6.3; 12.1.6; 15.8.2; Nov. Theod. 18.1; Nov. Marc. 4.1; Nov. Maj. 7.1; Nov. Anth. 1.1. These laws generally deal with marriages with persons of slave-rank (or comparable persons). These are (in general) very firmly rejected. The wife of a slave is also a slave herself.

b In a law by the Emperor Zeno (484) Cod. Iust. 12.21.8. it is written: Multis devotissimae scholae agentum in rebus aditionibus permoti viros **clarissimos** eiusdem scholae principes etc;. from which the rank of this principes is apparent.

Cf. Boak-Dunlap (op. cit. II) p. 72: "From the highest grade of the Agentes, the **ducenarii**, were selected the **principes** or heads of the officia both of the Prefects and the most important civil governors in both the Orient and the Occident, as well of the military governors in the Orient ... Through these principes the court could keep a strict watch over the actions of the provincial governors and had an official spy permanently in attendance upon each"; ibid. p. 79; Grosse Mil. (op. cit. I) p. 120 sq.; Comm. III p. 47 sq.; Cod. Iust. XII. 21: de principibus agentum in rebus.

c On the basis of the above I am inclined to accept the version: "per id tempus fertur fuisse virum quendam", of which version Valesius says: "Agrestis et barbara locutio, mirum ni a Castello conficta esset". The linguistic objections of Vales. against these words are, of course, not valid. The construction, though Greek, is not unusual in Latin. Cf. Hofm.-Leum. p. 589 (173); Nepos Paus. 5.3: Dicitur eo tempore matrem Pausaniae vixisse eamque iam magno natu, postquam de scelere filii comperit, in primis ad filium claudendum lapidem ad introitum aedis attulisse; etc. Cf. et. Seyfarth I p. 293 sq.: fere *Salonitanum* quendam.

nomine Danum. The personal name of **Danus** belongs to the ethnological   p.81.6
name **Dani** and occurs in Cassiodorus edit. Mommsen 340, 9[1] (an East-Goth). Cf. Schönfeld (op. cit. I) p. 71.

terrore tenus. = ut terreret (Wagner). Better: not beyond scaring him, only in order to frighten. Cf. Wölfflin Arch. L.L.G. 1 p. 415–426;
Hofm.-Leum. p. 536; Reinhardt (op. cit. I) p. 60. Often found in Amm., mainly in a metaphorical sense. A flower of speech, cultivated by Amm. in his own way.

Rufinus. Cf. III p. 48 (ad 15.3.8).   p.81.7

p.81.8 **Gaudentium.** Cf. III p. 47 sq. (ad. 15.3.8).

p.81.8-9 **agentem in rebus.** Cf. III p. 48. (ad 15.3.8).

p.81.9 **consularem Pannoniae ... Africanum.** Cf. III p. 44 (ad 15.3.7). Amm. here calls Africanus: consularem Pannoniae, but in 15.3.7: Pannoniae secundae rectoris. Both times he expresses himself incompletely. The man is indeed: Pannoniae **secundae consularis.** For **rector** cf. ad 14.10.8 (= II p. 106); Heum.-Seckel p. 495; Souter p. 344.

p.81.10 **apparitio.** Cf. ad 15.3.8 (III p. 48 sq.) and 15.7.3 (IV p. 12 sq.).

p.81.10-11 **tum etiam princeps ob devotionem.**
a an explanation for **tum etiam** can be found in 15.3.9, where of Rufinus, called in 15.3.8: appar. praef. praet. **tunc** principem, it is written: Quo facto delator funestus (= Rufinus), vetita ex more humano validius cupiens, **biennio** id quod agebat (ut postularat) continuare praeceptus est.
b **devotionem.** Rolfe translates: obsequiousness, Büchele: Kriecherei. In my opinion Amm. really uses the word here in a contemptuous sense: stickling for regulations and discipline.
The word has a different meaning from that in classical Latin; **devotus** is a title (cf. ad 15.1.2 = III p. 8), just as **devotio.** Cf. Cod. Theod. 7.20.1: Imp. Const. A. Floriano praef. (a° 318): .... Edictum autem, continens indulgentiam nostram (= Privilegia a me, post victorias de Licinio, veteranis indulta), ad **devotionem** tuam misimus, et ut tua **dicatio** (= devotio) et cuncti alii recognoscant, quid praestitimus memoratis (sc. veteranis); 7.22.2: Imp. Const. A. ad Severum (praef. urbi): ..... observaturo **devotionis** tuae officio, ut qui (= veteranorum filii) probantur, ab annis viginti usque ad viginti et quinque annos aetatem agant. (a° 326). Cf. et. Heum.-Seckel p. 144; Souter p. 100.

VIII, 4

p.81.11 **ut loquebatur iactantius.** Büchele correct: Durch Grosssprechereien, but Rolfe wrong: as he kept boastfully saying. It would indeed be strange for Rufinus to advertise his "success" with the lady in question! This had to be kept a secret. And fine talk and boasts have been part of the make up of every seducer since time immemorial. For the compar. **iactantius** cf. ad 16.7.8 (p. 80. 7-8).
versabilem feminam. Cf. ad 14.3.1 (= I p. 79).

in periculosam fraudem illexit. Cf. Terent. Andr. 5.4.8:
    tune inpune haec facias? tune hic homines adulescentulos
    inperitos rerum, eductos libere, in fraudem inlicis ...?
Plaut. Mil. 1434 sq.:
                      Scelus viri Palaestrio,
    Is me in hanc inlexit fraudem.
ibid. Truc. 297 sq.:
    ...... erilis noster filius apud vos Strabax
    ut pereat, ut eum inliciatis in malam fraudem et probrum.

Suasit ... arcessere ... fingere. For the infinitivus construction cf. Hofm.-Leum. p. 580 sq. (B), with lit..
consarcinatis mendaciis. Cf. ad 14.5.6 (= I p. 87).

laesae maiestatis. Cf. ad 16.8.1.

a **velamen purpureum.**
Cf. 18.10.3: opertamque ad usque labra ipsa atro velamine. Does Amm. have in mind Verg. Aen. 6.220 sq.:
                Tum membra toro defleta reponunt,
Purpureasque super vestis, **velamina** nota,
Coniiciunt? Cf. et. Juv. Sat. 3.178:
         ..... clari velamen honoris
Sufficiunt tunicae summis aedilibus albae;
Souter p. 437; Heum.-Seckel p. 615. Often in jurid. lit. in literal and metaph. sense.
b for the purple emperor's garment cf. ad 15.8.10 (= IV p. 35); ad 15.5.16 (= III p. 96 sq.); ad 14.9.7 (= II p. 93).
c **velamen purpureum.**
"Solebant prisci funera non solum κειρίαισ involvere, verum toga quoque vel pallio amicire et feretrum velamento obtegere" (Lindenbr.). Cf. Amm. 28.4.8: non nullos fulgentes sericis indumentis, ut ducendos ad mortem, vel ut sine diritate ominis loquamur, praegresso exercitu, arma cogentes, manipulatim concitato fragore, sequitur multitudo servorum; Ap. Florida 4 (= v.d. Vliet p. 150): sed ferret aequo animo hanc nominum communionem, si mimos spectavisset: animadverteret illic paene simili purpura alios praesidere, alios vapulare: itidem si munera nostra spectaret: nam illic quoque videret hominem praesidere, hominem depugnare, togam quoque parari et voto et funeri, item pallio cadavera operiri et philosophos amiciri; Prudent. Cathem. 10.49 sq.:

>Candore nitentia claro
>praetendre lintea mos est,
>aspersaque myrra Sabaeo
>corpus medicamine servat.

Dig. (Ulp.) 11.7.14: Impensa peregre mortui quae facta est ut corpus perferretur, funeris est, licet nondum homo funeretur: idemque et si quid ad corpus custodiendum vel etiam commendandum factum sit, vel si quid in marmor vel vestem collocandam; and various other places quoted, like the above, by Lindenbr. (= edit. Wagner 2. p. 200 sq.). According to Paul. Sent. 1.21.8 "sepulcrum violasse videtur": "Qui monumento inscriptos titulos eraserit, vel statuam everterit, **vel quid ex eodem traxerit,** lapidem columnamve sustulerit." So that Danus "reus sepulcri violati postulari potest" (ibid. 1.21.9) ánd laessae maiestatis. Cf. et. Dig. 47.12: de sepulcro violato and Bruns Fontes iuris rom. ant. 1. p. 377 sq.

p.81.14 *a* **a Diocletiani sepulcro furatus.** For Diocletianus cf. genealogical tree VIII (= I p. 50); ad 14.11.10 (II p. 122). His grave was to be found in Spalatum, where he died in 316 A.D. Cf. Stein Spätr. Gesch. p. 143.

b **Spalatum** ('Ασπάλαθον) was a suburb of the highly important Roman colonia **Salonae** in Dalmatia. Cf. et. N.D. Böcking p. 353 sq. 948; Itin. Ant. Aug. Wesseling p. 269 sq. (Salonas); Tab. Peut. VI. 3; Ptolem. 2.16.3: Salonae colonia; L. Bréhier, Vie et mort de Byzance (1948) p. 285 (with lit.); Seeck, Regesten p. 165; Eutr. 9.28:

Diocletianus privatus in villa, quae haud procul a Salonis est, praeclaro otio senuit .... Contigit igitur ei, quod nulli post natos homines, ut cum privatus obisset, inter Divos tamen referretur (Valesius here notes "Sane velamen purpureum in eius sepulcro positum, cuius hic meminit Marcellinus, consecrationis certissimum indicium est"); Anon. Rav. 4.16: Spalation; Guid. geogr. 115: Spalathon; Zeitschr. für Ortsnamenforschung IV p. 215.

p.81.14-15 **fingere.... quod occultabat.** Cf. ad 14.7.5; 14.7.14; 14.10.14; 14.11.7 (= II p. 22, p. 41; p. 111, p. 120).

quibusdam. Cf. ad 16.4.4 (p. 75. 8-9).

VIII, 5

p.81.15 **hisque... formatis.** Formatis = fictis (= consarcinatis, above). The meaning of **forma** and **formare** has become much more extensive in later Latin and with the juridicial authors, when compared with the classical authors. Cf. Heum.-Seckel p. 218 sq.; Souter p. 151 sq.; Krebs Antib. 1.602 sq. Cf.

Veget. 2.9: Ipse autem iustus diligens sobrius legionem sibi creditam adsiduis operibus ad omnem devotionem (cf. ad 16.8.3), ad omnem formabat industriam, sciens ad praefecti (sc. legionis) laudem subiectorum redundare virtutem; ibid. 2.11: Habebant etiam fabricas scutarias loricarias arcuarias, in quibus sagittae missibilia cassides omniaque armorum genera formabantur (= to manufacture); Du Cange III 565.

Note the alliteration (*p* and *c*) in the sentence: ipse .... consuetas.   p.81.16-17

Spe potiorum. Cf. 20.4.5: cum eisdem profectus est, spe potiorum erectis;   p.81.16
27.12.7: spe potiorum erecti; ad 14.7.21 (= II p.50); 14.1.1 (= I p.55); 15.8.16 (= IV p.41); Sen. Ep. 90.4; Curt. 8.5.21.
The meaning is interpreted very well by Büchele: in der Hoffnung dadurch höher zu steigen; Rolfe: in hope of greater profit; Wagner: ut altius ascenderet.
ad imperatoris pervolat castra. Cf. 15.3.9: Qui (= Rufinus) confestim quasi pinnis elatus ad comitatum principis advolavit ... I doubt whether there is much difference in meaning between **pervolare** and **advolare.**

a   **Mavortius tunc praefectus praetorio vir sublimis constantiae.** For **Mavor-**   p.81.17-18
tius cf. ad 15.8.17 (= IV p.42); annot. Vales. (= edit. Wagner II p.201); Prosopogr. Cod. Theod. Gothofr. VI. 2 p.64; Cod. Theod. 6.29.1; Seeck Regesten p.191, 201. He was consul, as well as praef. praetorio (per Italiam) in the same year. He was praefectus urbi in 342.
This is the same Mavortius, to whom Julius Firmicus Maternus in terms of praise dedicated his book on astrology (Math. 8.15).
[For **praef. praet.** cf. ad 14.7.9 = II p.30;
   for **praef. urbi**   cf. ad 14.6.1 = I p.131;
   for **consul**   cf. ad 16.1.1 (p.71.2, *c*).]
b   On the administration of justice by the praef. praet. cf. Madvig 2.315 sq. "Bisweilen überwies der Kaiser Sachen, die ihm unterbreitet waren, den praefecti praetorio zur Erledigung, wie denn die Untersuchung und Erledigung, namentlich von Majestäts- und anderen politischen Verbrechen in den späteren Jahrhunderten nach Constantin nicht selten dem betreffenden praef. praet. übertragen ward".
As a rule the pr. pr. only administer justice in the Courts of appeal, (vice sacra, deputizing for the Emperor), rarely in the first instance. Cf. et. Hermesdorf (op. cit. II p.7) p.299 (with quoted lit.); Stein Spätr. Gesch. 1. p.170; Karlowa Röm. Rechtsgesch. 1. p.849 sq.
c   According to Seeck Regesten p.474, Lollianus Mavortius was pr. pr.

from July 25 until the winter of 356. This dating is not clear to me, when one observes the laws, which are addressed: Ad Lollianum pr. pr. The Emperor, in any case, lived during the years 355–356 mainly at Milan, if one looks at the subscriptiones of the laws of those years. As Amm. fails to tell us where the history with Danus c.s. took place, we will have to make a guess. In connection with *b* the place (region) must have been situated in the praefectura Italiae; in connection with what we are told in 15.3.7 sq. it is highly probable that we have to look for Danus' residence in Illyricum, near or in Pannonia. Cf. et. ad 15.3.9.

All this fits in with the place of the comitatus (castra) of the Emperor, namely Milan.

I believe that we here are given some idea of the way in which Ammianus worked. His notes concerning Rufinus, etc. formed a cohesive entity, but were, in connection with the composition of the books, divided into several parts. The author then failed to remember that a renewed indication of the place was called for.

d 1 Cf. Amm. 28.1.32: **sublimibus** meritis; Varro r.r. 2.4.9: et quod nuptiarum initio antiqui reges ac sublimes viri in Etruria in coniunctione nuptiali nova nupta et novus maritus primum porcum immolant; Horat. Ars Poet. 161–165:

    161   Imberbus iuvenis ....
    165   Sublimis cupidusque et amata relinquere pernix; etc.

Cf. et. ad 15.3.9 (= III p. 49); Mulder, Publ. Pap. Stat. Theb. II (Groningen 1954) p. 242; Krebs Antib. 2 p. 616 sq.; Cod. Theod. 16.2.41: sublimis honoris vir; Cod. Theod. 6.2.2: sublimior potestas; Heum.-Seckel p. 561; Souter p. 393.

During the time of the later Emperors **sublimis** and **sublimitas** belong to the title of the highest civil servants.

2 **Sublimis constantiae** is certainly not an "ordinary" connection. But perhaps it should be borne in mind that many words must have sounded differently to Amm. and that notwithstanding their poetic or archaic appearance or their rare occurrence, they were to a certain extent familiar to him (and others), as being "official" words, part of the very highflown, dignified and often "poetic" style of the titling and the language used by civil servants.

p.81.18   **crimen acri in quisitione spectare.** Cf. Cod. Iust. 9.22.22: Ubi falsi examen inciderit, tunc **acerrima** fiat indago argumentis testibus scripturarum collatione aliisque vestigiis veritatis;

iuncto ad audiendi societatem. Audire is here the usual legal term for the hearing by the judge of the arguments from both parties in civil cases and of the accusation and defense in criminal cases. As a result of this **auditor** sometimes means: judge (Cod. Theod. 11.31.7) and **audientia = auditus:** the hearing and the decision in a legal dispute. Cf. Heum.-Seckel p. 44 sq.; Souter p. 25.

Ursulo largitionum comite.

a **Ursulus.** Cf. 16.8.7; 20.11.5; 22.3.7. Cf. Bidez, La vie de l'empereur Julien p. 210 sq.: "Une autre condamnation capitale (namely by the tribunal of Chalcedon in the winter of 361/362) ne dut point plaire à Julien non plus: celle de l'ancien ministre des finances, Ursule, qui, en Gaule, avait rendu généreusement plus d'un service au jeune César, alors assez mal en cour. Ammien dit de la sentence portée contre lui qu'elle avait de quoi faire pleurer la justice elle-même. Mais Ursule, passant un jour devant les ruines de la forteresse d'Amida, avait osé se plaindre de l'inutilité des sacrifices faits par l'Empire, qui s'épuisait à payer la solde de ses troupes sans obtenir d'elles une défense efficace. Devant les membres du conseil de guerre de Chalcédoine, des propos aussi offensants pour l'armée étaient impardonnables. Julien fit ce qu'il put pour adoucir les effets de ce verdict. Contrairement à la règle, il exempta de la confiscation une partie du patrimoine du condamné et il permit à la fille d'Ursule de la recueillir" (cf. p. 389 ibid. with quoted lit.); Geffcken Jul. (op. cit. I) p. 64; Seeck B.L.Z.G. (op. cit. I) p. 361, 370; Stein, Spätr. Gesch. p. 259 (with quoted lit.).

b **largitionum comite.** U. was comes sacrarum largitionum (cf. 22.3.7). For the office cf. ad 14.7.9 (II p. 29).

The reason that Ursulus was appointed as judge in Danus' case, may have been the fact that they both (M. and U.) belonged to the imperial **consistorium** (cf. ad 14.7.11 = II p. 34 sq.; and Hermesdorf op. cit. II p. 297, with lit.).

c How full of contrasts is the fate of this man, who was so impartial and courageous a judge in this affair, and later was unjustly condemned to death himself by prejudiced military judges! Ursuli vero necem largitionum comitis ipsa mihi videtur flesse Iustitia, imperatorem arguens ut ingratum (22.3.7).

VIII, 6

a **Exaggerato itaque negotio ad arbitrium temporum.**
Büchele: "Das Untersuchungsgeschäft wurde, im damals herrschenden Geiste, mit grosser Weitläufigkeit betrieben..."; better than Rolfe, in my

view: "So when the affair had been exaggerated ....". Cf. Dig. 50.2.3.1: neque enim exaggeranda fuit (= to expand, to sharpen) sententia, quae modum interdictioni fecerat (= exile).

b **ad arbitrium temporum.** Wagner: ex more illius temporis. Even better, in my view: as those times prescribed.

It seems to me that Amm. has had Cicero in mind here. Cf. Cic. Verr. 1.10.30; ibid. 5.63.164: secundum arbitrium tuum; Orator 8(24); de orat. 2.16.70; Murena 9(19).

p.81.22 **tandem veritas respiravit oppressa.** For the **personificatio** cf. ad 16.8.2. **in abrupto necessitatis.** Cf. 18.7.10: ..... ac proposito pro abrupto rerum praesentium statu urgenti consilio; 30.1.8: et remansisset ni cunctis versantibus varia, id reperire potuisset effugium, in necessitatis abrupto tutissimum. Cf. ad 14.2.6 (5.13–14 and 5.14–15 = I p. 69).

p.81.22–23 **Rufinum totius machinae confitetur auctorem.**

a **machina** = machinatio. Cf. Plaut. Bacch. 2.2.54; Mil. 3.2.1; Cic. Nat. deor. 3.29; Epist ad Brut. 18. Also in juridicial Latin. Cf. Heum.-Seckel p. 325.

b **confiteri** = indicare. Cf. Dig. 48.8.3.4: ... poena teneantur huius legis (Corneliae) ..... et qui falsa indicia (iudicia) confessus fuerit confitendave curaverit, quo quis innocens circumveniretur; 13.7.22: Si pignore subrepto furti egerit creditor, totum, quidquid percepit, debito eum imputare Papinianus confitetur ...

p.81.23–p.82.1 **nec adulterii foeditate suppressa.** Nec = neither, not even, not once (nicht einmal). Very frequent meaning in late Latin. Cf. Salonius (op. cit. I) p. 337; Ahlquist (op. cit. I) p. 138 sq.; Hofm.-Leum. p. 641 (with lit.).

p.82.1 **statimque ... iusti.** V contem (lac. 24 litt.) ordes iustiam. Clark, with the use of conjectures by Valesius and Eyssenhardt: statimque legibus contem ⟨platis⟩ ..... ⟨conc⟩ ordes et iusti. Novák (and Rolfe) fill up the void with: illi amore recti.

VIII, 7

p.82.2 **ambo sententia damnavere letali.** Cf. 14.11.24: ad usque **plagas perduxere letales,** etc.; ad 14.1.3 (= I p. 58), Sententia letalis = formula letalis (14.1.3). For the working of the clausula (I and II), in combination with the perfectum forms ending in -ere, cf. et. 30.1.16: ut hebetatae primo appetitu venenatae serpentes **ora exacuere letalia;** Hagend. Perf. formen (op. cit. I p. 10), passim.

92

et tamquam vindicem salutis suae lugens exstinctum. This sentence can be analysed in three ways: (1) et lugens[eum] exstinctum esse tamquam vindicem salutis suae; (2) et lugens tamquam exstinctum esse vindicem (subjects accusativus!) salutis suae; (3) et lugens tamquam exstinctum vindicem salutis suae.
Personally I like solution (2) best. One has here then a contamination of 2 constructions. For the usages of **tamquam** cf. Hofm. Leum. p. 603, 733 (Zusatz), 630.

missis equitibus citis. Cf. Verg. Aen. 8. 642 sq.:
> Haud procul inde citae Mettum in diversa quadrigae
> Distulerant;

Ovid Ex Ponto 4.7.52 sq.:
> Sed tantum virtus alios tua praeterit omnes
> Ante citos quantum Pegasus ibit equos;

Plaut. Aul. 4.1.14:
> Quod iubeat citis quadrigis citius properet persequi;

Tac. Hist. 2.40: Aderat sane citus equo Numida; etc.
I think it likely that we have here a literary reminiscence; at any rate not a terminus technicus. Like Tacitus, Ammianus often hides technical terms behind descriptive, circumscriptive or decorative expressions. These **citi equites** probably belonged to the **scholae** (cf. ad 14.7.9, II p. 27 sq.), unless Constantius for reasons of political safety had sent out **agentes in rebus** (cf. ad 14.11.19, II p. 134 sq.).

Ursulum redire ad comitatum <iussit?>. One might conclude from these words that Mavortius stayed at the court. In any case he will have had less time for an investigation on the spot, because of the travels connected with this.
This order is certainly contrary to any trace of the independence of the judiciary, but: 1° This thesis had not yet been invented. 2° The administration of justice came under pressure particularly in trials where the safety of the state (= the Emperor) was at stake.
ab aulicis arcebatur. For **aulici** cf. ad 15.3.1 (= III p. 28). For the **admissio** to the court cf. ad 15.5.18 (= III p. 100). I here follow the version given by Novák (Rolfe): . . . . . iussit. Qui cum eo venisset adireque principem vellet, **ab aulicis arcebatur,** ne defendendae posset adsistere veritati.
ne defendendae posset assistere veritati. Mscr.: V posse adsistere veritatis et tale. See above. **assistere:** cf. Krebs Antib. I p. 209: "Vom gerichtlichen Beistand gebrauchen es Tac. Plin. min., Juristen u. Spätlat. Apul. Fronto. Klass. ist adesse, non deesse", Heum.-Seckel p. 19.

p.82.6   *a*   **ore et pectore libero docuit gesta.** Cf. ad 14.9.6 (= II p.91).

      b   **gesta** = res gestae, especially in late Latin. Cf. Krebs Antib. 1. p.625 (with lit.). Cf. et. Souter p. 161; Heum.-Seckel p. 229.

p.82.6   **fiducia** = self-confidence.

p.82.6-7   **linguis adulatorum occlusis.**

      a   **adulatorum.** Cf. 14.9.1: adulatorum oblatrantibus turmis. **Adulator** and **adulatrix,** as so many words ending in -tor and -trix, non-classical (with the exception ad Herennium 4.21: Item: Nolo esse laudator, ne videar adulator). Cf. et. Souter p.9.

      b   **occlusis.** Cf. 29.2.14: ibi tunc rectoris imperii caries tota stoliditatis apertius est profanata, qui cum abstinere inconsolabili malo rogaretur obnixe, inflexibilis mansit, ut videretur aures occlusisse ceris (quasi scopulos sirenios transgressurus); Plautus Mil. 3.1.10:

        tuopte tibi consilio occludunt **linguam** et constringunt manus;

ibid. Trin. 1.2.150 sq.:

        ME. παῦσαι: vicisti castigatorem tuom:

      occlusti **linguam,** nihil est qui respondeam;

Apul. met. 9.19: occlusis **auribus** effugit protinus. When one considers the use of this fairly rare verb, it makes the impression of being an archaism with Amm. Cf. et. Cod. Theod. 11.24.1.

VIII, 8

p.82.8   **Aquitanos.** Cf. IV p. 57 sq. The Aquitania of that time extended to North of the Garumna, and South and West of the Liger.

p.82.9   **Veterator.** Donatus: "Veterator est vetus in astutia et qui in omni re callidus est". Terent. Cic. Gell. Cod. Theod. 2.27.2; Symm. 5.64: nunc nuper **veterator quidam procuratorio nomine extulit caput** (The words underlined are strangely similar to those in Amm., who was a friend of Symmachus). **Veterator** is also found in legal writings in the sense of: veteran, experienced, versus novicius. Cf. Heum.-Seckel p.621.

      lautum convivium. Cf. Plin. ep. 9.17: cena lautissima; Mart. 12.48.5: lauta ... cena; Stat. Silv. 1.6.32:

        hi panaria candidasque mappas
        subvectant epulasque lautiores,
        illi marcida vina largiuntur

p.82.10-10   **qualia sunt in his regionibus plurima.** On the riches of (a large part) of Gaul, Cf. Mommsen Röm. Gesch. V p.96 sq. (with lit.).

a **cum vidisset linteorum toralium purpureos (Günther: purpureos; per duos:** p.82.9-11
V) clavos ita latissimos, ut sibi vicissim arte ministrantium cohaererent,
"Latini lectum a toro distinguunt: lectum enim proprie vocant opus illud
e ligno, aliave nobiliori materia, cui torum imponebant. Ovidius in 8 Met.
655:
> Concutiuntque torum de molli fluminis ulva
> Impositum lecto, ...

Ac viliorum quidem hominum tori e stramento erant, aut ulva palustri
probe concisa: cuius modi etiam in castris tori militum fuere, teste Plinio
in lib. 8.73. Nobiliorum vero ex tomento Lingonico, aut pluma. Eosdem
toros stragulis sternebant, deinde lodices superponebant, ne stragula
serica macularentur. Martialis in lib. 14 in Epigrammate, cui lemma **Lodices,** 148:
> Nudo stragula ne toro paterent,
> Iunctae nos tibi venimus sorores.

Quod ergo in lectis cubitoriis erant lodices, idem in tricliniaribus videntur
fuisse **toralia**: quae περίκλινα et περίκλιτρα vertuntur in veteribus Glossis.
Haec toralia ex lino fuisse, praeter Marcellinum in hoc loco, docet Pollio
in Claudio (14.10): ubi **accubitalia** Cypria duo memorat, id est toralia e
lino Cyprio (accubitum = a dining-room sofa). Eadem purpurea fuisse
testatur scriptor noster et Martialis in lib. XI 56:
> Constringatque tuos purpura pexa toros." (Vales.)

b "Clavos istos ita apte concinnaverant mensae ministri, **ut sibi vicissim
cohaererent**: ut duo clavi non nisi unus esse viderentur" (Wagner). Wagner's interpretation **after** the colon is founded on the version per (par) duos,
which can not be defended, in my view.

a **mensamque operimentis paribus tectam.** p.82.12
"Duobus (see preceding note) scilicet clavis purpureis. Veterum enim
mantelia purpura et cocco clavata erant, itemque auroclavata et aurea in
principum usum (cf. Lampr. Sev. Alex. 37.2; Vop. Bonos. 15.8; Vop. Tacit.
11.6). Mappae quoque clavatae erant. Unde Petronius laticlaviam Trimalcionis mappam describit fimbriis hinc atque illinc pendentibus (32.2).
Mensam igitur hoc in loco intelligimus mantelibus stratam lineis laticlaviis,
perinde atque torus duobus (see previous note) toralibus lineis laticlaviis
erat stratus". (Vales.)

b **operimentis.** Cf. 24.2.10: quia lamminae singulis membrorum lineamentis cohaerenter aptatae, fido operimento, totam hominis speciem contegebant. Cf. Rönsch It. (op. cit. I) p. 24, 318.

p.82.12-14 **anteriorem ... evertit.** Cf. Guenther, Quaest. Amm. criticae (1888) p. 18: "Ea narratio quam non temere Hauptius nominavit obscuram quamque ne Cornelissenus quidem (Mnem. N.S. 14, p. 244), cum pro **anteriorem chlamydis partem utraqe manu vehens intrinsecus** coniceret scribendum esse **exteriorem velaminis partem utraque manu vertens intrinsecus** mihi plane reddidisse dilucidam videtur.

Unum id nostro iure colligere videmur delatorem istum purpureis illis toralium clavis **singulari quodam modo complicatis** speciem effecisse purpureae, qua soli principes uti debebant. Itaque unum mihi Petavii Hauptiique emendationi, qui pro **principalesque** scripserunt **principales, quae** addendum videtur esse atque sic corrigendum **structuram omnem ut amictus adornaverat principalis, quae res etc.** Veterator talem formavit structuram, qualis est structura amictus principalis."

The words of G. underlined by me **singulari ... complicatis** are the most important for the interpretation. It is just as obscure to me, what exactly this veterator quidam does. "The veterator showed that the table decorations could be used for an imperial cloak, and implied that they had been so used" Rolfe correctly says, but neither he, nor others are able to demonstrate how this difficult feat should be accomplished. I believe that the obscurity of the passage is not due to the corruptelae of the text, but to the actual contents.

p.82.14 **principalis** = imperial. In this meaning post-classical and late Latin. Cf. Krebs Antib. II p. 380; Heum.-Seckel p. 458.

patrimonium dives. Rolfe translates: and this action ruined a rich estate; Büchele: und brachte so eine reiche Familie ins Verderben. The latter translation seems to me to be the better one. **Patrimonium** is clearly meant here as: family.

VIII, 9

p.82.15 **agens in rebus.** Cf. ad 14.11.19 (= II p. 134 sq.).

p.82.16-18 **cum inferentes vespertina lumina pueros exclamasse audisset ex usu "vincamus", verbum sollemne interpretatum atrociter delevit nobilem domum.**

a Concerning the custom, cf. Varro L.L. 6.4: Diei principium mane, quod tum manat dies ab oriente, nisi potius quod bonum antiqui dicebant manum, ad cuiusmodi religionem Graeci quoque cum lumen affertur, solent dicere φῶσ ἀγαθόν; Vales. (= edit. Wagner II p. 203): Sed et Themistius apud Stobaeum in Sermone 274 eius moris meminit: καὶ φῶσ ἐπεισενεχθὲν ἐξαίφνησ συμποσίῳ θόρυβον καὶ κρότον ὑφ' ἡδονῆσ ἐποίησεν

.... Hodie (i.e. ± 1650 A.D.) etiam in plerisque Galliae oppidis, cum lumen infertur, Benedictum sit lumen, exclamare mos est." [To recognise this custom also in the poetry of Verg. Aen. 1.723 sq., as Valesius wants us to, is not correct, in my opinion; cf. Forbiger[2] ad h.l.].
b The text is fairly corrupt. Rolfe wants to read: pereundum est nocti; Wagner has the intelligent conjecture: vincam<us ves>perum. This is rather what one expects. But with Wagner I am surprised that this agens in rebus succeeds in interpretating a normal exclamation (ex usu) in such a way that the host could be accused of being a conspirator and that this was believed.

VIII, 10
impendio. Cf. ad 14.5.4 (= I p. 85).   p. 82.20
et de vita sollicitus. Mscr.: timidus (lac. 18 litt.) semper dionisius. The conjecture is Novák's. Clark reads: **semper se ferri sperabat;** Novák, Rolfe: semper se ferro peti sperabat; E.B.G. feriri.

a **se ferro peti sperabat.** ferro peti: Novák; feriri: EBG; ferri V. I can find   p. 82.20
no objection against the version **feriri.** Ferire is a soldier's term, which comes easily to Amm. Cf. Veget. 1.12: Praeterea non caesim sed punctim ferire discebant; ibid. 3.4: ... ad vectes pro similitudine gladiorum punctim caesimque feriendo multo die usque ad sudorem sunt frequentissime detinendi; ibid. 2.23: scientia feriendi hostem seque protegendi; ibid. 2.23: Missilibus etiam palos ipsos procul ferire meditentur; etc.
b **sperabat** = metuebat. Cf. ad 14.7.5 (= II p. 20).
Dionysius tyrannus. This refers to Dionysius I, 405-367 B.C. Cf. ad 15.5.37; 14.11.30; Bury (op. cit. I) p. 551 sq. (with lit.); Beloch 3.1 p. 48 sq.; 3.1. p. 110 sq. (with lit.).

a **et tonstrices docuit filias.** Wagner: "Mire dictum pro: filias docuit artem   p. 82.21
barbam radendi." Cf. Cic. Tusc. 5.20 (58): Quin etiam, ne tonsori collum committeret, **tondere filias suas docuit.** Ita sordido ancillarique artificio regiae virgines, ut **tonstriculae,** tondebant barbam et capillum patris. Et tamen ab his ipsis, cum iam essent adultae, ferrum removit, instituitque ut candentibus iuglandium putaminibus barbam sibi et capillum adurerent; de off. 2.7. (25): Quid enim censemus superiorem illum Dionysium quo cruciatu timoris angi solitum, qui cultros metuens tonsorios candente carbone sibi adurebat capillum?; Val. Max. 9.13 ext. 4: D. ... tondere filias suas docuit; Fletcher, Am. J. of Philol. 58, 1937, p. 392.
b Amm. undoubtedly has here a Greek construction in mind. Cf. Plato Men. 93 D: ὅτι Θεμιστοκλῆσ Κλεόφαντον τὸν υἱὸν ἱππέα μὲν ἐδιδάξατο

ἀγαθόν; although it is remarkable that our author has given (or felt) in the **active perfectum docuit** the meaning of the Greek dynamic medium (in the aoristus).

c **tonstrix.** Rare word, found also in Plaut. Mart. and some grammarians. A vulgar form is: **tonsrix.** Cf. Georges 2.3148; Souter p.422; Liesenberg (1888) p.7 (for words ending in -trix).

p.82.22 **leviganda.** Cf. Krebs Antib. 2 p. 16 sq.: "Die klassische Sprache kennt das Wort gar nicht; wenn daher auch Plin. N.H. 13,81 sagt scabritia chartae dente levigatur, so gebraucht Cicero doch nicht den Ausdruck levigata charta, sondern dentata (Q. fr. 2.15.6)." Varro. Plin. Colum. (several times). Gell. Diom. Arnob. Pallad. (with Diom. and Arnob. also metaphorical).

p.82.22–p.83.3 *a* **aedemque brevem ... lucis initio processurus.** Cf. Cic. Tusc. 5.20(59): Quumque duas uxores haberet, Aristomachen, civem suam, Doridem autem Locrensem: sic noctu ad eas ventitabat, ut omnia specularetur et perscrutaretur ante. Et quum fossam latam cubiculari lecto circumdedisset eiusque fossae transitum ponticulo ligneo coniunxisset: eum ipsum, quum forem cubiculi clauserat, detorquebat.

p.82.22 *b* **cubitare.** Cf. 19.6.11: qui non Rhesum nec cubitantes pro muris Iliacis Thracas ... obtruncarant. For the many verba ending in -itare cf. Liesenberg (1889) p.3 sq.

p.83.1 *c* **solubili.** Cf. Souter p.381; Roensch. It. p.114; Min. Fel. 34.4.

d **superstravit.** Cf. Georges 2.2948; Souter p.405 .Rare compositum.

p.83.2 *e* **asseres** = bars, laths, poles. Cf. Liv. 44.5.3 sq.: Per proclive, sumpto fastigio, longi duo validi **asseres** ex inferiore parte in terra defigebantur, distantes inter se paullo plus quam quanta beluae latitudo est. In eos **transversi incumbentes tigni,** ad tricenos longi pedes, ut **pons** esset, iniungebantur. When one also reads in Liv. 30.10.5: easque ipsas, ne in tumultu pugnae turbari ordines possent, malis antennisque de nave in navem traiectis, ac validis funibus velut uno inter se vinculo inligatis, comprendit: tabulasque **superinstravit,** ut pervium ordinem faceret; then one gets the impression that Amm. has remembered these passages from Livius. In any case the meaning of **asseres** in a **pons** becomes clear from Liv. 44.5.3 sq. [For **asser** as a weapon cf. Caes. b.c. 2.2; Liv. 38.5.3; Veget. 4.46; etc. As the pole of a sedan-chair Suet. Calig. 58; Iuven. 3.245; 7.132].

f **axiculos.** Deminutivum of axis (= assis) = small beam, lath. Colum.

6.19.2; Amm. 23.4.1: et ballistae figura docebitur prima. (2) Ferrum inter axiculos duo firmum **compaginatur;** 21.2.1: Cum apud Parisios adhuc Caesar Iulianus quatiens scutum variis motibus exerceretur in campo, axiculis, quibus orbis erat **compaginatus,** in vanum excussis, ampla remanserat sola, quam retinens valida manu stringebat.

g **disiectos** = taken apart. Cf. Gell. N.A. 3.14: At si scyphus, inquit, argenteus mihi cum alio communis in duas partes disiectus sit; dimidiatum eum dicere esse scyphum debeo, non dimidium: argenti autem, quod in eo scypho inest, dimidium meum esse, non dimidiatum. (Gellius here quotes Varro). I suppose that **disicio** is no flower of speech, but a technical term, also used by the "military engineers" in Amm.'s time. Although I have not found any proof of this surmise. Cf. et. Souter p. 108.

h **compaginabat.** For **comp.** cf. above f. and also: 25.7.4: Haec inter cum neque pontes compaginari paterentur undae torrentes; 30.10.2: sedit summatum consilio, avulso ponte quem compaginarat ante necessitas. –; Souter p.64; Roensch It. p.160. Late Latin.

p.83.3

VIII, 11

a **Inflabant itidem has malorum civilium bucinas potentes in regia.** Cf. Cic. Ep. ad f. 6.12.3: Diploma statim non est datum; quod mirifica est improbitas in quibusdam, qui tulissent acerbius veniam tibi dari, quam illi appellant tubam belli civilis; Juven. 15.51 sq.:

p.83.3-4

        Hic ieiunum odium. Sed iurgia prima sonare
        Incipiunt animis ardentibus; haec tuba rixae,
        Dein clamore pari concurritur.

In both places: instigator of . . . ., signal to . . .
Cf. et. Claud. de r. Pros. 1.64: . . . neu foedera fratrum
        Civili converte tuba. Cur impia tollis
        Signa?
Ibid. de l. Stil. 1.192:
        Ante tubam nobis audax Germania servit.
In the last places **tuba** almost equals bellum.
Whether Amm. here has in mind Verg. Aen. 11.474 sq.:
    . . . . bello dat signum rauca cruentum
        bucina . . . .
or whether he takes the word from daily use (cf. Veget. 3.5 = Lang p.73); certain is, in my opinion, that he here uses purposely a small variatio in reminiscence of Cicero.

p.83.4 *b* **potentes in regia:** the influential courtiers. **Potentes** (versus humiles, inopes) = the powerful, the "great", often found in legal texts. Under the dominate the power of these potentes was considerably greater than, for instance, that of the optimates under the Republic in its prime. In the spirit of the above-mentioned humiliores the following was written Cat. Dist. 4.39:
> Cede locum laesus Fortunae, cede potenti:
> Laedere qui potuit, prodesse aliquando valebit.

c **regia.** Regius (often during that period) = imperial. Cf. Cod. Iust. 12.35.15: Quod si quis ex militaribus iudicibus ullos militum tam divinis quam regiis vel privatis domibus ac possessionibus diversisque aliis obsequiis contra interdictum serenitatis nostrae crediderit deputandos etc. (458 A.D.); 8.47.6: Adrogationes eorum, qui sui iuris sunt, nec in regia urbe nec in provinciis nisi ex rescripto principali fieri possunt (293 A.D.); Claud. In Eutr. 2.33 sq.: (Prol.)
> Quas spado, nunc terras, aut quem transibis in axem?
> Cingeris hinc odiis, inde recessit amor.
> Utraque te gemino sub sidere regia damnat.

Ibid. 8.124 sq. (The IV cons. Hon.)
> Omnibus acceptis ultro te regia solum
> Protulit, et patrio felix adolescis in ostro;

5.97; etc. Thus the word is synonymous to **comitatus, palatium** (cf. ad 14.5.8).

p.83.4–5 *a* **ut damnatorum petita bona suis accorporarent.** What this alludes to, can best be clarified by reading Cod. Theod. 10.10: De petitionibus et ultro datis et delatoribus. The bona caduca et vacantia and the bona proscriptorum seu damnatorum reverted to the fiscus (aerarium privatum). The **delatores** had every interest in certain trials concerning property, hereditary rights, high treason, etc. They promoted them, in order to collect the spoils. The Emperors were unable to cope with these malpractices, as appears from the legislature. Cf. 10.10.15 ibid. Cf. et. Willems Dr. p. rom. p. 603 (with lit.).

b **accorporarent.** Late Latin. Cf. Cod. Theod. 16.5.30: Cuncti haeretici proculdubio noverint omnia sibi loca huius urbis adimenda esse sive sub Ecclesiarum nomine teneantur ... fisco nostro adcorporandis. Similarly **concorporare**: 22.8.15 (among others Plin. n.h. Tert.) and **incorporare**: 23.4.6; Fragm. vet. iurisc. de iure fisci 14 (= Girard Textes de dr. rom.[5] p. 501): Eorum bonorum, quae ad fiscum pertinere dicuntur, si controversia moveatur, ante sententiam nec obsignari nec describi aut incorporari possunt (in the same meaning as **accorporare** above).

a **Essetque materia per vicinitates eorum late grassandi.** p.83.5
"Duplex huius loci sensus afferri potest: primo ut dicatur, potentes in regia idcirco Constantium ad caedes et supplicia incitasse, ut ipsi caesorum bona impetrarent, suppeteretque ipsis materia grassandi in vicinos suos, quorum praedia suis adiungere cupiebant. Alter sensus esse potest huius modi, ut esset materia sicariis ac latronibus, servisque quos divites illi in ergastulis habebant, per eorum latifundia grassandi". (Vales.). Wagner here annotates: "Placet prior explicatio". Similarly I believe the first explanation to be accurate, as the second is, in my view, rather far-fetched.
b Cf. 22.8.19: Harum (Amazonum) interitu cognito, residuae ut imbelles domi relictae, extrema perpessae, **vicinitatis** repensantis similia, funestos impetus declinantes etc. (= vicinorum). Custommary use.
c **grassandi.** Cf. ad 15.5.2 (= III p. 68).

Namque ut documenta liquida prodiderunt. Cf. Cod. Iust. 5.38.5: Si ... p.83.6 liquidis probationibus ostenderis; 6.22.2: eiusque innocentia liquidis probationibus commendari potest a te; 6.60.4: Omnem ambiguitatis confusionem amputantes hac liquida et compendiosa lege sancimus.

VIII, 12
proximorum fauces aperuit primus omnium Constantinus, sed eos medullis p.83.6-8
provinciarum saginavit Constantius.
a **proximorum.** Vales.: "Ita Marc. vocare solet Imperatoris amicos et comites:
1 quos Graeci τοὺσ συνόντασ, Dio, Eunapius et Zosimus eleganti vocabulo παραδυναστεύοντασ amant dicere ...". Cf. et. Tac. Ann. 4.26; 13.13; Q. Curt. 10.3.12; Krebs Antib. 2 p. 419 sq.
2 **Proximi** is also a technical term of these times. It was used to indicate those civil servants in the various **scrinia** who in rank immediately followed upon the **magistri**. Cf. 22.7.2: manu mittendis ex more inductis per admissionum proximum (cf. ad 15.5.18 = III p. 100); 22.9.16: Thalassium quendam ex proximo libellorum (cf. Boak-Dunlap op. cit. II p. 51, 85); Heum.-Seckel p. 475.

b **medullis ... saginavit.** Cf. Cic. pr. P. Sext. 36: praeter eos, qui ab illo p.83.7 pestifero ac perdito cive iampridem rei publicae sanguine saginantur; Gellius N.A. 18.4.
c For **Constantinus** (the Great) and his son **Constantius** cf. genealogical tree in I p. 43. As regards the accusation cf. Aur. Vict. Epit. 41.16 (on Constantinus): irrisor potius quam blandus, unde proverbio vulgari, Trachala

decem annis praestantissimus, duodecim sequentibus latro, decem novissimis pupillus ob profusiones immodicas nominatus. Cf. et. Stein Spätr. Gesch. I p. 168; p. 205; Eutr. 10.7: sicut in nonnullos amicos dubius, ita in reliquos egregius, nihil occasionum pratermittens, quo opulentiores eos clarioresque praestaret (Constantinus); ibid. 10.15: nimis amicis et familiaribus credens . . . familiarium etiam locupletator neque inhonoros sinens, quorum laboriosa expertus fuisset officia (Constantius); Zos. 2.38 (Constantinus); etc. The information given by Amm. about these two Emperors is somewhat one-sided and exaggerated, when one compares them with their predecessors and followers.

p.83.8 **sub hoc.** For the temporal use cf. Hofm.-Leum. p. 539; Wölfflin Arch. L.L.G. 12 p. 449 sq.; Krebs Antib. 2 p. 611 sq.

VIII, 13

p.83.8 **ordinum singulorum auctores (= ductores).** On the classification of the citizens in ranks cf. Willem Dr. p. rom. p. 613 sq. (with lit.). Later on Amm. lists four categories, namely **iudices ordinarii** with which are meant here the higher civil functionaries (although iudex is a normal word for the provincial stadtholder), **militares,** in short the generals, etc. and in the fourth place **in urbe Anicii,** the influential and very wealthy citizens. The third group, indicated with **praepositus . . . quaestor,** then represents the court functionaries and those of the higher civil servants who were in continual contact with the Emperor. Naturally these 4 groups do not constitute **ordines** in the technical sense.

p.83.9 **sine iustitiae distinctione vel recti.** Cf. 25.4.8: Quibus autem iustitiae inclaruit bonis, multa significant, primo quod erat pro rerum <et> hominum distinctione sine crudelitate terribilis . . . .

p.83.10 **Rufinus.** Cf. ad 14.10.4 (= II p. 100 sq.).
praefectus praetorio. Cf. ad 14.7.9 (= II p. 30 sq.).

p.83.11 **Arbetio.** Cf. ad 14.11.2 (= II p. 114 sq.).
magister equitum. Cf. ad 14.9.1 (= II p. 88 sq.).
praepositus cubiculi. Cf. ad 15.2.10 (= III p. 27).
Eusebius. Cf. ad 14.10.5 (= II p. 101 sq.).

p.83.12 **quaestor.** Cf. ad 14.7.12 (= II p. 38 sq.). Vales.: "Desideratur itaque quaestoris sacri palatii nomen, **Lucillianus** fortasse; neque enim eius quaestoris

nomen reperire usquam potui". Why Lucillianus is mentioned here is a mystery to me. Certainly not the mag. equitum et peditum (cf. ad 14.11.14). V's version reads: cubicul[i]* laps (lac. 19 litt.) anus. **Anicii.** Cf. Cassiod. var. 10.11: (Maximo viro illustri, domestico, Theodahadus rex) ... Decet enim etiam priores suos vincere, qui ad nostra meruerunt tempora pervenire. **Anicios** quidem pene principibus pares aetas prisca progenuit: quorum nominis dignitas ad te sanguinis fonte perducta, collectis viribus, hilarior instaurata rutilavit; Zos. 6.7.4 (= Mendelssohn p. 288): μόνον δὲ τὸν τῶν λεγομένων Ἀνικίων οἶκον ἐλύπει τὰ κοινῇ δοκοῦντα πᾶσι λυσιτελεῖν, ἐπειδὴ μόνοι τὸν πάντων ὡσ εἰπεῖν ἔχοντεσ πλοῦτον ἐπὶ ταῖσ κοιναῖσ ἐδυσχέραινον εὐπραγίαισ;
Prudent. Contra Symm. 1.552 sq.:

    Fertur enim ante alios generosus Anicius urbis
    Inlustrasse caput (sic se Roma inclyta iactat).

Cf. et. Prudence edit. Lavarenne (1948) III p. 206 sq.; Seeck R.E. I. p. 2201 sq.
Very prominent family of the period after Dioclet. Died out in the middle of the 4th century after Chr. in the male line. Descendants in the female line, namely Anicius Auchenius Bassus (praef. urbi 382) and Sex. Petronius Probus started using the family name again (therefore restitutores generis Aniciorum C.I.L. X 5651).
The family was Christian and related to many other prominent families.

IX, 1
Persae. Cf. ad 15.1.2 (= III p. 7).   p. 83.14
per furta et latrocinia. Cf. Sall. B. Jug. 4.7: furtim et per latrocinia potius quam bonis artibus ad imperia et honores nituntur; Amm. 23.3.8: ubi Saracenarum reguli gentium .... dominum adorarunt ... ut ad furta bellorum adpositi; Sall. Hist. 1.112: gentis ad furta belli peridoneae; Verg. Aen. 11.515; Stat. Theb. 10.253; Front. str. 2.5.31; Claud. 28.479 sq. (The VI cons. Hon.):

    Et Diomedeis tantum praeclarior ausis
    Quantum lux tenebris, manifestaque proelia furtis;

Fesser p. 17; Heuvel Theb. p. 247; Mulder Theb. p. 197 (with lit.); Thes. VI 1649 sq.; II 1843.

per concursatorias pugnas. Cf. 21.13.1: nunc ad concursatorias pugnas   p. 83.15
militem struens; 31.16.5: ad furta magis expeditionalium rerum, quam ad concursatorias habilis pugnas. Only occurs in Amm.

p.83.16 *a* **quas.** The conjecture is from C. F. W. Müller. V: quis. I see no objection against the version quis, although **quas** should then be added as object to **amittebant.** The abl. instrum. is not so strange, when one remembers: lucrum facere ex aliqua re; κερδαίνω ἔκ τινοσ; Χρηματίζομαι ἀπό τινοσ, etc.

b For **lucrari** cf. 19.4.3: Hinc cum decennali bello Graecia desudaret, ne peregrinus poenas dissociati regalis matrimonii lucraretur etc. (= ne Paris impune dissociaverit matrimonium Helenae cum Menelao initi).
repentini. Cf. Wagner ad h.l.: "improvisi accedentes et subito avolantes". Furthermore, as regards the word itself, cf. ad 15.2.4 (= III p.17).

p.83.17-18 **interdum nihil conspicere prorsus quod poterat rapi permittebantur.**
a **conspicere:** conjecture by C. F. W. Müller. (con from cu in **per cumittebantur** of V). V prospicere. I disagree with this alteration for two reasons. 1° prospicere fits better into this alliterating sentence. For rhyme and alliteration are used consciously and frequently by Amm. 2° in my opinion is **prospicere** more suitable than conspicere because of its meaning. Rolfe translates: "occasionally they were not allowed to see anything at all which could be carried off" and Büchele: "bisweilen gestattete man ihnen nicht einmal, sich umzusehen, wo etwas zu rauben sey". Thus it is interpreted in the following way: interdum **non prorsus** (= not at all) permittebantur quidquam quod poterat rapi. But that is not what Amm. means. One should connect: **prospicere prorsus.** If there are objections to the **abundantia**, I refer to 18.6.1: citius properaret; 26.8.11: propere festinavit; 21.9.6: volucriter ad destinata festinans; 29.5.9: ad procinctus ire ocius festinabat; etc. (the exempla are from Hagendahl abund. op. cit.). Against the archaism I have no objection with Amm.

b **prospicere permittebantur.** Cf. ad 14.1.3 (I p. 58).

IX, 2

p.83.18 **Musonianus.** Cf. ad 15.13.1 (IV p. 78); Pighi N. St. Amm. p. 147.

p.83.18-19 **praefectus praetorio.** Cf. ad 14.7.9 (II p. 30).

p.83.20 **flecti facilis.** The infinitivi passivi with adjectiva instead of Supinum II are formed after the Greek model. In prose since Seneca phil. Cf. Thes. VI. 60; Hofm.-Leum. p. 579; Prop. 4.8.40:
        Nile, tuus tibicen erat, crotalistria Phyllis,
          et facilis spargi munda sine arte rosa etc.
emissarios = spies, scouts. Wheter this term is one of Amm.'s literary

reminiscences or whether this was a technical term still in use in his time, is hard to make out. I believe the former to be the most probable. Vegetius uses: **exploratores** and **speculatores.** Cf. et. Not. Dign. Böcking 1. p. 488 sq. (exploratores) and 2 p. 37; p. 770 sq. (praetenturae). Cf. et. ad 14.3.2 (I p. 120).
quosdam. Cf. ad 16.4.4 (p. 75 8-9, *b*).

fallendi perstringendique gnaros. Cf. Hagendahl abund. op. cit. p. 184: p.83.20-21
"16.9.2. nescio an perstringere idem sit ac dolum nectere, etsi haec significatio in lexicis deesse videtur: per emissarios quosdam, fallendi perstringendique gnaros, Persarum scitabatur consilia, ut haec verba inverso ordine altero loco iunguntur: 21.3.5 ad perstringendum fallendumque miris modis ab aetatis primitiis callens. Nam quod Reinesius loco priore **praestringendique** scribere vult, apta significatio in lexicis non invenitur. Sed utcumque est, credo Ammianum eam fere significationem verbo exprimere velle, quae substantivo q.e. **praestigiae** inest".

scitabatur. Cf. Krebs Antib. 2 p. 546: "Scitari, forschen, nachforschen etc. p.83.21
ist poet. lat. und spätlat. für das gewöhnliche **sciscitari;** bemerkenswert ist, dass Ammian in einem Teile seines Werkes konsequent scitari, im andern sciscitari gebraucht, vgl. Novák, Curae Ammianeae (1896) S. 27. Auch gebraucht Amm. die von beiden abgeleiteten Substantive wie **scitatio, scitator,** neben **sciscitatio** und **sciscitator;** vgl. auch Liesenberg (1888) I S. 6." Hagendahl Stud. Amm. contests the opinion of Novák quoted by Krebs-Schmalz (p. 68 with notes). "Huius enim verbi sola forma participii perfecti sensu passivo Amm. utitur: 25.8.12 omniumque sententiis occultius sciscitatis (suscitatis V corr. m. 2); 28.4.24: ephemeride scrupulose sciscitata; alioquin semper formis verbi **scitandi,** etsi de uno loco 26.1.1 dubitare licet: quas (sc. humilium minutias causarum) si scitari voluerit quispiam, individua illa corpuscula ... numerari posse sperabit, ubi tamen Clark recte Gelenio auctore **si scitari** pro **sciscitari** V scripsisse puto. Novák autem pro sua opinione satis levi remedio <si> sciscitari proponit".

Cassiano Mesopotamiae duce. Also mentioned in 18.7.3: extemplo igitur p.83.22
equites citi mittuntur ad Cassianum, Mesopotamiae ducem; 19.9.6: perculsus suspicione dux Cassianus; 25.8.7: dux Mesopotamiae Cassianus.
For **Mesopotamia** cf. ad 14.3.1 (I p. 119); for **dux** cf. ad 14.7.7 *c* (II p. 23). Mesopotamia is naturally mentioned vers often by Amm.
As regards the political situation, cf. Pighi N. Stud. Amm. p. 174 sq.: "Strategio (= Musonianus) cominciò nel 355 col mandare un ispettore,

Clemazio, che tornava allora da Milano, oltre l'Eufrate ad esplorare τὰ Περσῶν; cioè a raccogliere informazioni recenti e dirette dai governatori civili e militari delle due province interessate, presidi e duci di Mesopotamia e d'Osroene, e dagli ufficiali dei reparti confinarii, A questa missione e ad altre del genere, allude Ammiano Scrivendo: Musonianus ... diversis"; ibid. p. 147.

The Oriental policy will be dealt with in detail in connection with Amm. 17.5, for which the above article by Pighi will serve as basis. Cf. et. Stein Spätr. Gesch. 1. p. 239 (with lit.).

p. 83. 22-23 **stipendiis et discriminibus indurato.** Cf. Iust. Hist. Phil. 6.4.13; 7.2.6; 9.3.10; 23.1.9; 12.4.10: Itaque a parvula aetate periculis laboribusque indurati invictus exercitus fuere ....; Souter p. 201.

IX, 3

p. 83. 23 **fide concinente speculatorum.** Rolfe: "When the two had certain knowledge from the unanimous reports of their scouts etc."; Büchele (more accurately): "Wie nun diese Beide durch übereinstimmende, glaubwürdige Nachrichten der Kundschafter mit Gewissheit erfahren hatten".

The personification and the abbreviated expressions are both poetical; = speculatoribus inter se concinentibus nuntiis fidelibus. For **speculator** cf. ad 16.9.2 (p. 83.20).

p. 83. 24 **Saporem.** Cf. ad 14.3.1 (= I p. 119); ad 15.1.2 (= III p. 7); ad 14.8.13 (= II p. 81).

p. 84. 1-2 *a* **Tamsaporem ducem parti nostrae contiguum.** Also mentioned in 17.5.1; 18.5.3; 18.6.16; 19.9.5; 19.9.7; Pighi N. St. Amm. p. 175
b **contiguum.** Often found in Amm. Poet., non-classical, late Latin. Cf. Krebs Antib. 1. p. 354; ad 16.2.10 (p. 73.20).

p. 84. 3 *a* **Si copiam fors dedisset.** Cf. Pighi N. St. Amm. p. 176: "Strategio in sostanza proponeva a Tahmšāhpuhr di scrivere al re: – senza fretta, naturalmente, e non apposta, ma solo si copiam fors dedisset. Già da parecchi anni era cessata la guerra di fatto, non lo stato di guerra: trasformasse dunque questa pace di fatto in pace di diritto: suaderet regi .... firmare. Veramente la pace di fatto no era nata dal mutuo consenso, ma, dopo un feroce assedio, dal contemporaneo trasferimento dei belligeranti su altri fronti, e la prova che, se le ostilità eran cessate, non era con çio finita la guerra, era fornita annualmente dalle razzie Persiane, che non

sempre i Romani riuscivano ad impedire o a punire. Il formulario diplomatico naturalmente ometteva queste cose. Conveniva dunque al re che la pace fosse trattata e ratificata e definita con accordi precisi, ut hoc facto a latere, cioè dalle parte dei Romani, damni securus perduelles advolaret adsiduos: per piombare, quando volesse, su nemici ostinati quali erano i barbari della Battriana e della Sogdiana; in somma la pace ossia, più propriamente, il patto di non aggressione l'avrebbe liberato da un nemico, i Romani, e gli dava la possibilità di liberarsi dall'altro, i barbari."
b Cf. 29.5.32: ... ut antiquus ille Cunctator pro negotio consultabat ... hostem pugnacem et inpetrabilem iactu telorum, si fors copiam dederit, oppressurus.

pacem tandem aliquando cum principe Romano firmare.

a **tandem aliquando.** Pighi: "Un' abundantia cara a Cicerone: Quinct. 94; p.84.3-4 Catil. 1.18; 2.1; epist. 11.27.5; 16.9.2. Ammiano usa altrove (17.12.10 e 26.5.13) l'Apuleiano **denique tandem** o **tandem denique**".
b **pacem ... [con]firmare.** Pighi: "Cic. Phil. 1.2 e Caes. b.G. 1.3.1 e 4.28.1 hanno **pacem confirmare**; il semplice per il composto è già in Liv. 9.3.10; cf. Stud. Amm. (op. cit.) p. 54 sq." (In the place just quoted Pighi also gives an extensive list of **simplicia pro compositis,** also in Amm.).

<**a**>**latere.** The conjecture by Novák, taken over by Clark, is superfluous, p 84.4 in my opinion. V facto latere adomnis. Mommsen reads: latera, which seems quite acceptable. (cf. Hassenstein p. 11 sq.). I see no objection to the ablativus without a preposition.
damni securus. Securus cum genitivo usual with Augustan poets and from there in the post-classical prose. Cf. Krebs Antib. 2 p. 551; Haustein, De genitivi adiectivis accommodati in lingua lat. usu (1882) p. 56.

perduelles advolaret adsiduos. p.84.5
a For **perduellis** cf. ad 14.2.1 (= I p.67).
b Clark reads **aboleret** (conjecture of Heraeus). There is nothing to be said against V's version. :L'accusativo semplice con **advolare** (Cic. ad Att. 1.14.5; Val. Fl. 4.300) è in Ammiano (cf. 16.12.36: involavere ... turmas) perfettamente normale; cf. Hofm.-Leum. p. 387; Stud. Amm. (op. cit.) p. 108–110. Il congiuntivo ha valore eventuale o potenziale" (Pighi). Cf. et. ad 15.5.24: **antevolare.**

IX, 4
quod ... postulat. For the constructions with **quod** cf. ad 14.7.5; 14.7.14; p.84.6

14.10.14; 14.11.7; Reiter p. 39 sq. The examples of **quod c. indic.** (= ὅτι c. ind.), which Reiter finds in: "ea nuntiata, quibus nec substantivo nec pronomine praemisso aliquid **revera factum** esse narratur" also include the following passage: "quo **fictam rem** Amm. aliquem facit pronuntiantem ita tamen, ut eundem pro certo eam habenten inducat, quam ob rem hic quoque adhibitus est indic. modus."

bellis .... implicatus. Cf. Verg. Aen. 11.10.108 sq.:
>   Quaenam vos tanto Fortuna indigna, Latini,
>   Implicuit bello, qui nos fugiatis amicos?;

26.6.18: Cum itaque tribunal idem escendisset Procopius ... mortem (ut sperabat) existimans advenisse, per artus tremore diffuso, **implicatior** ad loquendum, diu tacitus stetit; Krebs Antib. 1. p. 695 sq.

"I **bella acerrima** non sono un'eco della guerra Magnenziana e dell' usurpazione di Silvano, o un' esagerazione dell'ultime campagne Alamanniche, bensì un' interpretazione, a cui la distanza spaziale dava la stessa sintetica ed approssimativa esatezza che può dare la trascorsa del tempo, delle cose quali erano realmente" (Pighi N. St. Amm. p. 177).

p. 84.6-7 **pacem postulat precativam.** Note again the alliteration. The same expression in 17.5.1: rex Persarum .... Tamsaporis scripta suscepit, pacem Romanum principem nuntiantis poscere precativam.

"Nessuno poteva dire a quale dei due, il re di Persia o l'imperatore Romano, la pace fosse più necessaria sul confine commune: forse a chi la proponeva. Tahmšāhpuhr non esitò ad intendere in questo senso, e senz' altro prese quell' offerta per una richiesta; e il re non la pensò diversamente, non nisi infirmato imperii robore temptari talia suspicatus (17.5.2). Amm. poi, interpretando l'impressione che la proposta aveva fatto sul ministro Persiano, definisce quella pace con l'attributo di **precativa:** è un termine di quella lingua dei giuristi, di cui egli si compiaceva. Nel diritto testamentario, legato era ciò che si lasciava **imperative,** fedecommesso ciò che si lasciava **precative**" (Pighi N. St. Amm. p. 178). Cf. et. Heum.-Seckel p. 456; Souter p. 320.

p. 84.7 **dumque.** "Et, atque, raro-que, particulis iam Plautus et Cicero Sallustiusque ita sunt usi ut adversa atque contraria, adversativis suppressis coniuncta, vehementius opponerent. Sed Cicero et Sallustius post enuntiata negativa adhibuerunt ... Licentius vero usurpantur in libris deterioris Latinitatis ... Frequentavit Amm. cuius locos M. Petschenig (Philol. 50. 1891, p. 336 sq.) collegit septendecim; atque alios possis addere, ut 17.1.3 incertumque. Quibus, ut saepe ex criticorum emendationibus patet, vis coniunctionum

modo omnino adversativa, modo est expletiva, ut particulae **quidem** vel **autem**" (Pighi St. Amm. p. 34 sq.); Salonius p. 334; Tidner, de part. cop. apud. scr. H. Aug. quaest. sel. (1922) p. 62 sq.
Chionitas et Eusenos. The **Chionitae** are also mentioned in 17.5.1: Datiano et Cereali consulibus ... rex Persarum in **confiniis** agens adhuc gentium extimarum, iamque cum **Chionitis** et Gelanis, omnium **acerrimis** bellatoribus pignore icto societatis, rediturus ad sua, Tamsaporis **scripta** suscepit, pacem **Romanum principem** nuntiantis poscere **precativam** (the underlined words are also found in 16.9.3 and 9.4 and are another indication of the almost formular love of repetition of Amm., seemingly in contrast to his proportionate love of variatio; it is furthermore apparent from 17.5.1 that **scripta** in 16.9.4 is a **substantive** = litterae, epistula. I have no other places to substantiate this exceptional meaning. Cf. et. Krebs Antib. 2 p. 548); 18.6.22: ... et antegressum regem (= Saporem) vestis claritudine rutilantem, quem iuxta laevus incedebat Grumbates, Chionitarum rex † nobis etc. (here therefore allies of Sapor); 19.1.7–11 (where Grumbates' son is killed before Amida and the mourning ceremonies are described in a very poetic manner). The **Euseni** are only mentioned here by Amm.

confiniis. Cf. ad 15.6.2 (IV p. 7.) p. 84. 8
interstitit = intercessit. Cf. 22.11.3: Cumque tempus interstetisset exiguum; Souter p. 216; Vulg. Sap. 18.23.

X, 1
Haec dum .... disponuntur. Cf. Pighi St. Amm. p. 89: "Verba quaedam p. 84.9-10 sollemnia Ammianus frequentat quotiescumque in narrandis eiusdem fere temporis rebus novi quid aggressurus est." with numerous examples. Cf. ad 15.3.1.

per eoas partes. Cf. ad 14.8.4 (II p. 63). p. 84. 9
pro captu temporum. Cf. ad 14.11.4 (II p. 118).

disponuntur. Varying with this: 14.7.20: quae dum ita struuntur; 25.6.1: p. 84. 10 quae dum ... ordinantur. Cf. Pighi St. Amm. p. 89 sq.
a **quasi cluso Jani templo.** For cludere = claudere cf. Roensch It. (op. cit. I) p. 465; Grevander (op. cit. I) p. 69, who compares Mulomed. Chir. Oder 17.15: Cum cicatrices cluserint, causticum imponis with Veget. Mulomed. Lommatzsch 173.10: Cum cicatrices se clauserint, causticum impones. Vegetius does not accept the more vulgar form of **cluserint**. Cf. et. Grandgent (op. cit. I) p. 89; Niedermann (op. cit. I) p. 24.

quasi cluso Iani templo. Quasi cluso is founded on a conjecture by Heraeus (V quam recluso). Instead of the version as given by Clark, I feel inclined to accept that proposed by Valesius: **tamquam recluso** (for **recludere** cf. Dig. 42.1.15.12: pecuniam ... in arcam reclusam; ibid. 47.2.21.6: quemadmodum si ex pluribus rebus moventibus in horreo reclusis unam tulerit; Inst. 3.2.7: cum satis absurdum erat, quod cognatis a praetore apertum est, hoc adgnatis esse reclusum (sc. ius). Everywhere here = to close; for **tamquam** cf. Kalb Roms Juristen p. 12 sq.; Hofm.-Leum. p. 733).

b Wagner annotates: "Christianos imperatores per aliquod tempus in claudendo ac recludendo Iani templo priscum morem secutos esse ex hoc loco evincere voluerat Casaubonus ad Suet. Aug. c. 22 quem tamen falsum in eo fuisse recte contendit Tillemontius Hist. des Empereurs T. 1. p. 561". The mention of the temple of **Ianus** is another example of the historic erudition and the archaic hobbies of Amm. In this way this "romantically" introduced Ianus is sometimes also found in Claudianus: De laud. Stilich. II 285 sq.:

>..... nullus Boreae metus, omnis et Austri
>Ora silet, cecidit Maurus, Germania cessit,
>Et Ianum pax alta ligat

ibid. De VI cons. Honor. 637 sq.:

>.... perpetuisque immoto cardine claustris
>Ianus bella premens, laetae sub imagine pugnae
>Armorum innocuos Paci largitur honores.

ibid. In Eutr. I (very typical) 317 sq.:

>Obstrepuere avium voces. Exhorruit annus
>Nomen, et insanum gemino proclamat ab ore,
>Eunuchumque vetat fastis accedere Ianus

Thus Orosius also writes in his Hist. adv. paganos 7.3.4: Postquam redemptor mundi, Dominus Iesus Christus, venit in terras et Caesaris censu Romanus adscriptus est, dum per duodecim, ut dixi, annos clausae belli portae beatissima pacis tranquillitate cohibentur (where the redemptor mundi cuts a strange figure besides Janus bifrons); and 7.3.7: Ianus patefactus; and this in many other places.

p.84.11 **gestiebat.** Although **gestio** is also classical and is found quite often in Cicero, its use by Amm. seems to me a literary reminiscence. Quite possibly the fruit of his extensive reading of Cicero.

post Magnenti exitium. Cf. ad 14.1.1 (I p. 105) and 14.5.1 (I p. 125).

absque nomine ex sanguine Romano triumphaturus.   p. 84. 11–12

a "..... manifestum est in ridiculum trahi Constantium, qui, quasi vero aequiparandus esset Imperatoribus, quibus Ianum olim claudere contigisset, ne triumphum quidem iustum agere debebat, cum **post Magnentii exitium absque nomine ex sanguine Romano,** hostem externum nominare non posset, de civibus solis **triumphaturus.**" (Wagner)

Büchele translates: "bekam Constantius ... Lust, Rom wieder zu besuchen, und, weil es nach des Magnentius Sturz keinen auswärtigen Feindesnamen gab, über Römerblut einen Triumph zu feiern"; Rolfe: "was eager to visit Rome and after the death of Magnentius to celebrate, without a title, a triumph over Roman blood".

b **absque.** Cf. ad 14.3.4 (I p. 81).

X, 2

a **nec enim ... est visus.** This criticism, however harsh, is substantially correct. The soldier Ammianus also has very definite views on the unsoldierlike Constantius, whom one ought to compare with, for instance, Diocletianus, Maximianus, Constantinus I and Theodosius I, in order to see the difference.   p. 84. 9–15

b **per se** = "suis auspiciis, ipse praesens" (Wagner).

aut ... fortitudine ... ducum: "quos inde ab Augusto Imperatorium nomen honoremque triumphi Augustis concedere debuisse notum est" (Wagner).

c **aut victam fortitudine suorum comperit ducum.** Cf. ad 15.11.8 (= IV p. 62) for the **traiectio.**

set ut pompam ... optanti.   p. 84. 15–17

a **set.** Cf. Grandgent (op. cit. I) 282 p. 119.

b **pompam:** in the literal sense.

c **vexilla.** Cf. ad 15.5.16 (III p. 96 sq.).

d **pulchritudinem stipatorum.** Valesius: "Protectores et Scholares intelligit, de quibus supra notata sunt multa. Hi erant plerumque iuvenes, pulchritudine et robore et statura praestantes, elegantius culti pexique, aureis hastis et clipeis insignes". Cf et. Agathias 5.15; Procopius H. Arc. 24; Boak-Dunlap (op. cit. II) p. 60 sq.; Bréhier, les inst. de l'emp. Byz. (1949) p. 336; ad 14.7.9 (= II p. 27 sq.); ad 14.11.19 (= II p. 133 sq.).

stipatores. Cf. 24.4.4. Not a terminus technicus. Often seen in Cicero et al.

e **tranquillius.** Cf. ad 14.6.12 (I p. 96). Comparativus = positivus.

X, 3

ignorans ... commendaret. Another of the many examples used by way of illustration by Amm.   p. 84. 18–24

p.84.18 **quosdam veterum principum.**
a **quosdam.** Cf. ad 16.4.4 (p. 75. 8–9).
b **veterum principum.** The word princeps is noteworthy. For Julius Caesar was not a princeps (and did not want to be one either) and since Aurelianus (270–275) the Emperor has in any case been **dominus** in facto and since Diocletianus (284–305) also de iure. Cf. Willems (op. cit. I) p. 422.

p.84.18–19 **lictoribus.** The old Roman kings, like the consuls, had 12 lictors, the dictator 24, the praetor 6; the Roman emperors had 12 lictors, since Domitianus (81–96) 24. Cf. Willems (op. cit. I) p. 420 (and passim with lit.); Mamert. Paneg. Max. Aug. 3: **trabeae** vestrae triumphales et **fasces consulares** et sellae curules et haec obsequiorum **stipatio** et fulgor et illa lux divinum verticem claro orbe complectens vestrorum sunt ornamenta meritorum; Hist. Aug. Marc. Ant. 1.17 (quoted by Valesius).

p.84.19–20 *a* **ubi vero proeliorum ardor nihil perpeti poterat segne.**
Cf. 25.1.18: nihil perpetiens iam remissum; 22.7.8: nihil segnius agi permittens; Sall. Jug. 53.6: nam dolus Numidarum nihil languidi neque remissi patiebatur; ibid. 66.1: prorsus nihil intactum neque quietum pati, cuncta agitare; Tac. Agr. 20: et nihil interim apud hostis quietum pati; ibid. Ann. 2.13: postquam ... nihil remissum sensere; Fesser p. 15.
b For the **indicativus** here cf. Reiter (op. cit. I) p. 63; 25.9.11.

p.84.20 **alium anhelante rabido flatu ventorum.** V anhelanter avido. The conjecture is given by Valesius. Cf. 26.10.19: ingentes aliae naves, extrusae rabidis flatibus, culminibus insidere tectorum; ad 15.10.4 (= IV p. 55).
Anhelare in the meaning of to murmur etc. is a poetism. Cf. Claud. De raptu Pros. 1.23 sq.:
　　　　　et quos fumantia torquens
Aequora vorticibus Phlegethon perlustrat anhelis.

p.84.20–21 *a* **lenunculo se commisisse piscantis.** Cf. Drumann (op. cit. I) 3 p. 439 sq. (with lit.). This event took place when Julius Caesar wanted to cross from the mouth of the Aous to Brundisium. Cf. et. Luc. 5.500 sq.; Florus 4.2.37: positisque ad Oricum castris, cum pars exercitus, ob inopiam navium cum Antonio relicta, Brundisii moram faceret, adeo impatiens erat, ut ad arcessendos eos, ardente ventis mari, nocte concubia, speculatorio navigio, solus ire tentaverit. Extat ad trepidum tanto discrimine gubernatorem vox ipsius: Quid times? Caesarem vehis.

b **piscantis.** I think that the part. praesens has not been used here by accident, but for the sake of the clausula.

    x   x
commisisse piscantis (cl. I).

with variatio 14.2.10: dum **piscatorios** quaerunt lenunculos.

c **lenunculo.** Cf. ad 14.2.10 (I p. 73).

a **alium ad Deciorum exempla vovisse pro re publica spiritum.** Refers to   p. 84. 20
Claudius II Gothicus (268–270). The Decii here are the Emperor **Imp. Caes. C. Messius Quintus Traianus Decius Aug.** and his two sons **Herennius** and **Hostilianus,** also Augusti. All three of them were emperors in the years 249–251 A.D. The father Decius and his son Herennius were killed in battles against the Goths, Hostilianus died of the plague (or was removed from the scene). Cf. Niese-Hohl (op. cit. I) p. 372 sq. The **Imp. Caes. M. Aurelius Claudius Aug.** (269 A.D. Gothicus Maximus) conquered the Goths, but was not killed by them. He died of the plague in the camp at Sirmium. Cf. Niese-Hohl p. 376.

b It should be noted that Amm. depicts the Decii as models of heroism and simplicity, etc., although he must have known that the elder Decius was the first to organise a general and systematic prosecution of the Christians. Obviously this circumstance does not make the Decii unfit in **his** eyes to serve as examples.

alium hostilia castra per semet ipsum cum militibus infimis explorasse. Refers   p. 84. 22
to Imp. Caesar C. Galerius Valerius Maximianus Aug. 293–311, Caesar on March 1 292, Augustus in 305 after the abdication of Diocletianus. The episode took place in the great Persian war of Diocletianus (297 A.D.), fought by Galerius. Cf. Stein Spätr. Gesch. 1. p. 119 sq. (with lit.). Cf. et. Fest. brev. 25; Eutr. 9.25: Mox tamen per Illyricum Moesiamque contractis copiis rursus cum Narseo, Hormisdae et Saporis avo, in Armenia maiori pugnavit successu ingenti, nec minore consilio simulque fortitudine, quippe qui etiam speculatoris munus cum altero ac tertio equite susceperit; Vict. Caes. 39. 33–37.

quosdam ... alium ... alium ... alium ... diversos.   p. 84. 18–23
Cf. ad 14.1.4 (= I p. 59).

glorias suas. V gloriosas suas. Val. glorias suas. Kiessl. gloriosa sua. Glo-   p. 84. 24
riae = glorious deeds, found more often. Nevertheless I am not sure that the word written here has not been **gloriosa,** which was used frequently dur-

ing this period. Cf. Cod. Iust. 1.1.8: Gloriosissimo et clementissimo filio Iustiniano Augusto Johannes episcopus urbis Romae; ibid. 1.1.8.12: Christum, unigenitum filium dei et deum nostrum, incarnatum ex sancto spiritu et sancta atque gloriosa virgine et dei genetrice Maria hominem factum atque crucifixum; ibid. 5.70.7.6: tunc secundum praefatam divisionem in hac quidem florentissima civitate apud gloriosissimam urbicariam praefecturam creatio procedat; etc.

X, 4

p. 85.1 *a* The lacuna after **apparatu** is filled in by Wagner with **praeteream**, by Erfurdt with **mittam**. Perhaps the date has been left out, as Valesius suspects from the chronology of Idatius, namely **IV Kal. Maias**. With **apparatus** is meant the regius apparatus, the imperial pomp and circumstance, as read so often in Latin authors.

b Pighi St. Amm. p. 38 sq. proposes: apparatu ⟨itineris praetermittam⟩ secunda (clausula IV) and quotes 3 passages in support of **itineris apparatum** (cf. ibid.). According to Pighi, an argument against the omission of the date is found in the dating in 16.10.20: tricensimo postquam ingressus est die, quartum kal. iunias, per Tridentum iter in Illyricum festinavit, which he motivates as follows: "Sed bis tempora Ammianum, cum ipsa die scripta tum dierum ratione subducta, indicavisse vix credo".

p. 85.2 **secunda Orfiti praefectura.**
a For **Orfitus** cf. ad 14.6.1 (= I p. 130).
b The second praefecture of Orfitus lasted from 357 until 359. The formal entry of Constantius took place on April 28th 357. Cf. Seeck Regesten p. 204.
c for **praefectura (urbis)** cf. et. ad 14.6.1 (= I p. 130).

p. 85.2 **transcurso Ocriculo.** On the via Flaminia, close to the modern Otricoli (after which the well-known bust of Zeus has been named). Cf. Ptolem. I Müller p. 353; Itin. Ant. Aug. Wesseling p. 125: Utriculi civitas; ibid. p. 311; Pieper Tab. 10. Bishop's seat. The town was situated in the provincia **Tuscia et Umbria** (in the diocesis Italia Suburbicaria). According to N.D. Occ. 18, the provincia Tuscia et Umbria is "sub dispositione viri spectabilis vicarii urbis Romae" and was governed by a consularis. Cf. et. ad 15.7.5 (= IV p. 15).

p. 85.3 **tamquam acie ducebatur instructa.** Rolfe translates: "he was conducted, so to speak, in battle array"; but Büchele: "und setzte ... von furchtbaren

Schaaren umgeben, die gerade wie eine zur Schlacht gerüstete Armee aussahen ... seinen Zug fort." The passive sense, given by Rolfe in his translation, seems to me incorrect.

I believe that **ducebatur** has been used medially, under Greek influence (στρατεύεσθαι). One could compare the use of **se ducere** = abire. Cf. Rönsch It. (op. cit. I) p. 361. [But in the very similar passage 22.2.4 (see following note) Büchele translates **ducebatur**: "weiter geleitet wurde".]

a **omnium oculis in eum contuitu pertinaci intentis.** V in eo. Btl. Günther in eum. Cf. 22.2.4: exceptus igitur tertium Iduum Decembrium verecundis senatus officiis et popularium consonis plausibus stipatusque armatorum et togatorum agminibus, velut acie ducebatur instructa, omnium oculis **in eum** non modo contuitu destinato, sed cum admiratione magna defixis (sc. Iulianus). Note the uniformity cum variationibus. In spite of the words of O. Guenther, Quaestiones Amm. crit.: "Dicitur **intentum esse** aut **alicui rei,** cf. e. g. 21.2.4; 22.10.1; 24.4.17; 31.11.5, aut **ad(in) aliquid** sive **aliquem,** cf. e. g. 21.4.1; 28.1.55, neque vero unquam in **aliquo** sive in **aliquare**", I am not absolutely certain that **in eum** is indeed the right version. Cf. Caesar d. b. gall. 3.22: atque **in ea re** omnium nostrorum intentis animis, where Meusel reads, in imitation of H. J. Müller: in eam rem, in my view inaccurately.

b Cf. 22.2.4: Contuitu destinato. Rolfe: "with fixed gaze"; Büchele: "unter starr auf ihn gehefteten Blicken". Cf. et. 18.8.4: cum essent iam in contuitu; 24.2.5: cum essent hostes iam in contuitu; cumque essent hostes iam in contuitu = were already in sight.

In this literal meaning also Curtius Rufus 5.12.18: omnia tutiora parricidarum contuitu ratus and Plin. N.H. 11.54: contuitu quoque multiformes, truces, torvi etc.; etc. Plautus trin. 261 sq.:

        Fugit forum, fugit suos cognatos
        Fugat ipsus se ab suo **contutu.**

The metaphorical meaning occurs more frequently in late Latin (Cf. Souter p. 77.), particularly **contuitu c. genit.** = with respect to.

X, 5

reverendas. Cf. Krebs Antib. 2. p. 515: "Reverendus, ehrwürdig, achtungswürdig, ist fast nur poetisch und spätlateinisch für colendus, venerandus, amplissimus, honore dignus, sanctus u. dgl." Cf. et. Novák Cur. Amm. (op. cit. I) p. 71; Souter p. 355; Heum.-Seckel p. 518. In the superlativus: title of bishops and high dignitaries.

senatus officia, salutationem, **reverendas patriciae stirpis effigies** in quibus dignitas et gravitas maiorum adhuc erat conspicua (Wagner).

p.85.6 **Cineas ille Pyrri legatus.** Cf. Mommsen Röm. Gesch.¹² I p. 398 sq.; Niese Mac. (op. cit. I) 2. p. 41 sq. (with lit.); Florus. 1.18.19: Cum, perorante Appio Caeco, pulsi cum muneribus suis ab Urbe legati, interroganti regi suo (sc. Pyrrho), quid de hostium sede sentirent: "Urbem templum sibi visum, senatum regum consessum esse", confiterentur; Plut. Pyrrh. 19; Iust. Hist. Ph. 18.2.10: Igitur Cineas, cum turbatam cum Romanis pacem ab Appio Claudio renuntiasset, interrogatus a Pyrrho: "Qualis Roma esset", respondit: "Regum urbem sibi visam"; Cic. pro Sext. 65: Senatum rei publicae custodem, praesidem, propugnatorem collocaverunt; de off. 2.8(26): regum, populorum, nationum portus erat et refugium senatus.

p.85.6–7 **in unum coactam ... existimabat.** See previous note. For **asylum,** which flows so easily from the pen of the Greek-talking Ammianus, cf. Krebs Antib. I p. 212; Thes. II 990.

X, 6

p.85.10 **altrinsecus.** Cf. Krebs Antib. I p. 150: "altrinsecus ... alt- und spätlateinisch für ad oder in alteram partem. Ebenso ist es spätlateinisch für ab utraque parte." Cf. et. Hofm.-Leum. p. 163, 288; ad 15.10.4 (= IV p. 55).

p.85.11 **aureo solus ipse carpento** "Incivilitatem et arrogantiam perstringit Constantii, tum quod aureo curru, qui erat Imperatorum triumpho dicatus, tum quod solus nullo in consessum vehiculi admisso Urbem ingressus sit" (Vales.). For **carpentum** cf. Cod. Theod. 8.5.18 (c. annot. Gothofr.). Vegetius uses **currus** twice in the meaning of: chariot. He also uses **carpentum** 3 times, as cart for transport etc. It seems no accident to me, that the military-minded Amm. here uses carpentum, where one might expect **currus.** This can not solely be ascribed to the clausula.

p.85.11–12 **fulgenti claritudine lapidum variorum, quo micante lux quaedam misceri videbatur alterna** grammatically quo micante belongs to: carpento, but in meaning to: lapidum variorum; so that the meaning is equal to: quorum micans lux or: quorum micantium lux.

X, 7

p.85.12–13 *a* **eumque post antegressos multiplices alios ... circumdedere dracones.** The somewhat peculiar and obscure order of words is caused by the clausula. **Antegressos** is used in a praesential sense.
b **circumdedere.** Cf. Hagend. Perf. formen (op. cit. I).
c **dracones.** Cf. ad 15.5.16 (= III p. 96 sq.).

subtegminibus. Cf. 23.6.67: nentesque subtemina (-egm-m3) conficiunt p.85.13
sericum. Cf. Verg. Aen. 3. 482 sq.:
>   Nec minus Andromache, digressu moesta supremo,
>   Fert picturatas auri subtemine vestis
>   Et Phrygiam Ascanio chlamydem ..

Silius Ital. 7.80 sq.:
>   ..... et acu subtemine fulvo,

quod nostrae nevere manus, venerabile donum. The meaning is **thread,** also here in Amm.

a   **gemmatisque summitatibus.** Cf. 14.2.9: per flexuosas semitas ad summi- p.85.14
tates collium tardius evadebant; 14.6.3: ad perfectam non venerat summitatem; 15.10.6: a summitate autem huius Italici clivi; 16.12.19; 19.8.8; 26.1.4: translata est suffra‹ga›tio levis in Ianuarium, Ioviani adfinem, curantem summitatem necessitatum castrensium per Illyricum; (pluralis): 22.15.28 and 18.6.13, 15.11.16; sing. 16.10.14; 21.10.3 (plur); Krebs Antib. 2. p.624: "Summitas ... ist spätlat. für altitudo, cacumen, fastigium, denn Plin. nat. 37.118 wird jetzt in von Jans Ausgabe für: nives in summitate nach guten Codd.: et nivis (Detl. nives) imitata gelesen". Cf. et. Hassenstein (op. cit. I) p.15.

Note. That Amm. would use **summitas** only in its actual sense, is a mistake. (Cf. 26.1.4). And also the use of celsitudo, altitudo, sublimitas, acclivitas (Hassenst. ibid.).

b   **gemmatis.** Cf. Souter p.159; Heum.-Seckel p.227. One should not be surprised at the unproportionate splendour in this economically weak late Roman empire.

hiatu vasto perflabiles. "Equidem intellexerim de rictu ampliori, ut ventos p.85.14-16
conciperet, qui totam corporis longitudinem penetrarent moverentque, quo ventorum motu sibilus quasi, qualem emittunt vivi dracones, **velut ira perciti sibilantes,** auditus est. **Caudarumque volumina relinquentes in ventum,** ventis ludibrio dant." (Lindenbrog.)

a   **hiatu.** Cf. 23.6.17: hiatus .. terrae; 29.5.42: dilatato vulneris hiatu; 29.1.19: adolescebat autem obstinatum eius (sc. Valentis) propositum, admovente stimulos avaritia, et sua et eorum qui tunc in regia versabantur, novos hiatus aperientium (= with their avaricious mouths always open; cf. August. conf. 6.8: et ibi gladiatorii spectaculi hiatu incredibili et incredibiliter abreptus est).

b   **perflabiles.** Cf. 14.6.18: domus ... perflabili tinnitu fidium resultantes; 30.7.10: cum ... Firmus, ad omnes dissensionum motus perflabiles gentes Mauricas concitasset. Rare word. Cic. Apul. Solin. Pallad.

X, 8

p.85.16–22 Just as 16.10.7 for the **dracones**, so is this paragraph locus classicus for the **catafracti (= clibanarii)**. Cf. ad 16.2.5 (p. 73. 2).

p.85.17 **clipeatus atque cristatus, corusco lumine radians.**
Note the alliteration!
a   **clipeatus.** Cf. Verg. Aen. 7. 793 sq.:
        Insequitur nimbus peditum clipeataque totis
        agmina densentur campis . . . . .
Claud. De IV cons. Honor. 523 sq.:
        Quis decor, incedis quoties clipeatus, et auro
        Squameus, et rutilus cristis, et casside maior!
Poetic word. Not found in Vegetius re mil. (though **clipeus** is).
b   **cristatus.** Cf. Verg. Aen. 1. 468:
        . . . instaret curru cristatus Achilles.
Claud. De III cons. Hon. 133 sq.:
        Floret cristatis exercitus undique turmis,
        Quisque sua te voce canens;
ibid. In Ruf. II 355:
        Hic alii saevum cristato vertice nutant;
Thus found in several places in Claud.
Poetic word. Not found in Vegetius re mil. (though **crista** is).
c   **coruscus** = splendidus. Cf. 19.2.2: corusci globi turmarum; 24.2.5: corusci galeis; 24.6.10: **cristatis** galeis corusci Romani; 24.7.8: coruscus nitor . . . armorum; 25.1.1: corusci thoraces.
Cf. Hagendahl Stud. Amm. p. 43: "Est vox poetarum, ab epicis potissimum post Verg. frequentata, apud scriptores prosae orationis ante quartum saeculum non obvia, nisi quod singulis locis legitur apud Gell. Apul." Cf. et. Thes. IV 1076 sq.

p.85.18 **catafracti equites (quos clibanarios dictitant).** Cf. Veget. re mil. 3.24 (= Lang p. 117): . . . et bini catafracti equi iungebantur ad currum, quibus insidentes clibanarii sarisas, hoc est longissimos contos, in elefantos dirigebant.
personati. B personatim. "Verissima lectio est personatim, i.e. singuli, singulae eorum personae" (Wagner). I find B's version, as well as the interpretation given by Wagner, both highly improbable. Also Boxhorn's conjecture: **Persae nati** is far too subtle and far-fetched. An explanation of personatus can be found in Amm. 25.1.12 (which passage also clarifies the rest of 16.10.8): erant autem omnes catervae ferratae, ita per singula mem-

bra densis ‹lamminis› tectae, ut iuncturae rigentes conpagibus artuum convenirent, **humanorumque vultuum simulacra ita capitibus diligenter apta‹ta›** ut inbratteatis (cf. ad 14.6.8 = I p. 92) corporibus solidis, ibi tantum incidentia tela possint haerere, **qua per cavernas minutas, et orbibus oculorum adfixas, parcius visitur, vel ‹per› supremitates narium angusti spiritus emittuntur.** This concerns therefore, a perfectly made and very close-fitting helmet. Translation: provided with a helmet, like a mask.

thoracum muniti tegminibus et limbis ferreis cincti. Rolfe translates: furnish- p.85.18–19
ed with protecting breastplates and girt with iron belts; Büchele: "mit Panzern wohl bedeckt, deren Ränder von Stahl waren". From the following words: lamminarum circuli tenues ... per omnia membra diducti and from 25.1.12: inbratteatis corporibus solidis, it is clear that the entire body was covered with small steel plates.
Neither the girdles (an extremely rare meaning of limbus; cf. Stat. Theb. 6.367), nor the edges (of the harnesses) are satisfactory to me. In my opinion neither of them suit the iron covering of the catafracti. When thorax here is used in the technical sense of **breast-harness,** I assume that limbus (limbis G lumbis B) also is part of a harness. Perhaps: covering of the privy parts?

a **ut Praxitelis manu polita crederes simulacra.** p.85.19–20
Praxiteles. Son of Cephisodotus from Athens, lived during the first half of the 4th century B.C. Description by F. Winter in Gercke-Norden Einl. in die Altert. wiss. II³ p. 173 sq. Cf. et. R. Kekule, Die griech. Skulptur² p. 222 sq.; Fowler-Wheeler, A Handbook of Greek Arch. p. 256 sq. (and passim). Once more Ammianus is showing off his "general education", more suo aetatisque suae.
b Cf. Iul. Imp. πρὸς τὸν αὐτοκράτορα Κωνστάντιον 37c: ἄπειρον γὰρ ἦγεσ ἱππέων πλῆθοσ, **καθάπερ ἀνδριάντασ ἐπὶ τῶν ἵππων ὀχουμένουσ,** οἷσ συνήρμοστο τὰ μέλη κατὰ μίμησιν τῆσ ἀνθρωπίνησ φύσεωσ κ.τ.λ.; Lindenbr. (Wagner p. 211) moreover, quotes Orat. III p. 298 ὥσπερ ἀνδριάντεσ κ.τ.λ. I have been unable to find this passage.

non viros = non homines vivos (Wagner), p.85.20
lamminarum circuli tenues. Lamminarum is genitivus explicativus. Cf. Hagendahl abund. (op. cit. I) p. 192 sq.; Mulomed. Chir. Oder Ind. p. 310.

diducti. Diducere as a military term used, among others, by Livius, Caesar p.85.21
and Tacitus. Here it means: divided, spread over. Diducti is a conjecture of Gardthausen for **deducti.** I do not see the need for this conj., for per omnia membra diducti is certainly a very unusual word combination.

p.85.21-22 **ut quocumque artus necessitas commovisset.** For the personificatio cf. ad 15.4.3 (III p. 58).

p.85.22 **iunctura cohaerenter aptata.** Abl. abs. with causal meaning. Means: connecting part, hinge. Cf. et. 20.11.23: prunas unius aggesti (dam) inseruere iuncturis ramis arborum diversarum et iunco et manipulis constructi cannarum; 18.8.1: pontiumque apud Zeugma et Capersana iuncturis abscisis.

X, 9

p.85.23 **Augustus ... appella‹tus›.** Cf. Claud. de VI cons. Honor. 611 sq.

O quantum populo secreti numinis addit
Imperii praesens genius, quantamque rependit
Maiestas alterna vicem, cum regia Circi
Convexum gradibus veneratur purpura vulgus,
Assensuque cavae sublatus in aethera vallis
Plebis adoratae reboat fragor, unaque totis
Intonat Augustum septenis arcibus Echo.

(with Gesner's commentary in his edit. II p. 485). **Intonare,** as used by Amm. and Claud. is not a rhetoric exaggeration. Cf. et. 17.7.3 (earthquake Nicomedia): procellarum, cuius inpetu pulsorum auditus est montium gemitus et elisi litoris fragor ...

p.85.24-86 1 **talem se tamque immobilem, qualis in provinciis suis visebatur, ostendens.** Quite remarkable is here the use of provinciae. For the **whole** empire is divided in praefecturae, dioceses and finally in provinciae. Obviously this refers to the empire outside the big cities, especially outside Rome and Constantinople. But it is very likely that Amm. is without realising it carried away by his Roman consciousness and patriotism. Cf. Ensslin, Zur Geschschr. etc. (op. cit. I) p. 30 sq.

X, 10

p.86.1-4 *a* **Curvabat, ut cranio consuleret ... velut collo munito,** vinculis adstricto; **rectam aciem luminum tendens,** torvo et irretorto vultu ... **tamquam figmentum hominis,** statua inanimis; **nec cum rota concuteret nutans,** cum currus ad lapidem offenderet, rectus tamen sedit et immotus (Wagner). Classic description of the outward behaviour of a Byzantine emperor, elsewhere also illustrated by the sculpture and the mosaics.

b "Et post flectebat addidit Clark, asyndeton recte, nisi fallor, defendit Heilmann", Blomgren op. cit. p. 43.

X, 11

a **quae licet adfectabat.** On the frequent use of **licet** in late Latin and the **indicativus** after **licet** (late Latin), often in Amm., cf. Hofm.-Leum. p. 738 sq. (with lit.); Hassenst. (op. cit. I) p. 41 sq.
With the **indic.** e.g. 14.4.2: super quorum moribus licet ... memini rettulisse, tamen ... expediam ...
With the **conj.** e.g. 15.5.33: licet enim ... obligatum gratia retineret Constantium, ut dubium tamen ⟨et?⟩ mutabilem verebatur ...
b It seems to me that Amm. who does not like Constantius, gives us a somewhat coloured description. It is much more likely, that this hieratic attitude has become second nature to the Emperor by his education and court life.

p. 86. 5–6

a **et alia quaedam in citeriore vita.** Cf. ad 14.1.7 (I p. 63). Rolfe translates: yet these and various other features of his more intimate life; Büchele: eben das und einiges Andere in seinem früheren Leben. I believe that Büchele's translation is correct. Cf. et. Wölfflin, Lat. und rom. Komparation p. 45 (1879).
b **quaedam.** Cf. ad 16.4.4 (p. 75.8–9).

p. 86. 6

ut existimari dabatur = ut credere fas erat. Cf. 19.2.13: utque opinari dabatur; 24.8.5: ut opinari daretur; 26.1.7: ut opinari dabatur; 26.10.16: ut opinari dabatur; 30.5.18: quam aestimari dabatur ... Fortunam eius esse. For this use of **datur c. infin,** cf. Hofm.-Leum. p. 580.; Krebs Antib. I p. 392 (with many examples); Gudeman[2] Dial. de orat. Tac. comm. p. 228. With **passive infinitive** probably late Latin.

p. 86. 7

X, 12

quod autem per omne tempus imperii nec in consessum vehiculi quemquam suscepit nec in trabea socium privatum adscivit, ut fecere principes consecrati ...
a **consessus.** Cf. ad 15.8.17 (IV p. 41 sq.).
b **nec in trabea socium** collegam in consulatu **privatum adscivit,** qui non esset ex familia Constantini; quod ita esse fastos Consulares evolventi facile apparebit (Wagner). The last piece of information from Wagner is correct. In 360 A.D. Constantius was consul for the 10th time, together with Julianus (the latter for the 3rd time). In the year 361, Tauro et Florentio conss., he dies.
c **trabea.** Cf. Claud. In Ruf. I. 248 sq.:

p. 86. 7–10

>   Ibat grandaevus nato moriente superstes
>   Post trabeas (= post gestum consulatum) exul.

ibid. in Prob. et Olyb. Cons, 175 sq.:

>   Extemplo strepuere chori, collesque canoris
>   Plausibus impulsi septena voce resultant.

(cf. ad 16.10.9. p. 85. 23)

>   Laetatur veneranda parens et pollice docto
>   Iam parat auratas trabeas, cinctusque micantes
>   Stamine ...

Thus similarly used: 7.5; 22.3; Symm. 9.112: Cum iam Decembrium kalendarum tempus adpeteret redditae sunt mihi litterae, quae te annalem trabeam meruisse loquerentur; Cod. Iust. 12.3.1: Antiquitus statutum est consularibus viris ceteros quidem honoratos ipsius trabeae summitate, pares vero infulis (= dignity) consideratione tantum temporis anteire. Another word for **trabea** (the ceremonial robe) is **tebennus** (ἡ τήβεννοσ).

d **principes consecrati.** Cf. Suet. Calig. 35: Dominum gentium populum ex re levissima plus honoris gladiatori tribuentem quam consecratis principibus aut praesenti sibi. = divi, in deos relati. Thus Büchele: die verewigten Fürsten. But Rolfe: anointed princes; here inaccurate, in my opinion. In Chr. Latin **consecrare** does mean: dedicate, consecrate (presbyters, bishops, nuns, monks).

p. 86.10 **elatus in arduum Supercilium.** Cf. 29.2.12: nihilque sit tam ‹deforme› quam ad ardua imperii supercilia etiam acerbitatem naturae adiungi (cf. Cic. ad Quint. fr. 1.1.37:... tum vero nihil est tam deforme quam ad summum imperium etiam acerbitatem naturae adiungere). From the quotation from Cic. it is obvious what arduum sup. means with Amm. Cf. et. Cod. Theod. 1.6.9: iudex, qui supercilium suum principali aestimet iudicio praeferendum (= who supposes that his own arrogance should be preferred to the imperial judgment). The **last** meaning also found in Cic.; Sen.; Val. Max.

X, 13

p. 86.13 *a* **imperii virtutumque omnium larem.** Cf. 17.4.13: si ablatum uno templo miraculum Romae sacraret, id est in templo mundi totius...; Herod. 2.10.17: φθάσωμεν ... τὴν Ῥώμην προκαταλαβόντεσ, ἔνθα ἡ βασίλειόσ ἐστιν ἑστία; Cassiod. Var. 4.6: Nulli sit ingrata Roma, quae dici non potest aliena. Illa eloquentiae fecunda mater, illa virtutum omnium latissimum templum.

b **larem.** Arnob. Reiffersch. p. 246.23 sq. (= VII. 12): si ex duobus facientibus res sacras nocens unus set locuples, alter angusto lare sed innocentia fuerit ...; Statius Theb. Comm. L. I Heuvel p. 250; Miedel, De anachronismo, qui est in P. Papinii Statii Thebaide et Achilleide (Diss. Göttingen 1910) p. 8.

a **perspectissimum priscae potentiae forum.**   p. 86.13
Note the striking alliteration. **Perspectus** often in Cic. The superlativus Ep. ad Att. 11.1.1: Omnem autem spem habeo existimationis privatarumque rerum in tua erga me mihi perspectissima benevolentia.
b **Forum** here means: Forum Romanum, -vetus.

quo se oculi contulissent. Conj. iterat. Cf. Gudeman² ad Tac. Dial. 19.4   p. 86.14
p. 323; Riemann. Tit. Liv. (op. cit. I) p. 294 sq.

a **miraculorum densitate praestrictus.** The word **miracula** reminds one of   p. 86.14–15
the **Mirabilia Romae,** a description of the city originated in the 12th century.
b **praestrictus** = blinded. Cf. Sen. Ep. 71: alius iam in tantum profecit, ut contra fortunam audeat attollere oculos, sed non pertinaciter: cedunt enim nimio splendore praestricti. Also used by Cic. et al.
c **densitas** in the sense of: crebritas, multiplicity, large crowd, in general late Latin. Cf. Cod. Theod. 9.17.5. (law of Julianus against the desecration of graves and funerals in the day-time a° 363): secundum illud est, quod efferri cognovimus cadavera mortuorum per confertam populi frequentiam et per maximam insistentium (sc. in plateis) densitatem; Arnob. 7.46: quid, si silvarum densitatibus se dedit?

curia. Refers to the Curia Iulia, restored in 303 A.D. by Diocletianus   p. 86.15
(284–305 A.D.) after a fire during the reign of Carinus (283–285). Pope Honorius I (625–638) altered the building into a church for the martyr Hadrianus: Sant' Adriano. Connected to this was the **Secretarium senatus** (= Chalcidicum, later Atrium Minervae). In its ruins the ground-floor church was built of the Santa Martina e San Luca (= S. Martina) in the 7th century A.D. Both churches are now separated by the via Bonella. Regio VIII.

a **<e>tribunali.** <e> Val. pro BG. It is doubtful whether the e should be   p. 86.15
inserted here. I am not absolutely certain of the correctness of this conjecture. After -que the e can quite easily haven been dropped. But cf. Hofm.-Leum. p. 450 § 61.
b In connection with the mention of **forum** and **curia** it seems probable to me that by the **tribunal** here are meant the **rostra** on the West side of the

forum, West of the columna Phocae. These rostra were still in existence during the very late empires. Their enormous size (29 m. long, 10 m. wide) is explained by the fact that the terrace above them could seat the Emperor with his retinue and was furthermore decorated with numerous statues and inscriptions. (This had also been the case with the **rostra vetera,** on the border between comitium and forum, opposite the curia; which had been demolished by Caesar). The first-mentioned rostra were built by Augustus. Regio VIII.

Whether there were still more tribunalia at that time on or near the forum, is hard to say. Since the building of the great basilicae and the emperors' fora, the administration of justice in the forum is discontinued. Neither will these tribunalia have been suitable for an imperial speech.

p. 86.16 **palatium.** This is the **Domus Augustiana** (= Domus Flavia), still called by that name in the 4th century, although comprising a complex of buildings, of which the original palatium of the Emperor Augustus is only a part. It is situated on the mons Palatinus. In front of it lies the **area Palatina,** to which led the clivus Palatinus. Regio X.

favore = approval. Cf. Liv. 4.24.7: Deposito suo magistratu... cum gratulatione ac favore ingenti populi domum est reductus; Cic. pro Rosc. com. 10: Quam enim rem et exspectationem, quod studium et quem favorem secum in scenam attulit Panurgus? Quod Roscii fuit discipulus. Qui diligebant hunc, illi favebant...; Claud. de cons. Stilich. III 48 sq.:

> Omnis in hoc uno variis discordia cessit
> Ordinibus. laetatur eques, plauditque senator,
> Votaque patricio certant plebeia favori.

p. 86.17 **equestres ... ludos.** By this are certainly meant the **ludi circenses** in the circus maximus, situated between the mons Palatinus and Aventinus. Cf. ad 15.5.34 (III p. 122); ad 14.6.14 (I p. 139); ad 15.7.2 (IV p. 10). Cf. et. 17.4.1; 21.6.3; 22.7.2; Anon. Vales. 60: (Theodoricus) exhibens ludos circensium et amphitheatrum, ut etiam a Romanis Traianus vel Valentinianus ... appellaretur; ibid. 67 (Theod.) Per tricennalem triumphans populo ingressus palatium, exhibens Romanis ludos circensium. On the spina of the circus maximus Constantius had placed in 357 A.D. the **obelisk,** now standing before the Laterane. Cf. Amm. 17.4.13 sq.

p. 86.17–18 **nec superbae nec a libertate coalita desciscentis.** Cf. Naz. Paneg. Constant. 35.3: Populi vero Romani vis illa et magnitudo venerabilis ad imaginem antiquitatis relata non licentia effrenis exsultat, non abiecta languide iacet, sed sic assiduis divini principis monitis temperata est, ut, cum ad nutum eius flexibilis et tenera ducatur, morigeram se non terrori eius praebeat, sed benignitati; ad p. 85. 23: 16.10.9; a different note is struck Lact. de mort. pers. 17: Hoc enim scelere perpetrato Diocletianus, cum iam felicitas ab eo recessisset, perrexit statim Romam, ut illic vicennalium diem celebraret (20 Nov. 303), qui erat futurus a.d. duodecimum Kalendas Decembres. Quibus sollemnibus celebratis cum libertatem (boldness) populi Romani ferre non poterat, impatiens et aeger animi prorupit ex urbe impendentibus Kalendis Januariis, quibus illi nonus consulatus deferebatur; Eutr. 9.26; Wagner II p. 213.

a **reverenter modum ipse quoque debitum servans.** Cf. Wagner II p. 214: p.86.18-19
Ipse Constantius intra iustos fines principis, qui civilis haberi cupit, sese continuit.

b **reverenter.** Cf. 16.12.41: Haec reverenter dicendo, reduxit omnes ad munia subeunda bellandi (Rolfe: tactful; Büchele, less accurately: im anständigsten Tone); 22.7.3: (Iulianus) exsiluit indecore: ... exosculatum susceptumque (sc. Maximum) reverenter secum induxit etc. Plin. ep. Tac. Suet.

coalita. In the basic meaning Varro R.R. 1.41: quae autem natura minus p.86.18
sunt mollia, vas aliquod supra alligant, unde stillet lente aqua, ne prius exarescat surculus (plant cutting) quam colescat (= coalescat); Dig. 41.1.9: Qua ratione autem plantae quae terra coalescunt solo cedunt, eadem ratione frumenta quoque quae sata sunt solo cedere intelleguntur; ibid. 39.2.9.2: nec arbor potest vindicari a te, quae translata in agrum meum cum terra mea coaluit; etc.

reverenter. Tac. Suet. Plin. ep. **Reverens, reverentia, reverenter** often used in the official and church language of the late imperial age, also as a technical term.

X, 14

a **intra septem montium culmina.** An ancient, but inaccurate expression, p.86.21
especially if one wishes to distinguish between colles and montes, whose collective number is much more than seven, in the Rome of the 4 regiones, as well as in "Servius' city" and in that of the 14 regiones instituted by Augustus in 7 B.C. and which also all lie within the wall of Aurelianus.

b **culmina.** Cf. 29.2.9: hoc unum edisseram, quam praecipiti confidentia patriciatus columina ipsa pulsavit; Krebs Antib. 1. p. 379.

adclivitates. Cf. 14.2.13: circumstetere ... munimentum ... et cum neque adclivitas ipsa sine discrimine posset adiri letali.

p. 86. 22 **urbis membra.** Cf. ad 15.7.5 (p. 57.7).
suburbana = suburbs. Late Latin. Cf. 21.10.1: civitatem (Sirmium sc.), ut praesumebat, dediticiam petens, citis passibus incedebat, eumque suburbanis propinquantem amplis nimiumque protentis; 26.8.15: ut quondam Pescennius Niger ... superatus ... fugatusque in suburbano quodam Antiochiae ... interiit; 30.1.6: cumque eum (Papam, regem Armeniorum sc.) provinciae moderator, apparitoris qui portam tuebatur indicio percitus, festinato studio repperisset in suburbanis (sc. Tarsi) ...; 31.12.4: proinde agmine quadrato incedens (sc. Valens), prope suburbanum Hadrianupoleos venit ...; Cass. Hist. trip. 12.3: (Sisinnius) in nulla tamen civitate ordinatus, sed in suburbano Constantinopolis cui nomen oliva est ministrabat. From the above passages it is clear that suburbana are to be found near several cities and are called thus. Cf. et. Cod. Iust. 3.24.2.
Quidquid ⟨vid⟩ erat primum. This conjecture suggested by Valesius seems to me indisputable: **uid** has only been written once. Cf. ad. 16.10.13 (p. 86.15) a. For the indicativus iterativus cf. Hofm.-Leum. p. 709, § 275; Riemann Tit. Liv. (op. cit. I) p. 294 sq.

p. 86. 23 **alia cuncta.** Cf. ad 14.1.6 (I p. 61)

p. 86. 23 *a* **Iovis Tarpei delubra.** Delubra = templum. Cf. ad 14.8.14 (II p. 83), particularly for the plural. Cf. et. 30.4.13: et nodosis quaestionibus de industria iudicia circumscribunt, quae cum recte procedunt, delubra sunt aequitatis; Cod. Theod. 16.10.25 (a° 426): cunctaque eorum fana, templa, delubra, si qua etiam nunc restant integra praecepto magistratuum destrui praecipimus (c. comm. Gothofr. ad h.). Delubrum means here probably: chapel.
b Cf. Hagendahl St. Amm. p. 91 note 3: "Templum Iovis Optimi Maximi dici neque de templo Iovis Tonantis, quod supra rupem Tarpeiam positum ab Augusto dedicatum est (cf. Richter Top. op. cit. I p. 129), cogitandum esse, cum ex his verbis ipsis apparet, tum vel eo comprobatur, quod Iuppiter Capitolinus haud raro **Tarpeii** nomine fertur (cf. Roscher s.v. Tarpeius). Et mihi quidem apertam imitationem Silii Italici hoc loco exstare persuasum est (XII 741 sq.:

      Tum vero passim sacra in Capitolia pergunt,
      Inque vicem amplexi permixta voce triumphum
      Tarpeii clamant Iovis ac delubra coronant.)

Similiter Ov. fast. 6.33 sq.:
> Si torus in pretio est, dicor matrona Tonantis
> Iunctaque Tarpeio sunt mea templa Iovi."

It is true that one expects here a mention of the temple of Iupiter Opt. Max., not that of Iup. Tonans, built by Augustus and consecrated on Sept. 1st 22 B.C. (Monum. Ancyr. 4.19). The latter has probably stood at the edge of the mountain. Cf. Claud. 28. 42 sq.:
> Attollens apicem subiectis Regia rostris
> Tot circum delubra videt, tantisque deorum
> Cingitur excubiis. Iuvat infra tecta Tonantis
> Cernere Tarpeia pendentes rupe Gigantas.

The well-known temple of Iup. Opt. Max. was at that time still in its full glory, although after the fire of 80 A.D. and the re-building in 82 A.D. it has been damaged several times by fire. Cf. Richter Top. op. cit. p. 126 (with notes). Regio VIII.

terrenis. terrena = earthly things. Cf. Gellius 14.1.3: atque quoniam viderent terrena quaedam inter homines sita caelestium rerum sensu atque ductu moveri. **Terreni** = inhabitants of the earth with Aug. conf. 9.8.18 extr.: At tu, domine, rector caelitum et terrenorum. Cf. et. Souter p. 416. [p. 86.24]

a **lavacra in modum provinciarum exstructa.** lavacrum later and late Latin. Meaning: bathing-place, bathroom, bath-water. With Chr. writers also: baptism, cleansing of the sins. Cf. S. Opt. Mil. 4.6 (Ziwsa p. 110): nam neminem fugit, quod omnis homo qui nascitur, quamvis de parentibus christianis nascatur, sine spiritu inmundo esse non possit, quem necesse sit ante salutare lavacrum ab homine excludi et separari; et ibid. passim; Paneg. IX Constantino d. 21.3: Iam obliti deliciarum Circi maximi et Pompeiani theatri et nobilium lavacrorum Rheno Danuvioque praetendunt, excubias agunt etc. Here = thermae, as often with Amm. Valesius objects to **provinciarum** and wants to read here **piscinarum.** Though the exaggeration is very attractive and typical of Amm. [p. 86.24]

b One should not confuse the **thermae** with the **balinea,** of which there were a great many in Rome. The latter are public bath-houses, mentioned among others, in the breviarium of the Constantinian description of the regiones. The description further mentions 11 thermae: Traianae, Titianae, Agrippianae, Surae, Commodianae, Severianae, Antoninianae, Alexandrianae, Decianae, Diocletianae, Constantinianae.

amphitheatri molem = amphith. Flavium, started by Vespasianus and [p. 86.24-25] finished by Titus in 80 A.D., lying in the valley between Caelius, Esquilinus and Velia. At this time still completely intact, although damaged several times by lighting and then restored. It sustained greater damage through earth-quakes in the 5th century. In the beginning of the 5th century under Honorius (395-423) the gladiator games were discontinued. Regio III.

p.86.25 **solidatam.** Cf. Tac. Hist. 2.19: solidati muri, propugnacula addita etc.; Lucan. Phars. 8.688:
Tunc arte nefanda
Submota est capiti tabes, raptoque cerebro
Exsiccata cutis, putrisque effluxit ab alto
Humor, et infuso facies solidata veneno est.
(sc. Pompeii); etc. Metaphorically: Cod. Theod. 15.9.1: Nulli privatorum liceat holosericam vestem sub qualibet editione largiri. Illud etiam constitutione (sc. hac) solidamus ut exceptis consulibus ordinariis ... nulli ... facultas sit; Cod. Just. 2.4.41: si quis maior annis ... eas (pacta vel transactiones) autem invocato dei omnipotentis nomine eo auctore solidaverit; ibid. 6.30.22.4: Etsi praefatam observationem inventarii faciendi solidaverint (= to fulfill); Aur. Vict. de Caes. 33.11; Incerti paneg. Constant. dictus (IX) 1.3; etc.

p.86.25 *a* **lapidis Tiburtini compage.** By these are meant the limestone rocks from Tibur in Latium (on the Anio) = travertino.
 b Cf. 14.2.10: denseta scutorum compage; 16.12.44: nexamque scutorum compagem; 24.4.15: non numquam compage scutorum ... dehiscente; Tac. Hist. 3.27: soluta compage scutorum; Fesser (op. cit.) p.24.

p.86.25-26 *a* **ad cuius summitatem aegre visio humana conscendit.** The height is 48.5 Meters, not so very high, therefore. But one should not consider the actual height so much, as the impression made on the spectator.
 b **summitas.** Cf. ad 16.10.7 (p.85.14).
 c **visio** = adspectus, conspectus. Although occurring in classical Latin, this meaning is very unusual. Cf. Krebs Antib. 2. p.745.

p.86.26 **Pantheum.** Built in 27 B.C. by Agrippa, standing on the field of Mars = S. Maria Rotonda. Directly So. of the Pantheum, the thermae of Agrippa, which, although built during the same period, have not connection. The present building, however, dates from the reign of Hadrianus, at least most of it. In front of the temple was a square (below the present level) which one entered on the North side through a triumphal arch, called in the Middle

Ages **arcus pietatis.** The descent to this square was from the entrance hall down 5 steps.

The last restorations known to us of the Pantheon took place under Septimus Severus (193–211 A.D.) and Caracalla (198–217 A.D.). Regio IX.

a **velut regionem teretem speciosa celsitudine fornicatam** = ... fornice p. 86. 26–27
celso speciosam. Cf. Blomgren (op. cit. II) p. 146 sq. for the enallage. Also Koziol (op. cit. I) p. 222 sq.

b **celsitudine.** Cf. 15.10.6: et hinc alia celsitudo erectior, aegreque superabilis, ad Matronae porrigitur verticem; 19.6.6: contra quos (aggeres) nostrorum quoque impensiore cura moles excitabantur altissimae, fastigio adversae celsitudinis aequatae: 23.6.28: eisque maximae celsitudines imminent montium; 26.1.1: praeceptis historiae dissonantia, discurrere per negotiorum celsitudines adsuetae.

c **speciosa.** Cf. 19.6.4: anxii, ne urbe excisa, ipsi quoque sine ullo specioso facinore deleantur; 24.4.20: obsessorumque industria vicissim facinoribus speciosis inclaruit; 14.8.8: Dein Syria per speciosam interpatet diffusa planitiem; ad 15.7.4 (= IV p. 13).

a **elatosque vertices Scansili suggestu concharum, priorum principum imi-** p. 86. 27–28
tatamenta portantes. Büchele: "aufstrebende, bis zu oberst hinauf besteigbare Säulen, mit den Abbildern früherer Kaiser".
Amm. is probably thinking of the columns, with statues on top, of Traianus (98–117) on the Forum of Traianus; and those of Antoninus Pius (138–161) and Marcus Aurelius (161–180) on the field of Mars. The first and third are still there and belong to the genre of the **columae cochlides,** columns with a spiral staircase inside. Cf. Richter Top. (op. cit. I) p. 115 sq.; 254 sq.; annot. Vales. = Wagner II p. 215 (with quoted lit.). These elevated and often tall statues are also called **colossi** and the columns which bear them, are called **vertices** here by Amm. Cf. et. Statius Silvae Vollmer p. 215 (comm.).

b paraphrase: elatasque columnas qui, ut vertices montium, scansilem suggestum modo concharum praebent

c **scansilis.** Rare word. Plin.; Itin. Alex.; Schol. Iuv.

suggestus. Cf. 15.8.4: tribunali ‹ad al› tiorem suggestum erecto (c. comm. ad h.l.).

d **imitamenta.** Cf. 22.13.1: Dafnaei Apollinis fanum ..... et simulacrum in eo Olympiaci Iovis imitamenti(?) aequiperans magnitudinem; 17.4.15 (of the obelisk in the Circus Maximus): eique (sc. obelisco) sfaera superponitur aenea, aureis lamminis nitens, qua confestim vi ignis divini contacta, ideoque sublata, facis imitamentum infig <it> ur aereum, itidem auro inbratteatum, velut abundanti flamma candentis; Tac. Ann. 14.57: Plautum magnis opibus ne fingere quidem cupidinem otii, sed veterum Romanorum imitamenta praeferre etc.; ibid. 3.5: ubi ... meditata ad memoriam virtutis carmina et laudationes et lacrimas vel doloris imitamenta? Gellius (Polus histrio) 7.5.7: opplevit omnia non simulacris neque imitamentis, sed luctu lamentis veris et spirantibus. Rare word. Cf. et. H. Gärtner in Hermes, Oct. 1969, p. 367; Thes. sub v.

e   Note the frequent **alliteration** in this passage. Cf. Hagendahl Eran. 22 p. 163 sq. (with lit.).

p.86.28   **Urbis templum.** Built in 135 A.D. by Hadrianus, re-built after a fire by Maxentius (307–312 A.D.) in 307 A.D. One of the most impressive temples, also called **templum Veneris et Romae,** situated between the Amphitheatrum Flavium and the Basilica Constantiniana. The monastery of S. Francesca Romana has been built on the Western part of the t. Ven. et R. Regio IV. Cf. et. Richter Top. op. cit. p. 165 sq.

p.87.1   **forumque Pacis** = forum Vespasiani. The name Amm. gives it here, was in general use during the late imperial period. This forum, together with the **templum Pacis,** was built by Vespasianus (69–79 A.D.) after the victory over Iudea and finished in 75 A.D. The F. Vesp. stands East of the F. Nervae. To the S.E. of the F.V. we now find the **SS. Cosma e Damiano,** which contains important remainders of the **templum Divi Romuli** (built by the Emperor Maxentius in 309 A.D. for his son) and the **templum sacrae urbis.** The temple itself was already a ruin in Procopius' time. Cf. et. Richter Top. op. cit. p. 113. Regio IV.

Pompei theatrum. Built by Pompeius in 55 B.C. during his second consulate on the field of Mars, the first theater built of stone in Rome = **theatrum lapideum** = **marmoreum.** East of the Campo de' Fiori. Remainders among other places in the courtyard of the Palazzo Pio (Righetti) and in the vicinity of S. Maria di Grotta pinta. East of the P.Th. is the adjoining **porticus Pompeiana** (the place where Julius Caesar was murdered). Restoration of the theatre took place in 430 A.D. Cf. et. Strong, Art in ancient Rome I p. 86; Richter ibid. p. 227 sq.; Regio IX.

Odeum. Built by Domitianus (81–96 A.D.) for musical performances, on the field of Mars, mentioned in the Notitia (= Constantinian description of the regiones) in Regio IX. On the place where it used to stand we now find the Palazzo Gabrielli-Taverna = Via Monte Giordano 36 (for Monte Giordano cf. Dante Inf. 18.28). Cf. et. Richter Top. op. cit. p. 247.

Stadium. Also called the **Circus** of Domitianus.
(Stadium) Probably the (temporary) stadia of Caesar and Augustus were built in the same place; as well as the magnificent stadium of Nero (54–68 A.D.), struck by lightning and burnt down in 62 A.D. A new stadium was thereafter built by Domitianus, also on the same spot. A new building was further erected under Traianus (98–117 A.D.). The shape of the stadium is preserved in the Piazza Navona (= Circo agonale). In the Middle Ages the stadium was called **Circus Alexandrinus.** Regio IX.

a **decora urbis aeternae.** Cf. Cod. Iust. 11.3.2.2: Domus vero, quarum cultu **decus urbium** potius quam fructus adquiritur, ubi a naviculariis (ship-owners) veneunt, pro tanto modo ad hanc pensionem (lustralis auri collationem sc.) obligari placet, quantum habebant emolumentum, cum pecunia mutuarentur   p.87.1-2
b **urbs aeterna** Cf. ad 14.6.1 (= I p. 131).

X, 15

Traiani forum, between the Forum Augusti and the Basilica Ulpia, built by Traianus (98–117), the most magnificent of all Rome's fora. Regio VIII. Still intact in this time. Later, especially in the 6th century, badly ransacked. The entrance was through a triumphal arch, the **arcus Traiani,** erected in 117 A.D. from the side of the F. Augusti. The centre of the F. Traiani formed an area, in the centre of which stood the **equestrian statue of Traianus.** The Forum T. in a wider sense is a complex consisting of 4 parts: 1° the forum in the strict sense; 2° the basilica Ulpia, (dedicated to the Libertas); 3° the Bibliotheca Ulpia, with in the centre court the columna Traiani; 4° Templum divi Traiani et Plotinae, which formed the North-Western boundary, built by Hadrianus (117–138 A.D.).   p.87.2
On the North side of the Foro Traiano we now find the churches of SS. Nome di Maria and S. Maria di Loreto.

singularem sub omni caelo structuram
a Note the alliteration!
b **structuram.** Cf. 31.1.4: Denique cum Chalcedonos subverterentur veteres muri, ut apud Constantinopolim aedificaretur lavacrum, ordine resoluto saxorum, in quadrato lapide qui structura latebat in media, etc. (building, construction); 16.8.8 (cf. comm. ad h.l.). where **structuram omnem** refers to: linteorum toralium purpureos clavos and mensam operimentis paribus tectam (= which he patched together, in the literal meaning of the word). Structura here means the same as in 31.1.4: building, con-

struction, a meaning which is otherwise extremely rare, as the usual meaning of structura is: way of building, wall-work, wall. Cf. et. Caes. d.b.c. 2.9.3 (c. comm. Meusel ad h.l.): Plin. 36.170.

p.87.3-4 **etiam numinum adsensione mirabilem.** Büchele, usually so precise, translates: die, unserm Bedünken nach, selbst die Bewunderung, der Götter **verdient;** Rolfe: and admirable even in the **unanimous** opinion of the gods, Both translations do not do justice to the text, which says: admirable also on the basis of the evident approval of the gods. I believe it to be better, as is also done by Rolfe, to connect **ut opinamur** progressively.

p.87.4 **giganteos.** Cf. Hagendahl St. A. op cit. I p. 41: "... Vox poetica: Culex 28, Ciris 30, Prop. Horat. Ovid. all., cf. De-Vit, Onomasticon III p. 246, cuius exemplis haec addo: Symm. or. 2.21 giganteam manum Sidon. carm. 6.7 Gigantei ... belli Alc. Avit. carm. 6.353 giganteae ... moli ...."
contextus. Cf. 30.7.4: Cuius meritis Valentinianus ab ineunte adulescentia commendabilis, contextu suarum quoque suffragante virtutum, indutibus imperatoriae maiestatis apud Nicaeam ornatus. (not understood by Rolfe: and being commended also by the **addition** of his own merits). Cf. Lucret. 1.242 sq.:
> quippe ubi nulla forent aeterno corpore quorum
> contextum vis deberet dissolvere quaeque.

Sen. Ep. 71.12: Quid enim mutationis periculo exceptum? Non terra, non caelum, non totus hic rerum omnium contextus etc.; Dig. 39.2.15.13: si vero unita sit (domus) contextu aedificiorum .....; Cic. orat. part. 82: sed in toto quasi contextu orationis haec erunt illustranda maxime; de fin. V. 83: Et hercule (fatendum est enim, quod sentio) **mirabilis** est apud illos contextus rerum; Claud. 5.50 seq.:
> Imperium // .... Quod tantis Romana manus
> contexuit annis.

p.87.4-5 **circumferens mentem.** Unusual term for: oculos (vultus) circumferre.

p.87.5 *a* **nec relatu<in> effabiles.** Cf. 20.8.4: Quamquam eum haec dudum comperisse opinabatur relatu (message) Decentii olim reversi; Aus. Ephem. 8.32 sq.:
> Sunt et qui fletus et gaudia controversum
> coniectent varioque trahant eventa relatu;

ibidem appendix 1.49.8 p. 243 Schenkl: rerum gestarum relatu (quoted by Georges); Tac. Hist. 1.30: neque enim relatu virtutum in comparatione

Othonis opus est; ibid. Germ. 3: sunt illis haec quoque carmina, quorum relatu (= discourse) .... accendunt animos; (resembling our passage) Seneca Nat. Quaest. 7.16.1: Quidam **incredibilium relatu** commendationem parant et lectorem aliud acturum, si per quotidiana duceretur, miraculo excitant.

b "**ineffabilis,** unaussprechlich, nachklass. nur beim ältern Plinius, wahrscheinlich aus alten Dichtern genommen, für **inennarrabilis** .... auch in der Bedeutung erschrecklich, für **infandus**. Oft findet es sich spätlat. z.B. bei Orosius, Ennodius, Claud. Mam., Jord. u.a." (Krebs Antib. I. p. 729). Goelzer (op. cit. I) p. 199; Souter p. 201.

c I believe that we should adhere to the version **ineffabiles.** We have here an abundant use of the negation; cf. 17.11.4: **nec non etiam** in Pompeium obtrectatores iniqui, multa scrutantes, cum nihil unde vituperari deberet, inveniretur, duo haec observarunt; 28.4.33: Sed enim nunc repertum est ... ut in omni spectaculo ..... et histrionum generi omni et iudicibus celsis, itidemque minoribus, **nec non etiam** matronis, clametur assidue ...; Hagendahl abund. (op. cit. I) p. 214 sq.; Ljungvik p. 65 sq. (op. cit. I).

mortalibus adpetendos (contextus) = (edifices) which will be aspired to by mortals. Cf. 16.7.4: pauca subserere, forsitan non credenda; 26.9.5: (Arbitio) orabat, ut se ... magis sequerentur ... quam profligato morem gererent nebuloni (sc. Procopio), destituendo iam et casuro; etc.; Hofm.-Leum. p. 597; Odelstierna, De vi futurali gerundii et gerundivi lat. obs. (Uppsala 1926). p.87.5

Traiani equum ... locatum in atrii medio. Cf. ad 10.15 (p. 87.2). The **atrium** is the **area** mentioned in the note. The translations by Büchele and Rolfe are incorrect. The curious use of the word atrium here becomes more meaningful when one considers a ground-plan of the imperial fora. Cf. S. Silviae peregrinatio 37.4: At ubi autem sexta hora se fecerit, sic itur ante Crucem, sive pluvia sive aestus sit, quia ipse locus subdivanus est, id est **quasi atrium** valde grande et pulchrum satis, quod est inter Cruce et Anastase. p.87.6-7

X, 16

a **regalis Ormisda.** Cf. 26.8.12: Statimque Ormisdae maturo iuveni, Ormisdae regalis illius filio, potestatem proconsulis detulit. Regalis = royal prince, prince of royal blood. This meaning late Latin. Cf. Souter p. 346; Cod. Theod. 7.1.9: Impp. Valentinianus et Valens AA. ad Iovinum magistrum equitum. (a° 367) Tam duces quam etiam comites et quibus Rheni p.87.8

133

est mandata custodia Sinceritas Tua (sc. Iovinus) protinus admonebit ut neque regalibus (sc. Francorum et Alamannorum) neque legatis sua milites iumenta (= equos) subpedient ... The **adjective** regalis, however, has in legal texts of this time also the meaning of: imperial; cf. Cod. Theod. 13.3.12: Archiatrorum, qui intra penetralia regalis aulae totius vitae probitate floruerunt ... (a° 379).

b Cf. Zosimus 2.27 (a very tasty story "à la manière d'Herodote"), 3.11.3; 3.13, 3.15; 3.18.1; 3.23.4; 3.29.2; 4.30.5 (not to be confused with Hormisda iunior: see also **a,** here and Zos. 4.8.1 and 4.30.5); Amm. 24.1.2; 24.1.8; 24.2.4; 24.2.11; 24.2.20; 24.5.4; 26.8.12; M. F. A. Brok, the Persian expedition of Emperor Julianus according to Ammianus Marcellinus (1959) p. 99 (Dutch).

e Perside. Cf. 23.6.1: ut in excessu celeri situm monstrare Persidis (ἡ Περσίσ, - ίδοσ); Clausula I, the Greek accent preserved; 23.6.14: Sunt autem in omni Perside (claus. I, as in the previous example); 30.2.6: trinis agminibus perrupturo Persidem (idem); 18.4.1: rex enim Persidis (claus. ⌣ ~ ~, ~ ⌣ ~; cf. Blomgren p. 9 sq.); 23.3.1 unde duae ducentes Persidem viae regiae distinguntur; 23.5.16: Romanos penetrasse regna Persidis (claus. I); 23.6.22: quae olim Persidis regna possiderat; 23.6.36: regnum inisse Persidos (clausula I); 24.7.3: parta regna Persidis (claus. I); 20.6.7: ad regiones Persidis ultimas sunt asportati; 23.6.27: et incrementa Persidos (claus. I); 23.6.73: At in penitissima parte Persidos (claus. I; note the alliteration); 23.6.74; 24.4.27: ex virginibus autem, quae speciosae sunt captae, ut in Perside (claus. I). The "province" Persis 23.6.14, 23.6.41. Cf. et. Verg. Georg. 4.290:

Quaque pharetratae vicinia Persidis urguet (here also Persis = imperium Parthicum, following the poetical custom; thus also **pharetratae,** a word especially proper to the Parthians); Claud. 7 De III Cons. Honor. 201 sq.:

    Iam video Babylona rapi, Parthumque coactum
    Non ficta trepidare fuga; iam Bactra teneri
    Legibus et famulis Gangen pallescere ripis,
    Gemmatosque humilem dispergere Persida cultus

(dispergere = "abiiciunt, ut supplicantium habitum sumant ..." Gesner); in my view no difference here between Parthus and Persis (= Persae); Claud. 21 De laud. Stilich. I 53 sq.:

    ..... Tigrin transgressus et altum
    Euphraten, Babylona petis. Stupuere severi
    Parthorum proceres et plebs pharetrata videndi
    Flagravit studio, defixaeque hospite pulchro
    Persides arcanum suspiravere calorem;

here the Persides (= Persarum feminae, uxores etc.) are completely equal to: Parthorum feminae; Comm. III p. 7, ad 15.1.2; Brok (op. cit.) p. 2 sq.; ad 14.8.5 Ann. (= II p. 66).

discessum. Cf. 15.4.8; 25.3.14; 30.1.5; 31.14.9. Very often with Amm.   p.87.9
supra monstravimus. In a book which had been lost. In the year 323 A.D. Cf. Goyau (op. cit. I) p. 408.
astu gentili. The version is not absolutely certain, though quite plausible. Cf. app. crit. edit. Clark ad h.l.; Vales. = Wagner 2. p. 217: "Sane astum Persis ubique tribuit Marcellinus, et in hoc responso inest astus non vulgaris".
gentili. Cf. Krebs Antib. "Erst nachklass. u. spätlat. und dazu selten bezeichnet es auch den dem gleichen Volksstamm, derselben Nation Angehörigen". Cf. e.g. Tac. Ann. 3.59; 11.1; 12.14; Claud. 73: de freno phaleris et cingulo equi Honorii a Serena missis 11 sq.:
> Et medium te zona liget variata colorum
> floribus et castae manibus sudata Serenae,
> Persarum gentile decus.

Cf. et. Souter p. 160; Heum.-Seckel p. 228.
In Amm.' time gentilis often means: peregrinus, barbarus (also in the Not. Dign.) or: non-Christian, heathen = ethnicus.

a   **quem fabricare disponis.** Cf. 16.10.1: Haec dum per eoas partes et Gallias   p.87.10-11
pro captu temporum disponuntur; 16.12.23: hoc itaque disposito dextrum
I   sui latus struxere clandestinis insidiis...; 16.7.5: non ut mos est principibus, quorum diffusa potestas localibus subinde medetur aerumnis, disponi quicquam statuit, vel ex provinciis alimenta transferri...; 16.5.3: praelicenter disponens, quid in convivio Caesaris inpendi deberet; 16.12.27: unde dispositum erat ut abditi repente exorti cuncta turbarent; 16.1.2: excursatores quidem quingentos et mille sensim praeire disposuit; 25.6.14: Persarumque conculcatis pluribus et truncatis, quos loca servare dispositos, securitas placido vinxerat somno...; 28.1.12: Maximino Romae agere disposito pro praefectis sociavit ad haec cognoscenda... Leonem; Cod. Just. 7.7.1.1: Et inventa est constitutio apud Marcianum... per quam idem imperator disposuit necessitatem imponi heredi; Dig. 43.30.3.4: si vero utraque persona suspecta est aut tamquam infirma aut tamquam turpis, non erit alienum, inquit, disponi, apud quem interim puer educeretur ...; = to make arrangements, to take precautionary measures, to establish, to determine.
II   Cf. 17.2.2: Hac Iulianus rei novitate perculsus... retento milite circumvallare disposuit ⟨castella munita, quae Mo⟩sa fluvius praeterlambit. = to resolve, to decide.

135

III   Cf. 23.5.16: Contemplans maximis viribus et alacritate vos vigere, fortissimi milites, contionari disposui, docturus ratione multiplici ....; Hist. Aug. Aurel. 48.4: Argumento est id vere Aurelianum cogitasse, immo etiam facere disposuisse vel ex aliqua parte fecisse ...; = to intend, to have the intention.
The use under I, II and III late Latin. Cf. et. Souter p. 108; Heum.-Seckel p. 152; Georges op. cit. I p. 2217 (with other passages).
b   Just as Amm. here uses **fabricare** of a horse, so Claudianus 18 writes In Eutrop. I 163 sq. of a bull:
>   Sic opifex tauri, tormentorumque repertor,
>   qui funesta novo fabricaverat aera dolori,
>   Primus inexpertum Siculo cogente tyranno
>   Sensit opus, docuitque suum mugire iuvencum.

p.87.11 **ita late succedat** = "pedes proiiciat" (Wagner); "muss eben so weiten Spielraum haben" (Büchele). Whether Amm. is thinking here of the military terminus technicus **succedere** = to advance, to march upon (cf. ad 15.12.3 = IV p. 76) or that succedere here is a word from the language of horse-dealers and -experts, is not known to me.
iste. = hic. Cf. Hofm.-Leum. p. 476 sq. (with lit.); Grandgent (op. cit. I) p. 35; S. Opt. Milev. 1.4: vel tecum mihi, frater Parmeniane, sit **isto** modo conlatio, ut, ... (= hoc modo); 3.3: qui libenter professi sunt de parte fuisse Donati ... **isti** Donatum confessi sunt, non Christum (= hi); and ibid. passim; S. Benedicti Regula 24: Privati autem a mensae consortio **ista** erit ratio, ut in oratorio psalmum aut antiphonam non inponat (= haec); ibid. 28: Quod si nec **isto** modo sanatus fuerit, tunc iam utatur abbas ferro abscisionis ... (= hoc modo); and ibid. passim.
is ipse. Cf. Hofm.-Leum. p. 478, 479; Grandgent (op. cit. I) p. 35; Vahlen op. ac. 2 p. 487 sq.; Hedfors (op. cit. I) p. 91 sq.; S. Opt. Milev. 1.15: Deinde non post longum tempus **iidem ipsi,** tot et tales ad Carthaginem profecti traditores, turati, homicidae Maiorinum .... ordinaverunt ...; 3.8: nec dicatur ad excusationem, quia traditoribus communicare noluerunt, cum manifestissime probatum sit **eosdem ipsos** filios fuisse traditorum; S. Bened. Regula 65: ... et maxime in illis locis, ubi ab eodem sacerdote vel ab eis abbatibus qui abbatem ordinant, ab **ipsis** (= iisdem) etiam et praepositus ordinatur.

p.87.12 **placuisse.** Nm$_2$ Val.: displicuisse. The version given by V is to be preferred One should also read the remark made by Robert Heron in Rolfe's edit. of Amm. ad h.l. = I p. 251 note 8.

didicisset = had experienced. Usual meaning. p.87.13

X, 17
cum stupore visis horrendo. Not very delicate rhetorical exaggeration. p.87.13-14

de fama querebatur, ut invalida vel ma<li>gna. = ... quae invalida vel maligna esset = quasi (because, by his account, Tac.) inv. vel mal. esset. Cf. Plato Rep. III 387 d: Οὐκ ἄρα ὑπέρ γ'ἐκείνου ὡσ δεινόν τι πεπονθότοσ ὀδύροιτ 'ἄν; F. Blatt, Précis de Synt. lat. p. 240; Blass-Debrunner. Gramm. des neut. Griech.⁹ p. 265; p. 259. p.87.14

a **erga haec explicanda quae Romae sunt obsolescit** erga c. acc. gerund. Cf. ad 14.1.8 (= I p.63). p.87.15-16
b for the indicativus in the oratio obliqua cf. ad 14.6.2 (I p.89); 14.10.14 (II p.111); 14.11.9 (II p.122); 15.5.7 (III p.83); Hassenstein (op. cit. I) p.37 sq.; Reiter (op. cit. I) p.64 sq.; 18.7.10: flecti iter suadens in dexterum latus, ut per longiorem circuitum .... castra duo praesidiaria Barzalo et Claudias peterentur ... ubi tenuis fluvius prope originem et angustus ... facile penetrari poterit ...; 20.4.12: animabat ... ut ad Augustum alacri gradu pergerent † ubi potestas est ample patens et larga; etc.

a **obeliscum ..... loco conpetenti.** p.87.17-18
For the description of the **obeliscus** cf. 17.4.6 sq.
b **loco conpetenti.** Cf. Krebs Antib. I p. 311 sq.: "Competens = zuständig, angemessen, passend, gehört den spätern Juristen, auch Paneg. u. Eccl. an für legitimus, iustus, idoneus, verus ...."

X, 18
Helenae Sorori Constanti. Cf. ad 15.8.18 (IV p. 42). Cf. et. Geffcken Iul. (op. cit. I) p.138; p.25: "Wenige Tage nach der formellen Erhebung zum Cäsar musste der Prinz eine ältere Frau, eine andere Schwester des Constantius, Helena heiraten. Ihm sind Frauen stets gleichgültig gewesen. Seiner von geistigen Interessen und einem bald sich einstellenden Tatenehrgeiz ausgefüllten Natur bedeutete das Weib nichts, wenngleich Ibsen sich das dankbare dichterische Motiv nicht hat entgehen lassen wollen, der Helena einen starken Einfluss auf Iulians Entwürfe zu verleihen. Ob er Kinder mit ihr gehabt, steht dahin. Eine Überlieferung will wissen, **Eusebia** habe aus Eifersucht auf ihre Schwägerin dieses Glück zu hintertreiben gewusst: eine Abscheulichkeit, die man der Kaiserin kaum wird zutrauen dürfen". The author quotes this passage in order to present to his p.87.19

readers the tenable view on the marriage of Iul. with Hel., as given by an acknowledged authority. Actually, however, his words are based on surmises only, they can not be proved. I agree with what is said in the last paragraph. However, what Amm. says in §§ 18 eand 19 about Eusebia, does not seem to correspond with the picture drawn of her e.g. 21.6.4: Eodem tempore **Faustinam** nomine sortitus est coniugem, amissa iam pridem **Eusebia,** cuius fratres erant Eusebius et Hypatius consulares, corporis morumque pulchritudine pluribus antistante, et in culmine tam celso humana, cuius favore iustissimo exemptum periculis, declaratumque Caesarem, rettulimus Iulianum.

p.87.20 **regine .... Eusebia**
  a For **Eusebia** cf. ad 15.2.8 (= III p.24).
  b **regina.** Cf. Cod. Iust. 5.16.26: Imp. Iustinianus A. Menae pp. Donationes, quas divinus **imperator** in piissimam **reginam** suam coniugem vel illa in serenissimum maritum contulerit, ilico valere sancimus etc.; 14.9.3: cuius (sc. Caesaris Galli) imperio truci, stimulis **reginae** exsertantis ora subinde per aulaeum ... periere complures; 15.2.8: ni adspiratione superni numinis Eusebia suffragante **regina** ..... ad Graeciam ire permissus est. But **rex** is never used for imperator, dominus, etc.; though the **adj. regius** = imperial.

p.87.20 a **Romam adfectionis specie ductae.** Rolfe translates: "had been brought to Rome under pretence of affection"; much better Büchele: "welche unter dem Scheine, als seye sie sehr willkommen, nach Rom zu kommen veranlasst worden war".
  Ductae partic. with **duci** = to let oneself be taken (dynamic medium).
  b **affectio** in the meaning of: love, affection, benevolence, non-class. (Plin. Tac. Iust. etc.). Cf. Krebs Antib. 1 p. 124; Thes s.v.; 27.6.13: rogo et obtestor ut adcrescentem imperatorem, fidei vestrae commissum, servetis adfectione fundata.

p.87.21 **quaesitumque** = quaesitum ad hoc ipsum, sc. ut immaturum abiceret partum.
  quoad vixerat sterilis. $\overset{x}{\smile} \smile \smile \overset{x}{\smile} \smile \smile$ cl. II. Instead of: vivebat. Cf. ad 16.5.12 (p.77.9–11).

p.87.21–22 **venenum .... partum.** Cf. Dig. 48. 19. 38.5: Qui abortionis aut amatorium poculum dant, etsi dolo non faciant, tamen quia mali exempli res est, humiliores in metallum, honestiores in insulam amissa parte bonorum relegantur; Iuven. 6. 366 sq.:

>Sunt quas eunuchi inbelles ac mollia semper
>Oscula delectent et desperatio barbae
>Et quod abortivo non est opus;

ibid. 2. 29 sq.:
>Qualis erat nuper tragico pollutus adulter
>Concubitu, qui tunc leges revocabat amaras
>Omnibus atque ipsis Veneri Martique timendas,
>Cum tot abortivis fecundam Iulia vulvam
>Solveret et patruo similes effunderet offas.

(adulter, patruus: Domitianus; Iulia: daughter of Titus, Domit.'s brother; legas amaras: lex Iulia de adulteriis et stupro, 18 B.C., sanctioned once more by Domit.);

Hieron. ad Eust. 22.13: Nonnullae, cum se senserint concepisse de scelere, aborti venena meditantur et frequenter etiam ipsae commortuae trium criminum reae ad inferos perducuntur, homicidae sui, Christi adulterae, necdum nati filii parricidae.

quotiensque concepisset. The conjunct. iterativus begins with Tac. Quint. and Suet. Cf. et. Krebs Antib. 2 p.472; Hofm.-Leum. p.739.; Ehrismann (op. cit. I) p.170.

X, 19

obstetrix. Cf. Dig. 9.2.9. pr. § 1: Item si obstetrix medicamentum dederit et inde mulier perierit, labeo distinguit, ut, si quidem suis manibus supposuit, videatur occidisse: sin vero dedit, ut sibi mulier offerret, in factum actionem dandam, quae sententia vera est: magis enim causam mortis praestitit quam occidit.

a **mox natum praesecto plus quam convenerat umbilico necavit.** Lindenbr. quotes (in the edit. Wagner II p.218) Mochion περὶ γυναικείων παθῶν, cap. ξε pag. 12: ἡνίκα βραχὺ τὸ νήπιον ἡσυχάσῃ ἐν τῇ γῇ ἀπὸ τῆσ γαστρὸσ τεσσάρων δακτύλων μήκοθεν, σμίλῃ ἢ μαχαίρᾳ ὀξυτάτῃ τμητέον.
b **mox.** This belongs with natum. Cf. 26.3.4: verum haec similiaque tum etiam ut coercenda, mox cavebantur et nulli vel ad modum pauci in his versati flagitiis vigori publico insultarunt, sed tempore secuto longaeva inpunitas nutrivit immania usque eo grassante licentia, ut etc. "Virgulam, quam Clark inter **coercenda** et **mox** interposuit, rursus semovendam existimo, cum appareat **mox** ad participium referendum esse. Nam tempori, quo poena scelus **mox** sequebatur, opponitur tempus impunitatis" (Blomgren, op. cit. II. p.115); 31.12.4: (Valens) prope suburbanum Hadrianu-

poleos venit, ubi .... Richomerem comitem domesticorum suscepit, ab eodem imperatore (Gratiano) praemissum cum litteris, ipsum quoque **venturum mox** indicantibus; Blomgren p. 112 (for the often curious placing of the adverbium with Amm.). **mox** here means: recently, just now. Cf. Hofm.-Leum. p. 759; Krebs Antib. 2 p. 106 sq.

c **praesecto.** Cf. Varro r.r.3.16.34: favi qui eximuntur, siqua pars nihil habet aut habet incunatum (= inquinatum), cultello praesicatur (= praesecatur); Horat. Ars Poet. 291 sq.: ... Vos, o
    Pompilius sanguis, carmen reprehendite, quod non
    Multa dies et multa litura coercuit, atque
    Praesectum decies non castigavit ad unguem.

p.87.25 **tanta tamque diligens opera navabatur.** Cf. ad 15.5.19 (= III p. 103); Cod. Theod. 14.9.1: His sane qui **sedulo operam** professionibus (studiis, artibus) **navant,** usque ad vicesimum aetatis suae annum Romae liceat commorari (a° 370)

soboles. "Von Cic. de orat. III 153 als archaisch bezeichnet. Es findet sich bei Plautus, in einer alten Formel bei Cic. leg. 3.7 (auch sonst vereinzelt), bei Varro, oft bei Tac. (Degel op. cit. I p. 12), bei Horaz nur in den Oden (Ruckdeschel op. cit. I p. 46), mehrmals bei Amm. 17.12.21; 22.8.24; 24.1.10; 28.5.11; durch Konjektur 29.2.19." (Fesser op. cit. I p. 54).
For **subolescere** cf. ad 14.11.3 (= II p. 115).
Soboles is a vulgar form.

   u
Soboles appareret. Claus. III. The verb **apparere** seems to me to have been selected under pressure of the clausula.

X, 20

p.88.1 **augustissima ... sede.** For the abl. loci. Hofm.-Leum. p. 450 c. 61; Goelzer Avit. p. 113 sq.; Lavarenne Prudent. p. 152 sq.

p.88.2 **otio puriore:** minus turbato (Wagner).

p.88.3 **Suebos.** Only mentioned here by Amm. Suebi is a collective name. Dwellingplace later S.W. Germany = Suevi, Suavi, Suabi, Suaebi. Very comprehensive list of places: Schönfeld (op. cit. I) p. 212 sq. Cf. Claud. De IV cons. Honor. 652 sq.:
Tempus erit, cum tu trans Rheni cornua victor
                      (tu = Honorius)
Arcadius captae spoliis Babylonos onustus,

Communem maiore toga signabitis annum,
  (maior toga = trabea consularis)
Crinitusque tuo sudabit fasce Suëvus:
Ultima fraternas horrebunt Bactra secures; ibid. passim; Rav. Anon. Cosm. 4.26 (Schnetz p. 61): Iterum propinqua ipsius Turringie ascribitur patria Suavorum que et Alamanorum patria, <que> confinalis existit Italie. quam Alamanorum patriam plurimi descripserunt phylosophi, ex quibus ego legi praenominatos Atanaridum et Eldebaldum Gothorum phylosophos; Ptol. 2.11.6.8 (who distinguishes: Suebi Langobardi, – Angili, – Semnones; cf. et. comm. edit. Müller 1. p. 254 sq.); Pichler Austria Romana (1904) II p. 193 sq.; I p. 28.

Raetias. Cf. ad 15.4.1 (= III p. 54).

Quados. Cf. Amm. 17.12.1; 8; 9; 12; 21; 22.5.5; 26.4.5; 29.6.1; 2; 6; 8; 30.1.1; 5.11; 6.1; 31.4.2. Very comprehensive list of places: Schönfeld (op. cit. I) p. 181 sq.

Often appearing with the Marcomanni, living North of Pannonia. A description 17.12.1: 1. Augusto inter haec quiescenti per hiemem apud Sirmium indicabant nuntii graves et crebri, permixtos Sarmatas et Quados, vicinitate et similitudine morum armaturaeque concordes, Pannonias Moesiarumque alteram cuneis incursare dispersis. 2. quibus ad latrocinia magis quam aperto habilibus Marti, hastae sunt longiores, et loricae ex cornibus rasis et levigatis, plumarum specie linteis indumentis innexae (cf. Pausan. 1.21.6): equorumque plurimi ex usu castrati, ne aut feminarum visu exagitati, raptentur, aut in subsidiis ferocientes, prodant hinnitu densiore vectores. (a° 358); cf. et. Ptolem. 2.11.11; Pichler Austria Romana (1904) 1. p. 22; 2. p. 291 (with map); Malotet, De Amm. Marc. digr. etc. p. 6.

Valeriam. Cf. ad 15.3.7 (= III p. 44 sq.); Anon. Rav. Cosm. 4.20 (= Schnetz p. 57).

Sarmatas, E. of the Quadi, N. of Dacia, spread out over a wide area. Amm. 17.12.1,2,6,7,17–20; 17.13.1,19 etc.; 22.5.5; 26.4.5 etc.; 23.6.61; 29.6.8; 29.6.15; 30.5.1; 31.4.13; 31.12.6; Anon. Vales. 31, 32, 34; Ptolem. III. 5 (Σαρματίας τῆσ ἐν Εὐρώπῃ θέσις), with comm. edit. Müller I p. 411 sq.: detailed description; Pichler Austria Romana 1. p. 24 sq.; 2 p. 186 (with map); Tab. Peut. 5.5 seq.; Rav. Anon. Cosmogr. 4.11 (= Schnetz p. 52): Iterum ad setentrionalem <partem> iuxta Oceanum nominatur patria Sarmatorum, quae confinalis existit cum prenominatis Roxolanis. cuius patrie multi fuerunt descriptores phylosophi; ex quibus ego legi Ptolomeum regem Egyptiorum ex stirpe Macedonum, sed et praenominatum Hylas atque Sardonium et praedictum Aristarchum Grecorum phylosophos; Malotet, De Amm. Marc. digressionibus quae ad externas gentes pertineant (1898) p. 26 sq.

Mosia superior. In ± 390 A.D. there are 2 provinciae Moesia, viz. Moesia I (formerly: superior), belonging to the praefectura praetorio Illyrici Italiae et Africae, that is the dioecesis Daciae and Moesia II (formerly: inferior), belonging to the dioecesis Thraciarum of the praefectura praetorio per Orientem. The two provinciae were separated by the provinciae Dacia ripensis and D. mediterranea.

The capital of Moesia I is Viminatium (metropolis) and of Moesia II Marcianopolis (metropolis). When one looks at the map and considers the concentrated attack of the 3 barbarian tribes mentioned above, it seems plausible that the attack was directed towards Moesia superior and Pannonia secunda, as Amm. reports.

Cf. Amm. 17.13.20; 20.1.3; 31.8.4; Anon. Vales. 18; Ptolem. 3.9; 3.10 (detailed description), with comm. edit. Müller I p. 451 sq.; Tab. Peut. 6.5 sq.; Pichler op. cit. 2. p. 165; Rav. Anon. Cosm. 4.7 (= Schnetz p. 49) Iterum ..... ponuntur Misiae due, id est inferior et superior.

p.88 4–5 **Pannoniam secundam.** Cf. ad 15.3.7 (= III p. 44); Rav. Anon. Cosm. 4.19 (= Schnetz. p. 56).

p.88.6 *a* **quartum kal. Iunias.** After the Emperor on April 28th 357 under the second praefecture of Orfitus had entered the city, he leaves again on May 29th. Cf. Seeck Regesten p. 204.
b quartum K.I. = ante diem quartum kalendas I.
Cf. Hofm.-Leum. p. 500 Zusatz, with lit.

p.88.6 **per Tridentum.** Tridentum = Trento. On the river Athesis (Adige) in the provinciea Venetia et Histria, belonging to the provinciae annonariae of the dioecesis Italiciana, part of the praefectura praet. Ill. It. et Afr. Tab. Peut. 4.3: Tredente. Cf. et. Ptol. 3.1.27: Τριδέντε; Itin. Ant. Aug. Wesseling p. 275; ibid. 281; Pichler Austria Romana II/III p. 198; 300; Pieper (op. cit. II) tab. 10; Anon. Rav. Cosm. 4.30 (= Schnetz p. 67); bishop's seat.

p.88.6–7 *a* **per Tridentum iter in Illyricum.** By Illyricum is probably meant the **dioecesis Illyrici,** consisting of Noricum (ripense and mediterraneum), Pannonia I and II, Valeria, Savia, Dalmatia. Cf. ad 14.7.9 (= II p. 32); ad 15.3.7 (= III p. 44).

b The **first** objective of the journey is difficult to determine. From Rome Constantius travelled through Helvillum (on the via Flaminia in Umbria), Ariminum, then through Caesena (on the via Aemilia), to Ravenna. This information comes to us from the dating of the laws.

Because Amm. tells us explicitly that Constantius is travelling per Tridentum, the further route **may** have been: Atria, Patavium, Verona, Tridentum. In Ravenna Constantius must have come from the intersection at Faventia. From Tridentum the itinary will have continued past: Ausugum, Feltria, Opitergium (cf. Itin. Anton. Wesseling p. 280), Concordia, Aquileia, Pons Sonti, ad fl. Frigidum, ad Pirum, Longaticum, Nauportus, Emona. (cf. Itin. Hieros. Wesseling p. 560). Cf. et. Seeck Regesten p. 204, Constantius visits Pannonia and Moesia and receives ambassadors of the Quads and Sarmats (Zosim. 3.2.2; Iulian. Ep. ad Ath. 279d). In any case, he is in Sirmium on October 27th 357 (Seeck ibid). He will certainly have visited the Donau line.

X, 21

a **misso in locum Marcelli Severo.** For **Marcellus** cf. ad 16.2.8 (p. 73.16) **b.** p.88.7
b **Severus** "Magister militum in Gallien unter dem Caesar Iulianus, im J. 357 an Stelle des Marcellus zu diesem Amt ernannt: Amm. 16.10.21. Liban. or. 18.48 p. 538; vgl. Iulian ad Ath. 278B. Er erwies sich dem Caesar als ein tüchtiger Helfer im Kampfe gegen die Rheingermanen: Liban. a.O. Amm. 16.10,21; 11, 1; 12, 27; 17.2, 1; 8, 4.5. Da von ihm unter dem Jahre 358 erzählt wird, er sei in Ahnung seines nahen Todes aus einem kühnen Krieger zum furchtsamen Zauderer geworden: Amm. 17.10, 1.2, ist vorauszusetzen, dass er bald darauf gestorben ist. Demgemäss ercheint im J. 359 Lupicinus als sein Nachfolger: Amm. 18.2, 7 ..." (Seeck B.L.Z.G. p. 274). Not to be confused with many homonyms, also mentioned in Seeck.

bellorum usu et maturitate firmato. Cf. Tac. Hist. 2.76: sed firmatus usu p.88.7-8
miles et belli domitor externi; Fletcher, Rev. de philol. LXIII, 1937, p. 390. Cf. et. 16.12.43: usu proeliorum diuturno firmati; 24.1.2: utque ductor usu et docilitate firmatus; 30.7.11: ut erat expeditae mentis usuque castrensis negotii diuturno firmatus (though I do not believe in a Cicero reminiscence, unlike Michael, op. cit. I p. 24, viz. pro Cluentio 5.13).

Ursicinum. Cf. ad 14.9.1 (= II p. 87); Thompson, The historical work of p.88.8
Amm. Marc. (1947), p. 42 sq.

ad se venire praecepit. For the infin. after the verba causativa cf. Hofm.-Leum. p. 580 sq.

p.88.9 **gratanter.** Cf. 28.5.11: Gratanter ratione gemina principis acceptae sunt litterae; 19.11.7: aurum quippe gratanter provinciales <pro> corporibus dabunt; 25.10.10: post audita gratanter quae pertulerant ...; 29.5.19: quibus ille gratanter visis atque susceptis. Late Latin: cf. Souter p. 165; Liesenberg (op. cit. I) 1889 p. 12; Krebs Antib. I p. 630.
comitantibus solis ... Clark gives a lacuna; sociis BG nobis Momms. V no lacuna. I prefer Clark's version. The lacuna should probably be filled up with a military denomination (domesticis, tribunis? claus. I and II). The version given by B G seems to me rather simplistic.
Sirmium. Cf. ad 15.3.7 (= III p. 45); Anon. Rav. Schnetz 4.19 pag. 56.

p.88.10 **libratisque diu super pace consiliis.** "Librare kommt bildlich in der Bedeutung abwägen, erwägen erst Sp. L., z.B. öfter bei Cyprian, vor für **perpendere**; und wie man im Sp. L. librare momenta meritorum findet, so sagte Hemsterh. (oratt. S. 9): librare momenta rerum, für **perpendere** momenta, was schon Cic. Mur. 3 und noch Amm. Marc. 22.9.9 (verum ille iudicibus Cassiis tristior et Lycurgis, causarum momenta aequo iure perpendens, suum cuique tribuebat), sowie Arnob. 166, 16 Reiff. (si rerum momenta **pendantur**) hat. Bei Paneg. 10.219.11 Baehrens omnia meritorum momenta perpendit librat examinat sind drei Synonyma zusammengestellt" (Krebs Antib. II p.21). Cf. **libratio:** balancing of words; consideration, reflection (Souter p. 231).
fundari. Here not: firmare, stabilire, but: facere, componere, conficere, pangere. Cf. Krebs Antib. 1 p.615; Souter p. 156.
Persis. Cf. ad 15.1.2 (= III p. 7); 14.8.5 (= II p. 66); ad 16.10.16 (p. 87.8).

p.88.11 **Musonianus.** Cf. ad 15.13.1 (= IV p.78); Thompson p.62; Petit, Libanius et la vie municipale a Antioche au IVe siècle après J.-C. (1955) p.273-274 and passim.
in orientem cum magisterii remittitur potestate. Cf. ad 14.9.1 ß (= II p.88). **Magisterium** or **potestas magisteria** is the position or office of magister. Cf. Dig. 14.1.1.5: magistrum autem accipimus non solum, quem exercitor praeposuit, sed et eum, quem magister (exerc. = ship-owner): et hoc consultus Iulianus in ignorante exercitore respondit: ceterum si scit et passus est eum in nave magisterio fungi, ipse eum imposuisse videtur. Also repeatedly in the Cod. Iust.: magisterium militare, magisterium equitum

et peditum, militaris magisterii potestas Cf. et. Souter p. 238; Liesenberg (1888) p. 10, for the substantive ending in -ium; Thompson op. cit. p. 48 sq.

provectis .... iubemur. The asyndeton **after maioribus** is quite hard. It seems not to have been noticed by the editors of Amm.   p.88.12
consortio. Cf. 22.9.8: alii querentes consortiis se curialium addictos iniuste. Although occurring once in Livius (4.5.5), non-class. Sen. phil. Quint. Tac. Plin. min. Flor. Lact. Colum. Paneg. etc. Often found with legal authors = class. consortio, societas. Cf. et. S. Opt. Milev. 2.6: ... cum quibus ecclesiis nullum communionis probamini habere consortium; ibid. 2.11: contra quos vos soli, pauci, rebelles estis et cum quibus nullum communionis consortium possedistis? Krebs Antib. 1. p. 342.
ad regendos milites. Cf. Dig. 49.16.12: Officium regentis exercitum (= ducis) non tantum in danda, sed etiam in observanda disciplina constitit.

adulescentes .... iubemur. Amm. Marc. was one of these adulescentes.   p.88.13
a **sequi iubemur, quidquid pro re publica mandaverit impleturi.** Cf. 16.7.2: Eutherius praepositus cubiculi mittitur statim post eum, siquid finxerit convicturus; 21.5.10: verbis iuravere conceptis, omnes pro eo casus quoad vitam profuderint, (si necessitas adegerit) perlaturos; 29.5.32: pro negotio consultabat ... hostem pugnacem et inpetrabilem iactu telorum, si fors copiam dederit, oppressurus; 24.4.21: nuntiatur imperatori ... legionarios milites ... ima penetrasse fundamentorum, iam (si ipse disposuerit) evasuros; Reiter (op. cit. I) p. 65 sq.
b **impleturi.** For the part. fut. cf. ad 14.1.1 (= I p. 54).

XI, 1

Senonas. Cf. ad 15.11.11 (= IV p. 65). For the events 16.3.3 sq.   p.88.14
hieme turbulenta. This adj. in the active sense 30.4.13: Tertius eorum est ordo, qui ut in professione turbulenta clarescant (said of the lawyers). Cf. Gran. Licin. Flemisch p. 35: nam erat natura turbulentus et inquietus ...; Tac. Hist. 2.38: turbulenti tribuni; etc.

Augusto novies seque iterum consule, viz. 357 A.D. In the preceding year   p.88.14-15
Constantius was consul for the 8th time and Julianus for the first.

Germanicis circumfrementibus minus. For the personificatio cf. Blomgren   p.88.15-16
p. 83 sq.

p.88.16 **Remos.** Cf. ad 15.11.10 (= IV p.64).

p.88.17 **regebat.** Cf. ad 16.10.21, p.88.12.
Severus. Cf. ad 16.10.21 (b), p.88.7.

p.88.17-18 **sed longa militiae frugalitate compertus.** It is remarkable that both Büchele (: sondern durch langen Kriegsdienst an Mässigung gewöhnt war and Rolfe (but well known for his long excellent record in the army) give inaccurate translations of this passage. The words mean: sed longae militiae vita frugali omnibus notus. Although one could compare for **compertus** Tac. Hist. 1.53: mox compertum publicam pecuniam avertisse ut peculatorem flagitari iussit (constructed with nom. c. infin.), the use, as well as the meaning (which is **favourable**), is different here. Cf. Krebs Antib. 1. p.311; Georges Handw. b. 1. 1345 sq. **b**.

p.88.18-19 *a* et eum recta praeeuntum secuturus, ut ductorem morigerus miles. This version by Pighi in his Amm. Marc. rer. g. cap. sel. (1948) I wholly endorse. Cl. c.c.: secutus; V murigerum EBG morigerum. Praeeuntem **secutus** gives a more ordinary clausula (viz. I), but the clausula $\overset{x}{\smile}\sim\sim\sim\overset{x}{\smile}\sim$ also occurs. The latter is found in the version **secuturus.** Clark mistakenly attempts to eliminate this clausula. Cf. Blomgren p. 9 sq. Also **secutus** in my view does not fit into this passage, nor does **morigerum.**

b **morigerus.** Archaism. "Bei Naev. Afran. Plaut. Ter., bei Apul. (Desertine, De Apul. Stud. Plaut. p.29), Jul. Val. (Fassbender, De Julii Valerii sermone quaestiones selectae p.33), Tertull. (Hoppe, De sermone Tertull. quaest. Sel. p.41) u. öfter bei Amm. 16.11.1; 19.11.10; 24.3.8; 26.4.3; 27.12.14; 28.2.4; 31.6.3." (Fesser p.57 sq.).

c "Ceterum his verbis satis indicat Marcellinus tunc primum Iuliano Caesari a Constantio esse concessum, ut suo iure ageret et exercitus pro imperio regeret. Namque antea sub Marcello nihil nisi Caesaris nomen atque insignia circumtulerat (Vales.). Cf. Iul. Ep. ad Ath. 278 B sq.; Zosimus 3.2 (= Mendelssohn p.112); Liban. orat. 18.48; Bidez, Vie p. 144sq.

XI, 2

p.88.19 **Barbatio.** Cf. ad 14.11.19 (= II p.132).
Silvani interitum. Cf. ad 15.5.2 (= III p.68).

p.88.20 **promotus ad peditum magisterium.** Cf. ad 14.9.1 ß (= II p.88) and ad 16.10.21, p.88.11.

XI, 2–12

For the following paragraphs cf. Bidez, Vie p. 149 sq. (+ notes p. 379 sq.); Geffcken, Kaiser J. p. 35 sq.   p.88.–91

XI, 2

a **cum XXV milibus armatorum Rauracos venit.** According to Libanius in the passage quoted above, there were 30.000 men.   p.88.20–21
b **Rauracos.** Cf. 14.10.6 (= Komm. II p. 102 sq)..

XI, 3

a **solliciteque praestructum.** Cf. Suet. 3.53: Quondam vero inter coenam   p.88.21–22
porrecta a se poma gustare non ausam (Agrippinam) etiam vocare desiit,
simulans veneni se crimine arcessi: cum praestructum utrumque consulto
esset ut et ipse tentandi gratia obferret et illa quasi certissimum exitium
caveret; Claud. 5 (in Ruf. l. 2) 280 sq.:

    ..... sensu dolor haeret in alto
        Abditus et tacitas vindictae praestruit iras.
                              (sc. miles).

The meaning becomes clearer from the following epexegesis:

    ..... nec quisquam tanta de pube repertus
        Proderet incautis qui corda minantia verbis;

ibid. 8 (De IV Cons. Honor.) 319 sq.:

                          ne desine tales,
    Nate, sequi, Si bella tonant, prius agmina duris
    Exerce studiis; et saevo praestrue Marti;

ibid. 26 (De bello Getico) 284 sq.:

    Nunc vero geminis clades repetita tyrannis
    Famosum vulgavit iter, nec nota fefellit
    Semita praestructum bellis civilibus hostem,

c. comm. Gesn.: "Eugenius et Maximus tyranni inter Alpes oppressi. Itaque bellis illis civilibus hostis praestructus, q.d. prae instructus, edoctus et munitus est."

b **sollicite** = carefully. The adverbium in non-classical and late Latin. Cf. Krebs Antib. 2 p. 586; Dig. 1.18.13 (Ulpianus): quod non difficile obtinebit (sc. proconsul), si sollicite agat, ut malis hominibus provincia careat eosque conquirat ...

saevientes ultra solitum. Cf. 16.12.36: eorumque ultra solitum saevientium.   p.88.22
"Die Wendung **ultra solitum** führt von Tac. Ann. 4.64; 6.50; Hist. 1.18, über Plin. nat. 18.361 zu Aug. civ. 22.8, Mart. Cap. 1.27 u. Amm. 16.11.3;

12.36." (Fesser). Cf. et. ad 14.6.9 (= I p.93) and ad 14.11.3 (= II p.115). **Alamanni.** Cf. II p.96 sq.

vagantesque fusius. Cf. 29.1.10: prodigiosa feritas (sc. Valentis) in modum ardentissimae facis fusius vagabatur; 31.10.21: ne discursatores hostes et leves, tamquam exaestuare sueti torrentes, per septentrionales provincias fusius vagarentur...; 24.3.10: ad locum quendam est ventum, arva aquis abundantibus fecundantem, quo itinere nos ituros Persae praedocti, sublatis cataractis undas evagari fusius permiserunt; 26.1.12: haec nondum extentis fusius regnis, diu ignoravere Romani; 22.8.2: Aegaeum, quod paulatim fusius aduliscens ...; Cic. nat. deor. 2.20; Krebs Antib. I p.617.

p.88.23 **forcipis specie.** Cf. Veget. 3.17: Si cuneus sit agendus aut forfex, superfluos habere debes post aciem, de quibus cuneum aut **forficem** facias (**Forfex** and **forceps** may both mean a pair of tongs or scissors); Rolfe ad h.l.: "The forceps of forfex was a military formation with diverging wings for meeting and baffling a **cuneus;** cf. Veget. 3.19: nam ex lectissimis militibus in V litteram ordo componitur, et illum cuneum excipit atque utraque parte concludit. The open part of the V of course faced the enemy. Here **forceps** is perhaps used in its literal sense"; Gellius 10.9: Vocabula sunt militaria, quibus instructa certo modo acies appellari solet, frons, subsidia, cuneus, orbis, globus, forfices, ferra, alae, turres; Cato de re milit. fr. 11 = Fest. 344 [b], 12.

XI, 4

p.88.24 **rite disposita.** Cf. 16.10.1: haec dum ... disponuntur; 16.12.23: hoc itaque disposito; 14.7.5: disponi quicquam statuit; **with dependent question:** 16.5.3: licenter disponens, quid in convivio Caesaris inpendi deberet (cf. Dig. 43.30.3.4: non erit alienum, inquit, disponi, apud quem interim puer educeretur); **with ut + conj.:** 16.12.27: (Severus) cum prope fossas armatorum refertas venisset, unde dispositum erat ut abditi repente exorti cuncta turbarent (cf. Dig. 10.3.18: ut fundus hereditarius fundo non hereditario serviat, arbiter disponere non potest); **with acc. c. infin.:** 24.1.2: excursatores quidem quingentos et mille sensim praeire disposuit; **with infinit.:** 25.6.14: Persarumque conculcatis pluribus et truncatis, quos loca servare dispositos, securitas placido vinxerat somno; 28.1.12: Maximino Romae agere disposito pro praefectis; **to resolve, to decide:** 17.2.2: Iulianus ... retento milite circumvallare disposuit (also elsewhere in late Latin; cf. Georges I 2217); **to intend, to plan:** 23.5.16: Contemplans maximis viribus et alacritate vos vigere, fortissimi milites, contionari disposui (also elsewhere in late Latin; cf. Georges ibid.); cf. et. Souter p.108.

Laeti barbari.... vastassent. For the curious construction of this sentence p.88.24-28
cf. ad 15.2.8 (= III p.23) and Blomgren (op. cit.) p.79 sq.

Laeti barbari. Also mentioned: 20.8.13; 21.13.16. Cf. Grosse Mil. (op. cit. p.88.24-25
I) p.207 sq.: "Seit der Zeit Diokletians finden wir von allem in Gallien,
aber auch in Italien, eine Reihe von barbarischen Militär-Kolonien, die
laeti und gentiles. Ihre Organisation erinnert uns in vielen Punkten an die
der **milites limitanei,** der sesshaften Grenzsoldaten, und wir können mit
Sicherheit annehmen, dass sie nach dieser Analogie gebildet worden sind.
Die Läten waren geschlossene Ansiedlungen überrheinischer Germanen,
die wohl infolge der ersten römischen Siege über die Franken gebildet
worden waren. Sie sassen ziemlich selbständig, aber ohne Freizügigkeit,
mit Korporativer Verfassung und wahrscheinlich mit heimischem Recht,
auf öffentlichen Ländereien, den erblichen, unveräusserlichen **terrae laeticae.** Diese wurde ihnen durch kaiserliche annotatio zugewiesen; als sie
Ende des 4. Jahrhunderts ohne offizielle Genehmigung Grundstücke in
Besitz nahmen oder sie durch die Nachsicht der örtlichen Behörden erwarben, wurde ihnen dies durch einen Erlass des Honorius verboten (Cod.
Theod. 13.11.10, a° 399). Mit ihrem Besitz war die persönliche Militärpflicht verknüpft (Cod. Theod. 7.20.12). Jede Ansiedlung unterstand
einem Präfekten oder **praepositus,** ihre Gesamtheit dem **magister militum**
(cf. III p.124). Infolgedessen "wurden sie mit der neben der Untertänigkeit die Gemeindelosigkeit ausdrückenden Benennung der **deditic**ii belegt." (Mommsen). Es gab zwölf **lätische Präfekturen** (Not. Dign. Occ.
42.33-44)." Cf. et. ad 15.5.6 (= III p.81: gentiles); Stein Spätr. Gesch.
(op. cit. I) p.29 (with comments); Gall.-Font. 1 p.278 note 332 (with lit.).

ad tempestiva furta sollertes. Cf. 30.9.4: ad inferenda propulsandaque p.88.25
bella sollertissime cautus; 29.6.12: his velut obicibus barbari ab oppugnanda urbe depulsi parum ad has callidates dimicandi sollertes; 15.3.9:
ad suspiciones huiusmodi mollem et penetrabilem; 17.13.1: ad hanc solam
fraudem dominis suis hostibusque concordes; 29.1.42: Maximus ille philosophus, vir ingenti nomine doctrinarum, cuius ex uberrimis sermonibus
ad scientiam copiosus Iulianus exstitit imperator.

a **Lugdunum.** Cf. ad 15.11.11 (= IV p.64 sq.) p.88.26
b We must assume here that the space between the two armies (of Julianus and Barbatio) was considerable. However, it seems unlikely to me
that Julianus was still with the Remi. He had probably already marched
some way towards the East.

p.88.27-28 **populatam.** The part. perf. in the passive sense also class. It may, however, also have been derived from the archaic **populare.** Cf. Krebs Antib. 2 p. 323; Neue-Wagener³ 3 p. 80.

p.88.27-28 **ni ... vastassent.** Cf. Blomgren (op. cit.) p. 80: "Quo loco, nisi me fallit opinio, duae sententiarum continuationes inter se commiscentur: Lugdunum concremassent, ni ... repercussi essent et: repercussi ... vastaverunt. Exspectaveris autem hanc fere structuram: Lugdunum concremassent, ni ... repercussi essent. Quo facto ... vastaverunt." (with numerous other examples).

p.88.27 **visu <8/9 litt.> a cocremassent.** Pighi: vi subitanea concremassent; subita: Hermann Clark; subitaria: Birt. For **subitaneus** and **subitarius** cf. Krebs Antib. 2 p. 615 sq. The conjectures of Birt and Pighi are to be preferred, in my opinion.

XI, 5

p.88.28-29 **agili studio.** In Columella the combination: agilis industria. Cf. et. Krebs Antib. I p. 131. Cf. ad 14.11.3 (= II p. 116).
The adverbium **agiliter** (Col. Front.) is found in Amm. 23.4.2: hocque facto hinc inde validi iuvenes versant agiliter rotabilem flexum; 28.2.8: expeditis agiliter gladiis; 28.5.6: ni catafractorum equitum cuneus ... agiliter subvenisset.

p.88.29 **cuneis ... equitum.** Most **cunei,** nearly all, are to be found in the frontier army, where these irregular troops could be used best. These formations consist of barbarians, although we find no Germanic names among them. For the rest their denomination is the same as that of the **vexillationes** (cf. III p. 98): scutarii, clibanarii, catafractarii, sagittarii, stablesiani, armigeri. Our sources are quite insufficient. Force of perhaps 500 men? Number, acc. to Not. Dign. 47. Cf. Grosse Mil. p. 51 sq.; R. E. Fiebiger s.v. IV. 2.1756 sq. (with lit.). It is remarkable how in the Not. Dignit. Or. 31; 39–42; ibid. Occid. 32–34 the **cunei** are first called.

p.89.1 **grassatores.** Also 14.2.7.: 26.9.5.

p.89.2 **nec conatus ... anti inritus fuit.** A, Pighi: nec conatus destinanti. V grassatores <neco lac. 9 litt.> inanti. Pighi in appar. crit.: destinanti est προορίσαντι.

Adverbium **destinate** (= determinedly, obstinately): 18.2.7; 20.4.14; 27.10.5; 28.6.21.
Substant. 15.10.10: Saguntinis ... pertinaci destinatione Afrorum obsessis (= persistence). Cf. et. Souter p. 98.

XI, 6

a **hi soli innoxii absoluti sunt.** Cf. 19.12.12: Alexandriam (unde oriebatur) innoxius abire permissus est; 22.3.5: tandem abiit innoxius; 22.9.11: iussusque post haec .... abire tacitus et innoxius (passive sense in these 3 examples); 19.6.1: Adspiravit auram quandam salutis fortuna, innoxio die cum hostili clade emenso (according to Liesenberg this combination only found in Amm. = without damage, without loss); Dig. 1.18.6.7. Cf. et. ad 14.7.8; 15.5.14.
b **absoluti sunt.** Medially = discedere. Grecism? = ἀπολύεσθαι. Cf. Hagendahl St. A. p. 101 annot. 1; 25.3.23: vita facilius est absolutus; 27.11.1: per haec tempora Vulcacio Rufino absoluto vita (according to Hagendahl **absolvi vita** does not otherwise occur in the Lat. literature).

p. 89.3

a **vallum Barbationis.** For B. cf. ad 14.11.19 (= II p. 132); Thompson, The Hist. Work of A.M. p. 48,50, 66,69 sq.
b By **vallum** is probably meant a line of defense, as is evident from the context.
labi permissi. Cf. ad 15.3.11 (= III p. 52). **Labi** = elabi (de, e manibus). Cf. Krebs Antib. II. p. 1; II p. 496.
(**labi permissi**) Cf. et. Hofm.-Leum. op. cit. p. 548: "Mit Tac. und besonders im Spätlat. bei Amm. ua., auch auf Inschr. wird der z.T. wohl als Hyperurbanismus zu deutende Gebrauch von **Simplex pro composito** sehr frei" (with lit. and examples): ad 16.5.6, p. 76. 12.

p. 89.4

Bainobaudes tribunus. Cf. ad 14.11.14 (= II p. 127) for **B.**; ad 14.10.8 (= II p. 105), 14.7.9 (= II p. 28), 14.5.8 (= I p. 129) for **tribunus.** In 14.11.14 Bainobaudes is **tribunus scutariorum.** The scutarii belong to the scholae and are therefore mounted. But in 16.11.9 it says: cum Bainobaude **Cornutorum tribuno.** Where, according to Grosse Mil. p. 42, the auxilia after Diocletanus always appear as infantry (the cornuti belong to the auxilia), he has final command over the infantry, in this case for the expedition mentioned there: auxiliares velites.

p. 89.4-5

Valentinianus postea imperator. For this emperor cf. W. Heeringa, Kaiser Valentinian I (Diss. 1927 Jena). Which rank Valent. had here is not clear

p. 89.5

151

from the text. Probably also tribunus with the mounted troops. For the life of the Emperor Val. I before he became emperor (364–375 A.D.) cf. Heering ibid p. 7–11.

p.89.5-6 **cum equestribus turmis.** For **turmis** cf. ad 15.4.10 (= III p. 64). One should also compare the two previous notes.

p.89.6 **regebant. Regere:** to be in command of an army or naval fleet, also classical, and obviously a terminus technicus. Remarkable Dig. 49.16.12 pr.: Officium regentis exercitum (= ducis) non tantum in danda, sed etiam in observanda disciplina constitit.

p.89.6 *a* **ad exequendum id ordinati.** Ordinare = iubere. Late Latin. Cf. Krebs Antib. II p. 226 sq.; Souter p. 279; Pirson, La langue des inscr. de la Gaule (1901) p. 270; Cod. Just. 1.14.8: ... bene enim cognoscimus, quod cum vestro consilio fuerit ordinatum, id ad beatitudinem nostri imperii et ad nostram gloriam redundare (to the Senate, a° 446).
b Note the placing of **id** after the gerundivum: clausula III.

p.89.6-7 **Cella tribuno Scutariorum.** For **trib.** und **Scut.** cf. ad 16.11.6 (p. 89. 4–5). **Cella** also mentioned: 16.11.7; 19.11.16: mors tamen eminuit inter alios Cellae Scutariorum tribuni, qui inter confligendi exordia, primus omnium in medios ⟨se⟩ Sarmatarum globos immisit.
The precise description of the military rank indicates that the same person is meant here. What strikes one is the military salute by the soldier Ammianus to the soldier Cella, in spite of his role in 16.11.6–7.

p.89.7 **Barbationi sociatus.** An, in my view "unusual" expression for: Barbationi(s) socius; at which it should be noted that the **tribunus** Cella at any rate is under the command of the **magister peditum** Barbatio.
The reverse is found in Stat. Silv. 5.1.194:
        haec dicit labens sociosque amplectitur artus.
(socios = sociatos; joined in matrimony). Cf. et. Claud. De III cons. Honor. 154 sq.: (Theodosius is addressing his son-in-law Stilicho)
        Per consanguineos thalamos, nectemque beatam,
        Per taedas, quas ipsa tuo Regina levavit
        Coniugio, **socia**que nurum produxit ab aula
        Indue mente patrem, crescentes dilige fetus
        (viz. Arcadius and Honorius).

Crépin reads instead of sociaque: socrusque (cf. Koch de codicib. Claud. p. 55).
procinctum. Quite frequent with Amm. In the meaning of **campaign:** 17.9.1; 18.3.3; 19.11.2; 20.8.1; 22.4.6; 23.1.7; 23.5.10; 25.8.12; 27.4.11; 29.5.9; 29.6.1; 30.5.17; 30.10.1; 31.7.3; **fight, battle:** 19.2.6; 24.2.5; **army:** 27.8.10; 16.11.6; 18.2.17. Cf. Liesenberg (1888) p. 16: "Bei Cic. Tac. Plin. Sen. ist es stets nur Bereitschaft zum Kampfe, aber Ovid. hat schon tendere ad procinctum = ins Treffen gehen. Die Häufigkeit der Anwendung bei A. beweist wohl, dass es in der spätern Latinität für Feldzug, Heer ganz gebräuchlich war, wie es auch die mittelalterlichen Historiker, z.B. Otto von Freising, gern gebrauchen"; Krebs Antib. II p. 387; Heumann-Seckel p. 462; Souter p. 324; Veget. III. 8.

a **iter observare sunt vetiti unde redituros didicere Germanos.**   p. 89. 7–8
iter ... unde red. Is this a question of a contamination: iter .... quo (itinere) and locum ... unde; or is **unde** here similar to **qua** (along which)? I am inclined to the latter interpretation, assuming that in late Latin **unde** may have the same meaning as **ubi** (cf. Hofm.-Leum. p. 766; Grandgent p. 38. § 73).
1 *b* **didicere.** For the use of the perfectum for the plusquamperfectum cf. ad 14.2.9 (= I p. 72), and 14.3.4 (= I p. 81); Hassenst. p. 50 sq.; Hoogterp, Et. sur le latin du Cod. Bob. des Evang § 342.
2 **didici = scio.** Cf. S. Opt. Milev. 3.3 (= Ziwsa p. 78. 20); Hofm.-Leum. p. 560, 153a.; Hoogterp ibid § 337 (with lit.).
3 For the **perf. ending in -ere** Hagend. Perf. formen (op. cit. I), particularly p. 29 sq.

XI, 7
gloriarum. Cf. Tac. Ann. 3.45; Hagendahl St. Amm. p. 73 sq. (de plurali   p. 89.9 q.d. poetico).
obtrectator. This substantive is not found very often: a few times in Cicero; Suet. Caes. 45; 55; Justin. 31.6.1. Perhaps the result of his reading of Cicero? Cf. Cic. Brutus 1.2: dolebamque quod non ut plerique putabant adversarium aut **obtrectatorem** laudum mearum sed socium potius et consortem **gloriosi** laboris amiseram.

Romaniae. Romanae rei: Mommsen Cl.: Romaniae (trium syllabarum)   p. 89.10 restituit Fehrle" (Pighi). Pighi also includes Romaniae in the text, correctly in my view. It **is** possible that Romaniae consists of 3 syllables, but that may have been assumed because of the clausula (viz. I). When one takes

Romaniae as a 4-syllable word, one gets the clausula ⌣ ~ ~ ~ ⌣ ~, which one should certainly assume with Amm.: cf. Blomgren op. cit. II p. 12, 17, 89 adn. 2, 93 adn. 1, 172.

Cf. Oros. 3.20.11: sed dicat quisquam: isti hostes Romaniae sunt. respondebitur: hoc et tunc toto Orienti de Alexandro videbatur, talesque et Romani aliis visi sunt, dum bellis ignotos quietosque petiverunt; 7.43.5: se inprimis ardenter inhiasse, ut oblitterato Romano nomine Romanum omne solum Gothorum imperium et faceret et vocaret essetque, ut vulgariter loquar, Gothia quod Romania fuisset⟨et⟩fieret nunc Athaulfus quod quondam Caesar Augustus ....; Ven. Fort. carm. 6.4.7; etc. It is remarkable that this vulgar Latin word does not occur in the Corpus Iuris Civilis nor in the Itineraria used by me.

p.89.11 *a* **relatione.** That is rather a bold feat by Barbatio. For one can hardly suppose that Amm. is exaggerating here, because as a result of Barbatio's steps both tribunes were dismissed from the service. This behaviour of the Magister peditum is further evidence of the corruptness of the administration under Constantius.

b **referre** and **relatio** are used especially of communications from a lower to a higher authority. Cf. Cod. Just. 3.1.13.3: sive ipse iudex ex sua iurisdictione hoc facere potest, sive per relationem ad maiorem iudicem hoc referatur; 7.61.2: super delictis provincialium numquam rectores provinciarum ad scientiam principum putent esse referendum, nisi ediderint prius **consultationis** exemplum; 7.61.1: si quis iudicum duxerit esse referendum, nihil inter partes pronuntiet, sed magis super quo haesitandum putaverit, nostram **consulat** scientiam; 12.35.11: Tribuni vel milites nullam evagandi per possessiones habeant facultatem ..... aut si quis tam necessaria scita contempserit, de eo ac tribuno eius ad nostram scientiam rectorum ac defensorum relationibus protinus referatur, quatenus severissime in eos animadvertatur.

This last passage may best be used to clarify Amm. 16.11.7. The **first three** are connected with the **relatio** = **consultatio** (cf. Willems Dr. publ. rom. p.611; Bethmann-Hollweg op. cit. I § 154).

Professional punctuality is expected of these relations; Cf. Cod. Just. 7.61.1,2 (and particularly) 3: omnem omnino causam relationis series comprehendat.

On that point the irenarchs (a kind of Justice of the Peace in the provinces) seem to have failed fairly often: cf. Dig. 48.3.6: idem de irenarchis praeceptum est, quia non omnes ex fide bona **elogia** scribere compertum est ... et ideo cum quis ἀνάκρισιν faceret, iuberi oportet venire irenarchen

et quod scripserit, exsequi: et si diligenter ac fideliter hoc fecerit, conlaudandum eum: si parum prudenter non exquisitis argumentis, simpliciter denotare irenarchen **minus rettulisse** (= to give incomplete information).
c The **elogium** just mentioned is a special relatio, with which a criminal who has been arrested and interrogated, was sent to the relevant official. Cf. Dig. 48.3.11.1; 49.16.3 pr.
hos eosdem tribunos. For **eosdem** cf. ad 15.5.19,20 (= III p. 103).

per speciem .... negotii publici = rem publicam praetendentes, praetexentes. For **specie, sub specie, per speciem, ad speciem** cf. Krebs Antib. II p. 593 (with the lit. quoted there). In vulg. lat. **negotium** = res (cf. Krebs Antib. II p. 140 with quoted lit.). To Amm. the two words are interchangeable: **(ut) in tali negotio** (according to Fesser op. cit. I p. 18 a Sallustianism) 22.9.10; 31.10.15. But **ut in tali re:** 17.2.1; 21.10.5. p.89.12-13

abrogata potestate. Cf. 21.6.9: Helpidius .... incruentus et mitis, adeo ut ... aequo animo abrogari sibi potestatem oraret; Krebs Antib. I p. 51 sq. (with lit.). In a very wide meaning Cod. Theod. 9.10.3: si contra eum fuerit iudicatum in insulam deportetur bonis omnibus abrogatis (= confiscatis, ademptis). p.89.13
ad lares rediere. Cf. Arnob. 7.12 (= Reiffersch. p. 246.23 sq.): si ex duobus facientibus res sacras nocens unus set locuples, alter angusto lare sed innocentia fuerit et probitate laudabilis; ibid. 2.29 (= R. p. 71.27): cum sit inops paupere lare et tugurii pauperis nec patriciae claritatis unquam meritus nuncupari (tugurium also impresses one as being far-fetched); Ennodius 376,12 (Hartel): larem statuerat = habitabat (quoted by Krebs Antib. II p. 7); Claud 10.255 sq.:
> Te propter libuit tantos explere labores,
> Et tantum tranasse maris, ne vilior ultra
> **Privatos** paterere **lares,** neu tempore longo
> Dilatos iuvenis nutriret Honorius ignes.

(Venus addresses Maria, bride of Honorius); ibid. passim; Heuvel ad Stat. Theb. 1.587; Mulder ad Stat. Theb. 2.439.
privati: In this same (class.) meaning (= without command) Nepos 1.8: Militiades multum in imperiis magistratibusque versatus non videbatur posse esse privatus.

XI, 8
domicilia fixere. "Poet. u. spätlat. sind die Redensarten **figere sedem** und p.89.14-15

domicilium in aliquo loco, sich irgendwo niederlassen, seinen Sitz aufschlagen, für das gewöhnliche **considere in aliquo loco**" (Krebs Antib. 1. p. 591).

p.89.15-17 **partim ... alii.** Cf. ad 14.1.4 (= I p. 59). Cf. et. Blomgren (op. cit. II) p. 55: De inconcinnitate sermonis.

p.89.15 **suapte natura.** Cf. ad 14.11.3 (= II p. 117).
clivosas. Cf. Verg. Georg. 1.108: clivosi tramitis; Sil. 6.120 sq.:
  Talis lege Deum clivoso tramite vitae
  Per varios praeceps casus rota volvitur aevi;
Ovid. Fasti 3.415 sq.: Sextus ubi Oceano clivosum scandit Olympum
  Phoebus, et alatis aethera carpit equis;
Dig. 43.8.2.32: Deteriorem autem **viam** fieri sic accipiendum est, si usus eius ad commeandum corrumpatur, hoc est ad eundum vel agendum, ut, cum plane fuerit, **clivosa** fiat vel ex molli aspera ...

p.89.16 **concaedibus.** Cf. 17.10.6: hoc progresso secutus exercitus, celsarum arborum obsistente concaede, ire protinus vetabatur.
clausere. Cf. ad 16.11.6, p. 89,7-8, **b** 3.

p.89.17-18 *a* **per flumen Rhen<um, fer>um ululantes et lugubre**
The conjecture is from Schneider Quaest. Amm. p. 7 sq. and can be defended both on the grounds of the clausula and on that of the usage by Amm. Cf. 19.11.10: ululans ferum; 23.6.80: insanumque loquentes et ferum; 31.12.11: atque (ut mos est) ululante barbara plebe ferum et triste; 16.12.61: qui post feros lugubresque terrores.
b For the **accusativus of content** cf. Hofm.-Leum. p. 380 sq. d (with lit.). Hofm. quotes ibid. Enn. ann. 342: ululat ... acuta.
c Very remarkable here is V's version **hrenum,** given twice in § 8. It seems improbable to me that we are faced here with an ordinary slip of the pen. Undoubtedly the spelling will be connected with the pronunciation of the **initial r** of the writer of this ms.
The Anon. Rav. cosm. reads 4.24-26: Renum. Cf. et. Hofm.-Leum. p. 117 § 100; p. 132 § 115.4.

p.89.18 *a* **conviciis Romanos incessebant et Caesarem.** For the role of the clausula cf. ad 15.10.4 (= IV p. 56).
b Cf. Suet. 3.11: qui eum ... convicio incesseret; 6.35: quod se .... conviciis incesserat; 3.57: acerba cavillatione simul hominis nomen in-

cessens; 5.12: ut ... senatum quasi parricidam diris exsecrationibus incessere non ante destiterit; Cod. Iust. 1.7.4: Apostatarum sacrilegum nomen singulorum vox continuae accusationis incesset; etc.

qui graviore motu animi percitus   p.89.19–20
a **graviore** for the comparativus cf. ad 14.6.12 (= I p.96).
b **motus animi (animorum):** quite frequent in Cic., but also in other authors. Cf. et. Ovid. Met. 6.157 sq.:
      Nam sata Tiresia venturi praescia Manto
      Per medias fuerat, divino **concita** motu ..
ibid. 3.710 sq.:
      Hic oculis illum cernentem sacra profanis
      Prima videt, prima est insano **concita** cursu ...

aliquos = nonnullos. Cf. Hofm.-Leum. p.483; p.484 (nonnullus); Liesen-   p.89. 19–20
berg (op. cit. I) 1890 p.8.

compaginandos. (pontes). Cf. 25.7.4: Haec inter cum neque pontes con-   p.89.20
paginari paterentur undae torrentes; 30.10.2: avulso ponteque\<m com\> paginarat ante necessitas. Late Latin. Cf. Souter p.64.

nequid per eum impetraretur. Wagner: "ut per omnia adversaretur Iulia-   p.89.21
no." **eum** = Iulianum.

XI, 9
delatione Petschenig: relatione; similarly Pighi. I have no objection against   p.89.22
the version **delatione.**

auxiliares velites cum Bainobaude Cornutorum tribuno.   p.89.23–24
Cf. ad 16.11.6, p.89. 4–5.
Cornutorum tribuno \<di\> misit. Dimisit Cl. c.c.: because of the clausula? (Claus. I). But one can also place the last syllables in claus. III.

facinus memorabile si iuvisset fors patraturos.   p.89.24
a For the frequent use of the part. fut. cf. Hofm.-Leum. p. 606 sq. (§ 183 b.); ad 14.6.2 (= I p.89 sq.).
b **patraturos.** Cf. ad 14.5.9 (= I p.88); Krebs Antib. II p.257.
c Cf. Claud. 42 ad Probinum:
      Fors iuvat audentes, Cei sententia vatis.
(Verg. Aen. 10.284: audentis Fortuna iuvat)

Cf. et. Ehrism. (op. cit. I) p. 34.
nunc ... aliquotiens. Cf. 16.9.1: non numquam .... aliquotiens ... interdum; ad 14.1.4 (= I p. 59); Fesser (op. cit.) p. 3 sq.

p. 89.25-26 **incedendo ... nando.** Cf. ad 14.1.6 (= I p. 61); Hagendagl St. A. p. 120. For the contents of this sentence cf. Lib. edit. Reiske 1. p. 537; Geffcken Iul. p. 36.

p. 89.25 *a* **per brevia.** Cf. ad 14.1.1 (= I p. 55); 14.1.3 (= I p. 57); Hassenstein p. 27.
b **brevia** = vada. Cf. Tac. Ann. 1.70; Verg. Aen. 1.111; etc. × profunda. Cf. Tac. ibid.: eadem freto litori campis facies, neque discerni poterant incerta ab solidis, brevia a profundis.
alveorum. alveus = ship's hull, hold of a ship, etc. Cf. Verg. Aen. 6.412; etc. Cf. et. 31.4.5: ... cavatis arborum alveis. I believe the entire passage **qui nunc – perruperunt,** as far as the style is concerned, to have been influenced by Tac. Ann. 14.29: igitur Monam insulam, incolis validam et receptaculum perfugarum adgredi parat, navesque fabricatur plano alveo adversus breve et incertum. Sic pedes; equites vado secuti aut altiores inter undas adnantes equis tramisere.

p. 89.26-27 **promisce virile et muliebre secus <s>in<e> aetatis ullo discrimine trucidabant ut pecudes.** Cf. 18.8.13: confluente ex finitimis virile et muliebre secus; 29.6.8: praedas hominum virile et muliebre secus agebant et pecorum. For the variatio cf. 17.13.12: gregatim peremptorum necessitudines ducebantur ... aetatis sexusque promiscui; 19.2.14: promiscua advenarum civiumque sexus utriusque plebe; 19.8.4: pecorum ritu armati et inbelles sine sexus discrimine truncabantur; 24.4.25: sine sexus discrimine vel aetatis; 31.6.7: sine distantia enim aetatis vel sexus; Hofm.-Leum. p. 385: "Die Wendung ist von Anfang an archaisch und idiomatisch"; Fesser p. 54 (with lit.).

p. 90.1 **luntres.** Linter = lunter = lynter. V limtres Ge lintres. Cf. Sidon. 5.283 sq.:
.... Hercynii nemoris si stipite **lintris**
texta Nabataeum pro Rheno sulcat Hydaspen.
For the spelling of **lunter** cf. Bücheler Rh. Mus. 11.297 sq. (quoted by Georges).

p. 90.1 **per eas.** For per instrumentale cf. Reinhardt (op. cit. I) p. 36 sq.; Draeger über Synt. Tac. (op. cit. I) p. 39.

158

a **licet vacillantes** for licet cf. ad 14.1.5 (= I p. 59 sq.).
b **vacillantes.** This verb greatly favoured by Cic., both in its literal and metaphorical sense. Cf. et. Dig. 22.5.1; 48.10.27.1; 48.18.15.
evecti. Büchele translates correctly: "gewannen trotz des Schwankens derselben das Fahrwasser." Cf. Curt. Ruf. 9.9.27: Evectusque os eius, CCCC stadia processit in mare. In a completely different meaning Amm. 16.6.1: a gregario ad magnum militiae culmen evectus (Arbetio).

perruperunt. Cf. Horat. Carm. 1.3.36:   p.90.2
    Perrupit Acheronta Herculeus labor
(= to penetrate by force, as here).
Cf. et. Claud. 28.459 sq. (De VI cons. Hon.): Quid faceret? (Stilicho) differret iter? discrimina nullas//Nostra dabant adeunda moras. Perrumperet agmen? (sc. hostium) (here in Cl., as so often in Liv. Caes. etc. with and without per).
satias rest. Novák. Correctly. Gb satietas. Cf. Krebs Antib. II p. 536: ... ist altlat. und kommt später (aber nur im Nomin., denn die casus obliqui werden von **satietas** entlehnt ..) bei Sall. hist. 2.95 M., dann bei den Nachahmern des Sallust vor." (with the lit. quoted there). Cf. et. 18.2.4: alimentorumque in isdem satias condita.
opimitate praedarum. Cf. 17.2.1: expleri se posse praedarum opimitate sunt arbitrati; 19.11.2: expletus praedarum opimitate exercitus; 23.3.7: ad Callinicum ... conmercandi opimitate gratissimum 24.3.4: ditare vos poterit opimitas gentis; although the plural **praedae** also occurs in classical prose, it seems to me that we have here another example of the **plur. poeticus.** At this place (16.11.9) the influence of the clausula is also noticeable (Cl. I). For the plur. poet. cf. Hagendahl St. Amm. p. 77 sq. (with lit.).

rediere Cf. ad 16.11.8, p. 89. 16.   p.90.3

XI, 10
ut infido praesidio insularum relicto = after they had left the protection   p.90.4
offered by the islands as being unreliable.
ut infido = as being unreliable (lit.); with Amm. certainly a Grecism.
residui = reliqui. Cf. 25.6.13; 29.5.22.
Used in this way definitely very unusual.

necessitudines. Cf. ad 15.5.6 (= III p. 82).   p.90.5
opesque barbaricas. Very well translated by Büchele: "und sonstige Habe (wie solche eben bei rohen Völkern beschaffen ist).

XI, 11

p.90.6 *a* **Tres tabernas.** Cf. ad 16.2.12. p. 73. 27.
reparándas Tres Tabérnas. Cf. ad 16.12.51, p. 99.26.

p.90.7 **cognominatum.** Probably used here metri causa. Particularly the part. perf. pass. often found (e.g. in Cic.), but in general post-class. and late Latin. Cf. et. ad 15.12.5 (IV p. 77): **cognomentum;** Blomgren op. cit. p. 89 (note 2); Krebs Antib. I p. 295 (**cognominare** and **cognomentum**).
obstinatione. Strangely used: obstinate attack. For the personificatio cf. ad 15.6.4 (= IV p. 9). In its usual sense: 19.2.10.

p.90.8 **quo aedificato.** aedificato alludes to the previous construction of Tres tabernae, not to the re-construction by Julianus (as Büchele believes).

p.90.8–9 **constabat .... adire Germanos arceri.** For the construction of **arcere** c. infin. cf. Tac. Ann. 3.72: nec Augustus arcuerat Taurum, Philippum, Balbum hostiles exuvias aut exundantis opes ornatum ad urbis et posterum gloriam conferre; Ovid. Met. 3.87 sq.:

    Sed leve vulnus erat, quia se retrahebat ab ictu
    Laesaque colla dabat retro, plagamque sedere
    Cedendo arcebat nec longius ire sinebat;

Sil. Ital. 5.51 sq.:

    Ac fraude artati remeare foraminis arcet
    Introitu facilem, quem traxit ab aequore, piscem;

Stat. Silv. 2.1.34 sq.:

    ..... nec te lugere severus
    arceo, sed confer gemitus pariterque fleamus.

This construction is in general poetic and late Latin. Amm. goes even further by connecting **arceri** with the infinit. Cf. et. Goelzer St. Jérome (op. cit. I) p. 369; Krebs Antib. I p. 195.

p.90.9 **consummavit.** Cf. 29.6.3: Necdum opere quod maturari dispositum est consummato; 30.7.11: Ac licet opera praestabilium ducum, haec quae retulimus consummata sunt; Dig. 50.16.139.1: "Perfecisse" aedificium is videtur, qui ita consummavit, ut iam in usu esse possit (Ulpianus); Dig. 8.3.38: quia via consummari solet ... Cf. et. Krebs Antib. I 349 (with lit.).; Souter p. 75.
defensoribus. As a mil. term also 21.12.4. class. As a term of government (**defensor civitatis;** cf. Willems op. cit. p. 588) it does **not** occur in Amm.

non sine discriminis metu. Not a genitivus identatis, I believe (cf. Hagendahl abund. op. cit. I p. 192 sq.), but an ill-considered or thoughtless combination. It means: non sine discrimine et metu. For both are real: the fear and the danger.

XI, 12

viginti dierum alimenta. The soldiers carry this load (besides many others). 17 days are mentioned 17.9.2; 20 days 17.8.2 (as here): firmatoque consilio, XX dierum frumentum, ex eo quod erat in sedibus consumendum, ad usus diuturnitatem excoctum (baked), bucellatum (ship's biscuit) (ut vulgo appellant), umeris imposuit libentium (without grumbling!) militum etc. For further particulars and lit. cf. Grosse Mil. (op. cit. I) p. 223 sq. Cf. et. 24.1.15: **bellatores enim libenter quaesitis dextris propriis utebantur,** alia virtutis suae horrea reperisse existimantes, et laeti quod vitae subsidiis afluentes, alimenta servabant, quae navigiis vehebantur.

bellatores. Class. With Amm. often in the sense of: **miles.** The latter use definitely not classical. Cf. Krebs Antib. I p. 234.

cum transiret iuxta. Cf. 31.11.3: qui itineribus celeratis, conspectus prope Hadrianopolim, obseratis vi portis, iuxta adire prohibebatur. Cf. et. Krebs Antib. I p. 809 sq. (with lit.).

superbe praesumpsit. brazenly took (part) of it beforehand = prius, ante cepit. This meaning in general late Latin. Cf. Claud. De IV cons. Horor. 165 sq.:

>Saepe tuas etiam, iam tum gaudente marito,
>Velavit regina comas, festinaque voti
>Praesumptum diadema dedit . . . . .;
>(= "sumtum ante legitimam et consuetam aetatem")

[for **festina** c. genit. cf. Stat. Silv. 5.3.135 sq.].
Cod. Theod. 15.1.26. Cf. et. Krebs Antib. II p. 367 (with lit.); Souter p. 319.

an mandatu principis confidenter nefanda multa temptabat. V multi. Em2G multa. nefanda multi tentabant Val. n. <ut> multi temptabat Her. I believe that the original version **multi** should be adhered to. Her. has tried to solve the problem with the conjecture **ut.** It seems no objection to me to take over Vales.'s version, to which should be added **in thought**: ut hoc tempore Barbatio.

p.90.18 **usque in id temporis.** Although **usque in** occurs temporally already in Livius (32.32.3) and **id temporis** in Cic., the combination of the two connections seems to me typical of Amm. Cf. Krebs Antib. II p.698 sq. (usque); Hofm.-Leum. p.385 (id temporis); Hagendahl St. A. p. 68 sq. (abusque, adusque).

XI, 13

p.90.19 **rumore tenus.** Cf. ad 16.8.3, p.81.6.

p.90.19–21 **levaturus ... duraturus.** For the frequent use of the part. fut. by Amm. (cf. e.g. ad 14.6.2 = I p.89) this sentence is certainly characteristic: **levaturus** = (non) ut levaret etc. (final); **duraturus** = qui ne sonitum quidem duraret armorum (consecutive). Concerning the latter, cf. 16.1.5: ut Erecteus in secessu Minervae nutritus, ex academiae quietis umbraculis, non e militari tabernaculo in pulverem Martium tractus. **levaturus** etc. = "ad liberandas ab incursionibus barbarorum Gallias" (Wagner).

p.90.20 **sed ut possit per bella deleri saevissima.** "Id quidem a multis dictum esse ait Socrates (Hist. Eccl. 3.1) et Sozomenus (Hist. Eccl. 5). Sed eam calumniam uterque a Constantio amoliri conatur. Quod si verum dicere licet, Constantii Iulianum Caes. in Gallias mittentis id fuisse consilium apparet, ut aut eius virtute Gallias a barbaris recuperaret, aut certe Iulianus in eo bello interiret: ut cum Ursicinum ad exstinguendam Silvani tyrannidem misit" (Vales.). With this view I entirely agree. For a milder view cf. e.g. Geffcken Kaiser Jul. p.30 (with notes).

XI, 14

p.90.22 **dum castrorum opera mature consurgit.** When one does not want to assume that the Latin-writing Greek Ammianus is guilty here of a Grecism, (which I do not believe), one has to object to the version by G. **consurgunt** and even more to Mommsen's version: <opus militum> opera ... consurgit, who did not understand the personificatio. **Opera castrorum** = opera quae navabatur a militibus in castris exstruendis. Cf. 14.8.13; Blomgren p. 84.

p.90.22–23 *a* **militisque pars stationes praetendit agrarias. stationes agrariae** are mentioned: 14.3.2 (cf. ad h.l. (= I p.120); 16.11.14; 21.8.4; 25.4.5; 31.8.5. **Praetenturae** and **stationes agrariae** are mentioned together: 14.3.2 and 31.8.5. In 25.4.5 the connection: **vigiliarum** vices et stationum shows that

by the last word is meant: stationes agrariae. Cf. et. Grosse Mil. (op. cit. I) p. 225.
b For the verb **praetendere** cf. Krebs Antib. II p. 367 sq. (with lit.). It will not be accidental that the soldier Amm. uses this verb here, which in late Latin also means: excubare, in statione et praesidio esse (from which is derived: **praetentura**).

colligit caute. Alliteration. Cf. Petschenig Phil. 56. p. 556 sq.; Hagendahl abund. (op. cit. I) p. 163 sq.; Blomgren p. 130.   p. 90. 23

multitudo barbarica rumorem nimia velocitate praeversa. Cf. 26.8.3: ni   p. 90. 23-24
rumore quodam praeverso ... hostem ... frustra sequentem lusisset. Büchele somewhat freely translates: "griff ein Schwarm von Barbaren mit einer Schnelligkeit, die selbst dem Gerüchte davon voraneilte ...". This participium of deponens **praevertor** in the sense of **praeverto** = to draw ahead, to do beforehand, etc. Georges quotes: aliquid celeritate praevertere from Sall. fragm. Thus this is probably another example of Sallustius' influence on Amm. Cf. M. Hertz in Index Scholarum in Univ. Litt. Vratislav. 1874. (Georges is mistaken in thinking that of praevertor only the praesens forms occur).
N.B. Praevertor and praevertere not in legal texts, except for the latter verb in the meaning of: to throw upside down.

regebat. Cf. ad 16.11.6, p. 89.6.   p. 90. 25
ut praedictum est. For this use of **praedictus** = supra dictus, -memoratus, since Liv., also in late Latin, cf. Krebs Antib. II p. 351 (with lit.); Heum.-Seckel (op. cit.) p. 446.
Gallico vallo discretum. From "ut praedictum est" it follows that there is a reference to 16.11.6, p. 89.4 (vallum Barbationis). Vales. annotates: Id est vallo separatum ab exercitu Gallicano quem regebat Severus magister militum (cf. ad 16.10.21, p. 88.7).
Aut simpliciter **vallo Gallico** dixit pro exercitu Gallicano ...". Rolfe translates: "which was (as has been said) separated from the Gallic camp." Büchele: "den Barbatio, der (wie oben gemeldet) mit der von ihm befehligten Armee in Gallien abgesondert in einem Lager stand".
Sayfarth: "Dieser war .... durch den gallischen Wall abgetrennt". Gall.-Font.: "assaillit subitement Barbation et l'armée qu'il commandait, **comme nous l'avons dit plus haut,** et qui était séparée du camp de l'armée gauloise". In my opinion the underlined sentence in the wrong place.
I stick to my brief statement (ad 11.6, p. 89.4), although I have to admit

163

that the summary indications by Ammianus of this vallum do not make us any the wiser. One should also compare the passages quoted by Vales. from the Oratio funebris of Libanius (= Edit. Wagner II p. 224 sq.). Cf. Seyfarth I p. 299: "unter dem **Gallicum vallum** its, wie **Cramer** (Die Geschichte der Alamannen als Gaugeschichte, Breslau, 1899) unter Berufung auf **Schricker** (unknown to me) ausführt, ein System von Gräben und Erdaufschüttungen zwischen den Abhängen der Vogesen und den sumpfigen Niederungen der Ill und der Blindach zu verstehen. Hiervon sind noch heute Teile zu erkennen. Diese Verschanzungen bildeten nach **Schricker** die Grenze zwischen Gallia und Germania superior. Später geschieden Sie den Sundgau vom Nortgau der Alamannen und später das Bistum Basel vom Bistum Strassburg. Diese Erklärung leuchtet eher ein als die von **A. Müller** gegebene, mit **Gallicum vallum** sei das gallische Heer gemeint ..."; also ad 16.12.8: **vallum barbaricum**.

p.90.25-26 **impetu repentino.** Cf. ad 15.2.4 (= III p. 17).

p.90.26 **adusque.** Cf. ad 14.7.17 (= II p. 42) and 14.8.5 (= II p. 64).
Rauracos. Cf. ad 14.10.6 (= II p. 102).

p.90.27 **ultra quoad.** Cf. Hofm.-Leum. p. 769: "Im Spätlat. bevorzugt Apul. **quoad,** und Amm. gebraucht es allein, nie **donec;** andere Autoren dagegen, so Lact., Vict. Vit., Ennod., Eugipp., Virg. gramm. u.a., meiden **quoad** vollständig."; and p. 768: "im ganzen scheint **quoad** mehr der gewöhnlicheren als der gewählten Diktion anzugehören".
(for the meaning: in so far as, as regards: cf. ibid. p. 769; Krebs Antib. II p. 464 sq., who expresses himself too definitely). Cf. et. Kalb, die röm. Rechtsspr. § 95.4 sq.

XI, 15

p.91.1 **comitatum.** Cf. ad 14.5.8 (= I p. 129).

p.91.2 **crimen conpositurus in Caesarem.** Alliteration. Cf. ad 16.11.14 (p. 90.23). **Compositurus:** here used for the framing of false accusations. Cf. Cic. Verr. 3.61 (141); etc.

XII, 1

p.91.3 For the comments on this caput the following authors will be referred to and made use of: G. B. Pighi, A.M. rerum gestarum capita selecta (1948), a quite excellent selection by a great expert on A.M.; eiusdem, Nuovi

Studi Ammianei (1936). p. 65-127: La battaglia di Strasburgo, a nearly exhaustive analysis of this famous battle and of the sources used by A.M.; A.M.Histoire, Tome I, par E.Galletier-J.Fontaine (1968), p. 173 sq., French translation with Latin text and condensed text-critical apparatus and valuable commentary in the back of the book. Main sources for A.M. for this battle are: 1. an account of the events of 356 and 357 by Julianus, which have been lost, but were used by A.M. and Libanius and can therefore be fragmentarily reconstructed. 2. Eunapius (via Zosimus and Socrates); 3. oral information (always important with A.M.). A.M. is a **direct** witness in 356 and 357 until ± July, but **not** before this battle. The presentation of the facts is, as nearly always, reliable, but the form in which it is done, is influenced not only by literary tradition and A.M.'s erudition, but also by his original literary talents, which deserve our full attention.

Note. For the sources used by A.M. cf. et. M.F.A.Brok, The Persian expedition of the Emperor Julianus according to A.M. (1959). p. 9 sq., particularly **Oribasius** p. 10 (Dutch).

For special studies on this battle, cf. Pighi, N.St.Amm., p. XI sq. (E.v. Borries, E. v. Nischer, H. Nissen, W. Wiegand). And furthermore: Geffcken Jul. p. 36–39; Stein, Spätröm. Gesch. I p. 223; Hatt et J.Schwartz, Le champ de bataille de Oberhausbergen (Bulletin de la Faculté des Lettres de Strasbourg, avril 1964, p. 427–436).

dispalato. Dispalare: to spread in all directions. Cf. Krebs Antib. 1. p. 456 sq. Very rare word. Fesser p. 36. Amm. M. 20.4.21; 24.7.2; 31.2.10.

Palari: 27.9.7; 30.5.14.

terrore: caused by Barbatio's flight (16.11.14).

a **Alamannorum reges.** For Alam. cf. ad 14.10.1 (= II p. 96 sq.).   p. 91.3-5

b **Ch(o)nodomarius.** Also mentioned in Iul. Ep. ad Ath. 279c; Lib. orat. 1.542–544; Socrates 3.1.34 (**not** mentioned here by name); S. Aur. Vict. Epit. 42.13–14: Iste (Iulianus) in campis Argentoratensibus apud Gallias, cum paucis militibus, infinitas hostium copias delevit. Stabant acervi montium similes, fluebat cruor fluminum modo, captus rex nobilis Chonodomarius etc. (an amusing exaggeration); A.M. 16.12.4; 23; 24; 25; 35; 58; 65; 70.

Chnodomarius = Chonodomarius. Cf. Schönfeld (op. cit. I) p. 141. Cf. et. Gall.-Font. I p. 279; Sievers Lib. (op. cit. I) p. 246.

c **Vestralpus.** Cf. 18.2.18 (359 A.D.): Libratis denique diu consiliis, concordi assensione cunctorum, Macriano quidem et Hariobaudo pax est attributa, Vadomario vero, qui suam locaturus securitatem in tuto, et legationis nomine precator venerat, pro **Urio** et **Ursicino** et **Vestralpo** regibus pacem itidem obsecrans, interim responderi non poterat, ne (ut sunt fluxioris fidei barbari) post abitum recreati nostrorum, parum acquiescerent per alios impetratis. (for **Vadom.** cf. ad 14.10.1 = II p. 96). The kingdoms of the 3 monarchs mentioned here must have been situated in the region of the Neckar and the upper Rhine (Cf. Gall.-Font. I p. 279). **Vestralpus**: Schönfeld p. 261; **Urius, Ursicinus** ibid. p. 247. The name Ursicinus occurs more often in A.M.: 1° the well-known magister equitum (cf. ad 14.9.1 = II p. 87); 2° the successor to Maximinus, praefectus urbi, a° 372 (?) (28.1. 44–45).

d **Serapio.** Cf. 16.12.23.25, where the strange un-Germanic name is also explained. His real name is **Agenarichus**. Cf. Schönfeld p. 203; p. 3. Cf. et. Lib. orat. 18.67; Gall.-Font. I p. 279.

e **Suomarius.** Cf. 17.10.3–4: Alamannorum rex Suomarius .... (4). Et eam (sc. pacem) cum concessione praeteritorum sub hac meruit lege, ut captivos redderet nostros, et quotiens sit necesse, militibus alimenta praeberet, susceptorum vilium more securitates accipiens pro illatis: quas si non ostendisset in tempore, sciret se rursus eadem flagitandum (= receiving in the way of ordinary suppliers receipts for goods delivered (viz. from the warehouse-keepers); and if he would not show this at the right moment (sc. to Julianus), he should know that the same quantity would be required of him). A passage which is very revealing for the Roman practices towards conquered kings. This takes place in 358. Cf. et. Lib. orat. 18.77; A.M. 17.10.9; 18.2.8: amicum nobis ex pactione praeterita ... For the name, perhaps of Celtic origin, Schönfeld p. 219.

f In the same year **Hortarius** was subjected. Cf. 17.10.5–10, with the significant conclusion: Annonam enim transferre, ita ut **Suomarius,** ea re compelli non potuit, quod ad internicionem regione eius vastata, nihil inveniri poterat, quod daretur. Also mentioned 18.2.2 and 18.2.13–14, as an ally who behaves with great loyalty towards the Romans. Cf, Gall.-Font. I p. 279; Schönfeld p. 141, according to whom the name is non-Germanic (contrary to Grimm and Förstemann). This Hortarius should not be confused with his namesake 29.4.7 (a° 372): Bitheridum vero et Hortarium (nationis eiusdem **primates**), item regere milites iussit ..., as the former H. is clearly called **rex** by A., together with the others.

Note. For **primates** cf. Cod. Theod. 7.18.13 (a° 403): Quod ad notitiam Primatium urbium, vicorum, castellorumque deveniat ....; ibidem: 16.10.13 (a° 395): Primates etiam civitatum (Gothofr: id est, principales curialium, rightly so, in my view). Because the **castella** are part of the frontier defense, it is clear who are meant by the primates, in any case completely different people from the primates urbium and often hardly or not at all Romanised. Cf. et. Grosse Mil. (op. cit. I) p.66 sq.

quin etiam: with reduced meaning, copulative. Cf. 14.11.23: Et misso Sereniano quem .... monstravimus, Pentadio quin etiam notario et Apodemio agente in rebus; 21.1.11: Multa significant super his crepitus vocum et occurrentia signa, tonitrua quin etiam et fulgora et fulmina **itidemque** siderum sulci (itidemque almost synonymous and for the sake of the variatio); 21.6.6: vestem armaque exhibens et tormenta, aurum quin etiam et argentum multiplicisque rei cibariae copias et diversa genera iumentorum; 22.11.1; 24.4.16; 22.7.7. But also to connect new sentences: 18.2.3: ut ante proeliorum fervorem civitates multo ante excisas ac vacuas introiret, receptasque communiret, horrea quin etiam extrueret pro incensis ...; 22.11.2; 28.1.29. Blomgren (op. cit. II). p.33 sq. p.91.4

in unum robore virium suarum omni collecto. Cf. 19.11.17: ut ... redintegrato supplementis exercitu impetus regis Persarum pari **virium robore** cohiberet; 31.10.12: rebus caritatibusque suis, quas secum conduxerant, omni **virium robore** propugnabant; 25.3.20: hactenus loqui, **vigore virium** labente sufficiet; 30.7.2: aemulatus Crotoniaten Milonem, cui mala saepe cohaerenter laeva manu retinenti vel dextra, nulla umquam **virium fortitudo** abstraxit; Liv. 28.35.6: et aetas in medio **virium robore;** Tac. Dial. 26.8: et ipsarum **virium robore** multum ceteros superat; Gudeman Tac. Dial. comm. p.255; Hagendahl abund. (op. cit. I) p.199 (with note 2). Inaccurate is Hagendahl's remark ibid.: "Aliter se res habet 16.12.1 et 19.11.17, ubi **vires** idem est ac **copiae.** Cf. 24.1.2 etc." For the aspect of meaning does not play a part here but only the stylistic. Cf. et. ad 16.12.29, p. 95.23-24. p.91.5

Rolfe: bellicumque canere bucinis iussis, venere prope etc. Likewise: Gall.- Font. p.173. Pighi: bellicumque ‹per omnes trans Rhenum regiones canentibus lituis,› foedere ‹icto ne arma nisi victores deponerent, venere› prope etc. (Cap. Sel. p.7). The text seems to me beyond restoring, while the insertions by Pighi seem indefensible to me. The shortest version with the help of conjectures by Novák and Heraeus is to be preferred. Haupt (Index Lect. 1874 Berlin) p.5: "Gelenii est **consedere:** Fuldensis enim liber habet **belli. Cumq; foedere.** non videtur neglegendum esse illud **belli,** sed scribendum in **unum robore virium suarum omni collecto bellico consedere etc."** In my view this goes against the rhythm of the sentence, which former scholars hardly knew about. (omni collecto: clausula I). p.91.6

Lituis (Pighi) can hardly be maintained. **Bucinis** more likely cf. 26.4.5: hoc tempore velut per universum orbem Romanum bellicum canentibus bucinis (but 14.1.1: nondum tubarum cessante clangore). Cf. et. ad 14.1.1 (= I p. 105). The lack of knowledge (intentional or pretended) of Amm. in the field of military music is striking.
Argentoratus. Cf. ad 15.11.8 (= IV p. 62–63).

p.91.7 **retrocessisse.** Cf. Veget. r. mil. 4.14: appellatur aries vel quod habet durissimam frontem, qua subruit muros, vel quod more arietum retrocedit, ut cum impetu vehementius feriat (On the basis of this **not**, with Pighi in two words: retro cessisse, but written as one word). Similarly one finds (not with A.M.) **retrocessio** and **retrocessim** (Souter p. 355). Furthermore comparable: 25.4.19: redisse rursus ad terras; 28.6.20: rursus ad Africam ... remittitur; 23.4.8: retro repellens; 30.1.15: relegente retrorsus (conj. Petschenig). Cf. Hagendahl abund. (op. cit. I) p. 212. Cf. et. Dig. 9.2.52. § 2: retro redierat; ibid. 41.1.38: retro redisset; ibid. 39.4.16 § 14: si quid autem indebitum per errorem solventis publicanus accepit, retro eum restituere oportere etc.; ibid. 40.5.6: Sed si paratus sit retro restituere quod accepit etc.

p.91.7-8 *a* **cum ille dum etiam ... stringeretur.** Valesius, Clark, Gall.-Font.: tum; Pighi: dum. Cf. 29.4.7: tamquam leo ... morsus vacuos concrepans, dum cum hostium disiecta frangeret timor, in Macriani locum ... regem Fraomarium ordinavit; 17.12.9: Et amisso vocis officio prae timore, dum cum orare deberet, maiorem misericordiam movit. In both cases Clark: **tum cum** and similarly Rolfe. Cf. Löfstedt Beitr. (op. cit. I) p. 32; Hagendahl abund. p. 214. For the accumulation of conjunctions cf. et. Mulom. Chir. 304 (Oder p. 91): cum quando autem hoc vitium signa haec excesserit etc.; Svennung Pall. (op. cit. II) p. 536.

b **stringeretur**: Gall.-Font.: alors que celui ci était à ce moment tout au souci d'achever la forteresse; Rolfe: whereas he was even then busily employed in his project of completing the fort; Büchele: während er gerade jetzt eifrigst mit der Vollendung seines Lagerwalls beschäftigt war. From the meaning: to concentrate, to compress, to tie together, this more general and vaguer notion: to monopolize entirely. Neither are the passages mentioned in the Thes. II 961, IV 543 and Svennung Pall. p. 609 proof of the development of this concept.

XII, 2

p.91.8-9 *a* **confidentiam caput altius adtollentum.** The literal translation does not give the exact meaning. This is: Scutarius autem erexit confidentiam (regum sc.) ut caput altius adtollerent.

b **adtollentum**. Cf. H. Heuvel, P. Pap. Statii Theb. L. I (1932), p. 139 with numerous examples and lit.

c Note the frequent **alliteration** in this sentence: erexit ... discessum. Cf. ad 15.2.4 (= III p. 17); Blomgren p. 130 annot. 1; Petschenig Phil. 56. p. 556 sq.

Scutarius. Cf. ad 14.10.8 and 14.7.9 (= II p. 105 and 27 sq.) **ducis fugati** p.91.9 **discessum**. Besides **fugati, discessum** seems a tame expression. But it is a terminus technicus of the military language: to march off, -away. (cf. Iust. Hist. Phil. 2.11.1: Cuius (sc. Xerxis) introitus in Graeciam quam terribilis, tam turpis ac foedus discessus fuit; 12.11.5. Sed retenti veteranorum discessum aegre ferentes, missionem et ipsi flagitabant; 7.4.1: Post discessum a Macedonia Bubaris, Amyntas rex decedit, Caesar b.c. 80.4: Scipio discessu exercituum ab Dyrrachio cognito ....; etc.).

ducis fugati discessum. The alliteration may have favoured the use of this p.91.10 word, while it should further be noted that Cicero uses the word often in a variety of meanings (for Cic. and Amm. cf. Studia Amm. passim and furthermore Michael op. cit. I).

a **certaminum rabiem undique concitante**. Cf. 17.13.13: incitante ... p.91.12 fervore certaminum fructuque vincendi; 21.3.3: barbaris, qui iam certamina meditantes, sese per valles abdiderant "Sensu generali plur. saepe legitur" (Hagendahl St. Amm. p. 94) cf. ad 15.5.29 (= III p. 113).

b **concitante**: to evoke, to provoke, to call forth, as in Cic. iram, invidiam, odium concitare. Cf. et. Mulom. Chir. 47 (18): Si iumentum cambam percussam habuerit et tumorem concitaverit, sic curabis; ibid. 517(57): a cibo resilit, pedes trahit et quando producitur, succubat ad singulos ingressus ... marcor fit corporis, vires deficiunt ad concitantum. Also in the Digests (Heum.-Seckel p. 86).

c Cf. Verg. Aen. 8.327: Deterior donec paulatim ac decolor aetas
　　　　　　　　Et **belli rabies** et amor successit habendi.

XII, 3

a **Cuius adseveratione ... stimulati**. Cf. Iust. Phil. 24.8.1: Hac asseveratione p.91.13 incitati Galli .... in bellum ruebant. O. Guenther, Quaest. Amm. crit. (1888) p. 19 wants to read: ad **maiorem** stimulati **fiduciam**, mistakenly, in my view. Cf. 29.6.14: quo intellecto Sarmatae sagacissimi non exspectato certandi signo sollemni Moesiacam primam incessunt, dumque militis arma tardius per tumultum expediuntur, interfectis plurimis **aucti fiducia,** aciem perrupere Pannonicam (a version which Guenther is willing to defend); 21.3.3 (a variatio); ipse concidit omnium primus, cuius interitu **erecta** barbarorum **fiducia** Romanisque ad ducis vindictam accensis, certamen committitur obstinatum; (similarly) 31.10.13: qui ea re animorum **aucta fiducia,** quod versari inter antesignanos visebatur acriter princeps, montes scandere nitebantur.

b **eadem súbinde replicántis.** Accentuation by Pighi: clausula III. Cf. et Hagendahl abund. p. 208 (op. cit. I).

c For **replicare** cf. 20.9.6: replicatoque volumine edicti quod missum est; 18.5.7: iam inde quadragesimi anni memoria replicabat; 28.1.37: remedium nullum aliud reis ad optinendam vitam superesse eadem replicando saepe adseverabant, ni criminibus magnis petissent nobiles viros (note the combination: replicando.... adseverabant; besides stylistic variations stylistic repetitions are quite usual with Amm.); ad 15.8.2 (= IV p. 28, with examples); Krebs Antib. II p. 502. With Amm. **not** in the legal sense of: to reply, to object against (cf. Heum.-Seckel p. 509); Souter p. 351. Neither with him the mil. term. techn. cf. Veg. r. mil. 3.19: Quod si acciderit, unum remedium est, ut alam cornumque replices et rotundes, quatenus conversi tui sociorum terga defendant etc. (= ed. Lang p. 105).

d **subinde:** repeatedly. Cf. 29.2.23; 29.6.16; 31.12.9 cf. Svennung Pall. p. 407; Krebs Antib. II p. 614. Also in the Digests (cf. Heum.-Seckel p. 560). Cf. et. Hedfors, Comp. ad tingenda musiva (1932) p. 139.

p.91.14 *a* **satis pro imperio.** Unusual for: satis imperiose. (for **imperiosus** cf. 25.3.18: velut imperiosa parens... res publica; 30.4.7: post quos excellentissimus omnium Cicero, orationis imperiosae fluminibus saepe depressos aliquos iudiciorum eripiens flammis).

b **pro** with the same meaning as the Greek ὡς (= tamquam, quasi). Cf. 14.5.1: siquid dubium deferebatur aut falsum, pro liquido accipiens et comperto; 15.2.9: et valuere pro veris aliquotiens falsa; 29.1.20: pro veris accipiebat et certis; ad 14.11.4 (= II p. 118).

c **satis.** Cf. W. Kalb, Wegweiser in die Römische Rechtssprache (1912) p. 30 annot. 5: "**Satis** (comp. Fr. assez) vor einem Adjektiv (and of course, before an adverbium) umschreibt oft den Elativ wie unser **sehr, recht, ziemlich,** wenn auch weniger stark wie valde oder perquam oder per", with the example given there: nam **satis constanter** (altogether, consistently) veteres decreverunt testamentorum iura ipsa per se firma esse oportere....". (Dig. 28.5.32).

For satis with superlativus cf. Kalb, Das Juristenlat. (op. cit. I) p. 81 annot. 6; Hofm.-Leum. p. 462-465 and particularly p. 463: "satis mit Komp. und superlat. ist erst spätlat., ebenso admodum und tam mit Komp.", Amm. 16.12.54. Quae ubi satis evenere prosperrime etc.
legatis Cf. Pighi N. St. A. p. 86 sq.

ignarus pavendi: corresponds with **dolore perculsus** (2× clausula I + alliteration). p.91.15

nec ira nec dolore perculsus. For this connection cf. ad 14.2.17 (= I p. 76). p.91.15-16

fastus barbaricos. Cf. ad 14.1.1 (= I p. 54). Amm. uses the singularis 8 times, the pluralis 6 times (Hagendahl St. Amm. p. 37). p.91.16
tentis = retentis. The ambassadors were released after the victory (17.1.1) for this stratagem cf. Thucyd. I 89-93 (the embassy of the Spartans, retained in Athens during the building of the walls around the city in 478 B.C.; Plut. Them. 19; Nepos Them. 6-7, who gives a detailed account of this history and who was known to Amm.

adusque perfectum opus castrorum p.91.16-17
a **adusque** cf. ad 16.11.14 (p. 90.26).
b **opus castrorum.** The same meaning as above (12.1): perficiendi munimenti studio and 11.11: ad reparandas Tres Tabernas, munimentum ita cognominatum and 11.14: dum castrorum opera mature consurgit. The concepts sometimes seem interchangeable. Cf. 23.3.7: (Iulianus) Davanam venit **castra** praesidiaria; but Not. Dign. 35.5: Dabana **castellum;** and 25.9.12: missoque tribuno Constantio, qui **munimenta praesidiaria** cum regionibus Persicis optimatibus assignaret; Veget. r. mil. 1.21 (= Lang p. 25): non solum autem considentes sine castris ista patiuntur, sed cum in acie casu aliquo coeperint cedere, **munimenta castrorum,** quo se recipiant, non habent etc. (in my view a genit. identitatis: cf. Hagendahl abund. p. 192 sq.). And for **castra** in general Müller Mil. (op. cit. I) p. 614.
c **perfectum opus c.** For this well-known construction cf. Hofm.-Leum. p. 608: Partizipien statt Verbalsubst. p. 608 sq. (with lit.). Also frequent in late Latin.

a **in eodem constantiae gradu stetit inmobilis.** Cf. 14.2.16: represso gradu p.91.17 parumper stetere praedones: 14.9.5: Eusebius ... suspensus in eodem gradu constantiae stetit; 14.10.14: arduos vestrae gloriae gradus, quos fama ... diffundit; 15.8.13: fixo gradu consiste inter signiferos ipsos;

21.16.14: potestas in gradu (elevated, high-placed authority); 23.5.1: tendens imperator agili gradu Cercusium. Cf. et. Krebs Antib. I. p.628.
b. **inmobilis.** Cf. 25.4.14. quievere nationes omnes immobiles; 30.1.15: fide pari deinde remansit inmobilis (this version not quite certain); 31.7.11: ergo ubi utrimque acies cautius incedentes gressu steterunt immobili; 14.3.4: absque ullo egressus effectu, deinde tabescebat immobilis; 29.6.9: et cum ... noctem proximam destinasset in fugam, monitus tutiore consilio, mansit immobilis.

XII, 4

p.91.18 *a* **agitabat autem miscebatque omnia.** Cf. ad 14.2.1 (= I p.66).

b **sese diffunditans.** Cf. 25.8.15: dum gestorum seriem ubique rumores diffunditant varii; 18.5.6: et diribitores venundatae subito potestatis pretium per potiores diffunditant domos; 21.1.11: Sol enim (ut aiunt physici) mens mundi nostras mentes ex sese velut scintillas diffunditans etc. Plautus Merc. 56–58

> ratione pessuma a me ea quae ipsus optima
> omnis labores invenisset perferens
> amoris vi diffunditari ac didier.

Archaism or vulgar Latin? Very rare word.

p.91.19 *a* **princeps audendi periculosa.** For princeps c. gerund. (also in classical Latin) cf. Hofm.-Leum. p. 597. Cf. Cic. ad fam. 10.17.2: ad omnia pericula princeps esse non recusavit; Cic. Phil. 7.8: Laudandi sunt ex huius ordinis sententia Firmani, qui principes pecuniae pollicendae fuerunt. Note the alliteration.

b **V audiendi.** Cf. Hoogterp (Et. sur le lat. du Codex Bobiensis des Evangiles 1930, op. cit.) p.224: Mc. XII 34 nemo **audiebat** illum interrogare "C'est peut-être une graphie inverse, cf. faciebat > facebat> faisait, ou une forme corrigée."

But this remark seems to me to be inaccurate. And in my opinion it is not at all certain that **audendi** GEm2 should be preferred here. Quite often verbs of the 2nd conjugation change into verbs of the 4th conjugation, e.g. florire (= florere), habire (= habere) etc. Cf. Grandgent (op. cit. I) p.167; just as the reverse also often occurs: cf. Mulomed. Chir. Oder p.225 (721): deinde stercora de ano exhaurebis etc. Furthermore it is not certain that audere in oral usage still had a strong position. (Later replaced by **ausare** and disappeared). Cf. Svennung Pall. p.543. One should always bear in mind the possibility that a "striking" form comes from the author himself and is not a slip of the pen of the writers and emendatores of the codices, who were influenced by the usage of **their** time.

a **ardua subrigens supercilia** = erigens, tollens (Liesenberg). Cf. Verg. p.91.19-20 Aen. 4.183 (Fama): Tot linguae, totidem ora sonant, tot subrigit auris; Sil. It. Pun. 10.252 sq.:
> Rectorem ut vidit Libyae, connisus in hastam
> Ilia cornipedis **subrecta cuspide** transit;

ibidem 7.648 sq.: .... medio sed (flebile) mento
> Armigeri Cascae penetrabilis haesit harundo
> Obliquumque secans **subrecta cuspide** vulnus
> Uventi ferrum admovit tepefacta palato;

Seneca Epist. 86: turres .... subrectas, ibid. Nat. Quaest. praef. 1 subrectis ... vexillis; ibid. de benef. 5.15: subrectis ... vexillis; ibid. Herc. furens 392 sq.:
> Quin ipse torvum subrigens crista caput
> Illyrica Cadmus regna permensus fuga;

Phoeniss. 398 sq.:
> Infesta fulgent signa, subrectis adest
> Frons prima telis ...; Herc. fur. 790:
> Missumque captat **aure subrecta** sonum;

Statius Theb. 2.26 sq.:
> illos ut caeco recubans in limine sensit
> Cerberus atque omnis capitum subrexit hiatus;

Liv. 8.8.10: hastas **subrecta cuspide** in terra fixas, haud secus quam vallo saepta inhorreret acies, tenentes; ibid. 7.10.10: Romanus **mucrone subrecto** ..... uno alteroque subinde ictu ventrem atque inguina hausit; Curt. Ruf. 9.5.11: linquentem revocavit animum et nudum hostis latus **subrecto mucrone** hausit; Arnob. adv. nat. 5.39 (= edit. Reiffersch. p. 208): phallorum illa fascinorumque **subrectio**, quos ritibus annuis adorat et concelebrat Graecia; Mulom. Chir. Oder p. 91 sq.: oculos subturbolentos habebit, nares et **auriculas subrectas** ...; Veget. Mulom. (edit. Lommatzsch p. 121) 2.23: Nam subrecto sunt capite ...

b **ardua:** predicative use of the adjectivum = alte. Cf. Hofm.-Leum. p. 467 sq.: "Der Einfluss Vergils wurde massgebend für die nachklassische rhetorisierende und poetisierende Prosa, daher oft bei Liv., Sen., Mela, Tac., Suet., Apul. u. Spätlateinern ...", with the lit. quoted there. Cf. et. Vollmer in ed. Pap. Stat. p. 260; Koziol (op. cit. I) p. 259; ad 14.5.6 (= I p. 86); Benedicti Reg. Linderbauer p. 26: discipulis propter taciturnitatis gravitatem rara loquendi concedatur licentia; Mulom. Chir. Oder p. 40

(127): totus sudat, satagit inguine dimisso et totum caput erigit et transversus ambulabit (but Veget. Mulom. 1.33: transverse ambulabit; examples quoted by Hofm.-Leum.); Cat. Dist. 2.28:

> Fortior ut valeas, interdum parcior esto;
> Pauca voluptati debentur, plura saluti.

Cf. et. (for this poetical and again alliterating expression) Catullus 67.45 sq.: praeterea addebat quendam, quem dicere nolo nomine, ne **tollat** rubra supercilia. (here of annoyance) (and for **arduus**) Horat. Serm. 1.2.89:

> quod pulchrae clunes, breve quod caput, **ardua cervix;**

Sil. It. Punica 11.245 sq.:

> Illatus velut armentis super **ardua colla**
> Cum sese imposuit, victorque immane sub ira
> Infremuit leo ...

d **supercilium**: often metaphor for: pride. Cf. Theod. 10.26.1: conductores hominesve Augustissimae domus nostrae nullum cuiuslibet nomen militiae usurpent, nullius cingulo dignitatis utantar, ne ex hoc sibi **erigendi** supercilii fastu Sacro Nomini nostrae Pietatis oriatur invidia etc.
Also often found in Greek. Cf. Athen. Deipnos. 224 f (Alexis):

> τοὺσ μὲν στρατηγοὺσ τὰσ ὀφρῦσ ἐπὰν ἴδω
> ἀνεσπακότασ, δεινὸν μὲν ἡγοῦμαι ποιεῖν
> ....
> τοὺσ δὲ ἰχθυοπώλασ τοὺσ κάκιστ' ἀπολουμένουσ
> ἐπὰν ἴδω κάτω βλέποντασ, τὰσ δ'ὀφρῦσ
> ἔχοντασ ἐπάνω τῆσ κορυφῆσ, ἀποπνίγομαι; ibid.

279 B (Baton): ..... οἱ γὰρ τὰσ ὀφρῦσ ἐπηρκότεσ,
> καὶ τὸν φρόνιμον ζητοῦντεσ ἐν τοῖσ περιπάτοισ,

Alciphr. 1.34: Ἐξ οὗ φιλοσοφεῖν ἐπενόησασ, σεμνόσ τισ
> ἐγένου καὶ τὰσ ὀφρῦσ ὑπὲρ τοὺσ κροτάφουσ ἐπῆρασ.

p.91.20 **ut saepe secundis rebus elatus**: as (happens) so often, puffed-up by his prosperity. This is also the opinion of Gall.-Font. (I p. 173). But perhaps still better: as (happened) often (to him), puffed-up etc. (Rolfe I p.266). Incorrectly in my opinion: "aufgebläht durch sein vielfaches Glück (Büchele), which does not fit in with the rhythm of the sentence and the unlikelier connection of saepe with secundis. The second translation also suits the characterisation of a (to Amm.) barbaric and uncontrolled Teuton. On Amm.'s "Antigermanismus" cf. Ensslin, Zur Gesch. schr. etc. (op. cit. I) p. 31 sq.

XII, 5

Decentium Caesarem. Cf. ad 15.5.33 (= III p. 119) and 15.6.4 (= IV p. 8). p.91.20-21
Not to be confused with **Decentius tribunus et notarius** (20.4.2; 20.4.11; 20.8.4).

aequo Marte congressus. Aequo Marte is also said: "von der Gleichheit der p.91.21 Verhältnisse, unter denen man in den Kampf zieht, ohne dass eine der streitenden Parteien vor der andern etwas voraus hat" (Krebs Ant. II p. 60). Cf. Caesar b.g. 7.19.3; Curt. Ruf. 4.1.8: De regno, aequo, si vellet, Marte contenderet (sc. Alexander cum Dario); Front. Strat. 2.4.1; and others.

a **et civitates erutas multas vastavit et opulentas.** Note the unusual sequ- p.91.21-22
ence of words, caused by the rhythm of the sentence. The meaning is just: multas et opulentas civitates erutas vastavit. For this traiectio (hyperbaton) cf. Blomgren (op. cit. II) p. 25 annot. 2; Hagendahl abund. (op. cit. I) p. 187 sq.

b **erutas:** to destroy. Cf. Verg. Aen. 2.4 sq.:
>   Troianas ut opes et lamentabile regnum
>   Eruerint Danai;

ibid. 2.610:
>   Neptunus muros magnoque emota tridenti
>   fundamenta quatit, totamque a sedibus urbem
>   eruit ....

Sil. It. Pun. 3.211 sq.:
>   Tantus, perdomitis decurrens Alpibus, atro
>   Involves bello Italiam, tantoque fragore
>   **Eruta** convulsis prosternes **oppida** muris.

Tac. Hist. 4.72: avido milite eruendae civitatis; Seneca Troad. 663, 685 etc. In the meaning of: to dig up, to bring to light, Amm. 29.1.41: Deinde congesti innumeri codices ..... ex domibus eruti variis ut illiciti ...

licentius. For the use of the comparativus cf. ad 14.6.12 (= I p. 96) and ad 14.10.9 (= II p. 107). Besides the use of **licentius** quoted there (14.5.6), cf. et. 17.13.4: sed dum solus licentius fluit ....

nullo refragante. refragari (X suffragari), really, to vote against, in the metaph. sense: "to resist, to stand in the way" does not occur very often in the **latter** meaning. Cf. Curtius Ruf.: 9.5.21: Ptolemaeum, qui postea regnavit, huic pugnae adfuisse auctor est Clitarchus et Timagenes. Sed ipse, scilicet gloriae suae non refragatus, abfuisse se, missum in expeditionem, memoriae tradidit; Quint.; Plin. N.H.; Plin. Epist.; Digesten (cf.

Heum.-Seckel op. cit. p. 499: "von den 19 Digestenstellen, in denen das das Wort begegnet, ist etwa ein Drittel interpoliert; vor Papinian findet sich das Wart nicht"). The derived substantiva **refragatio** and **refragium** do not occur in Amm. (late Latin), though **suffragatio** does. (cf. ad 14.7.7 = II p. 25).

p.91.22-23 **persultavit.** Cf. 25.6.8: ne Saraceni deinceps Assyriam persultarent . . . ; 26.4.5: excitae gentes saevissimae limites sibi proximos persultabant; 26.5.11: ne persultatis Thraciis perduellis iam formidatus invaderet hostili excursu Pannonias; 20.5.4: cum dispersa gentium confidentia post civitatum excidia, peremtaque innumera hominum milia, pauca quae semiintegra sunt reliticta **cladis immensitas persultaret** (a particularly bold personificatio! cf. 17.13.27: persultabat Illyricum furor hostilis; 30.10.2: sedit summatum consilio avulso ponte, quem compaginarat ante **necessitas invadens terras hostilis** . . . .; Blomgren op. cit. II p. 90).

p.91.23 **roborandam** Cf. Cic. de off. 1.31.112: Catoni cum incredibilem tribuisset natura gravitatem, eamque ipse perpetua constantia roboravisset; Cod. Just. 2.55.5.1 (a° 531): sententiam roborare (2 ×); ibid 7.45.14: sententiam roborare (a° 531); Veg. r.m. 1.1: ius, ut ita dixerim, armorum docere, cotidiano exercitio roborare . . . .; ibid. II. 2: Tamen haec ipsa (sc. iussa) si sollemnibus diversisque exercitiis prope cotidie roborentur . .

p.91.23-24 **fuga . . . viribus.** Note the sequence of words and the rhythm of the sentence. (cl. II). Cf. ad 15.2.9 (= III p. 25).

p.91.23 **fuga . . . ducis:** Barbationis sc. Cf. ad 16.12.2.

XII, 6

p.91.24 **scutorum insignia contuentes.** Probably of the soldiers killed or taken prisoner. For the inaccurate and generalising word **scutum** cf. Müller Mil. (op. cit. I) p. 604 sq.

p.91.25 **norant . . . terram.** This rather obscure sentence (and such sentences often occur in Amm.!) means, I believe: norant eos (esse) milites qui permisissent paucis solis suis manibus latrocinalibus (Apul. Amm.) terram diripiendam.

p.91.26 **gradum conferrent.** Cf. ad 16.12.3; Fesser p. 52.

p.91.27 **quae anxie ferebat.** Sall. b. Iug. 82: nobis satis cognitum est illum magis honore Mari quam inuria sua excruciatum neque tam anxie laturum fuisse si adempta provincia alii quam Mario traderetur; Fesser (op. cit. I) p. 3 sq.: "Ammian und Sallust" (with the lit. quoted there).

digresso periculi socio: Barbatio

a **quod trudente ipsa necessitate ..... occurrere cogebatur** = quod .... occurrere cogeretur (coniunct. obliquus) or: quod ipsa necessitas truderet (coniunct. obl.) se ut occurreret etc. The baroque abundance of words is typical of Amm.
b For the use of **quod** cf. ad 14.7.14; 14.10.14; 14.11.7. Cf. et. Reiter (op. cit. I) p. 41 sq. (very thorough).
c **trudente.** Cf. 14.10.4: Unde Rufinus, ea tempestate praefectus praetorio, ad discrimen trusus est ultimum. Ire enim ipse compellebatur etc.; Cod. Theod. 12.1.6: Si enim decurio clam actoribus atque procuratoribus nescientibus alienae fuerit servae coniunctus et mulierem in metallum trudi sententia iudicis iubemus etc.
d **licet fortibus.** Cf. ad 14.1.5 (= I p. 59).
e **populosis** Cf. 24.4.30: civitas ampla et populosa. late Latin = celeber, frequens. Cf. Krebs Antib. II p. 324 (with lit.). Among others Apul. Apoll. Sid. Veget. r.m. 3.19: contra quem alter populosior vel fortior inmittitur globus (= Lang. p. 105).

XII, 7

a **Iamque solis radiis rutilantibus tubarumque concinente clangore.** Note the alliteration.
b **rutilantibus.** Poetic word. Cf. Hagendahl St. Amm. p. 65 sq.; Souter p. 359; 18.6.22: regem vestis claritudine rutilantem; Cod. Iust. (de testamento militis) 6.21.15: .... si quid in vagina aut in clipeo litteris sanguine suo rutilantibus adnotaverint etc.
c **tubarumque concinente clangore.** Cf. Verg. Aen. 2.313:
    exoritur clamorque virum clangorque tubarum;
ibid. 8.526: Tyrrhenusque tubae mugire per aethera clangor;
ibid. 11.192: it caelo clamorque virum clangorque tubarum; Liv. 9.32.6: clamor ab Etruscis oritur concinuntque tubae et signa inferuntur; Iust. Phil. 24.6.8; Veget. r.m. 4.12: in spem deditionis formidinem geminant tubarum strepitu hominumque permixto; Amm. 14.1.1: nondum tubarum cessante clangore. Claud. 10.194 (de nupt. Hon. et Mar.)
    Fas sit castra meis hodie succumbere signis
    Tibia pro lituis et pro clangore tubarum
    Molle lyrae, faustumque canant.
d for **tuba** cf. ad 14.1.1 (= I p. 105).

p.92.2 **lentis incessibus.** Cf. 15.10.5: Hieme vero humus crustata frigoribus et tamquam levigata ideoque labilis incessum praecipitantem impellit (= gait, walk), 17.10.3: Et quia vultus incessusque supplicem indicabat (similar meaning); but here: march. Thus also Veget. r.m. III. 12: Nam fiducia vel formido (sc. militum) ex vultu verbis incessu motibus cernitur.

p.92.2-3 **equestres .... turmae.** Cf. ad 15.4.10 (= III p.64).

p.92.3 **Catafractarii.** Cf. ad 16.2.5 and 16.10.8.
Sagittarii. Belong to the auxilia and are élite troops, mounted and probably Orientals (Armenians?). Cf. 18.9.4: Aderat comitum quoque Sagittariorum pars maior, equestres videlicet turmae ita cognominatae, ubi merent omnes ingenui barbari, armorum viriumque firmitudine inter alios eminentes (**equestris** Mommsen seems not right to me); 20.7.1: Ad cuius tutelam (sc. Bezabdis) tres legiones sunt deputatae, secunda Flavia secundaque Armeniaca et Parthica itidem secunda cum **sagittariis** pluribus **Zabdicenis** in quorum solo tunc nobis obtemperantium hoc est municipium positum; 29.5.20, 22, 24; 31.12.16; but 31.12.2: **pedites** sagittarii and 30.1.11: sagittarii mille succincti et leves sent off to take the king of Armenia prisoner, are also probably infantry-men.
In the Not. Dignit. Or. VI (Seeck p.17) is written: sub dispositione viri illustris magistri militum praesentalis: Sagittarii seniores **Orientales** and Sagittarii iuniores **Orientales.** Furthermore ibid. passim (cf. index Seeck N.D. p.319, 325). Cf. et. Müller Mil. (op. cit. I) p.585 sq.; Grosse Mil. (op. cit. I) p.94 sq.; Vales. in ed. Wagner II p.226 sq.

p.92.3-4 *a* **formidabele genus armorum.** Cf. 22.8.19: progenies ..... populis diversarum originum formidabilis; 16.12.45; 23.6.55; 29.5.38. Originally a poetic word, first used by Ovid. Cf. Hagendahl St. Amm. p.43.
b Galletier-Fontaine I. p.174: "redoutables par la nature de leur armement", incorrect, in my opinion. **Arma** is abstractum pro concreto. Cf. ad 14.5.16 (= III p.96); 14.8.13 (= II p.80). One should compare the term in Amm.: magister **armorum** (cf. ad 15.5.36 = III p.124) and the term **armaturae,** also a "genus armorum".

XII, 8

p.92.4 **loco.** Cf. 16.11.11 and 16.11.14: Tres Tabernae and surroundings.

p.92.4-5 **promota sunt signa.** It is remarkable how with Veget. promovere occurs only once in its literal sense (IV 20: ad quem die postero turris fuerat promovenda), while at all other times it always means: to promote. This latter meaning also with Amm. e.g. 26.5.2: et Valentiniano quidem, cuius arbitrio res gerebatur, Iovinus evenit, dudum **promotus** a Iuliano, per Gallias magister armorum, et Dagalaifus, quem militiae rectorem **provexerat** Iovianus; in orientem vero secuturus Valentem, ordinatus est Victor, ipse quoque iudicio principis ante dicti **provectus,** cui iunctus est Arintheus (note the variatio). Cf. et. Krebs Antib. II p. 399. Cf. et. Curt. Ruf. 3.11.6: Tum demum ergo promovebant **gradum** cum hostem prostraverant.

Whether **promovere signa** is to Amm. the usual mil. term. techn. or a literary reminiscence or his own invention, I would not like to say. But the usual expression is: **signa proferre.** For **signum** cf. et. ad 15.5.16 (= III p. 96).

adusque. Cf. Krebs Antib. I p. 103 (with the lit. quoted there). Via Catullus, Vergilius, Tacitus to late Latin. Cf. ad 14.7.17 (= II p. 42). With Amm. it is used: 1. locally, e.g. 15.8.18: adusque locum duabus columnis insignem; 2. temporally, e.g. 16.1.4: adusque spiritum ... supremum; 3. metaphorically, e.g. 22.9.8: non nulli sine respectu periculi agentes ad usque rabiem; 31.2.6 (the Huns) et inclinatus cervici angustae iumenti in altum soporem adusque varietatem effunditur somniorum (= he sinks into a sleep so deep that it is accompanied with numerous dreams: indicating the result). Cf. et. Reinhardt (op. cit. I) p. 53; Liesenberg (1890) (op. cit. I) p. 10. **Abusque:** 19.4.4. **Nunc usque** (= ἄχρι νῦν): 14.2.13; 17.4.2; 26.3.5; 27.7.5; 31.7.16.   p.92.5

Not with Amm. adusque = funditus, penitus. Cf. B.J. de Jonge, Ad Apul. Metam. L. II comment. p. 109.

vallum barbaricum. Cf. ad 16.11.6; 16.11.14. Müller Milit. p. 614 translates here and 16.11.14 (Gallico vallo) with: "das (Gallische) Heer". But 16.11.6 vallum Barbationis with: Verteidigungslinie. I can not accept the meaning: **army,** though that of **castra** is acceptable. Cf. 22.4.8: Notum est enim sub Maximiniano Caesare vallo regis Persarum direpto (and less certain: 25.6.1; 27.2.5; 31.9.1).

a **quarta leuga signabatur et decima.** For **leuga** cf. ad 15.11.17 (= IV p. 74). Note also the placing of the words (trajectio) and the clausula (II).   p.92.5
b **signabatur:** is indicated by a milestone. I do not believe the verb after **signa** to have been placed accidentally.

utilitati ... caesar. Note the alliteration.   p.92.6-7

179

p.92.7 *a* **procursatoribus iam antegressis.** No objection at all against the version **ante egressis** by V. B. G. Pighi. **Antegressis** Vales. Clark. **Egredior** is term. techn. mil. often found in Caes. Liv. Sall. Veget. r.m. etc.

b **procursatoribus.** Also mentioned 23.3.4; 24.1.10; 24.3.1; 24.5.5: skirmishers. Naturally often mounted troops, e.g. 24.3.1: procursatorum partis nostrae tres turmas. Cf. Liv. 42.64.6: Breve certamen levis armaturae maxime cum procursatoribus fuit. Vegetius r.m. does not use the word or avoids using it. The following passage illustrates this: (III 20 Lang. p. 107) Praeterea, si multitudine adversarius antecedit, a lateribus aut dextram aut sinistram alam circumvenit. In quo periculum magnum est nisi **supernumerarios** (only late Latin) habeas, qui **procurrant** hostemque sustineant.

p.92.7–8 **indictaque solitis vocibus quiete.** = solito modo, without any difference. Cf. Hagend. St. Amm. p. 77.

quies here: ± silentium. Cf. Tac. ann. 1.25: murmur incertum, atrox clamor et repente quies.

p.92.8 **cuneatim circumsistentes.** For **cunei** cf. ad 16.11.5 (p. 88.29). Cf. et. 25.6.7; 31.16.5; Müller Mil. p. 575. For **cuneatim** cf. 24.2.14: imperator... cuneatim stipatus; 27.1.1: cuneatim egressa multitudo (sc. Alamannorum) licentius vagabatur; (and very peculiar) 30.1.5: (Papa rex Armeniorum) **egressus cuneatim** properabat intrepidus (= egr. cuneatim stipatus); 31.2.8: ineuntes proelia cuneatim.

circumsistentes = bystanders. Here used as a substantive.

adloquitur. alloqui and **allocutio** (Tac. hist. 3.36: alloquium) special term for the addressing of soldiers, to put some heart into them, to encourage them etc. Cf. Eckhel (op. cit. I) 9 p. 840 sq. (quoted by Georges); Müller, Mil. p. 625 sq. Cf. et. Krebs Antib. I p. 147 sq. (who does not distinguish the military use).

Allocutio not in Amm. and Veget.

p.92 8–9 *a* **genuina placiditate sermonis.** Cf. 26.7.17. Hac sermonis placiditate molliti omnes qui acriter venerant pugnaturi. In an exceptional meaning: Has terras (sc. Thraciarum) immensa quondam camporum placiditate aggerumque altitudine fuisse porrectas Homeri perennis auctoritas docet (= plain, smoothness) (27.4.3). Liesenberg compares Gell. 10.25.5: placidae (= flat ships).

b **genuinus.** Here. innate: Cf. Cic. de re publ. 2.15(29): ac tamen facile patior nos esse non transmarinis nec importatis artibus eruditos, sed genuinis domesticisque virtutibus.; Dig. 43.29.3.4: si eum quis retineat filium, quem non habet in potestate, plerumque sine dolo malo facere videbitur; **pietas** enim **genuina** efficit sine dolo malo retineri, nisi si evidens dolus malus intercedat (of the natural pietas between father and son); (of the obligatory profession inherited by birth) Cod. Theod. 14.4.10: Quibus cum lege concedimus, ut corpora (sc. of the pecuarii and suarii) externa (= antea dissociata) iungamus e re est ut his quoque suas reddi iubeamus personas; quas rescissis omnium privilegiis, vinculis, gratiosis sententiis (si quas in abolitionem **genuinae functionis** callida fraude meruerunt) restitui (sc. facias) cum facultatibus suis, posthabita dilatione. (a° 419); Gell. 2.2: sed cum extra rem publicam in domestica re atque vita sedeatur, ambuletur, in convivio quoque familiari discumbatur, tum inter filium magistratum et patrem privatum publicos honores cessare: **naturales et genuinos** exoriri. (both adj. here practically synonymous).

XII, 9

For this speech and its listeners cf. Pighi N. St. Amm. p. 101 sq. (thorough, but too hypothetical in some places). *p.92.10*

a **Urget ratio salutis tuendae communis.** Ratio here ± : cura Cf. Claud. *p.92.10* 29. 208 sq. (Laus Serenae):

    Haud aliter Stilicho, fremuit cum Thracia belli
    Tempestas, cunctis pariter cedentibus, unus
    Eligitur ductor. Suffragia quippe peregit
    Iudex vera timor. Victus **ratione salutis** (sc. communis)
    Ambitus et pulsus tacuit formidine livor (invidia).

Cf. et. Cic. ad fam. 10.2.2: peto a te ut me **rationem** habere velis et **salutis** et dignitatis meae. But **ratio (= cura) + genit. of the gerundivum** seems to me a very rare construction.

b **urgere** c. acc. c. inf. Tac. Ann. 11.26: cum abrumpi dissimulationem etiam Silius ... urguebat (= urged it, without personal objective). Cf. Krebs Antib. II p. 698.

a **ut parcissime dicam.** Cf. Cic. pro Mur. 29: In qua (sc. arte dicendi) si *p.92.10* satis profecissem, parcius de eius laude dicerem; Stat. Theb. II 420 sq.:

    ..... in medios si comminus orsa tulisses
    Bistonas aut refugo pallentes sole Gelonos
    parcior eloquio et medii reverentior aequi
    inciperes ..... (= parcius eloquentia)

Cf. Comm. Mulder ad. Theb. II v. 422, 176 Cf et. Krebs Antib. II p. 241.

This meaning in general non-classical and late Latin (small, little, scanty). The superlative of the adverbium with this meaning very rare. Also Dig. 1.18.16: ... parcissime ius dicatur

b Fletcher, Rev. de philol. LXIII, 1937, p. 389 quotes: decl. CCCXL ut parcissime dicam (Quint. inst. orat. X.1.101).

p.92.10-11 *a* **non iacentis animi caesarem.** For the geni . qualitatis cf. Hofm.-Leum. p. 397 sq. (with lit.); Hassenstein p. 7; Liesenberg (1890) p. 1; Svennung Pall. (op. cit. II) p. 212 sq.; Amm. Marc. 19.3.1: Ursicinus .... auctoritatis tunc in regendo milite potioris. Possibly iac. an. here a Grecism.

b Cf. Cic. de amic. 16(59): .... sed potius eniti et efficere, ut amici **iacentem animum** excitet inducatque in spem cogitationemque meliorem; Cic. ad Att. 7.21.1: Cn. autem noster – o rem miseram et incredibilem! – ut totus **iacet**! Non **animus** est, non consilium etc.; ibid. 12.23.2: et ut scias me ita dolere, ut non iaceam. (= to be depressed, disheartened).

c formally **iac. an.** may be a genit. qual., syntactically its value is "heavier", which can be seen from the following paraphrase: Urget r. s. t. comm ..... **non iacens animus** caesarem ut hortetur vos et oret etc.

p.92.11 **conmilitones.** Also in the allocutio e.g. 21.5.2; 14.10.13. But it is often varied: optimi rei publicae defensores (15.8.5); propugnatores mei reique publicae fortes et fidi (20.5.3); viri fortissimi (27.6.7); amantissimi viri (21.13.10); fortissimi milites (23.5.16); Romanae rei fidissimi defensores (17.13.26). Cf. et. Krebs Antib. I p. 302 (with lit.); Dig. 29.1.1 (de testamento militis); ibid. 49.16.12.2; **not** in Veget. r.m.

p.92.12 **adulta robustaque virtute.** This word combination unknown to me from other sources. Cf. Cic. Tusc. 4.23(51): haec cum constituta sunt iudicio atque sententia tum est **robusta** illa et stabilis **fortitudo**; Cic. de fin. 5.5(12): Theophrastum tamen adhibeamus ad pleraque, dummodo plus in **virtute** teneamus quam ille tenuit, firmitatis et **roboris**; Tac. Dial. 25 (for the use of **adulta**): cum fatear quaedam eloquentiae eorum ut nascenti adhuc nec satis adultae defuisse.

p.92.13-14 *a* **non praeproperam et ancipitem.** Cf. 31.12.10: signa praepropere commoventur. Cic. Liv. Val. Max. Sil. It.

b Cf. Cic. Somn. Scip. 2.4: Sed eius temporis **ancipitem** video quasi fatorum **viam**; Ovid. Metam. 14.438:
> **Ancipites vias** et iter Titania vastum
> Dixerat et saevi restare pericula ponti.

XII, 10

ut enim ... consultam. Note the parallelism in this passage.

regibilem. Cf. 19.7.8; 24.3.8; 27.10.9. Probably only occurring in Amm. For the adj. ending in -bilis cf. Liesenberg (op. cit. I) 1888 p. 24 sq.
consultam: well-considered, deliberate, careful. Thus also the adverbium **consulte** in the Digests and the **adj.**: among others in the Cod. Iust. 9.44.1: quarta bonorum omnium parte multatus aculeos consultissimae legis incurrat ...

arbitrium = judgment (of a free and reasonable man); as more often.
iustaque sustinet indignatio = et iusta indignatio (hostium) (vestra) sustinet (id audire, quod censeo). **Sustinet** = "potest exspectare" (Pighi).

a **paucis absolvam:** I will explain in a few words. Cf. ad 15.1.1. (= III p. 5).
b **paucis.** The reader cannot help smiling at the following address, set in flowery and poetic language.
c for the **factual content** of the following cf. Pighi N. St. Amm. p. 106 sq. (27 and 28).

XII, 11

dies in meridiem vergit Cf. Curt. Ruf. 4.7.22: quoque propius nox vergit ad lucem, multum ex nocturno calore decrescit; Nepos 5.2.5: His ex manubiis arx Athenarum, qua ad meridiem vergit, est ornata; Liv. 44.36 (see below).

lassitudine nos itineris fatigatos. Cf. 19.8.6: sed **fatigato** mihi **lassitudine** gravi levamen impendio tempestivum; Apul. Met. 4.24: corporis **lassitudine** iam **fatigata**; Fletcher, Rev. de Philol. LXIII, 1937, p. 394.

a **scrupulosi tramites excipient et obscuri.** Cf. ad 16.12.5 for the placing of the words.
b **scrupulosus.** Cf. Cic. Tusc. 4.14(33): .... ex quibus quoniam tamquam ex scrupulosis cotibus enavigavit oratio, reliquae disputationis cursum teneamus ....; Pacuv. tr. 252: specus scrupulosa; Donat. ad Terent. Andr. 5.4.37 viae scr.; Plin. N. Hist. 15.25: ceterae (sc. castaneae) suum pabulo gignuntur, scrupulosa corticis intra nucleos quoque ruminatione. Cf. et. ad 16.7.9 (p.80.11) c.
c **trames.** In the general sense of: **road, path** poetic word. Verg. Hor.

Prop. Ovid. Stat. Here also. Cf. et. Sall. b. Jug. 48.2: per tramites occultos exercitum Metelli antevenit; Sall. b. Cat. 57.1: uti per tramites occulte perfugeret in Galliam Transalpinam.

p.92.19 **Senescente luna.** Cf. Cic. Div. 2.14(33): ostreisque et conchyliis omnibus contingere, ut cum luna pariter crescant, pariter decrescant; arboresque ut hiemali tempore, cum luna simul senescentes, quia tum exsiccatae sunt, tempestive caedi putentur; Varro r.r. 1.37 (Keil p. 173): Quaedam facienda in agris crescente luna quam senescente ...; Liv. 44.37.7: Itaque quemadmodum, quia certi solis lunaeque et ortus et occasus sint, nunc pleno orbe, nunc senescente exiguo cornu fulgere lunam non mirarentur ....; Plin. N.H. 2.9: (luna) crescens semper aut senescens ...; Gell. 14.1: quale est quod oceanus lunae comes cum ea simul senescit adolescitque; Amm. 27.8.4: motus adulescentis et senescentis oceani ...; Amm. 31.2.22 (literal meaning); 24.7.7: et conflagratione procedere vetiti, stativis castris dum flammae senescerent tenebamur.
luna for the role of the moon with Amm., cf. Pighi N. St. Amm. p. 114 c. 31, a fascinating chapter.

p.92.18-19 **nullis sideribus adiuvanda.** Gerundivum = part. fut. pass. Cf. ad 15.5.8 (p. 49.4). Cf. et. 20.11.24: certaturus leviter ibi statuit immorari, alimentis **destituendos** forsitan cedere existimans Persas (here gerundiv. = part. fut. **exact.** pass! Hofm.-Leum. p. 597); Svennung Pall. (op. cit. II) p. 426 sq. (with lit.); Bened. Reg. LVIII (Linderbauer p. 64): .... ut si aliquando aliter fecerit, ab eo (sc. Deo) se damnandum (sc. esse) sciat quem inridit (= se damnatum iri).

p.92.19 *a* **terrae protinus aestu flagrantes.** Cf. Verg. Aen. 3.414 sq.:
  Haec loca vi quondam et vasta convulsa ruina
  –Tantum aevi longinqua valet mutare vetustas–
  Dissiluisse ferunt, cum **protinus** utraque tellus
  Una foret etc.
"protinus una sunt coniungenda, ut significetur terra continens" (Forbiger). Although I am not absolutely sure, I have a strong impression that **protinus** here has been used as an adjective. For this phenomenon (quite common in late and vulgar Latin). cf. Svennung Pall. (op. cit. II) p. 397 sq.; Koziol (op. cit. I) p. 259 sq.; Hedfors (op. cit. I) p. 130 sq.;
b Cf. Liv. 44.36.1–2. Tempus anni post circumactum solstitium erat: **hora diei iam ad meridiem vergebat:** iter multo pulvere et incalescente sole factum erat. **Lassitudo** et **sitis** iam sentiebatur et, meridie instante, magis acces-

surum utrumque adparebat and 44.36.6–7: Tum iam aperte primis ordinibus imperat, metarentur frontem castrorum, et impedimenta constituerent. Quod ubi fieri milites sensere, alii gaudere palam, quod **fessos viae labore flagrantissimo aestu** non coegisset pugnare. The agreements are not accidental, in my opinion.

nullis aquarum subsidiis fultae. In "ordinary" Latin f.i.: = nusquam aquam p.92.19-20
praebentes and without the "poetic pluralis" (Cf. Hagendahl St. Amm. op. cit. I p. 73 sq.): nullo aquae subsidio fultae. Cf. Liv. 9.32.9: Etrusci, quia **nullis** recentibus **subsidiis fulta** prima acies fuit, ante signa circaque omnes ceciderunt. Although many of the profane and religious authors of that age were extremely widely read (sometimes hard to imagine for us "moderns"), one should always keep in mind the possibility of **deliberate** (and often hidden) reminiscences and imitations. It is an intellectual game for these authors which was greatly appreciated. This in no way diminishes Amm.'s originality: among the others he is still in a class of his own.

a **Quae si dederit quisquam commode posse transiri** = quae si quis dederit p.92.20
etc. **Quisquam** here in greatly reduced meaning = aliquis. Cf. Hist. Apoll. Reg. Tyri (Riese p. 83) 40: Apollonius vero putabat se a **quoquam** de suis contemptum esse; Dig. 1.7.17.2: .... deinde cuius vitae sit is, qui velit pupillum redigere in familiam suam: tertio cuius idem aetatis sit, ut aestimetur, an melius sit de liberis procreandis cogitare eum quam ex aliena familia **quemquam** redigere in potestatem suam (where in my view, the original meaning of quisquam **can** be defended, though this is certainly not necessarily so). Cf. et. Hofm.-Leum. p. 483 sq. Similarly one finds in Amm. **aliquis** for **quisquam**. Cf. Liesenberg (1890) p. 8 (op. cit. I).

b **dederit .... posse transiri.** Cf. Ovid. Metam. 11.174 sq.

     ..... nec Delius aures
     Humanam stolidas patitur retinere figuram:
     Sed trahit in spatium, villisque albentibus implet,
     Instabilesque imas facit et **dat posse moveri.**

Mam. Grat. Actio Jul. (= Galletier III p. 32 = Baehrens p. 259) 19.3: Sed haec vetusta **dent** recordari quem ad modum paulo ante honor petitus sit (detur: Schenkl, W. Bährens; det A. H; **dent** X; debent Put. Livin.; taedet, pudet E. Bährens; detur Galletier. In view of the fact that the mss A H and X are comparable, I see no reason why **dent** should not be maintained with the same meaning as in Ovidius above. The above-mentioned scholars have probably not been familiar with the meaning of dare (activum): to contrive, to cause, to enable). Cf. et. Hofm.-Leum. p. 580; Krebs Antib.

1. p. 392, who mistakenly states as follows: "In allen prosaischen Beispielen ausser Vitruv 180,23 faex non modo atramenti sed etiam indici (= Indigo) colorem dabit imitari ist jedoch dare im Passiv gebraucht". Cf. et. Bauer Gr. D. Wörterb. N. Test.² (1928) p. 301 (with comparable meaning).

c note the fact that instead of **quas** (sc. terras) ... **transiri,** there is written **quae .... transiri.** Cf. Cic. ad fam. 9.1.2 (addressed to M. Terent. Varro): Quam ob rem, quoniam placatis iis utor, videor sperare debere, si te viderim, et ea, quae premant, et **ea,** quae impendeant, me facile **transiturum.** The meaning is therefore: to sustain, to recover from. (Remarkably enough, in the anthology compiled by well-known Ciceroniani of Cic. Letters Süpfle-Boeckel[11] (1908), **laturum** is read p. 260 instead **of transiturum.**).

d Cf. Caes. b.G. 5.49.8: Interim speculatoribus in omnes partes dimissis explorat, quo **commodissime** itinere vallem **transire** possit.

p.92.21 **hostium examinibus.** Cf. 21.5.4: Et haec laborum, quos exhausimus, Galliae spectatrices post funera multa, iacturasque recreatae diuturnas et graves, posteritati per aetatum examina commendabunt; 30.4.18: utque pervulgati iuris proferatur lectio una, septem vendibiles introitus praeparant, dilationum examina longissima contexentes; (and as used here) 20.7.15: captivorumque examen maximum; (in its literal meaning of bees) 18.3.1.

p.92.20-21 **ruentibus** = irruentibus. Simplex pro composito. As so often with Amm. List of **simplicia pro compositis** Pighi St. Amm. p. 54 sq. (Amm. as well as other late authors).

p.92.21 *a* **post otium cibique refectionem et potus.** Note the hyperbaton and the alliteration. For the hyperb. cf. et. Kalb, die römische Rechtssprache p. 130 (§ 105).

b Cf. 20.8.6: in laboribus me semper visum omnium primum, in laborum refectione postremum. Cf. Krebs Antib. II p. 488: "**Refectio** kommt nicht vor Seneca vor und ist, in welcher Bedeutung es sei, nachklassisch und spätlat." Cf. et. Goelzer, le Latin de Saint Avit (1909) p. 512, 558, 563, 593, 637.

c **potus** (= the drinking) vere rare in class. Latin. Later also used for **potio** (= the drink itself). The connection: **cibus potusque** often occurs. Cf. Tac. ann. 13.16: illic epulante Britannico, quia cibos potusque eius delectus ex ministris gustu explorabat ...; Curt. Ruf. 7.5.16: At ille, thoracem adhuc indutus, nec aut cibo **refectus** aut potu; Plin. ep. 3.11.6: ... ut nullis laboribus cedat, ut nihil in cibo, in potu voluptatibus tribuat ...; Veg. r.m.

4.30 (= Lang p. 149): ne quando aut potus inopia emergat aut cibi ...; etc. Cf. et. Krebs Antib. II p. 339.

qúid nos ágimus. V B G Pighi. Qúid nos agámus: Clark (clausula I). But irregular or "incorrect" clausulae are found more than once in Amm. Cf. ad 15.5.31 (p. 54. 1–6); Pighi St. Amm. p. 45 sq. p.92.21-22

inedia. Cf. ad 14.7.5 (p. 19.10). Cf. et. 14.2.19: inediae propinquantis aerumnas exitiales horrebant. p.92.22
membris marcentibus. marcere probably chosen for the alliteration (in the clausula), rarely occurs in classical prose, though used by poets, also the later ones such as Claudianus. Cf. 17.10.1: Severus magister equitum, bellicosus ante haec et industrius, repente **commarcuit** (v. commarcesco = to become weak, limp); 31.12.13: et miles fervore calefactus aestivo, siccis faucibus **commarceret,** relucente amplitudine camporum incendiis ... (= to be limp, tired). Cf. et. Lucr. 3.946:
    Si tibi non annis corpus iam marcet et artus
    Confecti languent, eadem tamen omnia restant;
Stat. Silv. Vollmer (comm.) p. 307.

occurramus (sc. hosti) = to attack. Also used by Caesar b.c. 1.69.3: nemo erat adeo tardus aut fugiens laboris, quin statim castris exeundum atque occurrendum putaret; ibid. 3.7.3: neque Bibulus impeditis navibus dispersisque remigibus satis mature occurrit ... p.92.23

XII, 12
a **dispositio tempestiva prospexit** Cf. 19.11.3: Nec enim dispositionibus unquam alterius praefecturae (ut inter omnes constat) ad praesens Arctoae provinciae bonis omnibus floruerunt; 24.6.9: Hinc imperator catervis peditum infirmis medium inter acies spatium secundum Homericam dispositionem praestituit (= formation; also with Veget. e.g. 3.17; 3.26). The meaning here and in 19.11.3 is: settlement, arrangement, organisation, stipulation, etc. Thus there is also a **scrinium (desk) dispositionum,** under the magister provisionum ac dispositionum "C'est le bureau des archives impériales où sont conservés les décrets, lois et ordonnances des empereurs concernant les particuliers et les villes" (Willems op. cit. I. p. 558). p.92.24
b Note the alliteration.

a **statum nutantium rerum.** Cf. 14.5.4: si principis petitur(?) vita, a cuius salute velut filo pendere statum orbis terrarum fictis vocibus exclamabant; p.92.24

15.5.23: illa tamen aequalitas vitae non tantum habet sensum quantum cum ex miseris et perditis rebus ad meliorem statum fortuna revocatur (Cf. Cic. ad Quir. post reditum 1.2); 27.6.14: nusquam a statu naturae discedens intrepidae. Meaning: condition, nature, disposition.

b Cf. Suet. Vesp. 8: ac per totum Imperii tempus nihil habuit antiquius quam prope adflictam nutantemque rem publicam stabilire primo, deinde et ornare; Tac. Hist. 4.52: quippe tanto discrimine urbs nutabat, ut decem haud amplius dierum frumentum in horreis fuerit, cum a Vespasiano commeatus subvenere.

p.92.24-25 **recto consilio in bonam partem accepto.** Cf. Cic. ad Att. 10.3ᵃ: Caesar mihi ignoscit per litteras, quod non venerim, seseque in optimam partem id accipere dicit.

p.92.25 *a* **divina remedia repararunt**
Note the alliteration and the concentrated form **repararunt** clausulae causa (cl. III).

b **divina remedia:** literally: deorum remedia. On the role of the human mind, "planning" and fatum (fortuna), divine powers, etc. cf. Ensslin Klio XVI (1923) (op. cit. I) p. 72 sq. Cf. 24.3.6: Haec vobis cuncta poterunt abundare, si imperterriti deo meque (quantum humana ratio patitur) caute ductante, mitius egeritis; 17.8.2: Sed ut est difficultatum paene omnium diligens ratio victrix ...; 21.1.1: Iulianus agens apud Viennam, firmandis in futura consiliis, dies impendebat et noctes; 21.5.2: vos aestimo ... hoc operiri consilium, ut eventus qui sperantur, perpendi possunt et praecaveri. Cf. et. P.M. Camus, A.M., p. 133 sq. (1967).

p.92.26 **hic.** Cf. ad 12.8: **loco.**
quaeso. Cf. ad 14.10.11 (= II p. 107).
vallo fossaque. Cf. Müller Mil. (op. cit. I) p. 614; ad 16.11.14.
Vegetius r. mil. 1.21 (= Lang p. 25) says about the **munitio castrorum:** Sed huius rei Scientia prorsus intercidit; nemo enim iam diu ductis fossis praefixisque sudibus castra constituit; but this is in contradiction with this passage and many others in Amm. Nevertheless, military discipline is failing in this respect and particularly fatal is the fact that towns often serve as **hiberna,** a severe plague for the inhabitants, especially those living in the border regions. Cf. 30.5.14: (Valentinianus) commoda quaerebat hiberna, nullaque sedes idonea reperiri praeter Savariam poterat, quamvis eo invalidam tempore, assiduisque malis afflictam.
divisis vigiliis. Cf. ad 14.3.2 (= I p. 120).

quiescamus. In connection with the following **somno** the meaning: sleep may be considered here, although this is not necessary. This meaning e.g. 21.1.12: ... cum animantis **altius quiescentis** ocularis pupula neutrubi inclinata, rectissime cernit.

a somnoque et victu congruis potiti pro tempore p.92.27
victus = victuals, food. Cf. 14.2.12: Ibi **victu** recreati et **quiete**; 14.4.6: victus universis caro ferina est; but: livelihood 14.4.3: aut arva subigendo quaeritat victum.
b **congruus.** Cf. 16.12.32: propulsemus (propellamus) fortitudine congrua illisa nostris partibus probra (fitting, proper); 29.5.15: Qui quoniam suscepti lenius pollicitique victui congrua militibus (= ± necessary victuals, foodstuffs, that which is necessary for one's subsistence). In connection with the latter meaning **congruus** should not, in my view, be connected with **pro tempore,** but should be translated with: necessary, required. The word is both early and late Latin, while for the rest it is not found very often. Cf. Krebs Antib. I 331 (with lit.). Also in the Digests and Cod. Theod.

a **pace Dei sit dictum.** Concerning a kind of pagan monotheism, also with p.92.27
Amm., cf. Ensslin Klio 1923 (op. cit. I) p.48 sq. Though I do not believe that it makes much difference if **pace deorum** would have been written here. Rather it is characteristic that **deorum** can be replaced by **dei.**
b Cf. Cic. nat. deor. I 28(79):
>Pace mihi liceat, caelestes, dicere vestra,
>Mortalis visu'st pulchrior esse deo.

Ovid. am. 3.2.59 sq.:
>Quod dea promisit, promittas ipse, rogamus:
>Pace loquar Veneris, tu dea maior eris.

Paneg. IV Constantio dictus (= Galletier I p.89): Insultare hercule communi Galliarum nomine libet et quod pace vestra loquar ipsis triumphum assignare provinciis; Arnob. 1.4: nam quod nobis obiectare consuestis bellorum frequentium causas, vastationes urbium, Germanorum et Scythicas inruptiones, cum pace hoc vestra et cum bona venia dixerim, quale sit istud quod dicitur calumniarum libidine non videtis (Reiffersch. p.7); Krebs. Antib. II p.263.

a **triumphaturas aquilas et vexilla victricia.** For the banners cf. ad 15.5.16 p.92.27-28
(= III p.96 sq.).
b Note the alliteration.
c For the **personificatio** cf. Blomgren (op. cit. II) p.94.
d **victricia.** Cf. 23.6.9: hae nationes ... non numquam abiere **victrices.**

p.92.28 *a* **primo lucis moveamus exordio.** For the **hyperbaton** cf. ad 16.12.5
b Cf. 26.1.9: Tertius (annus) a prima vigilia **sumens exordium** ad horam noctis extenditur sextam (Cf. Krebs Antib. I p.549 with lit.). = **exorsa** (pl.), cf. 14.11.26; 17.7.14.

XII, 13

p.92.29 **nec (ea) finiri perpessi quae dicebantur, Perpetior** c. acc. c. infin. **pass.** also Terent. Eun. 3.5.3 sq.:
> Nunc est profecto, interfici quom perpeti me possum,
> ne hoc gaudium contaminet vita aegritudine aliqua.

Ovid. Met. 3.621 sq.:
> "Non tamen hanc sacro violari pondere pinum
> Perpetiar;" dixi "pars hic mihi maxima iuris."

p.92.29–p.93.1 **Stridore dentium infrendentes: gnashing** (of the teeth), as, for instance also 17.13.10: et cadentes insuperabili contumacia barbari non tam mortem dolere quam nostrorum laetitiam, horrendo stridore monstrabant; 31.13.4 (a comparable passage): videreque licebat celsum ferocia barbarum, genis stridore constrictis (= grin).
b Cf. Verg. Aen. 3.664 (Polyphemus): dentibus infrendens gemitu; Stat. Theb. 8.577 sq.:
> mox ignotum armis ac solo corpore mensus
> Tydea non timuit, fragilique lacessere telo
> Saepius infrendentem aliis aliosque sequentem
> ausus erat.

Extremely rare compositum.

p.93.1 *a* **ardoremque pugnandi hastis inlidendo scuta monstrantes**
nam contra cum hastis **clipei** feriuntur, irae documentum est et doloris (15.8.15). Cf. IV p.39; I p.117.
b For **inlidendo** cf. 15.8.15: scuta genibus **illidentes**; Val. Flac. Argon. 7.584 sq.:
> ...... sed non incendia Colchis
> Adspirare sinit: clipeoque inliditur ignis
> Frigidus et viso pallescit flamma veneno.

Mulom. Chir. 328 (= Oder p.98): si quod iumentum ydrofobam patietur, in pariete inlidet se, sitiebit et timebit aquam; Dig. 9.2.7.7: ...... quemadmodum si quis puerum saxo inlisisset; Cic. Verg. Horat. Lucr. Tac. Suet. Plin. N.H. Quint. Val. Flacc. (very often). Claud. etc.
c **scuta.** Cf. ad 14.10.8 (= II p.105); Müller Mil. (op. cit. I) p.604 sq.

a **in hostem se duci iam conspicuum exorabant.** Cf. Tac. Ann. 11.10: .... adegit Parthos mittere ad principem Romanum occultas preces, quis permitti Meherdatem patrium ad fastigium **orabant** (cf. ibid. 12.27: Sed Agrippina..... in oppidum Ubiorum, in quo genita erat, veteranos coloniamque deduci **impetrat** ....); Hofm.-Leum. p. 585; Suet. Eccl.

b **conspicuus,** here **visible,** not: conspicuous. Similarly in Ovid. trist. 4.10.107 sq.:

> Totque tuli casus pelago terraque, quot inter
> Occultum stellae conspicuumque polum;

Front. Strat. 2.12.3: (Chares) complures ex eis quos habebat, per aversam partem nocte missos (sc. castrorum), iussit, qua praecipue **conspicui** forent **hostibus,** redire in castra et accedentium novarum virium speciem praebere; Plin. N.H. 2.10(13); Curt. Rufus 5.2.6: ... ergo perticam, quae undique **conspici** posset, supra praetorium statuit, ex qua signum eminebat pariter omnibus **conspicuum:** observabatur ignis noctu, fumus interdiu; etc. The two meanings are not always clearly distinguished in commentaries and translations, particularly because the former is less "conspicuous".

caelitis Dei favore fiduciaque sui et fortunati rectoris expertis virtutibus freti.

a For **dei** cf. ad 16.12.12 (pace dei etc.)

b Note the alliteration (f).

c **fortunati.** On **fortuna** cf. (general) Ensslin, Klio 1923, (op. cit. I) p. 70 sq. In the minds of soldiers the fortuna of their general is of exceptional significance. This is no empty epitheton, therefore.

d **caelitis** "Caelites, die Himmlischen, die Götter, ist nicht nur poet. lat. für **caelestes,** dii, sondern kommt auch pros. nach-klass. und besonders spätlat. vor ... Singularische Formen wie caelitem, caelitis sind poet. lat. u. spätlat." (Krebs Antib. I p. 248 sq.). Cf. Hagend. St. Amm. p. 42; Thes. III 66 sq.; ad 15.8.10 (= IV p. 34). With Amm. also 25.3.17: ‹animum› tamquam a cognatione caelitum defluentem.

e Cf. Veget. r.m. 3.10 (= Lang p. 91): ... quatenus (= ὅπως) in huius modi certaminibus **sui fiduciam** colligant.

f **freti.** Cf. 16.9.4; 16.12.13; 16.12.47; 17.8.2; 17.13.27; 18.5.7; 18.5.8; 20.9.5; 21.2.2; 21.14.5; 26.8.7; 28.1.2; 31.3.3. A solemn word, already unusual in Vergilius' time. Cf. Fesser (op. cit. I) p. 56 (with lit.).

exitus. Cf. 14.11.26; 15.11.16; 20.8.13; 22.2.5; 25.6.5. = exit; finish, end.

a **salutaris quidam Genius praesens.** Cf. 21.14.2 sq.: Post haec confessus est (Constantius) iunctioribus proximis, quod tamquam desolatus, secretum aliquid videre desierit, quod interdum **adfuisse** sibi squalidius aestimabat et putabatur genius esse quidam, **tutelae salutis adpositus,** eum reliquisse mundo citius digressurum. Ferunt enim theologi in lucem editis hominibus cunctis, **salva firmitate fatali,** huius modi quaedam velut actus rectura **numina** sociari, admodum tamen paucissimis visa, quos **multiplices auxere virtutes.** (also § 4 and § 5 are of great importance for the Genius-image with Amm.). The deliberate or unintentional vagueness of Amm. in religious matters make it impossible to establish whether Julianus' genius is appearing here or the genius publicus is meant. Cf. 20.5.10: Nocte tamen, quae declarationis Augustae praecesserat diem, **iunctioribus proximis** rettulerat imperator, per quietem aliquem visum, ut formari **Genius publicus** solet; 25.2.3 ... vidit (sc. Iulianus) **squalidius** ut confessus est **proximis,** speciem illam **Genii publici,** quam cum ad Augustum surgeret culmen, conspexit in Galliis, velata cum capite Cornucopia per aulaea tristius discedentem. Cf. et. Ensslin Klio 1923 (op. cit. I) p.62 sq. (though the allocation of sources should be viewed very critically!), with lit.; W.F. Otto, P.W. VII 1155–1170.

b **salutaris.** = beneficial, salutary. A religiously tinted word, which in Eccl. and in the Sacrae Scripturae acquires the meaning of: bringing **eternal salvation.** Cf. Krebs Antib. II p.530 (= σωτήριοσ).

c **praesens.** Cf. Cic. Tusc. 1.12(28): .... et apud Graecos indeque perlapsus ad nos et usque ad Oceanum Hercules tantus et tam **praesens** habetur deus; Cic. de nat. deor. 2.2(6); 3.5(11): At enim **praesentes** vidimus deos, ut apud Regillum Postumius, in Salaria Vatinius; etc. Krebs Antib. II p.362.

p.93.4 **dum adesse potuit.** For the **indicativus** after **dum** (= as long as) cf. 14.6.3; 31.13.8. More usual: poterat. For **dum** cf. ad 14.10.1; Ehrismann. (op. cit. I) p.46 sq.

XII, 14

p.93.5–6 *a* **plenus celsarum potestatum adsensus**
For **potestatum** cf. ad 14.10.10 (= II p.107). Cf. et. 21.1.8: et **substantiales potestates** ritu diverso placatae, velut ex perpetuis fontium venis, vaticina mortalitati suppeditant verba ... (here: higher powers, spirits, δαίμονεσ: for **substantialis** cf. 14.11.25: subst. tutela (Adrastia)); Dig. 27.9.3.1: Pignori tamen capi iussu magistratus vel praesidis vel alterius **potestatis** et distrahi fundus pupillaris potest (= civil servant; thus more often in Dig. and Cod. Iust.); Koziol (op. cit. I) p.254 sq. (abstracta in pl. v. concreta).

b **plenus** = fully, completely. This meaning, also classical, rather often in legal texts. Cf. et Mulder Comm. Stat. Theb. (1954) p. 300 and p. 343.

a **Florenti praefecti praetorio.** Flavius Florentius, cs. 361, 357–360 praef. p.93.6
praetorio Galliarum. Strained relations with Julianus. Flees to Constantius when Julianus is proclaimed emperor. The former appoints him praef. praet. Illyrici and cs. (361). When Julianus invaded Illyricum, he fled into hiding and was condemned to death in absentio. He emerged only after Julianus' death. Already mentioned in 346 as an influential comes of Constantius, who writes to Athanasius to persuade him to return to Alexandria. Cf. Seek B.L.Z.G. (op. cit. I) p. 156 sq. Not to be confused with many homonyms. (cf. Seeck ibid.).

b For **praefecti praetorio** cf. ad 14.7.9 (= II p. 30). For **Illyricum** cf. ad 14.7.9 (= II p. 32.) For **Galliae** cf. ad 15.11.1–18 (= IV p. 57). For **Athanasius** cf. ad 15.7.7 (= IV p. 19 sq.).

periculose quidem sed ratione secunda pugnandum esse censentis. p.93.6–7
Interpreted correctly by Büchele: "... dessen Meinung dahin lautete, dass eine Schlacht jetzt zwar mit Gefahr verbunden, aber **durch gute Gründe** geboten sei", etc. Wrongly, in my view, Galletier-Fontaine: "qui pensait qu'il y avait un risque à livrer bataille, mais qu'il fallait le faire **dans ces conditions favorables**", etc. As so often with Amm., the literal translation does not result in a good sentence. It is better to give the sentence in classical Latin: censentis (utique) pugnandum esse [ratione secunda] (ei secum cogitanti fore ut pugnaretur) periculose quidem (sed) secundo (eventu) (probabili); for not the ratio is secunda, but the **results** of the ratio (rational deliberation) may be favourable.

dum instarent barbari conglobati p.93.7–8
a For **dum** cf. ad 12.13; cf. et. Reiter (op. cit. I) p. 63 (**dum c. indic.** in orat. obl.)
conglobati. Often found in Liv. referring to soldiers. Cf. et. Sall. Jug. 97.4; Vegetius r. mil. 1.26 (= Lang p. 27): necubi contra quam expedit aut conglobent agmen aut laxent (sc. tirones); ibid. 3.6 (= Lang p. 78): ne dispersi (sc. calones) longius aut conglobati amplius quam expedit inpedirent suos hostibusque prodessent.
c **instarent:** V B G. Pighi. Starent: Haupt, Clark, Gall.-Font. I see no reason to alter the version given by the ms.

a **si diffluxissent** = indic. fut. exact. orat. rectae, correctly used. p.93.8
b Cf. Lucr. 3.196 sq.:

>namque papaveris aura potest suspensa levisque
>cogere ut ab summo tibi **diffluat** altus **acervus.**

Dig. 43.22.1.9: Coercere aquam est continere sic, ne diffluat, ne dilabatur, dummodo non permittatur cui novas quaerere vel aperire ... conglobare × dissipari (= diffluere.)

p.93.8 **motum** = revolt, rebellion, Cf. 14.6.1: Quo (Orfito) administrante **seditiones** sunt concitatae graves ob inopiam vini, cuius avidis usibus vulgus intentum, ad **motus** asperos excitatur et crebros; but **march:** 14.2.9: raptim igitur properantes ut motus sui rumores celeritate nimia praevenirent.

p.93.8-9 *a* **nativo calore propensioris** Cf. Claud. 28.223 sq.:

>Ipsum te caperet letoque, Alarice, dedisset
>Ni **calor** incauti male festinatus Alani
>Dispositum turbasset opus;

Ibid. 45 (hystrix) 18 sq.:

>..... crebris propugnat iactibus ultro
>Et longe sua membra regit, tortumque per auras
>Evolat excusso **nativum** missile tergo;

Ibid. 28 (De VI Cons. Honor.) 5 sq.:

>..... nec enim campus sollennis et urna
>Luditur in morem: species nec dissona coetu,
>Aut peregrina nitet simulati iuris imago.
>Indigenas habitus **nativa** Palatia sumunt;

(**Calor** found in different meanings 12 times in Claud., **nativus** 3 times); Veget. r. mil. 4.36 (= Lang p. 153): nam quae virides compinguntur, cum **nativum** umorem exudaverint, contrahuntur et rimas faciunt latiores, quo nihil est periculosius navigantibus; ibid. 1.28 (= Lang p. 29): neque enim degeneravit in hominibus Martius **calor** nec effetae sunt terrae ...;

b Cf. Cic. Phil. 8.1: ... tua voluntas in discessione fuit ad lenitatem propensior (often in Cic.); Krebs Antib. II p. 404 (with lit.) and p. 387: **proclivis** (with lit.); Dig. 44.7.47: .... ubi de obligando quaeritur, **propensiores** esse debere nos, si habeamus occasionem, ad negandum: ubi de liberando, ex diverso, ut **facilior** sis ad liberationem.

p.93.9 **extortam.** Cf. 17.3.5: incrementa quae nulla supplicia egenis possent hominibus extorquere.

ut putavit: VBG. **putabit** Bentley, Haupt, Pighi

ut putavit is correct. Cf. 24.6.5: evolant e conspectu quinque subito naves, et cum ripas iam adventarent, facibus et omni materia, qua alitur ignis, petitae assiduis iactibus, cum militibus iam conflagrassent, ni veloci vigore pectoris excitus imperator, signum sibi datum nostros quod margines iam tenerent, **ut mandatum est,** erexisse proclamans, classem omnem properare citis remigiis adegisset **(ut mand. est** is part of the orat. obl., like **ut putavit);** 25.9.2: orabant ne imponeretur sibi necessitas abscedendi, ad defendendos penates se solos sufficere sine alimentis publicis affirmantes et milite, satis confisi adfuturam Iustitiam pro genitali sede dimicaturis, **ut experti sunt saepe. (ut exp. s.s.** again part of the orat. obl.). Cf. et. Reiter (op. cit. I) p. 62.

sine ultimorum conatu.

a Cf. Liv. 3.2.11: et Aequos conscientia contracti culpa periculi et desperatio futurae sibi postea fidei **ultima audere** et experiri cogebat (an excellent exposé on ultimus, postremus, extremus in Krebs Antib. II p. 689 sq.).

b **conatus.** Cf. 14.7.17; 16.11.5; 16.12.14; 25.7.1.

XII, 15

a For **12.15 to 17** cf. Pighi N. St. Amm. p. 117: "E difficile spiegare perchè mai ricordassero la campagna di Costanzo a cui non avevano partecipato, anzichè quella, ugualmente vittoriosa e più gloriosa, che avevano sostenuta guidati da Marcello e da Giuliano. Pare un complimento a Constanzo e non può risalire che al Libretto: richiama veramente il modo, abile e goffo insieme, d'adulare proprio di Giuliano (cf. ibid. p. 105–106). Ammiano seguendo la sua fonte, ne accettò anche quell'idea, un po' leggermente: ma gli parve comoda come pretesto per aggiungervi, con una formola che porta la sua impronta (sed nullus mutatam rationem temporis advertebat) un cenno sulla campagna di Costanzo, omessa nella sezione del libro XVI relativa ai fatti del 356 (cf. Pighi Disc. p. 69–70)" To me this passage seems a clever invention rather than a credible interpretation. I find it too far-fetched. (For **Marcellus** cf. ad 16.2.8).

b For the events of § 15 (a° 356) cf. Seeck Regesten (op. cit. I) p. 203–203.

consideratio gemina. Gemini often = ambo, duo, uterque. Cf. Mulder Stat. Theb. II comm. p. 233 (with lit.).
nostris consideratio .... recordantibus. Somewhat **pleonastic.** Cf. Hagend. abund. (op. cit. I) p. 212 sq.

addiderat .... visus est .... stetit ... vixere ... impetraverunt ..... (§ 16) discesserat .... concordabant ... auxit ... "Ubique plq. pf. exspectatur, cum res, quae perfecto exprimuntur, ante eas factae sint, quae praecedentibus paragraphis narrantur-ut verbis "**anno nuper emenso**" indicatur – eaedemque ei, qui narrat, quasi plq. perfectae sint. Videtur autem Amm. animum in tempora illa praeterita tamquam remittens cum militibus sentire et agere. Itaque facile intellegitur scriptorem perfectum per repraesentationem quandam pro plq. perf., cum tempora mutaret, usurpasse. Quod eo clarius apparet, cum § 16 **discesserat** scriptum legamus, quamquam actiones, quae verbis **visus est, stetit, vixere, impetraverunt** enuntiantur, illud **discesserat** praecedunt." (Ehrismann, op. cit. I, p. 8). I entirely agree with this interpretation, though I would like to point out that Amm., as so often happens, is guided by his Greek linguistic feeling. Cf. 16.12.5–6: superavit ... vastavit ... persultavit ... accessit ... abiere. Other examples in Ehrism. ibid.

p.93.11–13 **recordantibus quod ..... nec visus est etc.** For the use of **quod c. ind.** cf. ad 14.10.14 (= II p. 111). Cf. et. Reiter (op. cit. I) p. 62 sq.

p.93.11–12 **anno nuper emenso.** Cf. ad 14.1.1 (= I p. 53). Cf. et. Caes. b.c. 1.5.2.: (lect. inc.) ... quod illi turbulentissimi superioribus temporibus tribuni plebis toto denique **emenso spatio** suarum actionum respicere ac timere consuerant; Paneg. lat. VII. 3 (Const. Aug.) (= Baehrens p. 162): quamvis enim magna sit et admiranda felicitas quae stipendiis in ordine emeritis et militiae gradibus emensis ad fastigium istud maiestatis ascendit ...

XII, 15

p.93.12 **per transrhenana spatia fusius volitantibus** cf. 16.10.20.

a Cf. 20.4.4: relictis laribus transrhenanis.

b **fusius.** Cf. 22.8.2: Aegaeum, quod paulatim fusius adulescens; 24.3.10: Persae praedocti sublatis cataractis undas evagari fusius permiserunt; 26.1.12: haec nondum extentis fusius regnis diu ignoravere Romani; 29.1.10: prodigiosa feritas in modum ardentissimae facis fusius vagabatur; 31.10.21: ne .... tamquam exaestuantes nivi torrentes per septentrionales provincias fusius vagarentur; Cic. nat. deor. 2.7.(20): Atque haec cum uberius disputantur et fusius, ut mihi est in animo facere, facilius effugiunt Academicorum calumniam. = wide, spacious, extensive, far away etc. For the **comparativus** cf. ad 14.6.12 (= I p. 96); Svennung Pall. (op. cit. II) p. 277 sq.; S. Bened. Reg. Linderbauer p. 78 (register); Mulom. Chir. Oder p. 309 (register).

c **volitantibus.** Cf. 25.3.5: verum principe volitante inter prima discrimina proeliorum; 30.4.8: violenta et rapacissima genera hominum per fora omnia volitantium; 22.15.19: trochilus avicula brevis .... circa cubantem feram volitans blande; 29.5.25: iam tela reciprocantes volitantia grandinis ritu; 31.15.11: ut .... emitterentur arcu sagitae, quae volitantes vires integras reservabant; 20.11.17: sagittis incessebantur et fundis telisque igniferis quae per tegumenta turrium volitantia ...; 31.7.13: ritu grandinis undique volitantibus telis oppetebat et gladiis; 22.13.3: volitantes scintillae adhaesere materiis vetustissimis; 26.1.1: quas si sciscitari voluerit quispiam, individua illa corpuscula volitantia per inane, ἀτόμουσ, ut nos appellamus, numerari posse sperabit; 25.8.13: fama ... per provincias volitabat et gentes; 18.6.3: credimus (neque enim dubium est) per aerios tramites Famam praepetem volitare; 16.2.1: inter rumores qui volitabant assidui.

a **laris sui defensor.** lar = domus. The extent to which the basic meaning has disappeared is shown from 2 passages quoted by Krebs Antib. II p.7: Ennodius 376, 12 (Hartel) larem statuerat = habitabat and Arnobius 246, 23 sq. (Reiffersch.): si ex duobus facientibus res sacras nocens unus set **locuples,** alter **angusto lare** sed innocentia fuerit et probitate laudabilis ... Both authors are known as Christians. Sometimes said of the imperial palace; Cf. Claud. 20 (In Eutropium II) 62 sq.:
       ...... spado Romuleo succinctus amictu
       Sedit in Augustis laribus
(Eutropius was **praepositus sacri cubiculi Arcadii**).
In Claud. **lar** often in this metaph. meaning. Cf. et. ibid. 29 (laus Serenae) 37 sq.:
       ...... non hoc privata dedere
       Limina, nec tantum poterat contingere numen
       Angustis laribus .....
(comparable to Arnobius' passage quoted above).
b **defensor.** In its usual sense also e.g. 21.12.4. In its technical sense: **defensor civitatis, plebis** (cf. Willems, Dr. publ. rom. op. cit. I p.588 sq.) **not** in Amm.

sed concaede arborum densa undique semitis clausis Cf. 17.1.9: Ausi tamen omnes accedere fidentissime, ilicibus incisis et fraxinis, roboreque abietum magno, **semitas** invenere constratas; 17.10.6: Hoc progresso secutus exercitus, celsarum **arborum** obsistente **concaede,** ire protinus vetabatur; 16.11.8: partim difficiles vias et suapte natura clivosas, **concaedibus clausere** sollerter, **arboribus** immensi roboris caesis. Note the variatio. Cf. et. Veget. 3.22 (= Lang p.114): .... et rursus post se praecisis arboribus vias **clau-**

dunt, quas **concaedes** vocant, ut adversariis facultatem adimant persequendi; Caesar b.g. 3.29.1 (c. comm. Meusel p. 285); ibid. 5.9.5; 2.17.4 (where the trees have **not** been cut down); Tac. Ann. 1.50; etc.

p.93.14   *a*   **sidere urente brumali.** Cf. 22.13.4: Eo anno sidere etiam tum instante brumali aquarum incessit inopia metuenda; 27.1.1: Statimque post Kalendas Ianuarias, cum per glaciales tractus hiemis rigidum inhorresceret sidus ...; 27.12.12: sidere flagrante brumali.
b   Cf. Ovid. ex Ponto 2.4.25 sq.:
> Longa dies citius **brumali sidere,** noxque
> Tardior hiberna solstitialis erit;

Cic. de orat. 3.45(178): ... sol ut circumferatur, ut accedat ad **brumale signum** et inde sensim ascendat in diversam partem (Capricorn); ibid. de fato 3.5: ut in **brumali die** natis, ut in simul aegrotantibus fratribus ....; Varro de l. lat. 6.2.8 (= Goetz-Schoell p. 60), where the use of **bruma** and **solstitium** is clearly shown in well-written Latin (cf. et. Luc. Phars. 10.298); Claud. 26.321 sq.:
> .... ocius inde
> Scandit inaccessos brumali sidere montes
> Nil hiemis caelive memor ....;

Just. Phil. 13.7: Aristaeum .... solstitialesque ortus sideris primum invenisse (by **sidus** is meant **Sirius;** the paraphrase as with **Sidus .... brumale**).

p.93.15   *a*   **longius amendati.** for **longius** cf. ad 16.12.15 (fusius).
b   **amendati** = amandati. Cf. 28.1.49: Sed Fausiana damnata, inter reos recepti, vocatique edictis, semet abstrusius amendarunt. The verb seems to me a Cicero reminiscence and its use **here** is remarkable.

p.93.16   **apparere** = to show oneself (openly). Cf. Liv. 34.5.7; Cic. fam. 8.9.1; etc. Krebs Antib. I p. 185.
pacem impetraverunt. Cf. ad 16.12.15 (p. 93.10–p. 93.29). **suppliciter obsecrantes.** Cf. Verg. Aen. 12.219 sq.:
> Adiuvat incessu tacito progressus et aram
> Suppliciter venerans demisso lumine Turnus;

Iust. Phil. 24.8: Dum omnes opem dei suppliciter implorant ...; etc.

XII, 16

p.93.17   **mutatam rationem temporis** = the altered circumstances. More normal would have been: mutati rationem temporis. For this example of **enallage** cf. Blomgren (op. cit. 2) p. 146 sq. (with lit.); Svennung Pall. 234. sq. (with

lit.). It should be observed at this point that **ratio** is sometimes used in a neutral meaning, as is, in my view, also the case here. Cf. Veget. r.m. 4.40 (= Lang p. 159): Interluniorum autem dies tempestatibus plenos et navigantibus quam maxime metuendos non solum **peritiae ratio** sed etiam vulgi usus intellegit (where, to my belief, **p. rat** practically equals peritia).
tripartito exitio. The use of **tripartitus** for **triplex** is very far-fetched and seems to be one of the excessively many Cicero reminiscences.

Raetias. Cf. ad 15.4.1 (= III p. 54). Where V continually writes e instead of **ae**, the correction: R‹a›etias seems to me unmotivated. p.93.18

a **nusquam elabi (sc. hostes Transrhenanos) permittente.** For the construction cf. ad 14.1.3 (= I p. 58). **Permitto c. acc. c. infin.** frequent in late Latin. Cf. et. Hofm.-Leum. p. 585; Hoogterp, Les vies des pères du Jura (1935) p. 83 (with lit.). p.93.18-19
b **elábi per mitténte.** Cf. ad 16.12.51, p. 99.26.

discordiae. Gall.-Font.: les discordes civiles, incorrectly, in my opinion. What is meant is: disagreement, quarrel with the above-mentioned **barbari** (Suebi). p.93.19
modo non = almost. Cf. ad 14.7.8 (= II p. 27).

occipitia concultantibus. p.93.19-20
a Cf. 31.7.13: et sequebantur equites hinc inde fugientium occipitia lacertis ingentibus praecidentes et terga. Proverbially used by Cato agr. cult. 4: frons occipitio prior est. Also to be found in Plautus Aul. 61 sq.:
..... ego hanc metuo male ....
quae in occipitio quoque habet oculos pessuma.
Varro r.r. 1.8.6.; Plin. N. H. 11.29 (locustae); Varro (in Nonius 245.15), quoted by Georges; medici; Quint. 11.3.160; Vegetius r. mil. 3.14 (= Lang p. 97): Ita ergo constituantur ordines, ut haec post occipitium nostrum sint et, si potest fieri, adversariorum impetant faciem (sc. sol, pulvis, ventus).
Probably an archaic flower of speech, though it is possible that the word comes from the soldiers' language.
b Cf. 22.11.8: plebs .... Georgium petit, raptumque diversis mulcandi generibus **proterens et conculcans** ...; 30.2.7: Sapor ... quod ad expeditionem accingi rectorem conpererat nostrum: iram eius conculcans Surenae dedit negotium ut ... (= to despise); Cic. pro Flacco 22(53): sin istum semper illi ipsi domi **proterendum et conculcandum** putaverunt ...; in Pi-

sonem 25; ad Att. 8.11.4; (= Sjögren II p. 170); Lucr. 5.1140; Sen. Ep. 23; etc. Obviously Cic. reminiscence.

p.93.21 **sedata iurgiorum materia.** Cf. Just. Phil. 11.5: sed nec suis, qui apti regno videbantur, pepercit, ne qua materia seditionis, procul se agente, in Macedonia remaneret; ibid. 31.5: neque sedem **belli** Graeciam sibi placere cum Italia uberior **materia** sit; Curt. Ruf. 6.6.12: Igitur, ne in seditionem res verteretur, otium interpellandum erat **bello,** cuius **materia** opportune alebatur.

p.93.21-22 **vicinae gentes iam concordabant.** De vicinae gentes are not specified further by Amm. They are the same men as the above-mentioned finitimi. From the use of discordiae, iurgia, and concordare one may conclude that the dispute was just a quarrel between neighbours. The immediate cause is not mentioned either. Probably a disagreement about land, grazing-fields or something similar. The following peoples could be considered neighbours: Burgundi, Alamanni, Marcomanni, at least at **this** time.
b Cf. 28.6.20: cum Romano deinde Palladius concordabat (= to reach a complete agreement). Similarly here: Iust. Phil. 27.3.6: Victo Antiocho, cum Eumenes maiorem partem Asiae occupasset, ne tunc quidem fratres ... concordare potuerunt; Dig. 24.1.32.19: concordantibus viro et uxore.

p.93.22 **turpissimus ducis Romani digressus.** Cf. 16.11. 14-15.

p.93.22-23 **ferociam natura conceptam** = innate ferocity.

p.93.23 **auxit in maius.** Cf. ad 16.4.1 (p. 74.22).

XII, 17
p.93.23-24 **alio itidem modo res est adgravata Romana**
a Note the pleasantly narrative style of this paragraph, of which, fortunately, there are quite a few in Amm.
b **itidem** does not differ here, I believe, from: et, quoque. For the use of **itidem(que)** and **itemque** as particula copulativa cf. Blomgren (op. cit. II) p. 34 sq. The comparative meaning of these verbs is reduced in late Latin; which also explains their frequent abundant use, e.g. Mulomed. Chir. 355 (= Oder p. 108): .... usque eo, ut exulcerentur extrema, omnia cacumina narum **itemque** et labia.
c **adgravata.** Cf. Liv. 4.12.7: unum afuit bellum externum; quo si adgravatae **res** essent etc.

a **vinculo pacis adstricti.** The connection of **vinculum** (– **a**) and **adstringere** p.93.24
occurs fairly often, literally as well as metaphorically. With legal writers
we often find **adstringere** (= to oblige, to commit oneself). When, however,
one compares for instance Cic. De off. 3.31 (111): nullum enim vinculum
ad adstringendam fidem iure iurando maiores artius esse voluerunt, as
well as many other comparable passages of this author, I believe one may
safely assume an (un)conscious influence of the reading of Cicero.
b Cf. 31.5.1: At vero Thervingi, iam dudum transire permissi, prope ripas
etiam tum vagabantur, duplici impedimento **adstricti**; 25.3.8.

regii duo fratres. With legal writers **regius** is used only: 1° of the Roman p.93.24
kings. 2° of the Emperor. The same is true of **regnare.** Bur fot the rest is
reges, especially in the connection **reges socii**, generally used. Cf. Willems
(op. cit. I) p. 362 for their position, with the lit. quoted there. Cf. et. Madvig, die Verfassung und Verwaltung des Römischen Staates II (1882) p. 85
sq.

a **nec tumultuare nec commoveri sunt ausi.** Note the placing of sunt (clau- p.93.24-25
sula I).
b The usual form is: tumultuari. **Tumultuare** may be an archaism (Plautus). The active form is rare. It does not here have a technical meaning
(Cf. **tumultus** Krebs Antib. II p. 682 with quoted lit.). The verb does not
occur in Vegetius r.m., unlike **tumultus** and **tumultuarius. Tumultuarius**
adj. in Amm. 25.6.4; 26.8.7; 31.5.9 in the usual meaning (precipitate,
disorderly, unprepared). **Tumultuosus:** 14.7.9. **Tumultuarie:** 24.2.18.
c Cf. Cic. Verr. 5.8: ut nemini minus expediret ullum in Sicilia **tumultum** aut bellum **commoveri.**

a **Gundomado.** Cf. ad 14.10.1 (= II p. 96). p.93.26
b **potior.** Cf. 19.3.1: Ursicinus ... auctoritatis tunc in agendo milite
potioris.

frideique firmioris. The genit, qualitatis is still frequently used in late Latin, p.93.27
in literature as well as in the vernacular. Cf. Hofm.-Leum. (op. cit. I)
p. 398 sq. (with lit.); Hoogterp, Les vies des pères du Jura (1935) p. 46 § 46
(with lit.); Kalb. römische Rechtssprache[2] (1961) p. 39; Hedfors (op. cit. I)
p. 84; Vulg. Matth. 8.26: Quid timidi estis, modicae fidei? Alliteration!
per insidias interempto. Note the alliteration of **p** and **in**. Previously: praeterito impetraverant (V imperaverat EBG impetraverant). The version
given by E B G is justified already by the 3-fold alliteration. For **per modale**
cf. Reinhardt (op. cit. I) p. 41 sq.

p.93.28 **conspiravit.** In its usual unfavourable meaning, which dominates in post-classical Latin, as nearly always with legal authors. Cf. Krebs Antib. I p. 343 (with lit.). Cf. et. ad 14.5.6.
Conspiratio in Amm. 14.1.6 and 15.5.13, both times with its usual unfavourable meaning.
confestim. Cf. ad 15.1.3 (= III p. 9).

p.93.28 **Vadomarii plebs.**
  a Cf. ad 14.10.1 (= II p. 96) for **Vadomarius.**
  b **plebs.** The fact that this typically Roman word is used to indicate a **Teutonic people** clearly shows that nothing has remained here of the original constitutional meaning, nor of the disparaging meaning derived from that. Here it is completely synonymous with: populus. Cf. 31.4.4: verum pubiscente fide gestorum (cf. 31.4.2–3), cui robur adventus gentilium (= barbaric) addiderat legatorum, precibus et obtestatione petentium, citra flumen suscipi **plebem** extorrem; Colum. 9.11.1: duas vel tres alveorum **plebes** in unum contribuere licebit (= swarms, "peoples"); Veget. r.m. 1.3: .... numquam credo potuisse dubitari aptiorem armis **rusticam plebem** (= Lang p. 7) (but ibid. 2.24 in the meaning of: the masses, the general public); Souter p. 306. In this meaning not used by legal authors.

p.93.29 **ut adserebat.** In the meaning: **to assert** generally fairly frequent in late Latin. Cf. Thes. II p. 865 sq.; Krebs Antib. I p. 207; Veget. 3.6: Qui rem militarem studiosius didicerunt, **adserunt** plura in itineribus quam in ipsa acie pericula solere contingere; Anon. Ravennas 1.8 (Schnetz p. 8): que Armeniorum terra infertilis esse ascribitur, immo magis prae omnibus orientalibus regionibus frigida esse clarificatur et plus montuosa magis quam plana asseritur; ibid. 1.5 (Schnetz. p. 4).
bella cientium barbarorum. Cf. Liv. 5.37; Vell. 2.54. In the choice of this linking of words, which is found more often, (b. ciere) the alliteration has also been a factor.

XII, 18

p.94.2 *a* **nec de rigore animorum quicquam remittentibus.** Pighi, referring to Cic. Phil. 13.1: si aliquid de summa gravitate Pompeius, multum de cupiditate Caesar remisisset, rightly observes that this expression is not a vulgarism, as is asserted by Fesser (op. cit. I) p. 31 (cf. Hofm. -Leum. p. 392.22) Cf. et. 31.7.15: nec de **rigore** genuino quidquam remittebant.
  b **vigore** Hermann. Cornelissen. Cf. Pighi N. Stud. Amm. (1936) p. 118 (note 1): "Quanto a **rigore** si ricordi la confusione del b. lat. tra **vigor** e **rigor**; cf. Cypr. hab. virg. 17 increpans vigore censoris et iudicis."

subito signifer.   p. 94. 3
a Note the alliteration.
b In 25.5.8 there is mention of a: Iovianorum signifer. For the banners cf. ad 15.5.16 (= III p. 96). Also: Grosse Mil. (op. cit. I) p. 124 sq.; Müller Mil. p. 609 (op. cit. I). Considering the deliberate carelessness of Amm. in indicating ranks, offices, etc. it is possible that by **signifer** is meant a **draconarius** or a **vexillifer**. Of these 3 the **signifer,** in the actual sense of the word is the lowest in rank.

perge etc. For the speech given by the **signifer** cf. 16.12.13 and Pighi N. Stud. Amm. p. 117 sq.

felicissime .... fortuna. Cf. ad 16.12.13. The combination of **felix** and   p. 94. 3-4
fortuna is not accidental and not only furthered by the alliteration. **Felix** in connection with monarchs and generals has religious associations.

fortuna prosperior. The comparativus with greatly reduced meaning. Cf.   p. 94. 4
ad 14.6.12 (= I p. 96).

a **tandem ... sentimus.** The historic authenticity of the **incitement** (see   p. 94. 4-5
above) need not be doubted. But style and contents are Amm.'s. **Tandem** and **et consilia** are clearly sneers at Constantius.
b **per te:** in your person.
c Note the personification! Cf. Blomgren (op. cit. II) p. 83 sq.
d **militare.** This completely classical verb **may** be one of Amm.'s flowers of speech. In this context it is entirely synonymous with: pugnare. It should, however, be pointed out that Amm. is also familiar with this word in a different meaning: to be in the service of the court. (cf. Aug. conf. 8.6.14: Ponticianus quidam, civis noster in quantum Afer, praeclare in palatio militans ...; for **palatium** cf. ad 14.5.8 (= I p. 129)). Cf. Souter p. 252; Heum.-Seckel p. 342. In this way **militia** and **militaris** are also used. Cf. et. Claud. 7.96 sq.; 28.594 sq.; 45.24 sq. (about the hystrix):
>Et consanguineis hastilibus asperat armos,
>**Militat** omne ferae corpus, vibrataque rauco
>Terga fragore sonant.

(here also = pugnat).

a **praei nos** G i praevius. Clark praei nos. Clark's conjecture does not   p. 94. 5
quite satisfy me. It seems better to me to adhere to the version of V A Gelenius (adopted by Pighi and before that by Heraeus) and to read after **fortis** a comma instead of a :, so that **experieris** introduces the principal sentence. (In G's version praevius is preceded by **i**).

b **praevius.** Cf. ad 14.11.77 (= II p. 129). To the passages quoted should be added, in my opinion, 16.12.18; while 18.7.1 should be changed into 18.7.11.

p.94.5 *a* **ut faustus antesignanus et fortis.** Cf. 17.1.14: ut faustus exultabat et felix. Hagendahl abund. (op. cit. I) p. 163 sq.; Petschenig Phil. 56. p. 556 sq.

b **antesignanus.** No terminus technicus. Cf. 24.1.13; 24.5.11; 25.3.3; metaphorically: 16.12.18; 19.6.12. Corresponding with this: **postsignani,** not a term. techn. either: 16.12.31; 18.8.7; 24.6.9. Meaning: fighter in the front line, or: in the rear-guard. Cf. et. Cic. Phil. 2.29(71): fueras in acie Pharsalica antesignanus (said of Antonius; Apul. met. 4.11 (of a chief of highwaymen)). Cf. et. Veget. r. m. 2.2 (in an enumeration, as traditional t.t.); 2.7: **Campigeni,** hoc est **antesignani,** ideo sic nominati, quia eorum opera atque virtute exercitii genus crescit in campo; 2.16: Omnes **antesignani** vel signiferi, quamvis pedites, loricas minores accipiebant etc. In the last two passages the exact meaning of **antesign.** is not quite clear. **Postsignani** and **antepilani** (cf. ad 16.12.20) are not mentioned in Veget.

p.94.6 **conspectus.** Cf. 14.7.11; 15.2.5; 17.12.9; 20.8.9; 24.6.5; 25.10.3

p.94.6 *a* **bellicosi ductoris.** Cf. 14.9.1: **bellicosus** sane milesque semper et militum **ductor;** 20.1.2: Lupicinum .... ea tempestate magistrum armorum, **bellicosum** sane et castrensis rei peritum etc.; 31.3.1; Ermenrichi ... **bellicosi** sane regis ... (cf. Petschenig Phil. 51 p. 869).

b **ductor.** Cf. ad 14.2.17 (= I p. 76). Frequent with Amm. Cf. et. Veget. r.m. 3.5: quocumque enim haec ferri iusserit **ductor,** eo necesse est signum suum comitantes milites pergant.

testis individuus. Cf. 24.5.11: nusquam ab antesignanis ipse digrediens, ut inter primos dimicans militi ad fortiter faciendum esset exemplo, spectator probatorque gestorum Cf. 26.1.1: non humilium minutias indagare causarum, quas si scitari voluerit quispiam, **individua** illa corpuscula, volitantia per **inane,** ἀτόμους, ut nos **appellamus,** numerari posse sperabit. (= inseparable). Cf. Cic. de fin. 1.6(17): Ille ἀτόμους, quas **appellat,** corpora **individua** propter soliditatem, censet in infinito **inani** ..... ita ferri, etc. The derivation is completely clear. Cf. et. Cic. Acad. 2.17 (55): Cur enim, inquies, cum ex illis **individuis,** unde omnia Democritus gigni affirmat ... (here substantive); Tac. ann. 6.10: nec secus apud principem Vescularius Flaccus ac Iulius Marinus ad mortem aguntur .... Rhodum secuti et apud Capreas individui ...; Arnob. adv. nat. 6.2: sed. quod magnarum est mentium, pari pendere cunctos lance et individuas cunctis benivolentias exhibere (= aequales); Heum.-Seckel p. 261 (with jurists: indivisible and undivided); Krebs Antib. I. p. 726; Souter p. 200.

gerenda n. pl. = gesta n. pl. (Nepos Dat. 14.1). The well-known meaning of the gerundivum (= part. fut. pass). is greatly reduced here, in my view. p.94.6

superum numen. Cf. ad 14.11.24 (= II p. 138); ad 15.2.8 (= III p. 23). p.94.7
viribus efficiet excitatis iis rebus G in rebus A rebus E excitatus G. Viribus Vales. Clark. vir ⟨ibus r⟩ebus efficiet excitatis Pighi. The last conjecture seems rather far-fetched to me. Why not: viribus efficiet **excitatus**? The part. used as an **adjective** is also found in Cic. Liv. Plin. Quint. While the use of the adverbium **excitate** is to be found in Amm., viz.: 15.8.16; 18.8.4; 31.15.10. Against the **ablat. limit.** there can be no objection.
for **excitare** cf. 17.7.3; 21.16.11; 28.4.5.

XII, 19

a **cum nullae laxarentur indutiae** — sine mora (Wagner). But the expressi- p.94.8
on is not explained with this annotation. The meaning of **laxare** is here: to permit; cf. Cod. Iust. 11.7.4: .... et nulli deinceps **licentia laxetur** prius indebitas expetere dignitates, quam subeundam procurationem fideli sollertique exactione compleverint (a° 386) (writing about the **procuratores metallorum,** who want to shirk their duties). Cf. et. Souter p. 228 (who makes a mistake with the annotation: saec. VI on.). Cf. et. 22.15.22: (hippopotami) inter arundines celsas, ut squalentes nimia densitate, haec belua cubilibus positis, otium pervigili studio circumspectat, **laxataque copia,** ad segetes depascendas egreditur; 27.9.7: ubi cum eis (sc. latronibus) nec quiescendi nec inveniendi ad victum utilia **copia laxaretur,** per **indutias** pacem sibi tribui poposcerunt ...; Fletcher (op. cit. I) p. 393 sq.
b **indutiae.** The word does not mean more here than: respite. Cf. Cassiod. Var. 5.34.1: Frontosum .... frequenti nobis insinuatione suggestum est pecuniae publicae decoxisse non minimam quantitatem .... Ille omnia confessus, reddere se posse constituit, si ei largae praeberuntur **induciae** ....; Heum.-Seckel p. 262; Souter p. 201. Comparable meanings: Apul. metam. 2.26; Cod. Iust. 5.70.6; 6.22.9 (= the lucid intervals of a madman); Veget. r, mil. 4.36 (= Lang p. 153): ... siquidem et adhuc solidae arbores et iam divisae per tabulas duplices ad maiorem siccitatem mereantur **indutias** (this is about the cutting down of trees etc. for the building of ships).

promotus exercitus. Promovere is a real military terminus technicus, of p.94.8

material, camps, armies, etc., used among others by Caesar, Liv. Tac. Auct. b. Afr. etc. Cf. Veget. r. mil. 4.20 (= Lang p. 142): .... illum locum, ad quem die postero turris fuerat promovenda ...; Iust. 14.1.6: Tunc exercitu in Aetoliam promoto; Curt. Ruf. 4.1.30: Potitus ergo Pelusii Memphim copias promovit ...; ibid. 4.3.24: validis asseribus harpagonas illigaverant ut, cum tormento asseres promovissent, subito laxatis funibus inicerent.

p.94.8 *a* **prope collem advenit.** Cf. 25.6.7: prope ipsum tabernaculum principis advenire; 28.6.4: prope Leptim accedere; ad 14.2.11 (= I p. 73); Liesenberg (op. cit. I) 1890 p. 9 (for the local and temporal use).
b For the scene of the battle and its course cf. **J.J.Hatt et J.Schwartz,** Le champ de bataille de Oberhausbergen (Bulletin de la Faculté des Lettres de Strasbourg, avril 1964, pp. 427-436); **Wiegand** (op. cit. I) p. 23; **v. Nischer,** Die Schlacht bei Strassburg im Jahre 357 n. Chr. Klio 21 (1927), p. 398.

p.94.9 **superciliis.** Cf. ad 14.2.9. Cf. et. 23.3.8: profectus exinde per supercilia riparum fluvialium (for **ripae** cf. Hagendahl St. A. (op. cit. I) p. 86 sq).
haut. Cf. ad 14.2.17 (= I p. 77).

p.94.10 **summitate.** Cf. ad 16.10.7 (p. 85.14).

p.94.10 *a* **speculatores .... exciti. tres equites** is an apposition to **speculatores hostium.** To this whole passage belongs also: exciti = driven up (here).
b **speculator.** In the same meaning 26.6.6: ritu itaque sollertissimi cuiusdam speculatoris, ignotus ob squalorem vultus et maciem (said of Procopius). Cf. et. Veget. r. mil. 3.6 (= Lang p. 76 sq.): Tutius autem operantur **exploratores** noctibus quam diebus. Nam quodam modo ipse sui proditor invenitur cuius **speculator** fuerit ab adversariis comprehensus (the 2 underlined words are synonymous here; which is not the case in, for instance, Caesar: cf. d.b. Gall. edit. Meusel[17] (1913) I p. 48); ibid. 3.22 (= Lang p. 113): ... quia haec vitare potuit et per speculatores idoneos ante cognoscere; Arnob. adv. nat. 4.23 (= Reiffersch. p. 159): ... speculator ille, ut fama est, bene meritorum ac pessime ... Cf. et. Madvig, Die Verf. u. Verw. des Röm. Staates (1882) II p. 555; 743. Among the Teutons the speculatores will certainly not have formed a separate group.
c **exciti.** Linked with **ex:** 28.1.1: Bellona, ex primordiis minimis ad clades excita luctuosas; 31.7.12: robustissimus globus e propinquo latere fortiter excitus, with **ab:** 26.6.15: excitum putares ab inferis (sc. Procopium). with **ablat.:** 28.1.5: Carporum, quos antiquis excitos sedibus, Diocletianus

transtulit in Pannoniam; 31.11.1: His forte diebus, Valens tandem excitus Antiochia ... venit Constantinopolim. Not defined further: 24.6.11: excita undique humus rapido turbine portabatur.

subito ... adventare. Gall.-Fontaine: partirent au galop pour se hâter d'annoncer aux leurs l'**approche subite** de l'armée romaine. It seems better to me to link **subito** with **nuntiaturi.** The translation is: **with the instruction to report immediately.** Cf. Liv. 21.17.6: cum his terrestribus maritimisque copiis T. Sempronius missus in Siciliam, ita in Africam **transmissurus** (with the instruction to), si ad arcendum Italia Poenum consul alter satis esset. The special meaning originated from the purely final meaning, occurs more frequently than is generally assumed. p.94.11

festinarunt ad suos. Cf. Hagendahl Perf. Form. (op. cit. I) p. 29: "Unter etwa 300 Perfekt formen gehen ... mehr als die Hälfte, 53,9 % in -ere, nur 32,3 % in -erunt aus, die übrigen 13,8 % sind Kontrahiert". Here the clausula has no influence! Cf. et. Hagendahl, Prose métr. d'Arnobe (op. cit. II) p. 176-197. p.94.11-12

agilitate. Cf. Cic. ad Att. 1.17.4; Liv. 26.51.6; Q. Curt. 4.6.9; Pallad. 1.17.2; ibid. 14 (de insitione) praef. 2 (= Schmitt p. 261). The adverbium **agiliter:** 14.2.15; 23.4.2; 28.2.8; 28.5.6. Cf. et. ad 14.11.3 (= II p. 116), also for the adjective **agilis.** p.94.12

a **per triduum et trinoctium.** Cf. 14.2.13: circumstetere igitur hoc munimentum per triduum et trinoctium; 25.1.4: ubi per biduum omnibus ad usum congruis et satietate quaesita frumenti (version of this passage doubtful); 28.6.4: ... suburbano eius uberrimo insidere per triduum; and with the variatio usual for Amm.: 17.7.8: ni palantes abrupti flammarum ardores per quinque dies et noctes ...
b **trinoctium** a rare word; cf. Gellius 10.15 (quotation from Fabius Pictor): et de eo lecto **trinoctium continuum** non decubat (said of the flamen Dialis); ibid. 3.2: non enim posse impleri trinoctium, quod abesse a viro usurpandi causa ex duodecim tabulis deberet ... (quotation from Q. Mucius Scaevola); Gaius Inst. 1.111: ut si qua nollet eo modo in manum mariti convenire, ea quotannis trinoctio abesset etc. p.94.13

XII, 20
prope densantes semet in cuneos.
a **prope** with **densantes** = almost. p.94.14

b **densantes.** Cf. ad 14.2.10 (= I p. 73).

c **semet** (in cuneos). Used metri causa (clausula II). For **semet** etc. cf. Grandgent (op. cit. I) p. 14, 36; Hofm.-Leum. p. 282, 283: Mulder, Stat. Theb. II 408 (= Comm. p. 250); Veget. r. mil. 3.5 (= Lang. p. 73): bucina quae in semet aereo circulo flectitur; Heum.-Seckel p. 568.

d **cuneos.** Cf. ad 16.11.5 (p. 88.29). Here not a term. techn. = ± a formation grouped for the attack.

p. 94.15 **ductores.** Cf. ad 16.12.18 (p. 94.6).

vestigiis fixis. Cf. Cic. Pro Sestio 5 (13): quamquam non est omittenda singularis illa integritas provincialis, cuius ego nuper in Macedonia vidi **vestigia** non pressa leviter ad exigui praedicationem temporis, sed **fixa** ad memoriam illius provinciae sempiternam. In connection with **steterunt** the meaning is completely obvious. Cf. et. Verg. Aen. 6.158 sq.:

.... Cui fidus Achates
It comes et paribus curis **vestigia figit.**

"**Vestigia figere** non idem videtur esse cum **vestigia ponere,** sed idem fere quod infra v. 197 et 331 **vestigia premere,** h.e. tarde, pedetentim incedere et subinde subsistere, quod bene dicitur de hominibus sollicitis et multa secum volventibus" (Forbiger ad h.l.). Amm. is undoubtedly familiar with this line of poetry, but **vestigia figere** has a different meaning with him than with Verg. Cf. et. Curt. Ruf. 3.11.5: Non timido, non ignavo cessare tum licuit: conlato pede, quasi singuli inter se dimicarent, **in eodem vestigio stabant,** donec vincendo locum sibi facerent.

p. 94.15 *a* **antepilanis hastatisque et ordinum primis.** Cf. ad 12.18 (p. 94.5): **antesignani,** which apparently is completely synonymous with **antepilani** here = advance fighter. Hence also the metaphorical meaning: 28.1.46: cruento enim certamine cum Maximino velut antipilano suo contendens, superare eum in succidendis familiarum nobilium nervis, studebat.... The original meaning we know to be the following: **antepilani** are the **hastati and principes,** who stood before the **triarii** (= **pilani**) who were armed with pila. (Cf. Liv. 8.8.7; 8.9.14; 8.10.5).

b **hastati.** According to the re-modelling of the army by **Camillus** the **hastati** form in a legion the first line (10 manipuli of 120 men = 20 centuriae of 60 men) = 1200 men.

Gallet.-Font. I p. 280: "Décalage de sens analogue pour **hastati:** il équivant à **draconarii** (ou **signiferi** de l'armée romaine d'antan); cf. en effet l'emploi analogue inf. 26.6.15".

This explanation is probably based on Müller Mil. p. 611 (op. cit. I), with reference to 20.4.18 and 26.6.15 and 16.12.39. When we assume this explanation to be correct (at least it is defensible), it still does not help us with this passage. To Amm. antepilanis hastatisque are one group, the soldiers (as opposed to the officers), but he forget or dit not remember that the **hastati** were **part** of the **antepilani** and he therefore was tricked by his own tendency to archaism. To his readers (apart from a single expert) it will have been an antique Livian flower of speech, which amused them.

ordinum primis. Cf. Grosse Mil. (op. cit. I) p. 112: "Die Unteroffiziere p.94.15 heissen bei Ammian im Gegensatz zu den Offizieren **principia, primi ordines,** vielleicht auch **primores.** Ob mit diesen Ausdrücken nun die Gesamtheit der Unteroffiziere gemeint ist oder nur bestimmte Chargen unter ihnen, worauf der Ausdruck **primi ordines** hinzudeuten scheint, ist nicht festzustellen." Cf. Amm. 22.3.2: praesentibus Iovianorum Herculianorumque principiis et tribunis; 25.8.16 ... Sebastianus atque Procopius cum tribunis principiisque militum (in both these passages placed opposite each other: **tribuni,** the principal officers and the lower-ranking officers). But: 22.3.9: aliis specie tenus cum **principiis legionum** praesentibus; 25.5.1: collecti duces exercitus, advocatisque **legionum principiis** et turmarum, super creando principe consultabant; 28.6.17: Ingresso post haec Palladio Africam, Romanus quas ob res venerat, ante praestructus, ut securitatem suam in tuto locaret, **numerorum principiis** per quosdam secretorum mandaverat conscios, ut etc.; the meaning is apparently: **the officers in general,** as is rightly remarked by Grosse (ibid. p. 112). One should take note here of the addition **legionum** and **numerorum.** Cf. et. Veget. r. mil. 2.7 (= Lang. p. 40): Antiqua ordinatione legionis exposita **principalium militum** et, ut proprio verbo utar, **principiorum** nomina ac dignitates secundum praesentes matriculas indicabo (general meaning); ibid. 3.4 (= Lang p. 72): Dux autem debet esse adtentus, ut in omnibus legionibus sive auxiliis vel vexillationibus a tribunis vicariis (sc. tribunorum) principiisque (with the contrast pointed out above between chief officers and lower-ranking officers). For **tribunus** cf. ad 14.5.8 (= I p. 129). It seems to me that in 16.12.20 the general meaning of officers should be assumed. Cf. et. 19.6.3: mortem tribunis vetantibus, **primisque ordinibus** minitantes, si deinceps prohiberent; 29.5.22: Sagittariorum (cf. ad 16.12.7) .... **primoribus;** Grosse ibid. p. 116.

a **velut insolubili muro fundatis.** Cf. 14.11.26: eademque necessitatis inso- p.94.16 lubili retinaculo mortalitatis vinciens fastus ... (= inexplicabilis). In this meaning also Macrob. somn. Scip. 1.6.24 and 1.6.28 (metaphorically);

Hieron. ep. 120.10.9; Lact. 1.651.9. cf. Krebs Antib. I p. 755; Georges sub v. In the above meaning the word is late Latin.

b translation: nailed to the floor like an immovable wall, – planted in the ground. Cf. et. Veget. r.m. 2.17 (= Lang p. 51): Excipiebant autem proelium gravis armatura et tamquam **murus, ut ita dicam,** ferreus stabat.

p. 94. 16 *a* **stetere cunctati.** Cf. ad 12.19 (p. 94.11-12). But in the same sentence, a little before, is written: **steterunt.** The clausula finally decides its use.

b **cunctanti V.** Cunctati Wm2 BG Clark Pighi Seyfarth. Cuneati Reines. Gall.-Font. In my opinion V's version should be adhered to: **cautela** should be linked with **cunctanti.** This solution also fits the rhythm of the sentence best. Cf. et. Blomgren (op. cit. II) p. 25 note 2.

c **cautela** = caution, prudence: Cf. 14.9.2: (Ursicinus) sed cautela nimia in peiores haeserat plagas; 24.2.9: obsidium omni cautela coeptabat; (precaution): 26.7.12: pariaque deinde metuens, obstruxit tres aditus angustissimos .... hacque cautela ... magna perdidit instrumenta bellorum (cf. Min. Fel. Oct. 7.6: Inde adeo pleni et mixti deo vates futura praecerpunt, dant cautelam periculis, morbis medellam, spem adflictis etc.). For its legal meaning (= cautio) cf. Heum.-Seckel. p. 61. Cf. et. Thes. 3. 707. 68. Late Latin word = circumspectio, cautio, provisio, providentia.

N.B. ad 24.2.9 cf. Fesser (op. cit. I) p. 21.

XII, 21

p. 94. 16 The formation of the troops, though not quite clear **in detail,** is as indicated below.

	Teutons	
Left	**Middle**	**Right**
Cavalry + light-armed infantry		infantry in ambushes
Chnodomar		**Serapion**

	Romans	
Right	**Middle**	**Left**
Cavalry	Legio I	Infantry
		Severus

Cf. et.: Bidez, la vie de l'Emp. Jul. (op. cit. I), p. 380, note 10, with lit.; "Die Schlacht bei Strassburg etc.", **E. Nischer.** Klio 21, 1927, p. 398 (map),

p. 400, 401 (maps); **Hatt-Schwartz** (op. cit. ad 16.12.1) p. 428 (map). To the last-mentioned authors the aquaeductus or "une conduite aérienne' at Dingsheim, mentioned in Lib. 18.56, which spans the stream Musau, is an important factor in their localisation of the battle. I would have liked these two authors (H.-Schw.) to have drawn a complete plan of this aquaeductus (if this were fully known). It is moreover, remarkable that to them **Pighi** (cf. ad 16.12.1) is a completely unknown author. For an analysis of sources and style his article is indispensable. To my belief the last word on the localisation has not been said yet. The region should be somewhere in the vicinity of **Oberhausbergen.**

ante dictus. Cf. ad 14.3.4 (= I p. 81). Cf. et. Krebs Antib. I. p. 442; Heum.-Seckel p. 446 (praedictus); Hoogterp, Les vies des pères du Jura p. 33; Goelzer Avit p. 492; Kalb Juristenlat. p. 70 (memoratus, praefatus), p. 81 (praedictus); ad 11.14 (p. 90.25).   p.94.17

perfuga. Cf. 16.12.2-3. The turncoat seems to have been very well informed on the formation of the troops.

a **quicquid apud eos per equestres copias praepollebat.** Note the fact that, following the classical rule, Amm. does not use here a **conjunctivus iterativus,** but the **indicativus**. The latter modus is always used by Vegetius, e.g. after **quicquid** (7 ×). Cf. Hofm.-Leum. p. 709; Riemann T. Liv. (op. cit. I) p. 296. ad 14.1.5 (= I p. 60 sq.); 14.4.1 (= I p. 82); 14.4.6 (= I p. 83). For the use of forms ending in **-cumque,** as well as the **doubled forms** (quisquis etc.), which are more part of the vernacular, cf. Svennung Pallad. (op. cit. II) p. 320 (with notes).   p.94.18-19

b Reinhardt (op. cit. I) p. 37 mentions **per** here among his many examples of **per instrumentale**. Although the nuance is slight, it seems that **per e.c.** seems more to replace an **ablativus limitationis** (= with regard to, with respect to) than an ablat. instrum.

c **praepollebat.** First to be found in Tac. (**praepollens** used as an adjective by Liv.). Further late Latin. Cf. Krebs Antib. 2 p. 359.

d Note the alliteration in this sentence.

a **in laevo cornu locavere confertum** Vegetius uses **laevus** only twice, in the connection: dextra laevaque (edit. Lang p. 76.21; 155.4); on all other occasions he uses **sinister**. The choice of word must have been influenced here by the alliteration. (In the Digest, on the other hand, twice the combination **dextra** and **sinistra**: 21.1.12.3 and 8.4.11.1. The Mulom. Chir. has passim the ἀσύνδετον **dextra sinistra** and **laevus** nowhere.   p.94.19

b **confertum.** term. techn. milit. (x rarus). Very frequent. Caes. Liv. Verg. Sall. Seneca etc. Cf. Veget. r. mil. 3.15. magis enim expedit, ut conferti pugnent, quam longius separati; ibid. 3.11. **Adverbium:** confertius (compar.): 19.6.9; 24.7.7.

p.94.19-20 *a* **isdemque sparsim pedites miscuere. isdemque** = modo dictis. Cf. S. Bened. Reg. Mon. (= Floril. Patr. XVII 1928) 22.6; 39.8. Lindenbauer in his commentary (op. cit. I) p. 297 says: "**Idem** wird im spätlatein oft gebraucht, um anzudeuten, dass die betr. Person oder der betr. Gegenstand kurz vorher erwähnt worden ist." Cf. ad 15.5.19 (= III p. 103). Cf. et. Grevander (op. cit. I) p. 34; Svennung Pallad. p. 300 sq. (very extensive), especially p. 304. Sometimes the meaning of **is** has completely faded in late Latin = article.

b **sparsim.** Cf. 18.8.8: dumque se quisque expedire discrimine magno conatur, **sparsim disiecti** hosti concursatori miscemur (for **concursator** cf. Liv. 27.18.14). concursator x **statarius** (cf. Liv. 9.19.8; 22.18.3). **discursator.** Cf. 14.2.6: **hoste discursatore** rupium abscisa volvente superne ...; 29.5.7. .. vel **hostem** caperet **discursatorem** et repentinum, insidiisque potius clandestinis quam proeliorum stabilitate confisum. The word seems to occur only in Amm., like so many others, and was formed in analogy of **concursator** (see above) = skirmisher. As a term. techn. mil. the following also occur: **discursim** (not in Amm.; Jul. Val. 1.51) and **discursio** (cf. Amm. 15. 4.11: non iusto proelio sed discursionibus ..). All these words derived from **discurrere** = to skirmish. Cf. Veget. r. mil. 3.22 (= Lang p. 112): Propterea plerique ante pedites suos equites posuerunt, ut **discurrentes** adversarios videre non sinerent, quem ad modum pedites abscedabant. Cf. et. ad 16.9.1, p. 83.15: **concursatorius. discursio** = to walk, travel on fast. Cf. 31.9.2: et hi quidem ad patrandum propositum **discursione** rapida maturabant.

p.94.20 **pedites ... leves.** Note the sequence of words and the rhythm of the sentence. Cf. Blomgren (op. cit. II) p. 25 sq.

p.94.20-21 **ratione tuta poscente.** Büchele: "ganz gemäss den Forderungen wohlüberlegter Sicherstellung"; Gall.-Font.: "comme le réclamait sans aucun doute une raison de sécurité". Not correctly Seyfarth: "denn dies erforderte tatsächlich eine sichere Erwägung".

As so often, the adjective replaces here the genit. object. of the substantive, to which it belongs. Translation: considerations of safety. Cf. Plaut. Truc. 2.2.279:

     ita me amabit sarculum
ut ego me ruri amplexari mavelim patulam bovem
cumque ea noctem in stramentis pernoctare perpetim
quam tuas centum **cenatas** noctes mihi dono dari.
(= ± cenarum). And ibid. fragm. Dusc.:
    virgo sum: nondum didici nupta verba dicere.
(= nuptae).
The two passages are partly comparable, because the genitivi are **not** objectivi (quoted by Hofm.-Leum.). Although not strictly an **enallage**, it can be compared with it. Cf. Hofm.-Leum. p. 480; Blomgren (op. cit. II) p. 146 sq.

XII, 22
a   **licet prudentem ex equo bellatorem.** For **licet** connected with an adjective (partic.) cf. ad 14.1.5 (= I p. 59 sq.)   p. 94.21

b   **bellator** = miles. In § 22 twice, without specific other meaning. As very often with Amm.

c   **ex equo,** adjunct with **bellatorem,** completely Greek construction. Cf. Hofm.-Leum. p. 629; ad 14.7.7 (= II p. 24). Vales. quotes **Hegesippus** 3.4: Sed vir acrioris ingenii et **ex equo prudens bellator.**

d   **prudens** here: experienced, skillful (as more often).

cum clibanario nostro congressum.   p. 94.21–22
a   Note the alliteration.
b   **clibanarius.** Cf. ad 16.2.5.

a   **frena retinentem et scutum, hastam una manu vibrante** = ⟨altera manu⟩   p. 94.22–23
... ⟨altera⟩ hastam manu vibrante. Cf. Pallad. Agr. 1.31: .... ut **una** (sc. piscina) ex his usui sit pecoribus vel avibus aquaticis: **alia** madefaciat virgas et coria et lupinos etc. (altera ... altera: Colum. 1.6.21, example for Pallad.; both passages quoted by Svennung Pall.). For the use of **unus** cf. et. Svennung ibid. p. 289; Hofm.-Leum. p. 482.

b   When the version **hastam ... vibrante** is correct, it is a nice example of **variatio:** partic. coniunctum and abl. absol. Cf. 19.9.9: interfectorum vero Persarum arescunt in modum stipitum corpora ut nec liquentibus membris nec sanie perfusa (sc. corpora) madescant ... (cf. Blomgren op. cit. II p. 61 sq.). It is precisely because of this variatio that I prefer G's version: **hasta** una manu **vibrata.**

c   **vibrante.** Cf. Curt. Ruf. 3.11.4: tela vibrare; 6.1.14: hastam dextera vibrabat; 6.5.28: tela vibrent; 7.9.7: tela ... vibrare; Veget. r. m. 1.20: ita enim vibrandis spiculis vehementior ictus est; ibid. 4.23: interdum bases columnaeque marmoreae vibrato impetu iaciuntur...; Front. Strat. 2.1.3: lanceas vibrantes; Stat. Silv. comm. Vollmer p. 505. Not in Caesar. Probably not a military term in Amm. 's time.

p.94.23 *a* **tegminibus ... abscondito.** Cf. 16.10.8

b **tegminibus** Cf. Liv. 1.20.4: tunicaeque pictae insigne dedit et super tunicam aeneum pectori tegumen...; ibid. 5.38.8: multosque ... graves loricis aliisque tegminibus hausere gurgites; Amm. 16.10.8: personati thoracum muniti **tegminibus** et limbis **ferreis** cincti; Veget. r. m. 4.44 (= Lang p. 162): Praecipua ergo esse debet tegminum cura, ut catafracti vel loricati galeati etiam et ocreis muniti sint milites.

c **abscondito.** Cf. Krebs Antib. 1. p. 53 sq.; Arch. L.L.G. (op. cit. I) VI p. 151–167.

p.94.24 **discriminum vertices. Vertix** is here not: **vorago,** but: the ultimate, the worst. This poetic word combination = summa pericula. (Veget. fairly often uses **discrimen** = periculum). Cf. Cic. Tusc. 2.9.(21):

nunc, nunc **dolorum** anxiferi torquent **vertices,**
nunc serpit ardor.

N.B. Also with legal writers often: **periculum** (also in the specific sense of: trial, danger of trial).

cum nihil caveri solet. nihil subject, **caveri** passive, also class. constr. Though with Amm. it is not inconceivable that **caveri** is here reflexive (= εὐλαβέομαι, φυλάττομαι), in which case **t.f.a. bellator** is subject. When one considers that in vulgar Latin the passivum often stands pro activo (e.g. Mulom. Chir. Oder p. 157. 25. sq.: si quod iumentum renes doluerit, sic eum intelligis. posteriores ungulas trahit et lumbi ei dextra **vacillantur**) and that the passivum of verba intransitiva occurs (e.g. Mulom. Chir. Oder p. 181. 19 sq.: sic tamen, ut ante linguam alliges, ne ab eo medicamento **noceatur**), while many deponentia replace the former activum (cf. Hofm.-Leum. p. 545 sq.), then the medial use of **caveri** is not quite so strange. Cf. et. Aug. serm. 9.19 (gauderi ∼ ἥδομαι).

p.94.25 *a* **humiliter < et > occulte reptandem.** Clark Gall. Font. <et>. No objection at all against the asyndeton. Without **et** Pighi Seyfarth. Cf. 26.2.7: utiliter gloriose conplestis; 23.6.10: carptim breviter absolvam (cf. Hagend. abund. op. cit. I). Cf. Blomgren (op. cit. II) p. 16 sq.

b **reptantem.** Cf. 28.1.7: postremo quod tamquam subterraneus serpens, per **humiliora reptando,** nondum maiores funerum excitare poterat causas;

29.2.4: omnes ea tempestate velut in Cimmeriis tenebris reptabamus ...;
Stat. Silv. Comm. Vollmer p. 261; Gellius 3.3; **Claud. (often);** Plin. N. H.;
Lucr.; Horat.; Aug. (Souter p. 351); Plin. Ep. Unusual word, probably poetism.

Lindenbr. compares **Heliod. Aeth. 9.18,** where Hydaspes applies the same tactics against the cataphractarii of Oroondates. Although **here** there is no question of influence, it might be worthwhile to see whether Amm. Marc. knew the Greek novelists, and whether there are influences to be found. This is not quite impossible. I do not know of any investigation into this matter. _{p.94.25}

a **latere forato iumenti.** Simplex rather uncommon = **perforato;** to be found e.g. in Seneca de brev. vit. 10.10; Colum. 5.10; Plaut. Most. 1.1.53. Archaism? But Amm. writes elsewhere **fodicare latera** (24.2.15; 26.10.13; 29.1.28), which is almost synonymous and also does not belong to the ordinary verb either. Cf. Horat. Ep. 1.6.49 sq.: _{p.94.25-26}

    si fortunatum species et gratia praestat
    mercemur servom, qui dictet nomina, laevom
    qui **fodicet latus** et cogat trans pondera dextram
    porrigere ... (= to prod in the ribs).

Cic. Tusc. 3.16(35); Plaut. Bacch. 1.1.64 (both times metaph.). Both verbs not in Veget. and Claud.

b **iumenti.** Cf. 16.12.34–35: Alamannorum peditum fremitus ... vociferantium relictis **equis** secum oportere versari regales ... hocque comperto, Chnodomarius **iumento** statim desiluit (without any difference in meaning); 24.4.7: Surena hostium dux iumenta adortus quae in lucis palmaribus vescebantur (Rolfe: pack-animals; Büchele: Packthiere. But it may just as well be horses!) Georges quotes s.v. C.I.L. 6.8864: Caesaris Augusti a iumentis (= imperial equerry).

rectorem. = horseman, term. techn. Fairly frequent. The words **rector** and **iumentum** do not occur anywhere in Veget. r.m. _{p.94.26}
incautum. Fesser (op. cit. I) p. 9 believes inc. to have been used **passively** here. This is incorrect for inc. = not on his guard. **Passively** e.g. 21.10.4; 23.3.5: ex incauto latere; 27.10.15: ex incauto latere. The active sense also 18.6.8 (Fesser mistakenly **passive**). Cf. et. Tac. ann. 1.50 Nipperdey-Andresen[11] (1915) p. 111 (iter ... incautum); Schoenfeld (op. cit. I) p. 24.

a **praecipitem agere** = **praec. dare,** deicere, (de)mittere. With Caesar _{p.94.26}

215

b.g. 5.17.3; b.c. 3.46.5 **praec. agere** means: to drive on before one in fast flight. Cf. 29.1.21: Inde factum est ut clementiae specie, penatibus multi protruderentur insontes, praeceps in exilium acti (adverbium = hastily, headlong); 26.7.11: et electi quidam stoliditate praecipites (= foolhardy through recklessness); Veget. r.m. 4.8 (= Lang p.134): ut **demissa per praeceps** non solum hostes obruant subeuntes (sc. saxa) . . . .
Like Caesar, Just. 18.1.2: In quam rem inclinatum semel animum, **praecipitem agere** coeperant exempla maiorum (metaph.). But for: thrown off his horse, he uses: **equo praecipitatus** (27.3.12; 32.1.5).
b **agere** sc. posse.

p.94.26 *a* **levi negotio trucidandum** = ut sine opera posset trucidari. For the ablat. modi cf. ad 14.1.6 (= I p.62). **Levi negotio** (= **levi labore**), both only in Amm. Cf. 18.1.2; 20.10.2; 26.6.10; 27.10.10; 31.8.5. Cf. et. Krebs Antib. II p.139 sq.
b **trucidandum**. Cf. ad 16.12.11 (p.92.18–19) and ad 15.5.8 (p.49.4)
1 (= III p.84); P. Langen Philol. 29 (1870) p.482 sq.
2 Cf. Veget. r.m. 1.20. Sic dum exercitium laboremque declinant cum maximo dedecore **trucidantur** ut pecudes; ibid. 3.21: Nam cum abscedendi aditu patefacto mentes omnium ad praebenda terga consenserint, inulti more pecudum **trucidantur**.

XII, 23

p.94.27 **hoc itaque disposito**. Cf. Veget. r.m. 1 praef. (= Lang p.5) . . . sed ut, quae sponte pro rei publicae salute **disponis**, agnoscas olim custodisse Romani imperii conditores; ibid. 3.10 (= Lang p.91): (dux) ad paludum aut viarum difficultates superventus (subst. t.t. mil.) nullo sciente **disponat** atque ita iter suum temperet . . .; Amm. (c. accus.) 16.10.1; 16.12.23; 14.7.5; (with indirect interrogative sentence) 16.5.3; (with ut + conjunctive) 16.12.27; (with infin.) 25.6.14; 28.1.12; (with acc. c. inf.) 24.1.2 (in all preceding places = to organise, to take measures, to determine). To decide: 17.2.2; 23.5.16 (with infin.). Cf. et. Souter p.108; Heum.-Seckel p.152; Sulp. Sev., Macr., Pallad., Mulom. Chir., etc. The verb in these senses and with these constructions in general late Latin.
dextrum sui latus. Cf. ad 15.7.6 (= IV p.18).

p.94.27-28 **struxere**. With Liv. Verg. Caes. used for: to arrange, to line up (copias, armatos, aciem). The word does not occur in Veget. r.m., however. I am in doubt whether this was to Amm. a term. techn. mil. still up to date, or a fruit of his reading (Meusel Caes. B.C.[11], 1906, p.207 = III 37 reads,

wrongly in my opinion, **instruit** instead of **struit**: die mane copias ante frontem castrorum <in>struit, following the version of later manuscripts). Cf. et. Blomgren (op. cit. II) p. 140 sq. (for literal and metaph. use of **struere**); ad 16.12.11 (p. 92, 20.21).
clandestinis insidiis et obscuris. Cf. Blomgren (op. cit. II) p. 23 sq. Clausula III. 31.11.4: ... secuta luce impetu clandestino erupit ...

ductabant. No difference with **ducere.** Cf. 14.10.11; 14.11.12; 14.11.33; 18.10.1; 23.5.25; 24.3.6; 29.5.5; 29.5.14; 31.4.7; 31.7.4; 31.11.4. Cf. et. Liesenberg (1889) (op. cit. I) p. 1 sq. (on intensiva, iterativa and inchoativa). p.94.28

Chnodomarius et Serapio. Cf. ad. 16.12.1 (p. 91.3-5) p.94.28-p.95.1

excelsiores ante alios reges. Cf. 14.6.7; 19.1.3; 21.6.8; 22.12.6; 30.5.10(?). p.95.1
This use of **ante** not in Cic. and Caes. Cf. Krebs. Antib. I p. 174.

XII, 24
a **nefarius turbinis totius incentor. belli:** AG Pighi Gall.-Font. **turbinis:** p.95.2 Heraeus Clark Seyfarth. **boni:** VE. The conjecture turbinis is to be preferred for two reasons: 1° the alliteration. 2° 15.1.2: Apodemius quoad vixerat igneus **turbarum incentor.** Cf. et. Gärtner, Hermes, Oct. 1969, p. 368 sq.
b **nefarius.** Cf. 29.5.22: .... istis nefariis ... proditoribus. To a chauvinistic Roman this German king is, of course **nefarius** (a strong term), which Cic. de off. 2.51 links with **impius**.
c **incentor** Cf. ad 15.1.2 (= III p. 6).
d Cf. et. Cic. pro domo 53(137): tu, procella patriae, turbo ac tempestas pacis atque otii; Sil. It. 11.101: O confuse nimis Gradivi turbine Varro; Oros. adv. p. 3.7.5: Quibus diebus etiam Alexander Magnus, vere ille gurges miseriarum atque atrocissimus turbo totius Orientis, est natus; Claud. In Ruf. II (= 5.90): ... Quis nos funesto **turbine rerum**
        Aut tantis solvet lacrimis? quos barbarus illinc,
        Hinc **Rufinus** agit ...
Related words: **turbamentum**: 25.7.12; 26.7.8 and **turbatio**: 26.1.13.

cuius vertici flammeus torulus aptabatur. p.95.2-3
a Remarkable is the use of **vertex** in 2 different meanings (cf. ad 16.12.22 p. 94.24) so close together. **Vertex** (= caput) poetism.
b **flammeus.** Cf. 20.11.28: (on the rainbow) ostendit aspectum flammeo propiorem; 23.4.11: (of a besieging instrument) ut flammeos detrectet et missiles casus (hyperbaton!) = flaming red.

c **torulus.** Varro de l. lat. 5.167: ab hac similitudine torulus in mulieris capite ornatus; Plaut. Amph. (prologue) 144 sq.:
> Tum meo patri autem torulus inerit aureus
> Sub petaso: id signum Amphitruoni non erit.

Extremely rare word, which sometimes also has the meaning of: muscle, soft wood. Gall.-Font.: "attachée au sommet de la tête une aigrette couleur de flamme"; Seyfarth: "trug einen flammendroten Helmbusch"; Büchele: "dessen Scheitel mit einem feuerfarbenem Bande umwunden war". The last translation seems to me the best of the three.

p.95.3 *a* **anteibat cornu sinistrum.** For **sinister** cf. ad 16.12.21 (p.94.19).
b for the **construction with the accus.** cf. Hofm.-Leum. p.411 sq. (36c).

p.95.3-4 **ingenti robore lacertorum.** Cf. Veget. r.m. 1.14 (= Lang p.18): Eo enim exercitio et **lacertis robur** adcrescit et iaculandi peritia atque usus adquiritur; ibid. 4.43: lacerti remigum; Cic. de orat. 1.57 (242): a quo cum amentatas hastas acceperit, ipse eas oratoris **lacertis viribusque torquebit.**

p.95.4 **ubi ardor proelii sperabatur.** These words should be connected with the preceding **audax - lacertorum.**
a **Immanis** not to be linked with the preceding, nor with the following!
b **sperabatur.** Cf. ad 14.7.5 (= II p.20).
c Cf. Veget. r. mil. 4.46 (= Lang p.165): Per has (sc. bipennes) in medio **ardore pugnandi** peritissimi nautae vel milites ... incidunt funes; Amm. 25.3.10; 25.4.23; 25.8.2; 16.5.6; Just. 41.2: Plerumque in ipso **ardore certaminis** proelia deserunt; Curt. Ruf. 8.14.15: in medio **ardore certaminis**; 8.2.38 ibid.: in **ardore pugnae**; 8.10.31 ibid.: ingenti **militum ardore**; etc.

p.95.4-5 *a* **equo spumante sublimior.** Seyfarth: "hochaufgerichtet auf schäumendem Ross"; Gall.-Font.: "plus haut que tous sur son cheval écumant"; Büchele: "hoch sass er auf seinem schäumenden Rosse". In my opinion the first and third translation correct. Comparativus = positivus, as is so often the case. Cf. ad 14.6.12 (= I p.96).
b **sublimis** Cf. Krebs Antib. II p.616 sq.; ad 15.3.9 (= III p.49)

p.95.5 *a* **erectus in iaculum formidandae vastitatis.** Wagner (= I p.231): "**Erectus in iaculum** attollens se ut iaculum **formidandae vastitatis,** ob crassitudinem et longitudinem, mitteret." Gall.-Font.: "dressé pour lancer un javelot de dimension formidable"; Seyfarth: "gestützt auf einen Wurfspeer von fürchterlicher Länge"; Büchele: "aufrecht sich anstemmend an seinen Wurfspiesz von ungeheurer Länge". The last translation seems the best one to me (It is quite remarkable how good the translation by **Trosz-Büchele** often is; it is not their fault that they did not have a better text at their disposal). The literal translation is: having straightened up in the direction of etc.

b **formidandus**. Here completely adjective = **formidabilis** (cf. ad 16.12.7, p. 92.3).

c Note the **clausula** ⏓ ⏑, ⏑ ⏑ ⏓ ⏑, which we see often in Amm. Cf. Blomgren (op. cit. II) p. 12, 17, 89.

armorumque nitore conspicuus ante alios. p. 95. 5–6

a Cf. Veget. r. mil. 1.13 (= Lang p. 17): non enim vestium nitor ...; Claud. 21.44 sq. (de laud. Stil. I):

> Iam tum **conspicuus**, iam tum venerabilis, ibas:
> Spondebatque ducem celsi **nitor** igneus oris,
> Membrorumque modus, qualem nec carmina fingunt
> Semideis; Cod. Theod. 15.1.20; 15.1.25 (characteristic passages); Amm. 30.3.5; 31.10.9.

b **conspicuus** Cf. 17.9.3: utque inveniri solent quidam inter armatos verborum volubilitate (beautiful alliteration!) **conspicui.** (= conspicuous); Cod. Theod. 15.1.25 (see above): Turpe est publici splendoris ornatum privatarum aedium adiectione corrumpi et ea quae **conspicuae Urbis** decori vel nostri temporis vel prioris seculi aetate creverunt aviditate cogendae pecuniae sociari. Cf. et. ad 16.12.13 (p. 93.2).

a **ante alios.** Cf. ad 16.12.23 (= p. 95.1). The **repetition** of set formulas and p. 95.6 expressions is just as characteristic of Amm. as his inclination towards **variatio**.

b V's version is as follows: armorumque nitore conspicuus **antea** strenuus **et** miles et utilis praeter ceteros ductor. **ante a<lios>** is a clever conjecture by Wirz and Mommsen. **et** should not be shifted, as is done by Clark, among others. Blomgren reads: ... armorumque nitore conspicuus, **ante alios** strenuus **et** miles et utilis praeter ceteros ductor. This also seems the best version to me, also for the stylistic reasons given by Blomgren (p. 96 and note 2).

et strenuus miles et utilis praeter ceteros ductor p. 95.6

a Cf. 17.13.26: quid enim tam pulchrum ... quam ut miles strenue factis, ductor prudenter consultis exultet?; 24.6.11: inter quae Iulianus ... quasi conturmalis strenuus properabat et rector; 28.3.2: hocque genere cum strenui militis munia et praeclari ducis curas expleret; Sall. Cat. 60.4: (Catilina) strenui militis et boni imperatoris officia simul exequebatur; ibid. Hist. 1.9: maximis ducibus, fortibus strenuisque ministris; Fesser p. 18. For the adj. **strenuus** cf. Krebs Antib. 2 p. 607; Fesser p. 58.

b **praeter ceteros. Praeter solitum:** 17.6.1; 17.10.2; **praeter sperata:** 25.7.5 (= praeter spem); 21.3.6: **praeter alia multa;** 22.8.12; 25.4.20: **praeter pauca; praeter multa cruda et inmitia:** 28.1.14; **praeter haec** (= **praeterea**): 27.2.11; 28.6.20; 30.8.10; 31.12.9. Cf. Liesenberg (op. cit. I) 1890 p. 11; Krebs Antib. 1. p. 368 sq.; Hofm.-Leum. p. 516; Svennung Pallad. p. 397.

c **ductor.** Cf. ad 16.12.18 (p. 94.6).

p. 95.7 **latus ... dextrum.** latus = cornu, term. techn. mil. Without difference in meaning e.g. Veget. r.m. 3.16 (= Lang p. 101): a fortioribus namque equitibus peditum protegenda sunt **latera** et a velocioribus atque expeditis hostium **cornua** superfundenda atque turbanda.

XII, 25

p. 95.7–8 **Serapio ..... Mederichi fratris Chnodomarii filius.** For **S.** and **Chn.** cf. ad 16.12.1. For **M.** cf. Schönfeld (op. cit. I) p. 166. For the real name of **S. Agenarichus** cf. Schönfeld ibid. p. 3. The following information is of great interest for the religious and cultural history. **Massilia** and environment are an old Greek colony. The Greek and later the Hellenistic influence follows the Rhone upstream. This is documented by archeological finds. There was a lively trade between **Massilia** and **Alexandria.** (Cf. ad 14.5.1: **Arelate** = I p. 124; ad 15.9.7: **Massilia** = IV p. 52). Cf. et. Gall.-Font. p. 281 (note 342) with lit.

p. 95.7–8 **etiam tum adultae lanuginis iuvenis.**

a **lanugo** Cf. 23.6.67: ex lanugine et liquore mixtam subtilitatem (= fine material = cotton) tenerrimam pectunt ...; Verg. Aen. 10.324 sq.:

    Tu quoque flaventem prima lanugine malas
    Dum sequeris Clytium infelix, nova gaudia, Cydon;

Suet. Otho 12: a prima lanugine; ibid. Nero 34; Claud. 8 (De IV cons. Honor.) 197: Talis ab Idaeis **primaevus** Jupiter antris

    Possessi stetit arce poli, famulosque recepit
    Natura tradente Deos. **Lanugine** nondum
    Vernabant vultus, nec adhuc per colla fluebant
    Moturae convexa comae ....; et ibid. passim.

(for **vernabant** cf. Mart. 2.61: Cum tibi vernarent **dubia** lanugine malae ~ Claud. 31.42 sq.: **dubiam lanuginis** umbram // Caesaries intonsa tegit).

b **etiam tum** = even then. For this is sometimes used per repraesentationem: **etiam nunc** (= **etiam num**). Cf. Krebs Antib. I. p. 527 sq. (with lit.); Svennung Pall. (for further development of meaning) p. 400; Hagendahl abund. (op. cit. I) p. 213 note 4.
c **adultus.** Cf. ad 14.2.9 (= I p. 71). Catullus writes: **crinis** adultus.

a **efficacia praecurrens aetatem.** Cf. ad 14.8.5 (= II p. 67). Cf. et. Krebs   p.95.8
Antib. I p. 490. = ± **efficacitas** (Cic.), **efficientia** (Cic.). Very rare and late Latin.
b **praecurrens** Cf. Tac. Dial. 22: nec ulla re magis eiusdem **aetatis** oratores **praecurrit** quam iudicio; Nepos Thras. (8) 1: Sed nescio quomodo, cum eum nemo **anteiret** his virtutibus, multi nobilitate **praecurrerunt;** Horat. Ep. 1.10.32 sq.: ..... fuge magna: licet sub paupere tecto
    Reges et regum vita praecurrere amicos;
Cic. de orat. 2.30(131): Sed hi loci ei demum oratori prodesse possunt, qui est versatus in rebus, vel usu, quem aetas denique adfert, vel auditione et cogitatione, quae studio et diligentia **praecurrit aetatem;** Cic. Cat. 4.9(19): Atque haec, non ut vos, qui **mihi** studio paene praecurritis, excitarem, locutus sum ...; Cic. de orat. 3.61(230): Cui quamquam faveo, tamen illum **aetati** suae **praestare** cupio: vobis vero illum tanto minorem **praecurrere** vix honestum est; Cod. Theod. 15.1.50 (literally: = to rise above).

a **hominis quoad vixerat perfidissimi. Perfidissimi** to be linked with **Cnod.,**   p.95.9
in my opinion.
b For the **plq. perf.** cf. ad 14.4.5 (= I p. 82); ad 16.5.12 (p. 77.9-11); Hassenstein (op. cit. I) p. 51. **Quoad vixerat** is one of those formulary expressions of Amm.: 15.1.2; 16.10.18; 17.4.3; 21.16.7; 26.9.11; 30.1.2.

a **ideo sic appellatus.** ἀσυνδέτως linked with the preceding words. Here   p.95.9
not so striking as in the following places: 23.6.54; 30.10.3; Cf. Blomgren (op. cit. II) p. 36.
b **ideoque** occurs more often in Amm. and then correctly used. (For **ideoque** = **ideo** cf. Hofm.-Leum. p. 657 (= 229b) and S. Bened. Reg. 2: Ideoque abbas .... debet; Mulomed. Chir. Oder p. 5.13; p. 59.14; Svennung Pallad. p. 489 note 3. It is remarkable that **ideoque** Mulom. Chir. (Oder p. 5.13) is given as **hinc** in Vegetius Mulom. (= Lommatzsch p. 44.5)). For **ideo** cf. et. Hofm.-Leum. p. 684 (260); Veget. r.m. passim.

a **diu obsidatus pignore tentus in Galliis.** Cf. 18.6.20: Erat eo tempore   p.95.10
satrapa Corduenae ..... Iovinianus ... adulescens nobiscum occulte

sentiens **ea gratia,** quod **obsidatus sorte** in Syriis **detentus** ... gestiebat (eā gratiā = **ideo**); Oros. adv. p. 3.15.6: sescentis autem equitibus Romanis in obsidatum receptis ...; Souter p. 272. Not in legal texts. Very rare word.

b   **obsidatus pignore** = obses (= pignus = hostage; cf. Liv. 33.22.9; Suet. Aug. 2.21: marium pignora: Just. 2.15.8: Legatos vinciant, pignusque **teneant,** ne in se gravius consulatur (letter from Themistocles); ibid. 2.15.10 (words of Them.): si quid ob eam rem de se crudelius statuerent, legatos eorum in hoc pignus Athenis **retentos**). The expression is abundant and **obsidatus** is practically equal to a **genit. identitatis** (Cf. Hagendahl abund. op. cit. I. p. 192 sq.). **Pignus** = **filius,** cf. 19.2.1; 27.6.8; Hagendahl Stud. Amm. p. 32 sq.

c   **tentus. Detentus** or **retentus** (see above) would have been more normal, but the archaic use of **simplex pro composito** (in prose) in late Latin and by Amm. very frequent which does not mean that Amm. does not also include the "strangest" composita in his style. Cf. Hofm.-Leum. p. 548, 141d.; Svennung Pallad. p. 546 (with lit.).

p. 95.10   *a*   **doctusque Graeca quaedam arcana.** For the **accus.** with **doctus** cf. Horat. carm. 3.8.5: (Maecenas) docte sermones utriusque linguae; ibid. 3.9.10:
>me nunc Thressa Chloe regit
>dulcis docta modos et citharae sciens . . . . ;

Stat. Theb. 2. 272 sq.:
(Lemnius) Harmoniae dotale decus sub luce iugali
>struxerat. hoc, docti quamquam maiora, laborant
>Cyclopes . . . ;

ibid. 2. 692: ille haec praeviderat, omina doctus
>aeris et nulla deceptus ab alite, Maeon . . . . . ;

ibid. Silvae 5.5.66 sq.:
>non ego mercatus Pharia de puppe loquaces
>delicias doctumque sui convicia Nili
>infantem, lingua nimium salibusque protervum,
>dilexi . . . ;

Claud. 28 (de VI cons. Honor.) 324 sq.: (Lustralem sic rite facem)
>Circum membra rotat doctus purganda sacerdos;

etc. With Amm. possibly Greek influence.

b   **arcana:** mysteries. Has to be an allusion to the cultus of **Serapis** (= **Osiris**), very wide-spread and competing with Christianity up to this period; worshipped together with his sister and spouse **Isis.** Cf. Hunger, Lex. Myth.[5] (1959) p. 169; 323 (with lit.).

c   **quaedam arcana.** Claus. I, into which **quaedam** which in late Latin and

Amm. is often = **aliqua** (rarely used) = **nonnulla**, fits better, Cf. Hofm.-Leum. p. 484, 82d.

hunc filium ..... ad S. transtulit nomen. transferre (also class.) = to translate. Cf. Krebs Antib. 2 p. 673.   p.95.11-12

a **hunc filium** for **huius filii nomen**, though illogical is an understandable slip of the pen.

b **hunc f. suum.** Striking use of the demonstrative pronomen **hic** linked with the possessivum **suus**. Each separately would have sufficed. With these abundantia can be compared the use of e.g. **hic talis** (= ὁ τοιοῦτοσ) in the S. Benedicti Regula, just as abundant, because in late Latin often **hic** = **talis** (cf. Svennung Pallad. p. 310 sq., with lit.) and **hic** = **idem** (cf. Sv. ibid. p. 307).

Agenarichus. Cf. ad 12.25, p. 95.7-8.   p.95.11

a **genitali vocabulo dictitatum.** Amm. uses **vocabulum** and **nomen** interchangeably without any difference in meaning. This use (vocabulum = nomen) frequent in Tac. Cf. Krebs Antib. II p. 750. But perhaps we have here one more of the many Cic. reminiscences? Cf. Cic. div. 1.1.(2): Qua in natione Chaldaei, non ex artis sed ex **gentis vocabulo** nominati (passage quoted by Krebs ibid.)   p.95.11

b **genitalis.** Here = native, familiar, patriotic. Inter al. Vell. Ambros. Prud. Cf. 22.7.10: ut annua conplentes sollemnia, intra **terrarum genitalium** terminos otiose vivere sinerentur; 27.5.10: Valens Constantinopolim redit, ubi postea Athanaricus, proximorum factione **genitalibus terris** expulsus, fatali sorte decessit ...; 28.5.7: nec quisquam eorum **genitales** revisere potuit **lares**. Cf. Gellius 17.17: sed ut quemque ab eo appellari usus fuit proinde lingua et oratione ipsius, non minus scite quam si **gentilis** (compatriot) eius esset, locutus est (sc. Mithridates). We find **gentilis** more often with this meaning (thus synonymous with **genitalis** in the afore-mentioned but far less frequent meaning of **this** adjective).

c **dictitare** = nominare (1) Cf. 16.10.8; 21.2.5; 22.4.9; 22.8.24; 23.6.69: Arias perfluit **nomine**, faciens lacum ingentem, eodem **vocabulo** dictitatum. = dicere, loqui (2) Cf. 14.11.22; 15.8.2; 21.12.4; 24.8.2; 27.12.7. In the last 3 places the formulary expression: **multis ultro citroque dictitatis.** Cf. et. ad 14.11.22 (= II p. 137). Besides this **dictare**. Cf. 15.1.3: to dictate; 22.6.5: to order, to command; 31.16.1: to raise (a subject), to discuss: **multisque dictatis et controversis** (a variation of the formula mentioned under c(2)).

p.95.11 **Serapionis.** Cf. ad 12.25, p. 95. 7–8. General since the Hellenistic period, also worn by slaves. Cf. Gall.-Font. I. p. 281.

XII, 26

p.95.12 **potestate proximi reges.** Note the alliteration. Cf. Cic. off. 1.30. (109): contraque Callicratidam, qui praefectus classis **proximus post** Lysandrum fuit (quoted by Krebs Antib. II p. 420). In Amm.'s time and to Amm. himself **proximus** is an ordinary official term (vice-chief); cf. 22.7.2; 22.9.16; Willems (op. cit. I) p. 558; Boak-Dunlap. (op. cit. II) p. 206; Heum.-Seckel (op. cit. I) p. 475.

p.95.13 **regalesque decem.** Cf. ad 16.10.16 (= p. 87.8).

p.95.13 *a* **optimatum series magna.** By **optimates** are meant here the nobility or aristocracy. But the typically **Roman** meaning of this word has, of course, disappeared. (Cf. Madvig Verf. u. Verw. des R. St. 1881 p. 186 sq.; Willems (op. cit. I.) p. 116 sq., with lit.). For the first-mentioned more general meaning cf. Just. Phil. 5.3.8: Hac denuntiatione **optimates** (the 400 in Athens) territi primo urbem prodere Lacedaemoniis tentavere ...; ibid. 42.5.2: Nam cum infestos sibi **optimates** propter assidua scelera videret (sc. Phrahates rex Parthorum), ne esset qui nominari rex posset, adultum filium interfici iubet; ibid. 2.4.1: Sed apud Scythas medio tempore duo regii iuvenes Vlinos et Scolopitus per factionem **optimatum** domo pulsi ingentem iuventutem secum traxere ...; Veg. r.m. 3.9 (= Lang p. 87): Ad rem pertinet, qualis ipse adversarius vel eius comites (= ± dukes, counts) **optimatesque** sint, nosse, utrum temerarii an cauti ..; Hist. Aug. Vop. vita Bonosi 15.6: Superioribus litteris scripseram ut **optimates Gothicas** (noble Gothic ladies) apud Perinthum conlocares, decretis salariis etc. Not used by, among others, legal writers and Claud.

b **series** = ± multitudo. Strangely used. Probably flower of speech. Cf. Krebs Antib. II p. 566 (with lit.). Perhaps the late Latin meaning of: **content, context** (cf. Heum.-Seckel p. 537; Souter p. 375) or its use by Claud., where **series** sometimes = **gens, familia** (cf. 18.457; 29.56; 28.419), may be compared.

p.95.14 **triginta et quinque** instead of the more normal: triginta quinque; perhaps metri causa.

p.95.15 *a* **pacto vicissitudinis reddendae quaesita.** Wagner (in edit. Wagner-Erfurdt I. p. 231): "ut sibi auxiliares invicem, si opus esset, mitterent". Inaccurate.

One should read Caes. b.g. 3.22 (on the **devoti** = **soldurii** with the Celts; c. comm. ad h.l. edit. Meusel I[17] p. 275); Tac. Germ. 13, 14 (on the **comites** = "Gefolgsmannen").

b Cf. Cic. de amic. 14(49): Nihil est enim remuneratione benevolentiae, nihil **vicissitudine** studiorum officiorumque iucundius.

c **quaesita.** The usual word is: **conquirere.** Cf. ad 12.25, p. 95.10, c. Cf. et. Veg. r.m. 1.28 (= Lang p. 30): Vilius enim constat erudire armis suos quam alienos **mercede conducere.**

nationibus. = "uncivilised" tribes, peoples. **Natio** often has this meaning (cf. Cic. de off. 2.8(26)), just as with church-writers it frequently means pagan tribes, peoples = **gentes.** Cf. Krebs Antib. II p. 123 sq. (with lit.); Souter p. 262; Hoogterp, Et. sur le latin du Codex Bobiensis (1930) p. 229; Veget. r. m.: passim. p.95.14

XII, 27

a **torvum concrepantibus tubis.** For **torvum** cf. ad 14.9.6 (= II p. 91); Liesenberg (1890) (op. cit. I) p. 2. p.95.16

b **concrepare** Cf. 26.6.16: circumclausus horrendo fragore scutorum lugubre concrepantium (sc. Procopius); 29.5.39: **inmite quoddam** barbaricis concrepantibus **tubis;** Prop. 3.18.6: **cymbala** Thebano concrepuere deo (dat.).

c **tuba.** Cf. ad 14.1.1 (= I p. 105). For the difference in form etc. of **tuba, bucina, lituus** cf. Hill. Illustr. of School classics (1903) 355, 476, 477. Cf. Veget. r.m. 3.5 (= Lang p. 73): Semivocalia (sc. signa militaria) sunt quae per tubam aut cornu aut bucinam dantur; **tuba** quae directa est appellatur; **bucina** quae in semet aereo circulo flectitur; **cornu** quod ex uris agrestibus, argento nexum, temperatum arte spirituque canentis flatus emittit auditum (the passage dealing with **cornu** is partly quite corrupt in my opinion). The **lituus** is not mentioned in Veget.

a **Severus dux Romanorum.** For **Severus** cf. ad 16.10.21 (p. 88.7). p.95.16
b **dux.** For the technical meaning cf. ad 14.7.7 (= II p. 23). Severus is **magister equitum per Gallias** (cf. v. Nischer, Das röm. Heer u. seine Generale (op. cit. I p. 32) p. 434). For **mag. eq.** cf. ad 14.9.1 (= II p. 88). Thus the indication **dux R.** is inexact, as so often with Amm. Cf. et. Ensslin, Klio 23, 1930, p. 320.

a **aciem dirigens laevam.** Cf. ad 12.21, p. 94.16 sq. for the **formation** and ad 12.21, p. 94.19 for **laevus** p.95.17

  b **dirigens.** Gall.-Font.: commandait; Seyfarth: führte; Büchele: Befehlshaber des linken Treffens. Rather careless translations, for **dirigere** (= derigere; cf. Krebs Antib. I p. 453) as a term. techn. mil. means: (1) to line up the army (in a front). (2) to aim (to direct) towards something. For (1) cf. Caes. b.G. 6.8.5 (with comm. Meusel ad 1.): Simul signa ad hostem converti **aciemque derigi** iubet et paucis turmis praesidio ad impedimenta missis reliquos equites ad latera **disponit** (With Caes. **disp.** only: (1) to post at various points. (2) to post at a distance from each other, to spread out). and for (2) cf. Caes. b.c. 3.25.4: sive ad litora Apolloniatium sive ad Labeatium **cursum dirigere**. The meaning (1) is required here. Cf. et. Veg. r.m. 3.17 (= Lang p. 102): Nam **directa acies** hoc solum agere debet et potest ut hostem repellat aut fundat.

p.95.17 **prope fossas** (1). Cf. ad 14.2.11 (= I p. 73) and ad 14.3.3 (= I p. 81). (2) Cf. ad 16.12.23. Situation difficult to determine. Cf. Pighi N. St. Amm. p. 120; Lib. or. 18.56[b]; Hatt-Schwartz p. 429 (op. cit. 16.12.1).
 armatorum refertas. C. genit., according to the usual classical use with persons (with things always the **ablat.**, also in late Latin). But perhaps, in spite of the "exception" Amm. does have a Cic. passage in mind: Deit. 12(33): viderat... **armatis** militibus **refertum** forum? (quoted by Krebs). Cf. et Krebs Antib. II. p. 490 (with lit.).

p.95.18 *a* **unde dispositum erat ut ... turbarent.** For **dispono** cf. ad 12.23, p. 94.27 and ad 12.27, p. 95.17. **Unde** to be connected with **repente exorti.** Subject is **armati.** The part. **exorti** renders the essential point and is logically dependent upon **dispositum erat.** For this of the **partic.** cf. ad 15.2.8 (= III p. 23) and 15.7.5 (= IV p. 14). Furthermore there is a kind of contamination of: unde ... exorti cuncta turbarent (without **disp. erat ut**), a relative sentence with final added meaning and: (an intermediate sentence) et disp. erat ut **inde** abditi ... turbarent.
 b **exorti.** Cf. 16.12.43; 23.6.72 (with **ab**); 15.5.1; 16.12.27; 23.6.71 (with adverbia loci); 27.3.10: aedificia erigere **exoriens** nova (exordiens Btl!), vel vetusta quaedam instaurans ... (with infinit.).

p.95.18-19 **Stetit inpavidus.** Cf. 17.12.11: iussique obtinere sedes **inpavidi** nostros reddidere captivos; Krebs Antib. I p. 689.

p.95.19 *a* **suspectiorque de obscuris.** Pighi: suspectiorqüe de obscúris (Claus. III). Although the dialysis of **-que** is possible, it is not necessary here for the clausula for cl. $\smile\sim\sim\sim\smile\sim$, is found more often in Amm., as has been remarked before. Cf. Blomgren (op. cit. II) p. 12 sq.

b Cf. 24.1.13: Et cui per regiones ignotas **de obscuris** erat **suspectior** cura, astus gentis et ludificandi varietas timebatur. For this active meaning of **suspectus** cf. Horat. Carm. 1.17.24 sq.:

>..... nec metues protervum
>**Suspecta** Cyrum, ne male dispari
>Incontinentes iniiciat manus ...

(though the passive sense is generally assumed here); Claud. 8. 278 (de IV Cons. Hon.):

>neu dubie **suspectus** agas: neu falsus amicis
>etc.;

Cat. Dist. 4.43: **Suspectus** caveas ne sis miser omnibus horis
>Nam timidis et **suspectis** aptissima mors est.

Spart. Sever. 15.5: Multos etiam, quasi Chaldaeos aut vates de sua salute consuluissent, interemit, praecipue **suspectus** unumquemque idoneum imperio (disputed version); Amm. 29.4.5: satellites exciti, idque quod acciderat, **suspecti** (V suspencti. A G Clark suspicati. Pet. **suspecti**, rightly so, in my view); Georges s.v. Compare also the active use of e.g. **consideratus, circumspectus,** etc.

c **obscuris.** Cf. ad 14.10.16 (= II p.111); ad 14.1.3 (= I p.57); ad 14.1.1 (= I p.55).

referre gradum = pedem referre. Cf. Krebs Antib. I p.628; ad 16.12.3, p.91.17. Compare the use of **gressus** (Krebs Antib. ibid. 1.636); 14.2.6; 15.10.4; 27.10.8; 28.2.13; 17.12.5; 17.12.21. p.95.19

ulterius ire. Cf. 27.10.8: post haec leniore **gressu** princeps **ulterius** tendens, cum prope locum venisset, cui Solicinio nomen est, velut quadam obice **stetit** etc. (a passage somewhat comparable to ours).

ulterius = ultra, longius, amplius, poet., post-class. and late Latin cf. Krebs Antib. II p.689; Veg. r.m. 4.20 (= Lang p.142): (machina) tanto ponderi solo cedente subsedit nec iungi muris aut moveri **ulterius** potuit; Claud. 36.313 sq.: (Rapt. Proserp. 3)

>Hei mihi, discedunt omnes. Quid vana moraris
>**Ulterius**? non bella palam caelestia sentis?

XII, 28

quo viso: neutrum! When these words by Amm. correspond with the facts, one may conclude that Iulianus' view was unobstructed by, for instance, the **collis** of 16.12.19. Although the **distance** from which Iulianus Severus sees with his infantry, must have been considerable. (cf. 16.12.29). p.95.20

animosus. Class. also quite usual. For the numerous adjectiva ending in -osus (many of which non-class.). cf. Liesenberg (op. cit. I) 1888 p. 27.

p.95.21 **equitibus saeptus.** Of persons likewise e.g. Liv. 1.28.8: Ad haec Albana pubes inermis ab armatis saepta; Suet. Octav. 2.65: Agrippam ... in insulam transportavit saepsitque insuper custodia militum; Cic. pro Sestio 44(95): qui stipatus semper sicariis, saeptus armatis, munitus indiciis fuit.

p.95.21 *a* **ardor negotii.** Cf. 16.12.24, p.95.4: **ardor** proelii and ad 16.12.24 ibid. c. The substantiva verbalia ending in **-or** are quite frequent with Amm. Cf. Liesenberg (op. cit. I), 1888, p. 24.
b **negotii.** This word often used by Amm., as e.g. in Sall. Suet., to indicate: military enterprises, battles etc. Cf. 16.12.12.

p.95.22 **discurrerent.** Cf. ad 16.12.21, p.94.20.
verbis hortabatur <et gestu>. Cf. 19.11.9: stabant incurvi longe alia quam quae **gestu** praeferebant **et verbis,** altis mentibus perpensantes. Hagendahl. St. A. (op. cit. I): "<et gestu> recte supplevit Novák, ut et exemplo priore (19.11.9) et clausula (**verbis hortabatur** ~́ ~ ~ ~ ~́ ~ cursus est pravus) demonstratur". Clark, Gall.-Font. adopt Novák's version; Pighi (Cap. Selecta p. 14) and Seyfarth I p. 192, 301 rightly reject it. For the so-called cursus pravus cf. ad 16.12.27, p. 95.19. Cf. et. Löfstedt, Syntactica II p. 187.

XII, 29

p.95.23 **pariter** = simultaneously, but further on (p.95.27) = similarly. Cf. Krebs Antib. II p. 243 sq.
longitudo spatiorum extenta. Cf. 25.2.6: amplitudine ... spatiorum; 31.8.9: spatiorum amplitudines (**Thraciarum** Pet. Clark; **spatiorum** Gardthausen Novák Blomgren, as CEA). Also: **spatia ampla:** 14.6.16; 14.7.16; 24.3.12; 31.4.8; 17.13.22; 31.3.3; **spatia amplissima:** 17.12.3; 22.8.12; **spatiis amplioribus** 27.2.5. Cf. et. 31.12.13: amplitudine camporum; 31.3.8: amplitudine fluentorum; Blomgren (op. cit. II) p. 170 sq. That the expression is **abundant** is obvious. Cf. Hagendahl (op. cit. I) abund. p. 196.

p.95.23–24 *a* **nec in unum coactae multitudinis permitteret crebritas.** Note the "unusual" sequence of words. The verbositas is almost abundant.
b **quoniam ... permitteret.** V permitterent crebitas E B G permitteret crebritas. There is no objection at all against the singular. But the conjunctivus after **quoniam** is only found here in Amm. For this reason Dederich-

sus (op. cit. I) wants to "restore" here the indicativus which, according to him, is used more than 40 times. Ehrismann (op. cit. I) p. 70 observes: "At coniunctivum servandum esse censeo, cum sententia **condicionalis** sit: quoniam nec longitudo spatiorum nec crebritas multitudinis omnes adloqui permitteret, si voluisset – at noluit, immo vitavit – accendere conatus est". Although I would prefer the **coniunct. obliquus** in this case, there is, I believe, another explanation: with **quoniam** the conj. is usual in late Latin. The fact that in other cases Amm. uses almost exclusively the indic. after **quoniam** will have to be explained as a result of his reading of the Latin "classics". In Veget. r.m. **quoniam** (twice) with the indic. Cf. Hofm.-Leum. p. 753; Hoogterp, Et. sur le lat. du Cod. Bob. des Evang. p. 189 Remarque.

c Cf. Liv. 30.11.4: Igitur omnibus, qui bello apti erant, **in unum coactis;** Verg. Ecl. 7.2: Compulerantque greges Corydon et Thyrsis in unum; etc.

d Cf. 14.11.20: eum post haec nihil passurum, velut mandatu principis **iurandi crebritate** confirmans (= repeated oaths); 22.8.14: per has saxorum dehiscentium concursantiumque **crebritates** (of the Symplegades. = repeatedly to burst open and slam to); 23.6.3: cui victoriarum **crebritas** hoc indiderat Cognomentum (= repeated victories).

e **adloqui.** For the **allocutiones** cf. Müller Milit. (op. cit. I) p. 625 sq.; Krebs Antib. I p. 147; Suet. de Gramm. 4 (= Roth 259); Eckhel (op. cit. I) 9. p. 840 sq.

et alioqui vitabat ... existimabat. Cf. 15.6.3 (said by Proculus, **Silvani** p.95.24-26 domesticus): quod **die quinto antequam infulas susciperet principatus,** donatum stipendio militem Constantii nomine **adlocutus est,** fortis esset et fidus. Remembering this, the Emperor had not yielded this right, viz. of the **adlocutio** to the Caesar. Jealous as he was, he saw in a general address to the assembled troops the beginning of a revolution (which was not all that strange: it often happened that way). Fortunately circumstances favoured Julianus so that he did not have to feel obliged **adloqui pariter omnes:** he was happy to avoid the **pondus gravioris invidiae,** i.e. the displeasure of the Emperor caused by this. Cf. et. Pighi N. St. Amm. (op. cit.) p. 105, 120.

alioqui. Cf. Lagergren, De vita et elocutione C. Plin. Caec. Sec. p. 171 p.95.24 (1871): "Alioqui, alioquin pro eo, quod est ceterum, aliter, ceteris in rebus, **praeterea,** tal., apud Plin. est frequentissimum". The **underlined** meaning also frequently in Celsus (cf. Brolén, De elocutione A. Corn. Cels., 1872 p. 37). Cf. et. Krebs Antib. I p. 138 sq.; Thes. ad v.; Hofm.-Leum. p. 287. Not in Veget r.m.

vitabat: (conative) = evitabat (cf. ad 12.25, p.95.10: **tentus**). Cf. Cic. de fin. 2.26(84): odium autem et **invidiam** facile **vitabis**.

p.95.24-25 **invidiae pondus.** Cf. Ovid. Metam. 9.436 sq.:
> Perpetuumque aevi florem Rhadamantus haberet
> Cum Minoe meo, qui propter amara senectae
> **Pondera** despicitur ...

Luc. Phars. 9.950 sq.:
> Caesar ut Emathia satiatus clade recessit
> Cetera curarum proiecit **pondera,** soli
> Inentus genero ...

Ovid. Trist. 2.237 sq.:
> Mirer in hoc igitur tantarum **pondere** rerum
> Te numquam nostros evoluisse iocos?

p.95.25-26 **ne videretur id adfectasse ... quod Augustus existimabat** Gall.-Font.: "pour ne pas avoir l'air de rechercher un honneur qu'Auguste estimait etc."; Seifarth: "Und wollte sich nichts anmassen, was der Kaiser nur für sich selbst in Anspruch nahm"; Büchele: "er ausserdem auch die schwere Last des Vorwurfs nicht auf sich wälzen wollte, sich etwas anzumassen etc.". It is remarkable how all three of these translators have done well with this sentence (by accident, a question of "feeling"?), i.e. they do not render **adfectasse** as a **perfectum,** which indeed it is. Cf. 19.7.1: et concito extremo belli ardore omnes oppetere gloriose iam properabant, aut ruina urbis animis **litasse** caesorum; ad 16.5.17, p.78.4. = Gr. infin. **aor.**
a <**in**>**cautior sui hostium tela praeter volans.** Corn. Clark Gall.-Font. insert **in**; Pighi, Seyfarth, correctly: cautior. For why should a good general not be allowed to seek cover? Surely he does not have to be a target while commanding his troops?
Note. Prior to Corn. the version <**in**>**cautior** was defended by Langen, Progr. Gymn. Düren (1867), p.21. But he does not convince me either.
b Cf. 16.12.64: tunc Iulianus ut erat fortuna sui spectatior, meritisque magis quam imperio potens ...; 25.3.11: contra animosius Persae sagittarum volantium crebritate conspectum sui (= ± genit. object.) rapiebant oppositis; 28.1.37: (rei) saepe adseverabant, ni criminibus magnis petissent nobiles viros, quibus ad sui societatem adnexis, facile eos (= se) absolvi posse firmabant; ad 15.7.6, p.57.13.
c Cf. Cic. Arati Phaen. 659 (411):
> Hic se iam totum caecas Equus abdit in umbras,
> Quem rutila fulgens pluma **praetervolat** Ales.

Sil. Pun. 10.114: (hasta) Quae medias raptim velox **praetervolat** auras;
Claud. 26 (de bello Getico) 319 sq.:
>Protinus, umbrosa vestit qua litus oliva
>Larius (= Lago di Como) et dulci mentitur Nerea fluctu
>Parva puppe lacum **praetervolat;**

Suet. Claud. 7. lit.

his et similibus. Cf. ad 14.1.1 (= I p. 55). Cf. 16.12.67: His tot ac talibus p.95.26
prospero peractis eventu; 22.9.1: At prosperis Iulianus elatior; 31.5.1:
(Theruingi) duplici impedimento adstricti quod ducum dissimulatione
perniciosa, nec victui congruis sunt adiuti; 22.7.7: Nec tamen cum cor-
rigendis civilibus ita diligenter instaret, omisit castrensia...; Liesenberg,
1890 (op. cit. I) p.4.

ad faciendum fortiter. Note the alliteration! Cf. Veget. r.m. 3.9 (= Lang p.95.27
p. 88): si ex insidiis vel occasione aliquid fortiter feceris; ibid. II.3 (= Lang
p. 37): Nam unius aetatis sunt quae fortiter fiunt; quae vero pro utilitate
rei publicae scribuntur aeterna sunt.

XII, 30
"advenit – o socii – iustum pugnandi iam tempus"... Cf. Verg. Aen. 10.11: p.95.27-p.96.1
Adveniet iustum pugnae (ne **arcessite**) tempus; with which line of verse
p. 96.2 also corresponds: quod antehac **arcessentes.** Although the ideas of
Hertz (Aul. Gell. op. cit. I) are often inaccurate and certainly obsolete, it
can not be denied that Amm. and his contemporaries (as well as later
writers) were quite pleased to "introduce" as well as to "hide" quotations
or parts of them. We should forgive them this harmless (though erudite!)
custom.

a **exoptatum mihi vobiscum.** Cf. Cic. Roscio 7(19): non modo ut **exop-** p.96.1
tatum inimico nuntium primus adferret; Cic. ad Att. 5.15.1: Laodiceam
veni pridie Kal. Sextiles ... nihil **exoptatius** adventu meo, nihil carius;
ibid. 4.1: Itaque hoc tibi vere affirmo, in maxima laetitia et **exoptatissima**
gratulatione unum ad cumulandum gaudium conspectum aut potius com-
plexum mihi tuum defuisse; Ter. Heaut. Tim. 2.4.28:
>...... Teneone te
>Antiphila, maxume **exoptata** animo meo?

Plaut. Trin. 4.3.65. **Exoptatio** and **exoptator** are late Latin. (not in Amm.).
Exoptatus not in Veget. Claud. Cf. Souter p. 138.

b   For the **dativus auctoris** cf. Plaut. Amph. 2.2.24:
   Edepol me **uxori exoptatum** credo adventurum domum;
Ter. (see above); Lucil. 468 (Baehrens p. 207):
   neque inimicis invidiosam neque **amico exoptabilem;**
Hofm.-Leum. p. 417 (42); Hoogterp, Et. sur le lat. du Cod. Bob. p. 82 sq. (100); S. Bened. Reg. Prolog. (Linderbauer p. 13): Ad te ergo nunc **mihi** sermo dirigitur.

p.96.2 **quod antehac arcessentes, arma in< re >quietis motibus poscebatis.**
a   The main point is clearly rendered by the participium: **arcessentes**. Cf. ad 15.7.5 (= IV p. 14).
b   For **arc.** one should compare the Verg. passage immediately above.
c   **in< re >quietis**. Kellerb. Clark. Seyfarth, in keeping with 16.12.33: inrequietis motibus. V Pighi Gall.-Font.: inquietis, rightly in my opinion. There is no reason to change the manuscript's version for the sake of symmetry, for Amm.'s style is characterised as much by **repetitio** as by **variatio**, as has been remarked before. Furthermore **inquietus** is since Livius (where it frequently occurs) an ordinary adjective (Cf. Krebs Antib. 2. p. 751). Cf. et. Gudeman Tac. Dial. comm. p. 273, p. 479. For **inrequietus** cf. ad 14.2.1 (= I p. 67) (where therefore, 16.12.30 should be removed as an example). One should also compare **inquies** (19.5.1; 29.1.5); Fesser (op. cit. I) p. 57.

XII, 31

p.96.3   *a*   **cum ad alios postsignanos in acie locatos extrema.**
Büchele: "Kam er sodann zu Denen, welche hinten in der zweiten Schlachtlinie standen ..."; Seyfarth: "Als er zu den Soldaten hinter den Fahnen in der letzten Schlachtreihe gekommen war". In both translations **alios** has been neglected. Correct Gall.-Font.: "**De même,** quand il arriva près **d'autres,** placés derrière les enseignes ..". For **alios posts.** certainly can not mean: **with other postsignani;** because **Julianus** certainly does not **begin** his exhortations with the postsignani.
b   for **postsignani** cf. ad 16.12.20, p. 94.15 and ad 16.12.18, p. 94.5.

p.96.3-4   *a*   **"en"** inquit **"commilitones"**. For **en** cf. Krebs Antib. I p. 505 (with lit.). and Hofm. Umg. spr. (op. cit. I) p. 35 sq. (c. 43, 44: **en, em**). "**en,** das in erster Linie ein Wort der Gebildetensprache wurde, übernahm nunmehr im einzeln alle Funktionen von **em,** z.T. auch von **heia**. In der Volkssprache hat sich **en** wenigstens teilweise erhalten, wie sein Vorkommen bei Petr. und im Romanischem zeigt". (Hofm.). It will have flowed easily

from the pen of the Greek Amm., because the use of **en** completely corresponds with ἦν.
b For **inquit** cf. Hofm.-Leum. p. 615 and 622 (with lit.); Koziol (op. cit. I) p. 95, 102; Hagendahl abund. (op. cit. I) p. 212.
c **commilitones.** Does not occur in Veget. r. m. Claud., though it is found in the Digests. Cf. **conturmalis** (16.12.45; 17.1.2) and **concorporalis** (21.12.15; 28.5.7); Pighi, St. Amm. (op. cit. I) p. 70, 72.

conpellens nos omnes .... reddere. For the construction of **compellere** cf. p.96.4 ad 15.5.14 (= III p. 91).
diu speratus praesto est dies. Note the sequence of words, with hyperbaton. For **speratus** cf. 24.4.19: contra **sperata**; 25.7.5: praeter **sperata**; Liv. 21.45.9: tum vero omnes, velut diis auctoribus in spem suam quisque acceptis, id morae, quod nondum pugnarent, ad potienda **sperata** rati, proelium uno animo et voce una poscunt. For **speratus** in the **active sense** cf. 20.8.10 (Pighi St. Amm. p. 104). For the frequent use of the **passivum of sperare** cf. ad 14.7.5 (= II p. 20). Insperatus: 14.11.33; 18.10.1.

a **elutis pristinis maculis, Romanae maiestatis reddere proprium decus.** Cf. p.96.4-5 Cic. Verr. 2.5.46(121): errabas Verres et vehementer errabas, cum te **maculas** furtorum et flagitiorum tuorum sociorum innocentium sanguine **eluere** arbitrabare.
b V **maiestatis.** Similarly: Löfstedt Pighi. **maiestati** EG Clark Seyfarth Gall.-Font. Baehrens (Bursians Jahresber. 203, 1925, I p. 63) compares 15.10.6: ad Matronae porrigitur verticem, cuius vocabulum casus feminae nobilis dedit; cf. et. Paneg. Lat. 10.33: (= Galletier II p. 193) Ita pro se quaeque officiis suis functae fortitudo et liberalitas imperatoris cumulatissimam urbis beatitudinem (miseria?) exhaurienda et congerendis commodis reddiderunt (Baehrens: urbi ... aegritudine, 1874, p. 239); Pighi N. St. Amm. p. 121 (note 1); Gall.-Font. I. p. 281 (note 344).

rabies et inmodicus furor. Cf. 31.7.3: hi numeri, nondum experti, quid cum p.96.6 desperatione **rabies** valeret indomita; ad 15.8.6 (= IV p. 32).

coegit occurrere nostris viribus opprimendos. The rhythmic grouping of the p.96.6-7 sentence is already an indication that **occurrere** should not be linked with **nostris viribus. Occurrere** used absolutely = to attack (e.g. in Caesar b.c. 1.69.3 and b.c. 3.7.2). **Opprimendos** (gerundivum) = part. fut. pass. Cf. ad 16.12.22, p. 94.26

XII, 32

p.96.7-8 **alios itidem bellandi usu diuturno callentes.**
a On **itidem(que)** and **itemque** cf. Blomgren (op. cit. II) p. 34 sq.; ad 16.12.17 (p. 93.23-24).
b **callens** Cf. 15.2.4 (with note III p. 16); 15.7.8; 21.3.5; 28.1.7; Liv. 35.26.10: quin contra, si in re navali, cuius esset ignarus, offendisset, eo plus in ea, quorum **usu calleret,** spei nactus...; Val. Max. 8.12.1 (last two passages quoted by Krebs Antib. I p. 251); Sil. Ital. 6.89 sq.; Just. Phil. 24.4.3:... et portio Illyricos sinus, ducibus avibus (nam augurandi studio Galli praeter ceteros callent) per strages barbarorum penetravit...; Thes. III. 166.70 sq.

p.96.8 **aptius ordinans.** = apte. Cf. ad 14.6.12 (= I p. 96). **ordinare** well-known t.t.m., also in Veget. r.m.

p.96.8-9 **exsurgamus.** With **ex:** 16.5.5; with **ab:** 23.4.5; 23.6.70; with **abl.** 22.8.11; with **adverbia loci:** 23.6.17; 27.4.7.

p.96.9 **congrua** Cf. ad 16.12.12, p. 92.27.

p.96.9-10 **propulsemus... inlisa nostris partibus probra.** Somewhat comparable passage Caesar b.g. 6.15.1:... quotannis accidere solebat, uti aut ipsi inurias inferrent aut **inlatas propulsarent;** Curt. Ruf. 4.14.21: Modo Graecis ultro bellum inferebamus: nunc in sedibus nostris **propulsamus illatum;** Cic. Cael. 18(42): ne **probrum** castis, labem integris, infamiam bonis **inferat;** Cic. pro domo: 29(76) Quodsi in isto tuo maledicto **probrum** non modo **mihi** nullum **obiectas,** sed etiam laudem illustras meam...?; Tac. Hist. 3.31: circumstiterant victores et primo **ingerebant probra,** intentabant ictus...; Claud. 28 (de VI cons. Honor.) 241 sq.:
    Et tetris collecta cibis annique vapore
    Saeviat aucta lues et miles **probra** superbus
    Ingerat obsesso, captivaque pignora monstret.
b **inlisa.** Cf. ad 16.12.13, p. 93.1.; 29.5.39; Claud. 3.272; 20.431; 33,255; 101,59 (= Laudes Herculis).
nostris partibus = on our side, – belonging to us (our country). Here not: party, political trend, etc. The metaphor becomes clear from Veget. r.m. 3.9 (= Lang p. 89): Dux itaque vigilans sobrius prudens, tamquam de civili causa **inter partes iudicaturus,** adhibito consilio de suis et **adversarii copiis** iudicet.

quae contemplans Caesaris nomen cunctando suscepi. cunctando = with, p.96.10 after some hesitation. Very well translated by Gall.-Font.: "c'est ce que je considérais quand j'ai accepté, en hésitant, le nom de César". Cf. ad 15.7.5 (= IV p. 14). Note the alliteration!

XII, 33

a **quoscumque .... praevideret.** For the conj. iterat. cf. ad 14.1.5 (= I p.96.11 p.60); 14.4.1 (= I p.82); 16.10.18 (p.87.22); 14.2.2 (= I p.67); 14.2.7 (= I p.70). "Regularly" the construction should be: quoscumque .... **praeviderat ..... inquiebat .....**
b **per**viveret VE. Petsch. Pighi: **per**videret. Clark Gall.-Font. Seyfarth: **prae**videret, as B.G. Transposition of **per** and **prae** in m.s. not unusual. **praevidere** = to look ahead, to look into the future. Generally post-class. and late Latin. Sometimes it has the same meaning as **providere** (to foresee and take precautions). Cf. Krebs Antib. II p.372 (with lit.). **Pervidere** = to survey, to see clearly, to examine, to see (to understand). In connection with the part. **praes.**: **poscentes** (which to my view can not have a futural meaning in this context) and the part. **fut.**: rupturos, I prefer the version **pervideret** in its double meaning of: 1. to see clearly. 2. to realise (to suspect). Although the **praedicativus accus.** after the verba sentiendi is not unusual in Latin, (model: video pueros ludentes), I suspect that here, as so often, Amm. follows the Greek syntax, in which there is a clear difference between the **praedic. accus.** after a verbum sentiendi (a) and an **infinit.** after such a verb (b). (a) points to a manifest direct observation by the senses, (b) to a less clear indirect observation not personally made or to a consideration. Constr. (a) suits **poscentes** very well. **Pervidere** is found in several places in Cic. and Val. Max. (authors well-known to Amm.). Neither **perv.** nor **praev.** in Claud. or Veget. r. m.
c The translation by Seyfarth does not take the above into consideration. More accurate that of Gall.-Font. (as more often).

inconsulte. Cf. 23.5.3: ... Mareade vivo exusto qui eos ad suorum inte- p.96.11 ritum civium duxerat **inconsulte.** Cic. Caes. b.c. (inconsultius: 1.45.6). Liv. Veget. r.m. 3.22 (= Lang p. 113): nihil enim periculosius existimant, quam si **inconsulte insequentibus** ab his qui in subsessa (= ambush) fuerint vel qui ante se paraverint, obvietur; ibid. 3.26 (= Lang p. 122): Qui dispersis suis **inconsulte sequitur,** quam ipse acceperat, adversario vult dare victoriam.

inrequietis. Cf. ad 16.12.30, p.96.2. p.96.12

p.96.12-13 *a* **ne hostes vertendos in fugam sequentes avidius .... gloriam violetis.** Seyf. inaccurately: "Ich bitte euch, den Ruhm des kommenden Sieges nicht zu schmälern, **indem ihr den Feinden** zu hitzig **folgt, wenn sie sich zur Flucht wenden**". Gall.-Font: "Je vous en prie, disait-il, en poursuivant avec trop d'empressement **un ennemi qu'il s'agit de mettre en déroute,** ne compromettez pas, etc." (correct). Büchele also mistaken this time: "Verfolgung **der fliehenden Feinde...**". However, not **vertentes,** but **vertendos** is written, a gerundivum here in its proper meaning and function. We are definitely not dealing here with an example of: gerundivum = **part. praes.** (cf. Hofm.-Leum. p. 594; Svennung Pall. p. 428 sq., both with lit.) nor of the gerundiv. = **part. fut. pass.** already noted before in this commentary.

b **quaeso.** For the use of **quaeso** cf. Krebs Antib. II p. 434 sq. It does seem an archaism with Amm. here. Cf. ad 14.10.11 (= II p. 107).

c **avidius:** "correctly" used = too avid, too violent.

p.96.14-15 *a* **nam fugituros procul dubio deseram, hostium terga caesuris adero indiscretus.** For the part. fut. cf. ad 14.1.1 (= I p. 54); 14.6.2 (= I p. 89); 14.5.7 (= I p. 87); and for the **substantivation** of this part. cf. Hofm.-Leum. p. 548c.

b **indiscretus.** Cf. ad 16.12.18, p. 94.6. Cf. Tac. Hist. 4.52: suum cuique sanguinem **indiscretum,** sed maxime principibus, quorum prosperis et alii fruantur, adversa ad iunctissimos pertineant (= inseparabilem); Plin. mai., Quint., Sen., Tac., Cels. and later writers. Not in Caes., Cic. Sall. Liv. Cf. Krebs Antib. I p. 725 sq. Claud. 36.44 sq. (De raptu Proserp. III):
   Haecine vita iuvat silvestribus abdita lustris,
   Indiscreta feris?

c **procul dubio.** Liv. 39.40.10; Plin. mai. 9.184; Florus 2.6.50; 2.8.7; Suet., Quint., etc. Cf. et. Heum.-Seckel p. 462; Krebs Antib. II p. 389 (with lit.). Veget. r.m. does not have the expression, though five times: **sine dubio.** In Amm. 15.5.7; 16.11.5; 16.12.33; 21.7.3; 29.6.13.

p.96.15-16 **si hoc pensatione moderata fiat et cauta.** For the sequence of words cf. Blomgren (op. cit. II) p. 25 sq. Clausula III.

b **pensatio** = consideration, consultation. Seems to occur only **here.** The metaph. meaning: retribution, compensation, settlement does not occur in Amm. Unlike the adjective derived from that: **pensabilis** (31.13.11: numquam **pensabilia** damna). The lit. meaning not to be found in Amm. either.

XII, 34

a **saepius replicando.** Similar abundantia Hagend. abund. (op. cit. I) p.211 sq. Cf. et. 25.6.13. Sed cum haec **saepe congeminando** refragaretur in cassum p.96.17

b For the use of the **gerundium** (= part. praes.) cf. ad 14.1.6 (= I p.61).

c **replicando.** Cf. 20.9.6: **replicatoque** volumine edicti quod missum est et legi ab exordio coepto (= to unroll a scroll); 28.4.13: . . . . et glires, quorum magnitudo **saepius replicata** . . . **laudatur adsidue** (extremely abundant! Version doubtful, in my view); 30.1.3: qui . . . **scribendo** ad comitatum **adsidue,** Cylacis necem **replicabat** et Arrabanis . . . (also abundant). In the last two sentences = ± to repeat, late Latin. Cf. et. Souter p.351; Goelzer Avit. (1909) p.581.

opposuit . . . . . et subito auditus est = opponebat . . . **cum** subito aud. est (**cum** "inversum"). Cf. 26.8.3: discedere iam parabat, **cum** inter haec clausi . . . portis egressi , . . properabant (= properaverunt) ardenter circumventuri Valentem; 27.7.1: vix dies intercessere (= intercesserant) pauci, **cum** Mamertinum . . . . . . Avitianus . . . . peculatus detulerat (= detulit) reum (both ex. from Ehrismann op. cit. I). For **perf.** = **plq. perf.** cf. ad 14.2.9 (= I p.72); 14.3.4 (= I p.81). For **perf.** = **imperf.** ad 14.5.2 (= I p.84). For **cum** "inversum" Hofm.-Leum. p.750d; and for **et** = **cum** "**inversum**" ibid. p.660 f. For the contamination of parataxis and hypotaxis (frequently occurring and connected with the above) cf. Svennung Pallad. p.482. p.96.18–19

fremitus indignationi mixtus. Indignatio = **expression** of indignation etc. Usually in the **plural.** Cf. Liv. 1.10.1; 3.48.9; 25.1.9; Sen. contr. 7 praef. § 2; Arnob. 1.26; 4.30; 5.20; Firm. de err. 6.2 (all quoted by Georges). In its usual meaning Amm. 24.3.3: cum eos (milites sc.) parvitate promissi percitos tumultuare sensisset, ad **indignationem** plenam gravitatis erectus . . . . inquit (sc. Iulianus) p.96.19

unanimi conspiratione vociferantium p.96.19–20

a Cf. 14.1.6: id observantes **conspiratione concordi** ut fingerent quaedam (slightly abundant and alliterating; cf. Cic. ad fam. 12.15.3: ut **hanc concordiam et conspirationem** omnium ordinum ad defendendam libertatem propense non crederent esse factam . . .); 15.5.13: . . . sed absolutus est **enixa conspiratione** multorum (cf. III p.90).

b **unanimis.** This collateral form of **unanimus** (Liv. 7.21.5: inclinatis semel in concordiam animis novi consules faenebrem quoque rem, quae distinere **unanimos** videbatur (Jenicke, Weiszenborn, Madvig: una animos) leviter adgressi; also poet. and late Latin) also late Latin. Cf. Souter p. 447; Krebs Antib. II p. 691. Claud. has **both** forms, Veget. r.m. neither. In the same meaning **unanimans** (22.5.4: unanimantem plebem), which apart from here only occurs in Plaut. (Truc. 435). Cf. Krebs ibid.

c **vociferari,** c. acc. c. inf. also e.g.: Liv. 4.1.6; Cic. Verr. 4.18(39); Cic. Rab. Post. 8(21).

p.96.20 **regales.** Cf. ad 16.10.16, p. 87.8.

p.96.21 *a* **miserabili plebe.** Said of the mass of ordinary soldiers. In the late imperial age **plebs** is used particularly to indicate the ordinary plebeian class in contrast to the decuriones, iudices, consulares etc. **Here** are meant by it the troops not belonging to the **regales.**
As happens so often with Latin writers, a typically Roman expression is used to indicate something quite different. This can perhaps best be compared with Colum. 9.11.1, where **plebs** is used for **swarm** as opposed to the **queen.** Cf. et. Claud. 21 (de laud. Stilich. I) 53 sq.

.... Tigrin transgressus et altum
Euphraten, Babylona petis. Stupuere severi
Parthorum **proceres** et plebs **pharetrata** videndi
Flagravit studio ... (where **proceres** stands opposite **plebs**
as here in Amm. regales opposite plebs).
Cf. et. ad 15.1.2 (= III p. 8) and ad 16.12.17, p. 93.28.

p.96.21-22 **facile discedendi copiam repperirent. facile** Kiessling, Clark. **facilem** Fletcher (who quotes Apul. Met. 6.15: paulo facilior adeundi fuit copia), Pighi, Seyfarth, Gall.-Font. The last version correct, in my opinion.

p.96.21 **miserabilis.** This word is well-suited to the plebs of the late imperial age. But whether is suits just as well the "plebs" of the Teutonic peoples, is open to question. With the various nations and tribes the position is not always the same. But to Amm. the "plebs" of any state, tribe, etc. will be **miserabilis** per definition. For him this is selfevident.

XII, 35

p.96.22 **hocque comperto.** -que. Left out by B G. Admittedly this -que does seem a little superfluous and **can,** in my opinion be left out. Nevertheless the version is right. Cf. ad 16.5.7, p. 76.14–16c. On the use of **-que,** which is

really an archaism in this time, cf. et. Hofm.-Leum. p. 656 (with lit.); Svennung Pall. p. 489 (with notes and lit.).
iumento. Cf. ad 16.12.22, p. 94. 25-26*b*

iumento .... desiluit. Cf. 18.8.5: Antoninus ... desiluit equo; 29.5.15: p.96.22-23 Firmus... **equo** insidens apto ad ancipitis casus... **iumento** (cf. ad 16.12.22) desiluit. Everywhere with ablat. only.

residui (= ceteri, reliqui). Cf. 25.6.13: ut his magnitudine fluentorum p.96.23 abreptis **residuorum** pertinacia frangeretur ..; 29.5.22: eos qui ... dedidit occidendos ... primoribus manus incidit, **residuos** supplicio capitali multavit; Veget. r.m. 4.31 (= Lang p. 150): Praecepto maiestatis tuae, imperator invicte, terrestris proelii rationibus absolutis, navalis belli **residua**, ut opinor, est **portio**; Heum.-Seckel p. 513; This meaning non. class. and fairly rare. The transition to the nuance of meaning dealt with here can be found among others in Tac. Ann. 11.23: quem ultra honorem **residuis nobilium** aut si quis pauper e Latio senator foret? (Meyer: "remains of the nobility" correctly translated; but **residuis** also emphasises the contrast with the **primores Galliae**).
fecere: Kiessl., Clark, Gall.-Font., Seyfarth **facere:** V Pighi. I prefer the second version. (**Infin. hist.**) Cf. 29.3.7: cumque nihil quaestiones repperirent adsiduae, **mandare** magistris equitum auditoribus princeps, ut agerent in exilium Claudium etc.; 27.10.13: acri igitur partium spiritu, conflictus cuspidibus temptatur infestis, et hinc arte belli doctior miles, inde licet feroces sed incauti barbari dexteris **coire** conlatis (VG **coire**, A **coiere** and Clark), Cf. et. Kallenberg (op. cit. I) p. 42; Hagendahl Perf. formen (op. cit. I) p. 31 (with note); Pighi, N. St. Amm. p. 123 (note 1); Hofm.-Leum. p. 591 (174c). Although with Amm. the **infin. hist.** is possibly an **archaism**, this inf. certainly belongs to the colloquial language in general, even in Amm.'s time. (Cf. Hofm. Lat. Umg. spr., op. cit. I, p. 50 sq.).
nec enim. As we know, **neque** and **nec** have the same meaning as **non** at the beginning of a sentence (part) which is related to the preceding part, particularly in combination with vero, **enim**, tamen. We often find this use in Cic., but also in others. **Neque enim** occurs 6 times in Veget. r.m. The expression certainly belongs to the written language of the educated, also in this period. It should be pointed out, however, that Amm. uses **necdum** for **nondum** (19.11.4; 19.11.2; 29.6.3; Blomgren op. cit. II p. 141) and that **neque (nec)** in vulgar Latin often = **non** (cf. Löfst. Synt. I p. 265; Svennung Pall. p. 497), which is also true of the archaic Latin. (cf. Hofm.-Leum. p. 640). For **(neque, nec, non) enim** Cf. et. Hofm.-Leum. p. 680.

p.96.24 **ambigebat** c. acc. c. infin. **Nec ..... ambigebat** constructed as so often: **non dubito** (cf. Hofm.-Leum. p. 586). Acc. c. inf. after **non ambigi:** 17.5.14: cum **ambigi nequeat** non inertia nos sed modestia, pugnas interdum excepisse potius quam intulisse ..; Liv. 10.5.14: id unum **non ambigitur,** consulatum cum Apuleio Pansa gessisse; Tac. ann. 6.28: ceterum aspici aliquando in Aegypto eam volucrem **non ambigitur;** ibid. 11.4: illud **haud ambigitur** qualicumque insomnio ipsi fratrique perniciem allatam; ibid. 12.65: **ne** quis **ambigat** decus pudorem corpus, cuncta regno viliora habere; hist. 4.49: **nec ambigitur** provinciam et militem alienato erga Vespasianum animo fuisse; and later authors. Cf. Krebs Antib. 1. p. 155.

In the sense of: **to hesitate, to be indecisive,** Amm. 15.4.12: quo viso omnes e castris effusi, qui **prodire** in proelium cum sociis **ambigebant ...**

p.96.25 **Dato .... utrimque.** Note how in this preliminary subordinate clause the horn signals have been rhythmically reproduced, but also by the sounds of the words.

XII, 36

p.96.25 **aeneatorum.** Cf. ad 14.1.1, p. 105. Also in Amm. in a sentence which closely resembles the one under discussion here: 24.4.22: cum itaque noctis plerumque processisset, **aeneatorum accentu, signo dato** progrediendi **ad pugnam,** ad arma **concursum est.**

Post-class. and late Latin. Not in Veget. r.m. Cf. et. Pighi St. Amm. p. 70.

accentu. Only here and 24.4.22 (see above) = the blowing (of horns). In **this** sense not known to me from other sources. Not in Veget. r.m. either. The meanings: **sound, tone; accent, accentuation** (post class. and late Latin) do not occur in Amm.

sollemniter = ex more. Cf. 25.1.17: datoque ad decernendum **sollemniter signo;** 26.6.12: Divitenses Tungricanosque Iuniores ad procinctum urgentem ..... celerare dispositos et Constantinopoli moraturos **sollemniter** biduum. The adverbium in **this** sense post-class. and late Latin. Not in Claud. Vegt. r.m.

p.96.26–p.97.1 **paulisper praepilabantur missilia et properantes concito quam considerato cursu Germani.** Note the frequent alliteration. The same version as above also given by: Gall.-Font., Seyfarth. The conjecture **paulisper** (Mommsen) can not convince me. Why, after: **magnis** concursum est **viribus,** praepilabantur missilia **paulisper**? (VE populis)

Vm 1 **pro**pilabantur, m2 **prae**pilabantur. The former version also adopted by G, the second by E. The verb also occurs 24.6.10: et **praepilatis missilibus** per procursatores principiis pugnae temptatis (Büchele: die leichten Vortruppen eröffneten das Gefecht mit Abschiessen ihrer Pfeile; better Rolfe: and the light-armed skirmishers opened the battle by **hurling their javelins**) These two translators have understood that in 24.6.10 **praep. miss.** is an **abl. abs.** and that **praepilatus** is not an adjective, as Georges and Souter assume. The version **praepilare** should be preferred, in my opinion.

cuto V **cito** EG **concito** Schneider Seyfarth Gall.-Font. Pighi. Schn. defends this version, rightly in my view, with 31.6.3: quo malo praeter spem Gothi perculsi, et **concito quam considerato civium adsultu** perterriti, steterunt immobiles .. For the idea cf. et. 19.2.13: ferocius quam consultius pugnabatur; 21.12.5: partes accensae in clades mutuas ferocientes magis quam consultius, elatis clamoribus ferebantur; 30.1.5: audacter magis quam considerate . . .; 31.5.9: temere magis quam consulte progressus (examples from Schneider). For **concito** = **magis concito** cf. 19.11.7: aurum quippe gratanter provinciales corporibus dabunt (Valesius: Sensus est provinciales libentius aurum quam tirones daturos esse. Reines. Momms. **pro** corporibus, inaccurate. **corpora** = σώματα = tirones) (gratanter is therefore **magis gratanter, gratantius**); 17.12.19: obsequi defensoribus (ut in malis) **optabile** quam servire mancipiis arbitrati; 26.4.1; quasi **tuta** consilia quam sibi placentia secuturus; 28.1.18: per nundinationem supicatus **parum** (= minus) quam oportuerat missum (though this last example can also be taken as a **contaminatio:** parum missum esse and minus missum esse quam oportuerat); Vales. in edit. Wagner II p. 346; Schneider (op. cit. I) p. 8 sq.; Tac. ann. 1.68; 3.46 etc.; Nipperdey Andresen[11] (1915) 1. p. 130 sq.; Hofm.-Leum. p. 466c; Kalb, Röm. Rechtsspr. p. 115 (§ 98).

telaque dexteris explicantes. Explicare is a very well-known term. techn. p.97.2 mil. e.g. ordines, agmen, aciem explicare. But **tela explicare** is a very curious combination. Büchele: mit dem Schwerte in der Rechten (expl. not translated!); Seyfarth: den Speer in der Rechten **schwingend;** Gall.-Font.: **brandissant** leurs armes de la main droite; Rolfe: and **wielding** their weapons in their right hands. I have been unable to find testimonia for **this** meaning. Perhaps Stat. Silv. 5.3.260 sq.:

sed te torpor iners et mors imitata quietem
explicuit falsoque tulit sub Tartara somno.
(cf. Comm. Vollmer p. 544 sq.) and Sil. It. 2.145 sq.:
. . . . vastae se culmine turris
Praecipitem iacit et delapsus pondere prono
Membra super nati moribundos **explicat** artus.

with their gradation of meaning point in the direction of the above-mentioned usage by Amm.

involavere ..... turmas. Thus, without praepos., Tac. Hist. 4.33: adeoque inprovisi castra involavere; Ann. 1.49 (Metaph.): Truces etiam tum animos cupido involat eundi in hostem ....; Plin. N.H. 9.85: singulos (pisces sc.) involat verius quam capit. For **turma** cf. ad 15.4.10 (= III p.64).

p.97.2-3 **frendentes immania.** Carelessly: Seyfarth: mit unbeschreiblicher Wut. Correctly: Gall.-Font.: "grinçant des dents affreusement". For **immania** cf. ad. 14.9.6 (= II p.91). Cf. et. 27.10.10: horrenda circumsonantibus Alamannis; 30.5.16: bubo ... occentans ... funebria; 24.5.7: Qua causa concitus **immane** (ira immani C.F.W. Müller, Clark. **immane** EBG. **inmani** V (inmane m3). **immane** right, in my opinion). Cf. et. ad 16.12.13, p.92.29-p.93.1; Liesenberg (1890) p.2.

p.97.3 **ultra solitum.** Cf. ad 16.11.3, p.88.22. Correct Seyfarth: "noch unmässiger als gewöhnlich wüteten sie, so dass sich ihre Haare flatternd sträubten"; Not right Gall.-Font.: "Leurs cheveux flottants se hérissaient avec plus de fureur que d'habitude".
comae fluentes. Cf. Gell. 5.14: (leo) toris **comisque** cervicum **fluctuantibus** animos oculosque omnium in se convertit; Verg. Aen. 4.147 sq.:
    Ipse iugis Cynthi graditur, mollique **fluentem**
    Fronde premit **crinem** fingens atque implicat auro;
Prop. 2.3.13. sq.:
    Nec de more **comae** per levia colla **fluentes**
    Non oculi, geminae, sidera nostra, faces;
Tib. 3.4.27 sq.:
    Intonsi **crines** longa cervice **fluebant**
    Stillabat Syrio myrtea rore coma

p.97.4 *a*   **et elucebat quidam ex oculis furor. Elucere** frequently in Cic., e.g. Somn. Sc. 3.8 (of the Milky Way): erat autem is splendissimo candore inter flammas (= stars) circus **elucens**; rep. 2.21(37): in puero scintilla ingenii **elucebat.** Claud. 17.246 sq.:
    ..... rigidi sed plena pudoris
    Elucet gravitas fastu iucunda modesto.
Cf. et. ad 15.13.1 **(elucesco)** IV p.79; Souter p.120. In the sense of **to grow clearer (impers.):** Paul. Sent. 4.14.1. This meaning not in Amm.
b   **furor** especially ascribed to the Teutons. Cf. Claud. 26.292 sq.:
    Haec (sc. Ausonia) et **Teutonico** quondam patefacta **furori**
    Colla catenati vidit squalentia Cimbri.
Cf. et. ibid. 28.404 sq. (De VI cons. Honor.):

>..... et fructum sincerae laudis ab hoste
> Desuetum iam redde mihi, iustisque **furoris**
> **Externi** spoliis sontes absolve triumphos.

a **quos contra .... perterrebat.** **Quos** is object of **perterrebat** as well as an accus. "ruled" by the **preposition** contra, which belongs to **tegens**. Although syntactically **tegens** stands on one line with **eiectans** and **concrispans**, its logical function is equal to that of **perterrebat**. p.97.4-6
b For the **anastrophe** (in Cic. often with contra, ultra, sine) cf. Hofm.-Leum. p. 494. sq.

pertinax miles. **Pertinax** said of soldiers, battle, etc., is nearly a term. techn. mil. Cf. Liv. 28.23.14: dein vetus **miles** adversus temerarios impetus **pertinax** ... (The §§ 13 and 14 must have been read by Amm); 2.40.13: duos ... exercitus haud minus pernicioso quam **pertinaci certamine** confecit; etc. not in Claud. Veget. r.m. p.97.4

a **scutorum obicibus vertices tegens** = obiciendis scutis capita tegens. For **scutum** cf. ad 14.10.8 (= II p.105). p.97.4-5
b **obiex**. Literally it says: through a barricade of shields, – consisting of shields. Cf. Verg. Georg. 4.422:
> Intus se vasti Proteus **tegit obiice** saxi;

ibid. Aen. 10.377:
> Ecce **maris** magna claudit nos **obiice** pontus;

Tac. ann. 13.39: tantus inde ardor ... fuit, ut intra tertiam diei partem nudati propugnatoribus muri, **obices portarum** subversi ...; Claud. 35.223 sq. (de raptu Pros. II) Talia vociferans avidos transire minaci
> Cornipedes umbone ferit, **clipeique** retardat
> **Obiice**, Gorgoneisque premens assibilat hydris;

ibid. 15.10 sq. Iam domitus Gildon, nullis victoria nodis
> Haesit, non terrae spatio, non **obiice ponti**;

ibid. 3.269sq. (In Ruf. I) (with variation):
> Haud secus hiberno tumidus cum vortice torrens
> Saxa rotat volvitque nemus, pontesque revellit,
> Frangitur **obiectu scopuli** ...

a **eiectansque gladios.** Clausula II with dialysis. In combination with **tela concrispans** it forms a chiasm. Cf. 25.3.12: concursus itaque armatorum et cadentium gemitus, equorum flatus, tinnitus ferri procul audiebatur; 20.8.11: qui caritate sanguinis, fortunae superioris culmine sociamur; ad 15.13.2 = IV p.80; Blomgren (op. cit. II) p.20, 22, 44. p.97.5

b Cf. 22.15.10: (Nilus) exinde lenius means per ostia septem ..... **eiectatur** (cf. Sil. It. 10.320:

> Sanguineus tumidas in campos Aufidus **undas**
> **Eiectat,** redditque furens sua corpora rivis);

Stat. Silv. 3.3.89:

> Quidquid ab auriferis **eiectat** Hiberia fossis (= gold mines);

Poetic word: also in Verg. Ovid. Luc. Not in Veg. r.m., Claud. But **eiectare gladios** (sc. e vaginis) seems to me one of the many Amm. variations in style. It should, however, be pointed out that in the Mulom. Chir. **eicere** can also have the following 3 meanings: 1. luxare. 2. educere. 3. gignere.

p.97.5 **concrispans** = to make crisp, to curl. (Vitr.). But here in Amm.: **to swing. to oscillate.** In **this** sense not known to me elsewhere. Probably also hapax leg. Cf. et. (**crispare**): 14.2.7: nec exertare lacertos nec **crispare** permissi tela quae vehunt bina vel terna; 20.4.21: pars **crispantes** missilia, alii minitantes nudatis gladiis ...; Verg. Aen. 1.313; 12.165; Apul. met. 11.4; Arnob. 7.33; Claud. (more often); etc. With Amm. also poetism.

p.97.5-6 **mortem minitantia:** alliteration. Cf. Cic. Phil. 6.4: Nuper quidem dicitur ad Tibur, ut opinor, cum ei labare M. Antonius videretur, **mortem** fratri esse **minitatus.**

XII, 37

p.97.6 *a* **cumque in ipso proeliorum articulo.** Cumque = cum. Cf. 16.12.21; 14.9.6; 15.8.21; etc. Hofm.-Leum. p. 486 Zus. a. (with lit.); ad 16.5.7 p. 76. 14–16c; ad 16.12.35, p. 96.22; ad 16.12.35, p. 96.23. One should also compare the use of **dumque** (e.g. 15.5.17), **namque** (e.g. 15.1.4), **iamque** (e.g. 15.2.1), etc.

b **pr. art.** or claus. II (without synizesis) or the following claus. $\smile \sim \smile \sim \sim$. Cf. Blomgren (op. cit. II) who does **not** discuss this claus.

c **proeliorum:** pluralis poeticus. For of the same battle it is said further on (16.12.37, p. 97.17): (equites) fixerunt integrato **proelio** gradum. Cf. 17.13.11: ita in semihorae curriculo, discrimine **proeliorum** emenso, tot procubuere subito barbari, ut **pugnam** fuisse sola victoria declararet; 25.3.5: principe (sc. Iuliano) volitante inter prima discrimina **proeliorum** (but further on) .... cum Iulianus .... audenter effunderet semet in pugnam (p. 363. 5–7); etc. Cf. et. Hagendahl St. A. p. 94.

Cf. Terent. Ad. 2.2.20 sq.: (Sa.) O scelera: illud vide,
> ut in **ipso articulo** oppressit.

Cic. pro Quinct. 5.19: ... qui hunc in summas angustias adductum putaret, ut eum suis condicionibus **in ipso articulo temporis** astringeret ...; Val. Max. 4.2.2: in aspero ac difficili **temporum articulo** plurimum salutis urbi atque Italiae attulit; Thes. II. 693.79 sq.; Krebs Antib. I p. 203. Not in Veg. r.m. Claud.

se ... conturmaret = to form into **turmae** (cf. ad 15.4.10, p. 46.8–9). term.   p.97.7
techn. mil.? Furthermore hapax leg. Not in Veg. r.m.
firmius. May have been used here in the comp. sense, but this is not necessary. (cf. ad 14.6.12 = I p. 96). Note the **chiasm,** connected with alliteration: eques se **fortiter conturmaret,** et **muniret** latera sua **firmius** pedes; ad 16.12.36, p. 97.5.

frontem artissimis conserens parmis = artissimis conserendis parmis fron-   p.97.7-8
tem (sc. fortem) efficiens. Cf. Curt. Ruf. 5.3.23: Itaque, signo receptui dato, densatis ordinibus **scutisque** super capita **consertis,** retro evadere ex angustiis iubet; Claud. 24.133 sq. (= De cons. Stil. 3):
        .... quae luce metalli (= auri)
        Aemula vicinis fastigia **conserit** astris.
By **parma** is meant the small round shield. Cf. Müller Milit. (op. cit. I) p. 604 sq.

erigebantur. Cf. 24.2.13: ipsi quoque **ex** edito (= arce) arcus **erigebant**   p.97.8
fortiter tensos; 19.5.1: et **erigi** aggeres coepti, turresque fabricabantur ..; 19.11.8: proinde vallo prope Acimincum locato, celsoque aggere in speciem tribunalis **erecto** ....; 20.11.17: moxque ex aggeribus quos **erexerunt** Romani ...; etc.
With **this** passage correspond: 20.3.6: **erecta** solito celsius nubes ...; 25.10.3 (the same words); Verg. Aen. 9.240:
        interrupti ignes, aterque ad sidera fumus
        erigitur ......;
Sil. Ital. 2.658 sq.: .... **erigit** atro
        Nigrantem fumo rogus alta ad sidera nubem;
Blomgren (op. cit. II) p. 141, 149 note 1; ad 16.12.65, p. 102.11.

a **discursus.** Cf. 14.7.16: eosque (sc. Montium et Domitianum) coniunc-   p.97.9
tos per ampla spatia civitatis acri raptavere **discursu;** 17.13.28: qui post aerumnosa dispendia, inter **discursus** et repugnandi minaces anhelitus, quid nostra valeat virtus experti ....; 27.10.4: cuius post necem aliquatenus hostiles torpuere **discursus** .... (= marauding expeditions in all directions). **Discursus** and **discurrere** (cf. Veg. r.m. 3.22 = Lang p. 112)

term. techn. mil. **here** and in 17.13.28. In 14.7.16 **discursus** is used of a rebellious crowd marching on in a rage through the town in various directions.

b For **discurrere** = to walk-, to hasten through cf. 16.2.10; 29.5.17; = to sail to and fro: 17.2.3; = **to inform, to dwell on:** 17.4.1; for **discursator** and **discursio** cf. ad 16.12.21, p. 94.20; for **discursare** cf. 14.4.1 (= to run to and fro); 15.5.4 (= to march through in all directions).

p.97.9-11 **et obnixi genibus quidam barbari peritissimi bellatores hostem propellere laborabant, sed destinatione nimia dexterae dexteris miscebantur.**

a The idea has not been properly worked out: sed (eorum incepto non successit) destinatione nimia (partis utriusque), (quae eos coegit) dexteras dexteris miscere. Well understood by Büchele. Gall.-Font. and Seyfarth not quite accurate.

b **propellere** = term. techn. mil. Cf. Curt. Ruf. 3.10.6: Vix gladio futurum opus; totam aciem suo pavore fluctuantem **umbonibus** posse **propelli**.

c **quidam** = **nonnulli (aliquot)**. Cf. Hofm.-Leum. p. 484 (with lit.), especially Zus. β.

d **bellatores**. Cf. ad 16.12.22, p. 94.21.

e **destinatio** cf. 15.10-10: Saguntinis ... **pertinaci destinatione** Afrorum obsessis. In **this** sense: **stubbornness** not found elsewhere. Cf. Souter p. 98. A transition to this meaning e.g. Tac. Hist. 2.47: praecipuum **destinationis** meae documentum habete, quod de nemine queror (= fixed purpose, unswerving decision).

Just before this passage Tac. indicates Otho's **destinatio** with **constantia** (= resoluteness). 15.10.10: a good example of **abundantia** (cf. 28.1.19: inductusque in iudicium, quamquam incurvus sub eculeo staret, **pertinaci** negabat **instantia**; Hagend. abund. op. cit. I p. 206).

f **dexterae dextris miscebantur et umbo trudebat umbonem**

This sort of repetitions, in Homeric style, very popular with Roman poets, especially with descriptions of battles. This is also true of the historians who imitate them. From this § 12 the following examples: 16.12.43: pulvis aequali motu adsurgens (cf. 16.12.37, p. 97.8), et prospectum eripiens, **arma armis corporaque corporibus** obtrudebat ...; 16.12.46: quamquam etiam comminus **mucro feriebat contra mucronem;** 16.12.47: **pares enim quodam modo coiere cum paribus** (cf. 28.1.53: ut solent **pares facile congregari cum paribus).** And furthermore: 19.2.10: ita **strages stragibus** inplicatas; 25.1.18: artius **pes pede** conlatus (cf. 31.7.12: **pes cum pede** conlatus est); 26.5.11: **(less illustrative) ab urbe in urbem** incredibili velocitate transisse. Cf. et. Landgraf Arch. L.L.G.V (op. cit. I) p. 168 sq.; Blomgren (op. cit. II) p. 133.

et cum.... pepulisset, iretque... equites nostri.... discesserunt... When p.97.9-11
one does not want to assume here **cum concessivum**, it is **cum temporale** with the **coniunctivus**. This is quite usual with Amm. Cf. Ehrism. (op. cit. I) p. 52. Thus this is not a question of iterative subordinate clauses. (cf. Ehrism. ibid. p. 53 sq.): Cf. et. ad 14.7.9 (= II p. 31) and 14.2.13 (= I p. 74); Hofm.-Leum. p. 747 sq. (307 Zus. a and 308).

a **exultantium.** Cf. 16.12.37; 23.3.7; 23.5.24; 23.6.30; 24.1.10; 26.10.12; p.97.12
27.2.2; 27.6.11; 28.1.13; 28.2.5; 29.5.45; 29.5.55; 29.6.8.
b **caelumque... vocibus magnis.** Note the delineation of sound, intensified by the rhythm of the sentence.

a **artius gradiens.** Cf. Sall. Cat. 59: octo cohortis in fronte constituit, p.97.13
reliquarum signa in subsidio **artius** conlocat; ibid. Jug. 52.6: aciem, quam diffidens virtuti militum **arte** statuerat, quo hostium itineri officeret, latius porrigit....; ibid. Jug. 68.4:.... pedites quam **artissume ire** et signa occultare iubet.
b The simplex also e.g. 28.1.13: dum studebat inter altaria **celsius gradientes**.... imitari Brachmanas. (Cf. Claud. 21 de laud. Stil. I 47 sq.:
..... Quacumque **alte gradereris** in urbe
Cedentes spatiis assurgentesque videbas
Quamvis miles adhuc.).
In Claud. only here and 99.17, not in Veget. r.m. With Amm. probably poetism. Cf. et. ad 16.5.6, p. 76.12.

incondite. Cf. 22.6.2: hi omnes... principem ipsum et praefectos praetorio, p.97.15
gracularum more strepentes, interpellabant **incondite** (= all shouting at once); 27.2.6: ni Balchobaudes... cessisset **incondite**; 31.13.7: acies inclinatae nostrorum... **incondite** qua quisque poterat, vertuntur in pedes.

a **dumque primi fugientium postremos inpediunt, gremio legionum pro-** p.97.15-17
tecti, fixerunt integrato proelio gradum. The syntactic relations have been understood (or rendered) best by Büchele: "und indem die Ersten die Letzten im Fliehen hinderten, **fanden sie im Schoosse der Legionen Schutz und erneuerten**, nachdem sie festen Fuss gefasst, den Kampf sogleich wieder". The emphasis is again on the participia. Cf. ad 16.12.27, p. 95.18.
b Cf. 15.8.13: et si hostilibus congredi sit necesse, **fixo gradu** consiste inter signiferos ipsos; ad 16.12.27, p. 95.19; ad 16.12.3, p. 91.17.
c Cf. Verg. Aen. 7.233: Nec Troiam Ausonios **gremio excepisse** pigebit. Many examples in Claud.

d Cf. Liv. 7.7.8: permissu deinde eius relictis equis, clamore ingenti provolant ante signa et novam **integrant pugnam**.

XII, 38

p.97.17-21 *a* **hoc ... exinde acciderat, quod dum ordinum restituitur series, catafracti equites ... pondere armorum oppressi, dilapsi qua quisque poterat peditesque calcando cuncta turbassent, ni conferti illi ... stetissent immobiles** = dilapsi (sunt) .... peditesque calcavissent (et) cuncta turbassent, ni ... Cf. ad 15.7.5, p. 57.4–9 (= IV p. 14).

b **exinde:** causal. This meaning in general late Latin. Cf. Souter p. 137; Krebs Antib. 1. p. 547. Not in Claud. and only once, in non-caus. sense, in Veget. r.m.

c **dum ordinum restituitur series.** The **restituere** of the **ordines** has to precede that which is told in the second half of § 37. When one fails to do that, the connection becomes completely obscure. The 2 accidents, mentioned in the beginning of § 38, cause a "dilabi qua quisque poterat" (indicated in § 37 by "incondite discedere" and "fugere"). The "gremio legionum protegi" is only possible because the **equites** have no chance to "cuncta turbare", because the **pedites** "conferti" and "innexi", kept standing "immobiles". But in my view the events are not clearly expounded by Amm. in § 37 and § 38.

d **dum ... series** does not mean much more than: **dum ordines restituuntur.** It is nearly a **genit. identitatis.** Cf. Hagend. abund. (op. cit. I) p. 192 sq.

e **catafracti equites.** Cf. ad 16.2.5, p. 73.2; ad 16.10.8, p. 85.18 sq.

f **consors** = comrade, fellow-soldier. Almost certainly from the soldiers' language. In **this** sense not in e.g. Iust. Phil., Veget. r.m., Claud. But the following passages point to the above-mentioned meaning: Claud. 8 (De IV cons. Honor.) 203 sq.:

>   Laetior augurio genitor, natisque superbus
>   Iam paribus, **duplici** fultus **consorte** redibat
>   Splendebatque pio complexus pignora curru ....;

Cod. Just. 3.40 (tit.): de **consortibus** (= "brothers in arms") eiusdem litis. Cf. et. ad 16.12.45 **(conturmalis); concorporalis:** 21.12.15; 28.5.7. The two last words practically only in Amm. Cf. Pighi St. Amm. p. 70,72.

g **peditesque calcando.** Cf. Tac. Hist. 4.81: alius manum aeger eodem deo auctore, ut pede ac vestigio Caesaris **calcaretur,** orabat; Just. Phil. 12.16: nullam gentem adiit, quam non **calcaverit;** Claud, (who uses the verb often, both lit. and metaph.) 21.347 sq. (de laud. Stil. 1):

>   Demens: qui numero tantum, non robore mensus
>   Romanos, rapidis ibat ceu protinus omnes

>   **Calcaturus** equis ...; ibid. 10.90 sq.: (de nupt. Honor.)
>   ..... et iaspide lubrica surgunt
>   Limina, despectusque solo **calcatur** achates;
> Juven. 3.247 sq.:
>   Pinguia crura luto, planta mox undique magna
>   **Calcor,** et in digito clavus mihi militis haeret.

Not in Veg. r.m. **In Amm.: litterally:** 30.8.5: si calcasset Italiam; 27.5.9: ne solum calcaret; 31.4.13: ne calcaret solum; 31.10.13: si calcassent editiora; 27.2.8: calcando semineces et constrictos; 31.13.6: exanimata cadavera sine parsimonia calcabantur; **metaphorically:** 27.12.1: calcata fide sub Ioviano pactorum; 23.6.53: calcare cuncta mortalia consuetum; 25.3.18: turbines calcare fortuitorum adsuefactus; 29.5.54: calcare vivendi cupiditatem voluntaria statuit morte. (Liesenberg). The last two examples very characteristic of the Ammanianic abundance of words.

h cuncta turbassent. Cf. 18.4.6; 19.11.1; 20.11.25; 31.13.6. And furthermore: 24.1.11: confuderat omnia, 26.6.8: cuncta confuderat; Sall. Hist. 1.77.1: omnia turbata sunt. Fesser (op. cit. I) p. 11.

i **ni conferti illi sibique vicissim innexi.**

For **confertus** cf. ad 16.12.21, p. 94.19. The **pronomen reciprocum** is usually expressed by the reflexivum + vicissim. Cf. 24.3.13: feruntque eas (palmas) amore **mutuo** delectari, hocque inde clarere, quod **contra se vicissim nutantes,** ne turgidis quidem flatibus (= ventis) avertuntur; 24.6.10: Ergo ubi **vicissim** contiguae se **cernerent partes;** 31.13.2: deinde conlisae in modum rostratarum navium acies, **trudentesque se vicissim,** undarum specie motibus sunt **reciprocis** iactitatae (Liesenb.). Cf. et. Hofm.-Leum. p. 472 (78β), with lit.; S. Bened. Reg. 38: Quae vero necessaria sunt comedentibus et bibentibus, sic **sibi vicissim ministrent fratres,** ut nullus indigeat petere aliquid; ibid. 32: Ex quibus (sc. rebus monasterii) abbas brevem teneat, ut **dum sibi** in ipsa adsignata **fratres vicissim succedunt,** sciat quid dat aut quid recipit.
illi: really "superfluous". But here strongly deictic? But in vulgar Latin **hic, ille, iste** are used interchangeably and **ille** is often also pron. pers. of the 3rd person, or has the function of **is.** Cf. Hofm.-Leum. p. 477; Grandgent (op. cit. I) p. 34 sq.

innexi. Often in Claud. Not in Veget. r.m. Probably with Amm. poetism (Verg.?).

fugae circumspectantes praesidia. Cf. Curt. Ruf. 8.14.24: Iam **fugae circum-** p.97.22 spiciebant locum paulo ante victores ...; Iust. Phil. 2.12.26: Itaque **circumspicientes fugam** pelluntur Persae et mox proelio victi in fugam vertuntur; etc.

cum.... circumspectantes... vidisset. Translation: when he had seen **that they looked round** (not: **while** they looked around for) **for** etc. Here it probably is a Greek construction. Cf. et. Hofman-Leum. p. 605 (= 182b), with lit.

p.97.23 **repagulum quoddam.** Almost certainly Amm. has in mind here the barrier at the racing-courses, which has to hold back the horses. In this sense, as well as in that of: **bolt** of door, gate etc. usually in the plural. Cf. 19.6.4: utque dentatae in caveis bestiae, taetro paedore acerbius efferatae, evadendi spe **repagulis versabilibus** inliduntur (cf. edit. Wagner Comm. I p. 333); 23.4.6: cum igitur ad concertationem ventum fuerit, lapide rotundo fundae inposito, quaterni altrinsecus iuvenes **repagula** quibus incorporati sunt funes, explicantes retrorsus, stilum paene supinum inclinant (cf. edit. Rolfe II p. 328 illustr.).

XII, 39

p.97.24-25 *a* **per purpureum signum draconis, summitati hastae longioris aptatum, velut senectutis pandentis exuvias.** Cf. ad 15.5.16 (= III p. 96 sq.): **dracones** and ad 16.10.7, p. 85. 13–16.
Note the variation and the resemblance to 16.10.7. According to Amm. the draco resembles a stripped-off snake-skin, blowing in the wind: caudarumque volumina relinquentes in ventum (16.10.7). Cf. Vales. (= Wagner Comm. I p. 232): "Eleganter lacinias illas sericas draconum quae ventis agitabantur, exuviis draconum comparat. **Sed quod pandere ait exuvias, rationem non habet.** Neque enim dracones et ceteri serpentes, animalia denique omnia quae exuvias deponunt, eas pandere solent, sed positas abscondere ac tum ex antris prodire: ut Verg. Aen. 2.473:

   nunc **positis** novus **exuviis** nitidusque iuventa
   lubrica convolvit sublato pectore terga.

Quibus in versibus imitatus videtur **Nicandrum** in Theriacis (137), qui sic ait

   Μηδ' ὅτε ῥικνῆεν φολίδων ἀπὸ γῆρασ ἀμέρσασ
   Ἄψ ἀναφοιτήσῃ νεαρῇ κεχαρημένοσ ἥβῃ

Huiusmodi **senectutis exuvias** Graeci vocant γῆρασ"
Vales. has obviously failed to understand Amm.'s words. In contrast Gronovius: "Non sane id voluit auctor significare, **quid dracones facerent in mutata pelle;** sed ei similem esse ait, si panderet explanaretque, ut est illud signum".

b **purpureum** cf. ad 15.5.16 (= III p. 98).
c **summitati** cf. ad 16.10.7, p. 85.14

stetit ... tribunus et .... recurrit. Aoristic perfectum and praes. hist. in   p.97.25-26
the same sense. Cf. Ehrism. (op. cit. I) p. 20: "Amm. praesens historicum
in deliciis habet ac praesertim ita, ut aut series quaedam praesentium
exstet, aut – quod saepius fit – perfectum excipiat praesens historicum aut
inverso ordine illud ab hoc excipiatur".

unius turmae tribunus. Cf. ad 15.4.10 (= III p. 63 sq.) and ad 14.5.8 (=   p.97.25
I p. 129)

pallore timoreque perculsus Cf. Claud. 5.130 sq. (In Ruf. II):   p.97.26
    At procul exsanguis Rufinum **perculit** horror
    Infectae **pallore** genae. Stetit ore gelato,
    Incertus peteretne fugam, veniamne subactus
    Posceret ....
Integrandam. Cf. ad 12.37, p. 97.15–17(d).

XII, 40

utque rebus amat fieri dubiis. Cf. Sall. Jug. 34: quae ira fieri amat (amare   p.97.27
= solere = φιλεῖν). Cf. ad 15.5.31 (= III p. 117). For this entire passage
(a speech of Julianus to the fleeing soldiers, as well as the anecdote about
Sulla) cf. Pighi N. St. Amm. p. 124 sq., as always very thorough, though
sometimes a little far-fetched, in my view. The citing of **exempla maiorum**
is common practice with rhetoricians and historians, though in these later
periods it occurs very often indeed.

a   **eosdem lenius increpans Caesar**   p.97.27
for **eosdem** cf. ad 15.5.19 (= III p. 103).
b   **lenius.** Cf. ad 14.6.12 (= I p. 96).

inquit Cf. ad 16.12.31, p. 96.3–4(b).   p.97.27

fugam quae salutem numquam repperit. A nice example of a perfectum with   p.97.28–p.98.1
the meaning of an **aoristus gnomicus**. This occurs frequently in Latin and
not only with poets. With Amm. it is a pure Grecism, however. Cf. Hofm.
Leum. p. 560 (153b).

inriti conatus. Cf. 16.11.5: nec **conatus** destinanti **inritus** fuit (ad 16.11.5,   p'98.1
p. 89.2 and the textcrit. app. in Clark and Pighi Cap. Sel.); 14.7.17: quae
nefariis egere conatibus; 25.7.1: Quae dum vanis conatibus agitantur.

251

p.98.1-3 **redeamus ... inconsulte.** The emphasis in this sentence is on: **saltim gloriae futuri participes.** Translation: Let us return to ours, then we shall at least participate in (their) glory, even if we have thoughtlessly deserted them when they were fighting for the country. Remarkable in this sentence is also the pregnant meaning of **si.**

p.98.3 **inconsulte.** Cf. 23.5.3: Mareade vivo exusto, qui eos (sc. Persas) ad suorum interitum civium duxerat inconsulte.; ad 16.12.33, p.96.11.

XII, 41

p.98.3 *a* **haec reverenter dicendo.** Cf. 22.7.3: exosculatum susceptumque reverenter secum induxit etc. (= respectful, with esteem). Gall.-Font.: "En prononçant ces paroles **avec des égards**"; Seyfarth: "Durch diese **rücksichtsvollen** Worte...". Here it means: considering their feelings, tactical, diplomatic. The adverbium is post-class. and not generally used.
b **dicendo.** Cf. ad 14.1.6 (= I p.61 sq.).

p.98.3-4 **ad munia subeunda bellandi.** Cf. 28.3.2: hocque genere cum strenui militis **munia** et praeclari ducis curas expleret; 31.2.20: omnis igitur aetas et sexus inbellis circa vehicula ipsa versatus **muniis** distringitur mollibus...; Liv. 24.35.7: ita inter se **munera belli** partiti sunt. **Munus** well-known t.t. mil. for: office, service, task, performance in "service". Cf. Veg. r. mil. 2.7 (= Lang p.42): Hi sunt milites principales, qui privilegiis muniuntur. Reliqui **munifices** (cf. ad 15.1.2 = III p.8) appellantur, quia **munera** facere coguntur; ibid. 2.19 (= Lang p.54): fascicularia tamen, id est lignum foenum aquam stramen, etiam **legitimi milites** in castra portabant. **Munifices** enim ab eo appellantur, quod haec **munera** faciunt. On the difference in meaning between **munia** and **munera** cf. Tac. 3.2 edit. Nipperd.-Andresen (1915) p.230. Cf. et. Krebs Antib. 2 p.115. That Amm. here writes **munia ... bellandi** is done metri causa, I believe.

p.98.4 *a* **imitatus salva differentia veterem Syllam.** Cf. Plin. mai. 35.28: puberem filium seni patri similem esse aetatis **salva differentia;** Fletcher Rev. de phil. LXIII, 1937, p.388.
b For **Sulla** (L. Cornelius L.f.P.n. Sulla Felix) born 138 B.C., died 78 B.C., cf. Drumann-Groebe[2] II (1902) p.364 sq. For the episode here described, (battle of Orchomenos, 86 B.C.) cf. ibid. p.383; Plut. Sulla 20-22; App. Mithr. 49; Front. Strat. 2.8.12.
c **veterem.** Cf. Cic. Phil. 5.17(47): maiores nostri, **veteres illi,** admodum antiqui, leges annales non habebant; ibid. Tim. (de univ.) 11.: Credendum

nimirum est **veteribus** et priscis, ut aiunt, viris, qui se progeniem deorum esse dicebant; etc.
reduxit ... imitatus ... Syllam, qui cum .... fatigabatur ... relictus ... cucurrit.... "ite" dixerat.... et respondete ...
Translation. Sulla who, **when he,** weary from the fierce fighting, **was deserted by all the soldiers** hastened to the front ranks and ..... said. Cf. ad 16.12.27, p. 95.18. **cum temporale** c. indicat. (Cf. ad 16.12.37, p. 97. 9-11; Ehrism. p. 52 sq., who does not give this example). Although the plq. perf. **dixerat** is at a par with **cucurrit,** its logical function is completely different from the syntactic one: instead of **dixerat** it would have been "better" to write: **dicens (dicendo).** Finally **dixerat** = **dixit.** Cf. ad 14.7.12 (= II p. 37); Ehrism. p. 12 sq.

Archelaum, general of **Mithradates,** Macedonian, brother of Neoptolemos, p.98.5
takes in 88 B.C. the Pontic fleet to Greece. Defeated by **Sulla** and then fallen into disgrace, he flees in 83 B.C. to **Murena.** Cf. R.E. (op. cit. I) 2.448-450 (U. Wilcken).
Mithridatis, 132-63 B.C., King of Pontus, defeated by Pompeius (and before that by Sulla). Cf. ad 16.7.9. Apart from these two passages (16.7.9 and 16.12.41) also mentioned: 23.6.56; 25.9.8; 29.5.33.

vexillo. Cf. ad 15.5.16 (= III p. 96 sq.). p.98.7

Gall.-Font. excellently: "Allez-vous en, **vous qui avez été choisis pour par-** p.98.7-9
tager mes périls, et si l'on vous demande **où vous avez laissé votre général,** répondez en toute franchise ...".

scitantibus. Cf. 15.7.7: Athanasium ... **scitarique** conatum externa (Cf. p.98.8
IV p. 21); 24.8.4: exstructis aris caesisque hostiis consulta numinum **scitabamur.** Besides this **sciscitare** (25.8.12 and 28.4.24).
ubi relictus sim. For the constr. of indirect questions cf. Hofm.-Leum. p. 694 (269), with lit.; ad 14.6.2 (= I p. 89); ad 14.6.14 (= I p. 96).

cum dispendio sanguinis sui decernens. Note the alliteration. p.98.9
a "**Dispendium** .... findet sich nur altlat., nachklass. u. spätlat. für sumptus, detrimentum, damnum" (Krebs Antib. I. p. 457 with lit.); Souter p. 108. In jurid. sources = 1. disadvantage (X compendium, lucrum). 2. expenditure, the spending (cf. Heum.-Seckel p. 153 sq.). Cf. et. Apul. Flor. 18 (= v.d. Vliet p. 183 = Krüger p. 31): itidem lunae vel nascentis incrementa vel senescentis dispendia vel delinquentis obstacula; Claud. 17.118 sq.:

    Continuo frontem nimbo velata pudicam
    Deserit Autumni portas, qua vergit in Austrum
    Signifer et **noctis** reparant **dispendia** Chelae;
ibid. 28 (De VI cons. Honor.) 451 sq.:
    ..... quibus (sc. ducibus) haud umquam vel morte parata
    Foedus lucis amor pepigit **dispendia famae;**
ibid. 33 (de raptu Proserp. I) 99 sq.: (even more far-fetched)
    Nonne satis visum, quod grati luminis expers
    Tertia supremae patior **dispendia sortis.**
    Informesque plagas; etc. (said of Hades).
  b **decernens.** Well-known term. techn. mil. To me it looks as if Amm. here has a passage from Livius in mind. 1.23.9: ineamus aliquam viam, qua, utri utris imperent, sine magna clade, **sine multo sanguine** utriusque populi **decerni** possit.

XII, 42

p.98.10 **pulsis disiectisque equitibus nostris.** Cf. 16.12.37, p.97.14 sq. **Disicere** well-known term. techn. mil.

p.98.11 **incesserunt.** From **incessere** = to attack. Cf. ad 16.12.7, p.92.2 (for the appendant substant. **incessus**). Also term. techn. mil.
eam abiecta resistendi animositate pulsuri. Seyfarth right: "um ihren Mut zum Widerstand zu brechen und sie zurückzuwerfen". The placing of the ablat. absol. between **eam** and **pulsuri** necessitates this explanation. Cf. et. Gall.-Font. 1. p.282 (note 346).

p.98.12 **comminus.** Well-known term. techn. mil. 6 times in Veget. r. mil.
pugnabatur paribus diu momentis. Note the alliteration in this entire sentence. Cf. 14.11.26 (Adrastia = Nemesis): eademque necessitatis insolubili retinaculo mortalitatis vinciens fastus, tumentis in cassum, et incrementorum detrimentorumque **momenta versans** . . .; 18.7.7: dum haec celerantur, Sabinianus inter **rapienda momenta periculorum** communium lectissimus moderator belli internecivi; 25.8.2: ubi vero transeundi amnis aperte signum dedere bucinae concrepantes, inmane quo quantoque ardore, temere **rapiendo momenta periculorum,** semet quisque reliquis omnibus anteponens, vitare multa et terribilia festinabat; Cod. Theod. 12.7.1: Aurum vero quod infertur, **aequa lance et libramentis paribus** suscipiatur: scilicet ut duobus digitis summitas lini retineatur, tres reliqui digiti ad susceptorem emineant nec pondera deprimant, nullo examinis libramento servato, **nec aequis ac paribus suspenso statere momentis.**

XII, 43

Cornuti enim et Bracchiati. Cf. ad 15.5.30 (= III p. 115). Additional note: p.98.13
The **Cornuti** are also mentioned in 15.5.30, 16.11.9 and 31.8.9, the **Bracchiati** 15.5.30. Cf. et. Müller Mil. (op. cit. I) p. 581 sq. (with lit.); ad 16.11.6, p. 89. 4–5.
firmati = hardened. Cf. ad 16.10.21, p. 88.7–8.

gestu. Cf. 14.2.17: pertinax miles ... proximos iam **gestu terrebat**; ad p.98.14
14.6.18 (= I p. 99).

a **barritum ciere.** The singing of war-songs by the Teutons. Also men- p.98.14
tioned 21.13.15; 26.7.17; 31.7.11. Cf. Veget. r. mil. 3.18 (= Lang p. 103):
Clamor autem, quem barritum vocant, prius non debet adtolli, quam acies
utraque se iunxerit; ibid. 3.23 (= Lang p. 116): Elefanti in proeliis magnitudine corporum, **barritus horrore**, formae ipsius novitate homines equosque conturbant: Apul. Flor. 17 (= v. d. Vliet p. 177): mitto dicere multorum animalium immeditatos sonores distinctis proprietatibus admirandos, ut est taurorum gravis mugitus, luporum acutus ululatus, **elephantorum tristis barritus** etc.; Gall.-Font. 1. p. 282 (with lit.). Not in Claud., Iust.
b "**ciere perf.** alibi non legitur, Lucr. 4.37 **excierunt**. (Pighi) Cf. et. ad
16.12.19, p. 94.11–12.

ipso fervore certaminum. Fletcher (Am. J. of Philol. 58, 1937, p. 394): "In p.98.14-15
has dropped out before **ipso**. Cf. 16.2.13: aliis **in** ipso proelii fervore truncatis; 17.13.26: quae .. et ante proelia et in ipso correximus fervore pugnarum". This conjecture not adopted by Seyfarth and Gall.-Font. Clark
and Pighi also read: **ipso fervore**. The repetition of the same phrases or
word-connections is not reason enough to include this conjecture.

a tenui susurro exoriens. Cf. Iuven. 4. 109 sq.: p.98.15
.... saevior illo
Pompeius **tenui** iugulos aperire **susurro**.
exoriens. Cf. ad 16.12.27, p. 95. 18(b).

paulatimque adolescens ritu extollitur fluctuum p.98.15-16
a **adolescens.** Cf. 27.9.9: et **adolescebat** gloria praeclari rectoris, plura et
utilia disponentis; 28.5.9: inmanis enim natio iam inde ab incunabulis
primis, varietate casuum inminuta, ita saepius **aduliscit**; 29.1.19: **adolescebat** autem obstinatum eius propositum, admovente stimulos avaritia;
ad 14.2.9 (= I p. 71).

b **ritu.** Cf. 31.7.13: ritu grandinis undique volitantibus telis; 18.10.4: virgines Christiano ritu cultui divino sacratas; 26.3.3: confugit ad ritus Christiani sacrarium ...; 27.10.2: et quoniam casu Christiani ritus invenit celebrari sollemnitatem ...; 28.1.27: qui festo die Christiani ritus in ecclesia pernoctabant ...; 29.3.4: Epiroten aliquem ritus Christiani presbyterum ...; 31.12.8: Christiani ritus presbyter (ut ipsi appellant) ...; 15.5.31: Silvanum .... ad conventiculum ritus Christiani tendentem ....; 27.3.13: constatque in basilica Sicinini, ubi ritus Christiani est conventiculum; 21.16.18: dum ritum omnem ad suum trahere conatur arbitrium; 14.2.7: pecudum ritu inertium trucidantur; 22.15.30: periti rituum vetustorum (for 14.2.7 cf. Cic. Lael. 32). Cf. et. Krebs Antib. 2 p. 519. Often in Claud. in the sense of 14.2.7. Not in Veget. r. mil.

p.98.15-16 **paulatimque .... inlisorum.** Note the way the sounds and the clausulae are used to mutually intensify each other, as often.

p.98.16 **cautibus inlisorum.** Cf. Claud. 33.255 sq. (de raptu Pros. I):
       Credas **illidi cautibus** algam
       Et raucum bibulis inserpere murmur arenis;
ibid. 20.429 sq. (In Eutrop. II):
       Illa natat rationis inops, et caeca profundi
       Iam brevibus deprensa vadis, ignara reverti
       Palpitat et vanos **scopulis illidit** hiatus.
       (sc. bellua);
ibid. 3.272 (In Rufin. I):
(torrens) Spumat et **illisa** montem circumtonat **unda.** ad 16.12.13, p. 93.1(b).

p.98.16-17 **iaculorum ... crebritate.** Cf. 14.11.20: eum post haec nihil passurum velut mandatu principis **iurandi crebritate** confirmans (= repeated oaths); (of the Symplegades) 22.8.14: per has saxorum dehiscentium concursantiumque **crebritates** (= the repeated flying open and slamming to of the S.); 23.6.3: Nicatore Seleuco ... cui **victoriarum crebritas** hoc indiderat cognomentum (= repeated victories).

p.98.17 **hinc indéqüe convoláste.** With dialysis! Clausula III. Although also in this sense: **to hasten, to fly** occurring, among others, in Cic. it is definitely not a general verb. Not in Claud. and Veg. r.m.

p.98.17 *a* **pulvis aequali motu adsurgens.** Aequalis = equable, even, as e.g. in Horat. Sat. 1.3.9: Nil **aequale** homini fuit illi; Veget. r.m. 4.41: Sol quoque exoriens vel diem condens interest utrum **aequalibus** gaudeat radiis an obiecta nube varietur...; ibid. 3.20; 1.26.

b **motu.** Cf. 14.2.9: raptim igitur properantes ut **motus** sui rumores celeritate nimia praevenirent (= expedition, march); 14.6.1 cuius (sc. vini) avidis usibus vulgus intentum ad **motus** asperos excitatur et crebros (rebellions, riots); 17.7.14: inter haec tria genera **terrae motuum** (= earthquakes); 22.16.23: .... Aegyptii ..... ad singulos **motus** excandescentes (= perturbation of the mind, emotion; not understood by Rolfe).

a **prospectum eripiens.** Cf. Krebs Antib. 2.414: "Die Aussicht benehmen ist zwar **prospectum adimere, -impedire,** vgl. Caes. b.g. 2.22.1; 7.81.5; aber bei Häusern, welche die Aussicht und das Licht benehmen, wird gewöhnlich **luminibus officere** und **obstruere** (verbauen) gebraucht". Cf. et. b. Afric. 52: quod nisi in noctem proelium esset coniectum, **pulvis**que vento flatus omnium **prospectu** (dat.) offecisset etc.; Veget. r.m. 3.14 (= Lang p.96): Nam sol ante faciem **eripit visum**... pulvis a fronte congestus oculos implet et claudit. For the constructions of **eripere** cf. F. Naumann, Progr. Gymn. Stendal (1891) p.17 (op. cit. I). Cf. et. 31.13.2: nec iam obiectu pulveris caelum patere potuit ad prospectum. p.98.17-18

b Cf. Blomgren (op. cit. II) p.88 (with note 2): personificatio.

a **arma armis corporaque corporibus obtrudebat.** Cf. ad 16.12.37, p.97. 9-11. p.98.18

b **obtrudebat.** Rare verb. In this sense perhaps a Plautus reminiscence? Not in Veget. r.m. Once in Claud. 18.41 (In Eutrop. I): (Eutropius was an eunuchus)

> Iam specie doni certatim limine pellunt
> Et foedum ignaris properant **obtrudere** munus.

(Cf. Terent. Hec. 3.1.16 (295); ibid. Andr. 1.5.15 (250)). In the Nov. Theod. II. 3.1.7 the verb is used for: to throw into prison.

XII, 44

inconpositi = riotous, unrestrained, uncontrolled. Cf. Vulg. ad Roman. 1.31: insipientes, **incompositos** (ἀσυνέτουσ, ἀσυνθέτουσ). In this sense not class. or post-class. and extremely rare in late Latin. Cf. et. Krebs Antib. I p.714 sq. p.98.19

in modum .... flammarum .... in modum testudinis. We find this repetition clumsy and unwieldy, so close together, and without any stylistic value. Cf. 31.13.1: et proelium flammarum ritu accrescens. p.98.19-20 p.98.19 **exarsere.** Cf. ad 16.12.19, p.94. 11–12. **in modum flammarum.** Cf. 31.12.6: ut incrementis exercitus Gallicani adscitis opprimeretur levius **tumor barbaricus flammans.**

p.98.20 *a* **nexamque scutorum conpagem.** Cf. 14.2.10: denseta **scutorum compage** (cf. ad 14.2.10 = I p.73); 24.4.15: non numquam **compage scutorum,** qua velut **testudine** infigurabilium fornicum operiebantur aptissime, **adsiduis** motibus laxius dehiscente; Tac. Hist. 3.27: tum elatis super capita scutis **densa testudine** succedunt. ...... donec **soluta compage scutorum** etc.; Fesser p. 24 (op. cit. I).
b **scutorum.** Cf. ad 14.10.8 (= II p. 105).
c **conpagem.** Cf. 14.6.17: (Spadones) obluridi distortaque lineamentorum **conpage** deformes; 21.6.3: laesisque leviter paucis, **interna conpage disrupta,** efflasse spiritum repertus est solus; 22.8.38: ergo in ipso huius **conpagis** (= regionum) exordio, ubi Rifaei deficiunt montes, habitant etc. (For 21.6.3 cf. Cic. Cato 77: Nam dum sumus in his inclusi **compagibus corporis**...); Claud. 33.114 sq. (De raptu Proserp. I):

.... Saturni veteres laxabo catenas.
Obducam tenebris lucem: **compage soluta**
Fulgidus umbroso miscebitur axis Averno;

ibid. II 170 sq.:

Ianua nulla patet. prohibebant undique rupes
Oppositae, **dura**que Deum **compage** tenebant;

ibid. III 184 sq.:

...... fractane iugi **compage Vesevi**
Alcyoneus per stagna pedes Tyrrhena cucurrit?

p.98.20 **testudinis.** Quite right Gall.-Font.: "Ce n'est point la formation en "tortue" pour l'assaut d'une ville, les boucliers tenus au dessus de la tête, et telle que la décrit par exemple Liv. 44.9. Mais une tortue verticale, où les boucliers forment comme une muraille de métal devant le rang des combattants; cf. Liv. 10.29: Galli structis ante se scutis stabant".
Testudo occurs: 20.11.8; 24.4.15; 29.5.48; 31.7.12. The above-mentioned two meanings do **not** occur in Veget. r.m., who knows only the implement used at the siege of towns. Cf. 4.14 (= Lang p. 137): **Testudo** autem a similitudine verae testudinis vocabulum sumpsit, quia, sicut illa modo reducit modo proserit caput, ita machinamentum interdum reducit trabem interdum exerit, ut fortius caedat.

XII, 45

a **opitulatum.** Cf. Fesser p. 38 (op. cit. I): Ein seltenes, altes Wort, dessen Geschichte Landgraf zu Cic. S. Rosc. 71 sq. gibt (op. cit. I). Es findet sich im Altlat., gelegentlich auch von Cic. verwendet, einmal bei Sall. (Cat. 33.2), häufiger von den Archaisten des 2 Jahrh. p. Chr. ab. Bei Amm. 16.12.45; 20.2.4; 28.5.2, 31.10.20. Die Bildung **opitulatio** Amm. 26.9.4 begegnet noch bei Apul. Arnob. u. in der Vulgata". Not in Claud. Veget. r.m. (**opitulare,** archaic, does **not** occur in Amm.).
b For the **supinum I and II** cf. ad 14.6.12 (= I p. 95), ad 14.6.23 (= I p. 100), ad 14.11.4 (= II p. 117).
c With this passage can be compared 28.5.2 and for the **variatio** 17.1.6: ad **opitulandum** suis necessitudinibus avolarunt.

a **conturmalibus** = brother-in-arms, comrade. Only in Amm. Not: "one belonging to the same **turma**" (Souter), although that, of course, is the original meaning. Cf. 17.1.2: amor enim post documenta flagrantior sequi libenter hortatus est omnis operae **conturmalem** (= partner) auctoritate magnificum ducem ...; 24.6.11: inter quae Iulianus pulsos fulcire subsidiis incitareque tardantes quasi **conturmalis strenuus** properabat et rector. One should also compare **concorporalis** (also only in Amm.: 21.12.15; 28.5.7) and **contubernalis** (29.5.22).
b Note the alliterating **c** in this period.

ictibus. Cf. 21.9.4: (metaph.) **eodem ictu** (= "at the same stroke": Rolfe); 17.7.6: **uno ictu** caesi complures; 20.7.2(?): ballistarum **ictibus crebris** (compare the text-criticisms in Clark and Seyfarth); 29.6.14: aciem perrupere Pannonicam ...., **geminatis ictibus** omnem paene delessent ...; 31.13.1: et proelium **flammarum ritu** accrescens (cf. 16.12.44), terrebat militum animos, confixis quibusdam **rotatis ictibus** iaculorum et sagittarum.

a **Batavi venere cum regibus formidabilis manus.** Although grammatically possible, it is very unlikely that **reges** should here mean kings. Cf. Müller Milit. (op. cit. I) p. 581 "Wer die **Reges** sind von denen 16.12.45 in Verbindung mit den Batavern die Rede ist, bleibt unklar. Vielleicht hat man in ihnen das Not. Or. 6.49 unter dem Namen **Regii** aufgeführte auxilium zu erkennen, da es die enge Verbindung mit den Batavern unwahrscheinlicht macht, dass die Occ. 5.229 erwähnte leg. comit. Regii gemeint ist".
The **Batavi,** a picked body of men, also **auxilia,** are mentioned in 31.13.9 (378 A.D., battle against the Goths) and furthermore 20.1.3: moto igitur **velitari auxilio,** Aerulis scilicet et Batavis; 27.1.6: Erulorum Batavorumque

vexillum direptum; 27.8.7: unde cum consecuti Batavi venissent et Heruli. Cf. Müller ibid. "Identificierung der Abtheilungen Ammians mit denen der Notitia ist unthunlich". In the Not. Dign. they belong to the **auxilia palatina** and are listed there as infantry and cavalry. Cf. et. Gall.-Font. I p. 282 sq. (349); Grosse (op. cit. I) p. 38–41; p. 208 sq.; Bijvanck, Nederl. in de Rom. tijd (1943): **Heruli** p. 581, 594, 655, 656; **Batavi** passim (especially p. 220–279); J. Bogaers, Civitas en stad van de Bataven en Canninefaten (Nijmegen, 1960).

b **formidabilis manus.** Cf. ad 16.12.7, p. 92.3.

p.98.23 **extremae necessitatis articulo circumventos.** Cf. ad 14.2.6 (= I p.69 sq.): **extr. necess.**

a **articulo.** Cf. ad 16.12.37, p.97.6(c).

p.98.24 *a* **(Si iuvisset fors) ereptura.** Clark G: **ereptura**. But **eruptura** is the correct version. Cf. ad 15.5.36 (= III p. 123). Seyfarth and Gall.-Fontaine do not read correctly either: **ereptura**.

b Cf. 19.3.3: ut leo .... inclusos intra retia catulos periculo **ereptum ire** non audens; 25.5.3: nonne ..... militem instantibus aerumnis **eriperetis**?; 26.5.12: quas (urbes) praesens **eripere** poterit discriminibus maximis; 30.4.7: Cicero, orationis imperiosae fluminibus saepe depressos aliquos iudiciorum **eripiens** flammis (a fine example of Amm.'s baroque style); 31.16.8: orientales provinciae discriminibus **ereptae** sunt magnis (X **obiectare**: cf. Fesser (op. cit. I) p. 20).

c Cf. 19.3.1: si qua fors iuvisset; 18.8.1: si iuvisset fors ulla; 16.11.9: facinus memorabile si iuvisset fors patraturos; ad 16.11.9, p.89.24; Ehrism. (op. cit. I) p. 34 (with nearly identical formulations).

p.98.24 *a* **torvumque canentibus classicis.** Cf. 31.2.8: variis vocibus sonantibus **torvum**; ad 16.12.27, p.95.16.

b Note once again the alliterating **c**.

c Cf. Veget. r.m. 2.22 (= Lang p. 56): ... quotiens autem pugnatur et tubicines et cornicines pariter canunt. **Classicum** item appellatur quod bucinatores per cornu dicunt. Hoc insigne videtur imperii, quia **classicum canitur** imperatore praesente vel cum in militem capitaliter animadvertitur, quia hoc ex imperatoris legibus fieri necesse est. Cf. et. ad 14.1.1 (= I p. 105); ad 16.12.27, p.95.16(c); Claud. 3 (In Ruf. I) 215 sq.:

> Vivitur exiguo melius. Natura beatis
> Omnibus esse dedit, si quis cognoverit uti.
> Haec si nota forent, frueremur simplice cultu:
> **Classica** non fremerent: non stridula fraxinus iret.

ibid. 28. 453 sq. (De VI cons. Honor.):
>   Nox erat, et late stellarum more videbam
>   Barbaricos ardere focos: iam **classica** primos
>   Excierant vigiles, gelida cum pulcher ab Arcto
>   Adventat Stilicho.

adultis viribus: "avec des forces accrues" Gall.-Font.; "mit gesteigerter Kraft" Seyfarth. Cf. ad 14.2.9 (= I p. 71). Not in Claud. Veget. r.m.

XII, 46

altius anhelabant. Cf. 18.4.2: (about Ursicinus) .... quod interempto Silvano, quasi penuria meliorum ad tuendas partes eoas denuo missus, **altius anhelabat** (= had higher aspirations); 26.6.1: (Procopius) ... post Constanti obitum in rerum conversione velut imperatoris cognatus **altius anhelabat** (with identical meaning); 28.1.31: **anhelans flatu superbo** ("Von Stolz aufgeblasen" Büchele; cf. et. ad 14.6.22 = I p. 99) Maximinus etiam tum praefectus annonae nactusque audaciae incitamenta non levia tendebat ad usque Probi contemptum ...; 27.9.4: hunc imperatorem (sc. Valentinianum) omnium primum in maius **militares fastus** ad damna rerum auxisse communium .... qui ex eo **anhelantes** (= puffed up, conceited) ex nuto suo indistanter putant omnium pendere fortunas. horum **flatus** et pondera (**pond.** in the unfavourable sense) inventores iuris antiqui mollientes etc.; 29.6.1: Dum hoc pulvere per Mauritaniam dux ante dictus anhelat et Africam, Quadorum natio mota est ... (Büchele: "Während der vorbenannte Feldherr in M. u. A. überhaupt mit solchen Strapazen sich fast ausser Athem setzte"); Cic. de Orat. 3.11(41): nolo verba exiliter exanimata exire, nolo **inflata,** et quasi **anhelata** gravius ... p.98.25

velut quodam furoris adflatu. Cf. 27.6.1: ... ad imperium Rusticus Iulianus, tunc magister memoriae, poscebatur, quasi **adflatu quodam furoris,** bestiarum more humani sanguinis avidus; Cic. De orat. 3.46(194): Saepe enim audivi poetam bonum neminem ... sine inflammatione animorum exsistere posse et sine **quodam afflatu quasi furoris.** Compare also Gall.-Font. I p. 283 (note 350). p.99.1

Spicula tamen verutaque missilia. Cf. Veget. r. milit. 2.15 (= Lang p. 49): .... quod **pilum** vocabant, nunc **spiculum** dicitur, ad cuius ictum exercebantur praecipue milites, quod arte et virtute directum et scutatos pedites et loricatos equites saepe transverberat, aliud minus ferro unciarum quinque, hastili pedum trium semis, quod tunc **vericulum,** nunc **verutum** dicitur (The **verutum** is mentioned 3 times in Veget. r.m.); ibid 1.20 (= Lang p. 24): p.99.2

Missilibus autem quibus utebatur pedestris exercitus **pila** vocabantur .... cuius generis apud nos iam rara sunt tela. (The **spiculum** is mentioned 9 times in Veg. r.m.). Cf. et. Müller Mil. (op. cit. I) p. 606: Angriffswaffen (7.); Amm. 31.7.12: iamque verrutis et missilibus aliis.

ferrataeque arundines fundebantur. Cf. 24.2.13: harundines ferratas: 31.7.14 harundinibus armatis ferro. Note the alliterating **f** and **r. Sagittae** are often mentioned in Amm.; cf. ad 16.12.7: **Sagittarii;** Müller Milit. p. 606 sq. (8). An ingenious technical invention, which made the Roman arrows falling down near the Goths unfit for use: 31.15.11. Cf. et. Claud. 45.38 sq.:

.... intendunt taurino viscere nervos.
Instruitur pinnis, **ferroque armatur arundo.**

Characteristic of the man of letters that Amm. wants to be and indeed is, is this use of **arundo** = sagitta, an all too familiar poetism. It is not surprising, therefore that it does not occur in Veget. r.m., although he also has his own flowers of speech.

p. 99.2 *a* **quamquam etiam comminus mucro feriebat contra mucronem.** For the repetition cf. ad 16.12.37 p. 97.9–11. **Mucro** absolutely not in Veget. r.m., (who probably avoids it as being a poetism), though often in Claud. Cf. et. ad 14.5.8 (= I p. 88).

b **quamquam** c. indic. With Amm. **quamquam** is also constructed with the conjunct. Ehrism. has attempted to investigate the complicated "law" offered by the "leges, quas Amm. aut sciens aut nesciens observavit", p. 60 sq. (op. cit. I). Cf. ad 14.6.6 (= I p. 91); ad 14.11.6 (= II p. 119). For the joining together of sentences with **et** cf. 14.7.21, p. 22.22; 16.12.49, p. 99.12; 17.13.30, p. 133.23; Blomgren (op. cit. II) p. 25.

p. 99.3–4 *a* **loricae gladiis findebantur.** Cf. 16.12.44: scutorum compagem ... **scindebant** ictibus gladiorum adsiduis. It is striking (and this is frequently the case with Amm.), that he uses here **simplicia,** although he is very fond of the many, especially late Latin composita and even uses very rare ones. Cf. et. Pighi St. Amm. (op. cit. I) p. 172 (index), with many examples.

b Cf. Veget. r.m. 1.20 (= Lang p. 22): Ab urbe enim condita usque ad tempus divi Gratiani (375–383 p. Chr. n.) et **catafractis** (cf. ad 16.10.8, p. 85.16–22) et galeis muniebatur pedestris exercitus. Sed cum campestris exercitatio interveniente neglegentia desidiaque cessaret, **gravia videri arma coeperunt,** quae raro milites induebant; itaque ab imperatore postulant primo **catafractas,** deinde cassides † sedere refundere. **(lorica(e)** is (are) mentioned 9 times in Veget. r.m.). **Fabricae loricariae** are ibid. 2.11 mentioned (= Lang p. 45). Vegetius always remains a somewhat incomplete and obscure source, but, as regards Amm., "man könnte auf den Gedanken kommen, nur die Garden, die **Scholares** (cf. ad 14.7.9 = II p. 27 sq.), die **cataphractarii** (cf. ad 16.2.5, p. 73.2) und die hohen Offiziere hätten einen Metallpanzer getragen, **nicht aber die Legionen,** denn die **Auxilia,** die ja auch als velites bezeichnet werden, trugen nur ein Lederwamms" (Müller Mil. op. cit. I, p. 603). But in the Not. Dign. are mentioned (again) **fabricae loricariae,** and on the **insignia** of the **magistri officiorum** N.D. Or. 11, – Occ. 9 harnesses are depicted (cf. 15.5.12 = III p. 88 for the **mag. off.**). Although this is not stringent proof of the general use of harnesses. (For the **scholares** are sub dispositione mag. off.). The barbarisation of the army and the decline of discipline make it all too likely that for some time the common soldier was insufficiently covered with **gravia arma,** unfortunately to his own disadvantage. Several known types are squamatae, reticulatae, hamatae and segmentatae (loricae).

ad audendum exsertius consurgebant. The version is fairly corrupt. One p.99.4–5 should compare the text criticisms in Clark and Pighi. In my view the difficulty lies in the conjecture by Vales.: **exsertius.** V ex[er]citus, E exercitus, which does not occur in B.G. But Vales. also points to 31.15.10: at cum armatis provinciales et palatini ad obruendos eos **excitatius exurgebant.** This **excitatius** seems better to me.
exsertus in the sense of: powerful, determined, brave, elated is postclass. and late Latin. (part. perf. pass. of **exserere.**)

XII, 47

a **pares .... cum paribus.** Cf. ad 16.12.43, p. 98.18(a). p.99.5
b Cf. Cic. de senect. 3.7: pares autem, vetere proverbio, cum paribus facillime congregantur; Michael (de A.M. St. Cic.) p. 34.

a **milites usu nimio dociles.** Cf. Vales. (in edit. Wagner II p. 235): **Milites** p.99.6 κατ' ἐξοχὴν Romani dicuntur hic et alibi passim. Idque observavi non semel in libris Cornelii Taciti. Hinc intelligendus est locus Pollionis in Claudio c. 9 (Hist. Aug.): **factus miles barbarus et colonus ex Gotho.** Id est Barbarus factus est miles legionarius et Gothus factus est incola agri Romani (**miles** P, Σ; **limitis** Peter; D. Magie: factus limitis barbari colonus e Gotho). Sic a Procopio saepe **milites Romani** absolute vocantur στρατιῶται; et a Iordane similiter in libro de successione Regnorum **milites** etc.". Cf. et. ad 15.1.2 (= III p. 8).
b **dociles.** Seyfarth: "geschult durch grosse Erfahrung"; Gall.-Font.:

"accoutumés à une longue discipline"; Büchele: "unsere Krieger durch häufige Uebung geschickter". I believe it here to be a term. techn. mil.: who because of their considerable experience, are easy to instruct; .... easily understand and carry out orders. Cf. Claud. 20 (In Eutrop. II) 339 sq. (of the Constantinopolitani): solliciti scenae, Romam contemnere sueti, Mirarique suas, quas Bosporus alluit, aedes: **Saltandi dociles,** aurigandique periti. Not in Veget. r.m. Cf. et. 24.1.2: utque ductor **usu et docilitate firmatus,** metuens ne per locorum insolentiam insidiis caperetur occultis (where **docilitate firmatus** is a variatio of **docilis**).

p.99.6–7   **illi ... hi ... isti ... illi. Illi** are the Alamanni, **hi** the Romani; but **isti** are the Romani and **illi** again the Alamanni. We clearly see here the reduced meaning (and hence the confusion) of the pronomina demonstrativa. Note the **chiasm,** (Cf. Blomgren op. cit. II p. 20, 22, 41.), in the entire sentence: **illi ... freti,** but also once more in the part of the sentence: **animis .... freti.**

XII, 48

p.99.8   **resurgebat .... Romanus.** What Büchele writes is certainly not meant here: "Musste der Römer hie und da auch vor der bewaffneten Übermacht zurückweichen"; Seyfarth, Gall.-Font. give the right translation. What is meant is that fairly often a Roman soldier, dejected and worn out by his heavy armour could not maintain his position and fell back, but then straightened up again to resume the fighting. Rolfe understands the text in the same way as Büchele.

p.99.9–10   *a*   **lassatisque ... subsidebat.** Seyfarth: "und mancher Barbar, **der sich auf seine ermatteten Beine stemmte,** beugte das linke Knie u. sank zu Boden"; Gall.-Font.: "Pourtant, on voyait .... le barbare, **appuyé sur ses genoux lassés,** fléchir le jarret gauche et s'affaisser ... The underlined translations are incorrect. Better Büchele: "und der Feind erhielt sich, wenn seine erschlafften Kniee ihn zu Boden drückten, auf das linke derselben gestützt" and Rolfe: "and the savage, with his legs giving way from fatigue, would drop on his bended left knee".
impressus, therefore, is not used medially, but is the **part. perf. pass.** of imprimo = deprimo = to press downward.
For this meaning, which we see more often, Georges quotes Colum. 3.13.1. But Amm. undoubtedly is thinking of Verg. Aen. 12.301 sq.:

.... Super ipse secutus
Caesariem laeva turbati corripit hostis
Impressoque genu nitens terrae applicat ipsum

(cf. ibid. 35b: pede collo impresso) and Verg. Aen. 12.491 sq.:
> Substitit Aeneas et se collegit in arma
> **Poplite subsidens** ....

For the contents of the sentence cf. et. ad 16.12.37: et obnixi etc.

b **obstinationis.** Cf. 15.6.4: aliique plures (interempti sunt), haec et similia perplexe temporis **obstinatione** scrutante (cf. ad 15.6.4 = IV p.9); 19.2.10: ita strages .... ne vespertinae quidem hebetaverant tenebrae, ea re quod **obstinatione** utrimque magna decernebatur.

XII, 49
exiluit itaque subito ardens optimatium globus inter quos decernebant et reges. p.99.11

a **exiluit.** Cf. 15.4.8; 19.8.11; 21.9.6; 22.9.1; 23.6.24; 27.12.8; 28.4.30.

b **optimatium.** Cf. ad 16.12.26, p.95.13; ad 16.12.17, p.93.28(b).

c **globus.** A tightly packed crowd of infantry-men is called in this period **globus** or **drungus**. The latter is originally a Teutonic word, one of the many to penetrate the Roman soldiers' language. Cf. 20.5.1: princeps ... tribunal ascendit, signisque aquilisque circumdatus et vexillis, saeptusque tutius **armatarum cohortium globis**; 21.4.8: cum **auxiliorum** expeditissimis **globis**; 25.1.16: stipatus **armatarum cohortium globis**; 31.5.9: barbarique hoc contemplato, **globos** inrupere **nostrorum** incauti ...; 31.7.12: barbarique .... sinistrum cornu perrumpunt: quod inclinatum **subsidialis** robustissimus **globus** ..... sustentavit; Hist. Aug. v. Probi 19.2: omnium gentium **drungos** usque ad quinquagenos homines ante triumphum duxit; Veget. r.m. 3.16 (= Lang p.101): Scire dux debet, contra quos **drungos**, hoc est **globos**, hostium quos equites oporteat poni. Derived from **drungus** the name of the military commander δρουγγάριοσ: cf. L. Bréhier, Les Instit. de l'Empire Byzantin (1949) p.231–232, p.357, p.424 (and passim); Constant. Porphyr. edit. Vogt Comm. I p.44–45; Grosse Mil. (op. cit. I) p.256.

a **inter quos decernebant et reges.** As Gall.-Font. rightly remarks: one can p.99.12 hesitate about: **kings** or: **the kings**; for here the kings are meant. (cf. ad 16.12.45, p.98.22).

b **decernebant.** Seyfarth correctly: "unter denen auch Könige um den Sieg rangen". Büchele does not translate the verb; Gall.-Font.: "parmi lesquels des rois **combattaient** aussi", not quite right, in my opinion. I see no reason to reduce the meaning of this very well-known term. techn. mil.

sequente vulgo. This **vulgus** is, of course, identical to the **plebs** of 16.12.17, p.99.12 p.93.28 (cf. comm.).

p.99.13 **Primanorum legionem.** It is not quite certain which legion is meant here. Probably not the Legio I Minervia, which stood in Germania Inferior. Perhaps Legio I Italica, or **Legio I Julia** (the latter according to Müller Mil. p. 576, op. cit. I). Müller points to Not. Occ. 7.34; but it is often difficult to draw conclusions from the Not. Dign. for Amm. To Amm. and his readers the name **Primani** without any addition, must have been evident. The fact that there is no by-name or popular name indicates that these **Primani** belong to the oldest legions of the comitatus (cf. ad 14.5.8 = I p. 129). Cf. et. Seyfarth I p. 302 (note 201); Gall.-Font. I p. 283 (note 352), both with lit.

p.99.13-14 *a* **locatem in medio, – quae conformatio castra praetoria dictitatur, –.** The expression **castra praetoria** (= ± "square") is explained by Amm. himself in the following way: densior et ordinibus frequens miles instar turrium fixa firmitate consistens. This expression should not be confused with the **agmen quadratum,** a march arrangement, not a fighting formation (cf. Müller Mil. p. 616, op. cit. I; Grosse Mil. p. 255, op. cit. I), often mentioned in Amm. (a description in his writings: 24.1.2). Gall.-Font. refer for the explanation of **c. pr.** to the **c. pr.** of the **cohortes praetoriae** in Rome (I p. 283, note 353). This does not seem right to me. One should start from the **praetorium,** the centre of the **castra,** where the commander resides. This headquarter is often called: **principia.** Veget. r.m. mentions the **praetorium** in the above sense twice, **principia** is not mentioned, except once in the metaph. sense. Cf. 1.20 (= Lang p. 23) .... funditores et ferentarii (a kind of skirmisher) ... erant admodum multi, qui cedentes, si proelii necessitas compulisset, inter **principia legionum** recipi solebant, ita ut acies immota consisteret. In my opinion one has here the same transfer of meaning as in **castra praetoria:** de castra praetoria (= principia) offer and certainly suggest in a camp a certain measure of security. Thus also here in Amm. and Veget. the formation of the legiones in an exercitus.

b **conformatio** Cl. V confirmatio. Cl. 's version is thought acceptable by Pighi and is also adopted by Seyfarth, Gall.-Font. Rolfe: confirmatio. I see no reason for this alteration. **Confirmatio** is an abstractum pro concreto: = strengthened position. For the enormous quantities of these in Amm. (and many other late Latin writers) cf. Blomgren (op. cit. II) p. 83 sq. (with lit.); Hagend. St. Amm. (op. cit. I) p. 117 sq.; Hassenstein (op. cit. I) p. 16 sq. **Conformatio** = "formation", troop, army division, term. techn. mil., is not known to me. Veget. r.m. only uses it once in the combination: **conformatio membrorum,** which should be observed at the selection of the **tirones** (I. 6 = Lang p. 10).

c **dictitatur** = nominatur. Cf. ad 16.12.25, p.95.11.

miles instar turrium fixa firmitate consistens p.99.15
a Note the alliterating **t** and **f**. Cf. et. Petsch. Philol. 56 p.556 sq.; Blomgren p.130 annot. 1; Hagendahl abund. (op. cit. I) p.163 sq. (with lit.). Cf. 17.5.8: spem successus secundi; 14.2.7: circumspecta cautela; 14.11.26: velocitate volucri (ex. by Hagend.).
b **instar**. Cf. Krebs Antib. I p.756 (with lit.). **Ad instar c. genit.** (= ad exemplum c. genit.), later and late Latin, 3 times in Veget. r.m.; in Claud. twice: **instar**. Cf. et. Hofm.-Leum. p.496(d). Whether **instar c. genit.** still belonged to the living language in Amm.'s time, seems doubtful to me.

a **vulneribus declinandis intentus**. **Intentus** c. dat. gerund. cf. Hofm.-Leum. p.99.16
p.599 II. Since Livius.
b **declinare**. with **a:** 15.1.3; 17.5.2; 22.14.2. with **unde:** 22.9.5; 30.4.22.

Myrmillonis (= murm. = mirm.). A kind of gladiator who usually fought p.99.17 with the Thracian (Threx) and with the net-fighter (retiarius). They wore a helmet, with a fish on its point. Domitianus favoured the **murmillones**. Hence Suet. Dom. 10: Patrem familias, quod **Threcem mirmilloni** parem, munerario (= patron of games) imparem dixerat, detractum spectaculis in arenam, canibus obiecit, cum hoc titulo: Inpie (= against the Emperor) locutus parmularius (= patron of the **Thraeces** armed with a parma). Cf. et. Paneg. lat. Pacat. (12) 23.2: Sic in ultimum prope Italici generis excidium effracto Cn. Lentuli ludo **mirmillonum** agmen emicuit (revolt of Spartacus in 73 B.C.); Aur. Vict. Epit. 10.10; etc.

ira flagrantior. Comp. = Positivus. Cf. ad 14.6.12 (= I p.96). p.99.17

destrictis gladiis. Cf. ad 14.5.8 (= I p.88). p.99.18

latera perforabat. Cf. Ovid. Trist. 3.9.25 sq.: p.99.17-18
  Protinus ignari nec quicquam tale timentis
  Innocuum rigido **perforat ense latus**.

XII, 50
prodigere vitam pro victoria contendentes. Cf. Krebs Antib. II p.390: "für p.99.18-19 die Geschichte des Wortes (**prod.**) ist es sehr bezeichnend, dass es aus dem Altlat. zu Sallust. übergegangen ist und sich dann bei dessen Nachahmern bis auf Amm. herab erhalten hat" (with the lit. quoted there). A comparable

passage Gell. 2.27.5 (quoted by Georges): (Philippus) sed, prae studio laudis et honoris, iacturarum damnorumque corporis contemptor, qui **singulos artus suos fortunae prodigendos** daret quaestu atque compendio gloriarum. Cf. et. Fesser (op. cit. I) p. 39.

p.99.19 **compagem.** Cf. ad 16.12.44, p. 98.20.

p.99.19–20 *a* **continuata serie peremptorum.** Unusual for: **continuata peremptione** (peremptio: late Latin). For **series** c. genit. cf. et. Gudeman[2] ad Tac. Dialog. 19.5 p. 324 (1914); Krebs Antib. II 566 (with lit.). Cf. et. Claud. 21 (de laud. Stil. I) 1 sq.:

> **Continuant** superi pleno Romana favore
> **Gaudia,** successusque novis successibus urgent;

ibid. 138 sq.:

> Singula complecti cuperem: sed densior instat
> **Gestorum series,** laudumque sequentibus undis
> Obruimur.

b Cf. 17.1.1: ne dirae volucres consumerent **corpora peremptorum. fidentior:** here in the comparative sense! = with more self-confidence. Cf. 30.4.19: tandemque ex praemeditato conludio, per eum qui est **in verba fidentior,** suave quoddam principium dicendi exoritur ...; 27.10.12: **fidentissimo impetu** acies motas prompte ante alios praeire duo iuvenes lecti ...

p.99.22 **pavore perfusi.** Alliteration. Cf. Liv. 2.63.4: nihil aliud quam **perfusis vano timore** Romanis; ibid. 9.16.18: **perfusumque** ultimi supplicii **metu** multa dicta dimisit.

XII, 51

p.99.22 **aerumnis.** Cf. 15.4.10 (= III p. 62). The word often has a concrete meaning: misfortune-, defeat **in war,** as in 15.4.10. The adj. **aerumnosus** linked with **damna** (17.3.1); with **iacturae** (27.1.1).

p.99.23 *a* **et ad solam deinceps strenui fugam. Deinceps** = deinde. Post-class. and late Latin. For the original meaning is: successively, consecutively. Hence Cic. leg. 3.2.4: **deinde deinceps** (sequence of time and place). In Claud. neither **deinde,** nor **deinceps.** In Veget. r.m. only: **deinde.** Cf. Krebs Antib. I p. 409 (with lit.).

b **strenui.** Cf. ad 16.12.24, p. 95.6. Gall.-Font. right: "et **sans autre courage** désormais que pour la fuite". Less accurate (as more often) Seyfarth: "und sie dachten nur an die Flucht". Büchele almost the same as Seyfarth.

Strenui has been used here ironically: their **bravery** lay in their inclination to flee.

tota celeritate = summa celeritate. Cf. 17.5.8: viribus totis? Krebs Antib. II p.668 quotes Quint. decl. 14.6 and Novák, in paneg. lat. stud. gramm. et crit. (1901) p.56. Cf. et. Hofm.-Leum. p.488 (83 e Zus. α) and p.398 (27a) (with lit.). p.99.23
<di> gredi. V gredi. Digredi: Her. Clark. Egredi: Wm₂ Pighi. Digredi also: Seyfarth, Gall.-Font. The version **egredi** can be better defended on paleographical grounds, but that is the only argument in favour of it. In line 25 BG, Clark reads: **eici,** and Gall.-Font., Seyfarth. But V: **deici** as well as Pighi. But **eicio** is a t.t. naut.: to let a ship land from sheer necessity; pass.: to run aground. So that I prefer the **latter** version. In connection with **tota celeritate** and the alliteration the version <di>gredi seems to me preferable.

festinabant. Cf. 16.12.51; 21.12.9; 26.5.11; 26.5.15; 20.11.30; 29.1.19; 31.12.3; 31.16.4; Gärtner, Hermes Oct. 1969, p.370 sq.; Thes. L.L. sub v. p.99.24
ut e mediis saevientis pelagi fluctibus. Cf. Tac. Ann. 15.46: ergo gubernatores, quamvis **saeviente pelago,** a Formiis movere.

quocumque avexerit ventus. For this construction cf. ad 14.2.2 (= I p.67: **cum iterat.**); ad 14.2.7 (= I p.70: **cum iterat.**); ad 14.2.7 (= I p.70–71: **ubi iterat.**); ad 16.10.18, p.87.22; ad 14.1.5 (= I p.60); ad 16.12.33, p.96.11(a). p.99.24-25

eici cf. ad 16.12.51, p.99.23 **(digredi).** p.99.25

a **nauticí properant et vectores. Nautici** = sailors. Cf. Bellum Alex. 12: nautici homines; Liv. 28.7.7: **nauticis;** 29.25.5: **nauticos;** Veget. r.m. 4.45 (= Lang p. 163); ibid. 4.43 (= Lang p. 161): **Nauticorum** gubernatorumque sollertia est loca, in quibus navigaturi sunt, portusque cognoscere (where the difference between **nautici** and **gubernatores** is very clear). The adjective **naut.** used as a substantive certainly not general in the above sense and not in legal lit. In Amm. 15.9.1; 14.2.2. Cf. et. Oros. 4.19.1; Vales. in ed. Wagner II p.237. p.99.25
b **vector** = ship's passenger (also in jurid. lit.) in this late period often means: driver. Cf. Heum.-Seckel p.614. In 25.6.9 **vectores** are = horseriders (Cf. Prop. 4.7.84; Ov. ars amandi 3.555).
c For the **sequence of words** cf. ad 16.12.33, p.96.15-16.

p.99.25-26 **quod voti magis quam spei fuisse fatebitur quilibet tunc praesens.** Lit.: "Everyone who was then present, will (have to) admit that that lay more in the sphere of desire than of expectation". For this genit. relationis (= respectus) cf. Hofm.-Leum. p. 402, 29 Zus. b and p. 405, 31c (with lit.). Cf. et. Svennung Pall. (op. cit. II) p. 216 sq.

p.99.26 *a* **quilíbet tunc práesens.** Thus Pighi: Claus. I. I do not see any need for this. quilibet tunc praesens gives an unusual clausula but one which occurs more often in Amm. Cf. Blomgren (op. cit. II) p. 12,17; 89, 93; 172.

b **quilibet.** It is a moot point whether **quilibet** has been used correctly here and whether here it is not = **quicumque.** For this late Latin use cf. Krebs Antib. II p. 457; Svennung Pall. (op. cit. II) p. 641 (ad pag. 319 adnot.); Hofm.-Leum. p. 710 (275 Zus.).

XII, 52
p.99.26.-p.100.1 **aderatque propitiati numinis arbitrium clemens**

a **-que:** causal, as more often.

b **aderat:** nobis sc.

c **propitiatus:** part. perf. pass. of **propitiare.** Used almost exclusively with regard to gods, very frequent in religious writers. In general: old Latin, post-class. and late Latin. Cf. Krebs Antib. II p. 405 (with lit.). Here with Amm. is it almost certainly a flower of speech. The **substantiva** ending in **-io, -or, -us** (declin. IV) derived from it are late Latin only. In Amm. 19.12.12: Demetrius .... sacrificasse aliquotiens confutatus, infitiari non potuit, adserens **propitiandi** causa **numinis** haec a prima aduliscentia factitasse. Not in Claud. Veget. r.m.

d **numinis.** Cf. ad 14.11.24 (= II p. 138); ad 15.2.8 (= III p. 23).

e Seyfarth: der gnädige Wille; Büchele: die gütige Entscheidung; Gall.-Font.: la bonne volonté. What is meant is: the merciful intervention in favour of the Romans.

p.100.2 **ensibus.** Well-known poetism. Often in Claud. Not in Veget. r.m. The word suits this piece of prose (52–57), which has a marked poetical flavour.
erepta. Heraeus, Clark. **rapta:** Novák. Seyf. Gall.-Font. adopt the conjecture, which is superfluous. Correct Pighi: "**inmergere** tamen cum duplici dativo coniunctum atque **eorum** ad **tela** referendum videtur".

p.100.3 **vitalibus.** Cf. ad 15.3.10 (= III p, 51).
inmergebat. Cf. Claud. 7.74 sq. (De III cons. Honor.):

> .... quanto flagrabant pectora voto
> Optatas audire tubas, campique cruenta
> Tempestate frui, **truncisque immergere** plantas?

ibid. 18.11 sq. (In Eutr. I):
> Pandite Pontifices Cumanae carmina vatis,
> Fulmineos sollers Etruria consulat ignes,
> **Immersum** nefas **fibris** exploret haruspex.

with other constr. cf. Iust. Phil. 15.3.8: manum.... Lysimachus in os leonis immersit; ibid. 33.2.4: inter mucrones se hostium immersit. **Inm.** not in Veget. r.m.

nec quisquam vulnerantium. The use of the substantivically used participia goes much further with Amm. than with earlier writers. Cf. **cedentium** (p.100.1); **occumbentium** (p.99.21); **superruentium** (p.100.9); 19.2.13: exurgebant enim **terrentium** <**paventium**>que clamores; etc.

nec quisquam vulnerantium sanguine iram explevit nec satiavit caede multiplici dexteram. Cf. Cic. de re publ. 6.1.5: graves enim dominae cogitationum libidines infinita quaedam cogunt atque imperant; quae quia **nec expleri, nec satiari** ullo modo possunt...; ibid. de senect. 14(47): **satiatis** vero et **expletis** iucundius est carere quam frui; ibid. Verr. 3.42(100): ut aliquando ex eorum agris atque urbibus **expleti atque saturati** cum hoc cumulo quaestus decederent; ibid. parad. 1.1.6: Neque enim **expletur** umquam nec **satiatur** cupiditatis sitis; Michael (de A.M. Stud. Cic.) p.38. p.100.3-4

explevit.... satiavit... abscessit. Note the place of the verba in the 3 sentence parts. p.100.4-5

XII, 53

letaliter. Cf. 14.5.8; 17.4.4; 22.8.22; 24.2.13; 25.3.8; 26.6.3; 29.5.41. Cf. ad 14.1.3 **letalis** (= I p.58). The adverb. not in Claud. Veget. r.m. The adj. 3 times in Claud., once in Veget. r.m. p.100.5

a **remedia mortis conpendio postulantes.** Cf. Sall. Cat. 40.3: Postquam illos videt queri de avaritia magistratuum, accusare senatum, quod in eo auxili nil esset, **miseriis suis remedium mortem expectare** etc. Amm. 29.5.54: in **extremis rebus** (cf. Sall. Hist. 3.95; Tac. Hist. 1.45) unum **remedium** esse contemplans, calcare vivendi cupiditatem voluntaria statuit **morte**; 30.5.6: e quibus aliquos cum vitae iam taederet et lucis, suspendiorum **exoptata remedia** consumpserunt; Cic. Verr. 3.56(129): ut homines inuriae tuae **remedium morte** ac suspendio quaererent; Fesser (op. cit. I) p.18. p.100.5-6 *b* In my view the **genit. mortis** belongs to **remedia** as well as to **conpendio**. Literally: demanding (searching for) a remedy, consisting of death, by a shorter route to (acceleration of) death. **Mortis** is therefore genit. explic. as well as genit. object. **Compendium viae** (= via compendiaria) Plin. N. H. 5.5; = **compendium**: Tac. Ann. 12.28; Iust. Phil. 2.10. But **comp.** is also found in the sense of **remedium**: cf. Mulomed. Chir. (= Oder p. 5) 1.4: aliud enim **compendium** nullum est nisi sanguinis detractio, per quam universa corporis vitia et morbi abstrahi possunt; ibid. 1.32 (= Oder p. 13): multas etiam causas aestimo per **compendium** aterapeutas potius se sanare (= sanari). Further = **commodum**: Cf. Amm. 22.4.9: interrogatus (tonsor) tamen ille quid haberet ex arte conpendii ...; Mulomed. Chir. 1.16 (= Oder p. 8): Plenius hanc rationem docere oportet: propter **conpendium legentis** demonstrare, quaeque valitudo vel morbi, et ex quibus locis sanguis emitti debeat. Cf. et. Heum.-Seckel p. 83; Krebs Antib. I p. 310. Not in Claud. Veget. r.m.

p. 100. 6   **semineces**. Cf. 14.7.6: rectoremque ... conculcans **seminecem** laniatu miserando discerpsit. Poetical word which since Liv. (e.g. 23.15.8) also occurs sometimes in prose. Cf. Krebs Antib. II p. 556; Claud. 5.62 sq. (In Ruf. II):

>(Rufinus) Exsultatque malis. Summoque e culmine turris
>Impia vicini cernit spectacula campi.
>Vinctas ire nurus, hunc in vada proxima mergi
>**Seminecem** ....

p. 100. 6 *a* **labente iam spiritu. labente** = dilabente. Cf. ad 16.5.6, p. 76.12 (simplex pro composito). Cf. 16.12.44: scindebant; 16.12.46: findebantur; etc.
b Cf. Hagendahl St. Amm.: **spiramen(tum)**, p. 36.

p. 100. 6–7 *a* **lucis usuram oculis morientibus inquirebant**. Cf. Cic. pro Rab. Post. 17(48): Vos obsecro, iudices, ut huic optimo viro, quo nemo melior umquam fuit, nomen equitis Romani, et **usuram huius lucis**, et vestrum conspectum ne eripiatis.
b **inquirebant**: tried to look for, to find. Although **this** meaning occurs in Cic. Liv. et. al., it is certainly not the usual verb for this. = quaerebant, petebant.

p. 100. 7 *a* **quorundam capita discissa trabalibus telis**. Note: plurimi ... alii ... quorundam ... pars. **quorundam** = nonnullorum. Cf. Hofm.-Leum. p. 484, 82 d. (Zus. β).

b **discissa** cf. ad 16.12.53, p. 100.6.
c **trabalibus** = as strong as a beam. Cf. Verg. Aen. 12.293 sq.:
>..........At fervidus advolat hasta
>Messapus, **teloque** orantem multa **trabali**
>Desuper altus equo graviter ferit ......;

Claud. 35.2.172 sq. (de raptu Pros.):
>Non tulit ille (Hades sc.) moras, indignatusque **trabali**
>Saxa ferit **sceptro**: Siculae tonuere cavernae ...;

ibid. 17.317 sq. (de Fl. Mall. Theod. cons.):
>............. penitusque **trabali**
>**Vecte** laborantes in carmina concitet undas.

(on the organum hydraulicum).

pendentia iugulis = **dependentia i.** Cf. ad 16.12.53, p. 100.6. Cf. Suet. Galba p. 100.8
11: Iterque ingressus est paludatus, ac **dependente a cervicibus** pugione ante pectus; Claud. 22.432 sq. (de laud. Stil. II):
>Ante fores Natura sedet, **cunctis**que volantes
>**Dependent membris** animae.

iugulis belongs to **pendentia** as well as to **cohaerebant**.

a **<per>limosum et lubricum solum .... <re> lapsi** p. 100.8
Note the alliteration, very suitable here. **per:** Wm₂ G **super:** E. I am not certain that this insertion is right (Clark, Pighi, Seyf., Gall.-Font. also: **per**).
b **limosus:** Clark, Pighi, Seyf., Gall.-Font. But the version is doubtful. V: **lubrosum.** BG: **lutosum** probably better. Cf. Krebs Antib. II p. 41: "**Lutosus** ..... ist altlat. bei Cato, dann kommt es nachklass. bei Columella, Plinius dem ältern sowie spätlat. vor für **luteus, lutulentus** ....". Thus with Amm. probably an archaism. For **limosus** Cf. Verg. Aen. 2.135: **limosoque lacu;** Front. aquaed. 15.1: flumine, quod ... etiam sine pluviarum inuria **limosum** et turbulentum fluit; Ovid. Trist. 4.1.7 sq.:
>Cantat et innitens **limosae** pronus **harenae**
>Adverso tardam qui trahit amne ratem; and others.

But a fairly rarely occurring adject.

a **in socióum cruore <re>lápsi.** Cf. 19.2.15: cum quidam graviter saucii p. 100.9
cruore exhausto spiritus reluctantes efflarent (cf. labente iam spiritu: 16.12.53).
b **<re>lapsi.** Re added by Clark, Seyfarth, Gall.-Font. But Pighi correctly: **lapsi.** Clausula III $\overset{x}{\smile} \sim \sim \sim \sim \overset{x}{\smile} \sim$. Just as superfluous: **<pro> lapsi:** Heraeus.

XII, 54

p.100.10 **satis evenere prosperrime.** For the **traiectio** cf. Blomgren (op. cit. II) p. 25. For **satis c. superlat.** cf. Kalb. Jur. lat. p. 81, note 6; Krebs Antib. II p. 537 (with lit.). In late Latin **satis** often = very. Cf. et. Kalb, die röm. Rechtsspr. p. 30(18).

validius: normal comp. The adverbium in the compar. not generally used, among others Plin. N.H., Quint., Tac., Phaedr.

p.100.11 *a* **acumina densis ictibus hebiscebant.** Cf. 18.5.1: ne contra **acumina** calcitraret (cf. Terent. Phorm. 1.77 sq. and annot. 78 edit. Dziatzko-Hauler[4] (1913) p. 99).

acumina: sc. gladiorum. = **mucro** (cf. ad 14.5.8 = I p. 88). Cf. Ovid. Met. 8.352 sq.:

.... ictus ab illo est,
Sed sine vulnere, aper: ferrum Diana volanti
abstulerat iaculo; lignum sine **acumine** venit.

(but here: acumen **hastae**). In Claud. twice: once metaph. (mentis acumen) (35.201); once lit. (in extremum sese producit acumen) (45.16). In Veget. r.m. only: acumen ingenii (once) (= Lang p. 5).

b **hebiscebant.** In this lit. sense (of weapons) only found in Amm.

c **ictibus.** Cf. ad 16.12.45, p. 98.21.

p.100.11-12 **splendentesque galeae sub pedibus volvebantur et scuta.**

a Note the placing of the words. Cf. ad 15.10.4 (= IV p. 56).

b for **scuta** cf. ad 14.10.8 (= II p. 105).

the **galea** had a cylinder-shaped brace to which the **crista** was attached. Underneath the helmet sometimes a felt cap was worn (**cento**): cf. 19.8.8. Also Müller Mil. (op. cit. I) p. 603 sq. **Galea** in Veget. r.m. 11 times. Cf. ibid. 2.16 (= Lang p. 50): Omnes antesignani vel signiferi, quamvis pedites, loricas minores accipiebant et **galeas ad terrorem hostium ursinis pellibus tectas.** Centuriones vero habebant catafractas et scuta et **galeas ferreas, sed transversis et argentatis cristis, ut celerius agnoscerentur a suis.** Besides this Veget. r.m. mentions **cassides** 8 times. **Cassis** is always a metal helmet. On the metal of these **cassides** and their decoration cf. Cod. Theod. 10.22.1 (c. comm. Gothofr.), a rather amusing law (374 A.D.).

p.100.12 **ultimo denique trudente discrimine.** Cf. 14.1.8: quae abrupte mariti fortunas **trudebat in exitium** praeceps; 16.12.37: et umbo **trudebat** umbonem; (but 16.12.43: ... corporaque corporibus **obtrudebat**); 14.10.4: unde Rufinus .... **ad discrimen trusus** est ultimum; Lucr. 1.290-294; ibid. 6.1031-1033;

Tac. Hist. 5.25: Civilis rabie semet **in arma trusos;** Claud. 15.489 sq. (d. bello Gild.):
> Per vada Gildonem quamvis adversa petamus.
> **Ad bellum** nos **trudat** hiems ...

(In Claud. **trudo** 6 times). Cf. et. Cic. ad Att. 4.3.3: Ille omnium vocibus cum se non ad iudicium, sed **ad supplicium praesens trudi** videret (a passage probably known to Amm.).

elati. Cf. Amm.: rupes in **immensum** elata (cf. Sall. Jug. 48.3; ibid. 92.5). Adverbium **elate** (= haughty, proud): 25.3.21; 31.2.22 (25.3.21 passage corrupt: conjecture). Cf. et. Claud. 5.440 sq. (In Ruf. II): p. 100.13
> Desinat **elatis** quisquam confidere **rebus**
> Instabilesque Deos, ac lubrica Numina discat.

(= ± high social rank, -position).
exitus. Cf. 14.11.26; 15.11.16; 20.8.13; 22.2.5; 25.6.5. Meaning: termination, end, exit.

a **ad subsidia fluminis petivere.** For the pluralis poeticus of substantiva abstracta cf. Hagendahl St. A. (op. cit. I) p. 92 sq. p. 100.13-14
b In Plin. N.H. we find several times: **petere aliquid in aliquem locum** or ..... **ad aliquem.** The words of Amm. could be taken as a contamination of: **subsidia fluminis petiverunt** and **ad flumen subsidia petiverunt.** I believe the explanation from vulgar Latin to be likelier. Cf. Amm. 19.8.12: per dumeta et silvas **in montes petimus** celsiores. For this construction cf. Hofm.-Leum. p. 538 (131 b Zus. δ), with lit. Cf. et. 22.8.47: et constat ab ultimis nostri finibus maris agminatim **ad hunc secessum** pariendi gratia **petere** pisces.

a **eorum terga iam perstringentis.** Cf. ad 15.7.4 (= IV p. 14); Hagend. St. A. p. 82 (plur. poet.). p. 100.14
b **perstringentis.** = flowing closely past. Cf. 25.10.5: Tiberis ....
divorumque veterum **monumenta praestringens;** 31.3.7: a superciliis Gerasi fluminis ad usque Danubium, Taifalorum **terras praestringens,** muros altius erigebat (in both places with almost identical meaning); ad 14.7.10 (= II p. 33). (25.10.5 BG **perstringens**).
N.B. for **praestrictus** = blinded, paralysed by fright, cf. 29.6.9; 30.6.2; 31.7.7; ad 16.10.13, p. 86.14-15,b.
c **eorum** = sua. Cf. Hofm.-Leum. p. 470 (78a, Zus. ß).

XII, 55

p.100.16 *a* **et quia cursu sub armis concito fugientes miles in defessus urgebat.** Gall.-Font. correct: Et du fait que, dans une course rapide **malgré le poids de leurs armes,** nos soldats etc. This concessive sense of **cursu .... concito** similarly in Seyfarth.

b **in defessus.** Cf. 21.12.7: **indefesso labore;** 14.11.18: animus semper vigens **motibus indefessis;** 18.5.1: aliaque usui bello futura an abunde suppetant **indefessa scitatione** percontans. Poetism. Cf. Hagend. St. A. p.48 (op. cit. I).

quidam. cf. ad 16.12.53, p. 100.7.

discriminibus. Note the abundant use of **discrimen** (= periculum) by Amm., e.g. here, 16.12.54, 16.12.55; 16.12.57, at so short a distance from each other.

p.100.16-17 **animas ..... conmiserunt** for the more usual: vitam, salutem suam conmiserunt.

p.100.17 **qua causa.** Cf. 18.6.10; 19.4.6; 23.6.18; 24.5.7; 26.8.10; 27.9.2; 29.2.25; 29.5.34; 31.2.6; 31.11.5; 31.13.2. Cf. Fesser (op. cit. I): "hac (qua, ea) causa ist nur altlateinisch und archaistisch" (with lit.); ad 14.6.11 (= I p.94).

celeri corde. Cor = intellect, mind, insight. Cf. Georges p. 1869 s.v. (with lit.). Also frequently in Cic. Nevertheless, the linking of **celeri corde** is curious. Cf. Claud. 1.153 sq. (In Prob. et Olyb. cons.):

..... aut mores aetas lasciva relaxat:
Sed gravibus curis animum sortita senilem
Ignea **longaevo** frenatur **corde** iuventus.

(cor = ± sapientia).

praevidens = **providens.** Cf. Krebs Antib. II p.372 (with lit.). Cf. 21.8.3: quod ne fieret consilio **praevidit.**

p.100.18 **cum tribunis et ducibus.** Cf. ad 14.5.8 (= I p. 129); ad 14.7.7 (= II p. 23).

clamore obiugatorio. Rare word: Cic. Gell. 1.26: verba seria et **obiurgatoria;** 9.2: Sonituque vocis **obiurgatorio.** Probably borrowed from the latter author, for Amm. knows Gellius well. Besides this **iurgatorius.** Cf. 27.1.5: ipse denique Charietto, dum cedentes obiectu corporis et **vocis<ob>iurgatorio sonu** audentius retinet. This adjective only here and nowhere else (ob-: N. Kiessl.).

p.100.19 **avidius:** usual comparativus.

a **gurgitibus... verticosis.** For **gurges** cf. ad 14.2.10 (= I p. 73). For **verticosus** ad 14.2.9 (= I p. 71).

b Note **committere,** used twice in 16.12.55, very close together. Cf. ad 16.12.55, p. 100.16 (discrimen).

XII, 56

unde id observatum est. Büchele: "Man kam **also** diesem Befehle nach". By Gall.-Font. and Seyfarth not (correctly) translated. **Unde** = and therefore, causal. Later and late Latin. Also in legal lit., especially after Papinianus († 212 A.D.). Cf. Krebs Antib. 2.691 sq. (with lit.); Souter p. 447; Heum.-Seckel p. 601.

marginibus. Sing. and plur. often identical meaning. Cf. ad 16.12.57, p. 101.2: **ripae.** Cf. 30.3.4: ad ipsam **marginem** Rheni.... stetit... (5). tutius prope **ripas** accessit (in § 5 also only one bank is concerned); 30.1.9: .... tandem ad ulteriorem **ripam** post extrema discrimina pervenerunt .... (10) .... expelluntur ad contrarias **margines.** (In both §§ the same bank is described); Hagend. St. A. p. 87. With Amm. therefore **femin.** But in Statius, for instance, **mascul.** (cf. Mulder Stat. Theb. Comm. p. 140). According to Krebs Antib. II p. 58 the word does not occur in Cic. Caes. Sall.

confoderent telorum varietate = would transfix with various kinds of weapons. Cf. 14.1.1: quas periculorum **varietas** fregerat et laborum; 23.6.50: sed vescuntur venatibus quorum **varietate** inmane quantum exuberant; ad 14.6.23 (= I p. 99); Hagend. St. A. p. 117 sq.; ad 16.12.43, p. 98. 16–17.

a **quorum si quem morti velocitas subtraxisset... subsidebat.**
Lit.: and **every time** velocity had withdrawn one of them from death .... he collapsed etc. **Subtraxisset** = **subtraxerat.** Cf. ad 16.12.33, p. 96.11.
b Cf. 17.12.5: Si quos exemit **celeritas** morti; 28.2.5: utque **celeritas** effectum negotii faceret tutum; Blomgren (op. cit. II) p. 87 sq.

iacti corporis pondere... subsidebat. Not (correctly) translated by Büchele, Gall.-Font. Correct Seyfarth: "aber nun ging er durch das Gewicht des **getroffenen** Körpers in der Tiefe des Flusses unten". **iacti** = **saucii** = **traiecti.** Cf. ad 16.5.6, p. 76.12.

XII, 57

theatrali spectaculo = performance in the theatre (= in ludis scaenicis). The same term in Cod. Theod. 15.7.1: Scenici et scenicae, qui in ultimo vitae, necessitate cogente interitus imminentis, ad Dei summi Sacramenta

properarunt, si fortassis evaserint, nulla posthac in **theatralis spectaculi** conventione revocentur. For the distinction ibid. 15.5.2: Nullus omnino iudicum (= provincial governors) aut **theatralibus ludis** aut Circensium certaminibus aut ferarum cursibus vacet, nisi illis tantum diebus, quibus vel in lucem editi vel imperii sumus sceptra sortiti ... (c. annot. Gothofr.: Observa tria ludorum genera, **ludos theatrales,** circenses et venationes. Illi ludi sunt **scaenici** et gymnici; secundi equestres; tertii ferarum, quibus ferae exhibentur). Cf. et. Krebs Antib. II p.661.
aulaeis mira monstrantibus multa. Note the effect of the alliterating m's. Probably **aulaeis pressis** etc. is meant, thus after, as **we** would say, the curtain has "gone up", the performance has begun. This also fits into the context. It should be pointed out, however, that the **aulaea** are multicoloured and decorated, not only ornamental.

p.100.24 **nandi strenuis quosdam nescios adhaerentes.**
For **strenuus** cf. ad 16.12.24, p.95.6. The genit. **nandi** belongs to **strenuus** as well as to **nescius**. Cf. Tac. Hist. 3.43.1: procurator Valerius Paulinus, strenuus militiae ...; **quosdam**: (again) = nonnullos.

p.100.24-25 **fluitantes alios cum expeditioribus linquerentur ut stipites.**
a Wagner: "**Cum (ab)expeditioribus** nandi magis peritis quibus adhaeserant, **linquerentur,** desererentur, excuterentur". (but in my opinion **expeditioribus** is here: faster).
b **fluitantes.** Often: to drift, to float, to swim. Cf. Liv. 1.4.6; Plin. min. 8.8.4; Cic. pr. P. Sext. 20(46); etc.
c **linquerentur.** Cf. ad 16.5.6, p.76.12 (simplex pro composito).
d **expeditioribus.** Mommsen inserts **ab,** unnecessarily: **Dativus auctoris.** Cf. Hofm.-Leum. p.417(42), with lit.

p.100.25-26 **et velut luctante amnis violentia vorari quosdam fluctibus involutus.**
For the **personificatio** cf. Blomgren (op. cit. II) p.83 sq.
a **luctante** sc. cum eis.
b **vorari.** Cf. ad 16.5.6, p.76.12 (and above).
c **quosdam** = nonnullos.
d **involutos.** Cf. Claud. 17.237 sq. (De Fl. M. Theod. Cons.):
        Torrentes immane fremant, lassisque minentur
        Pontibus: involvant spumoso vortice silvas.
(3 times in the lit. sense in Claud., once metaph. in Veg. r.m.). Cf. et. Krebs Antib. II p.788; Mulder Stat. Theb. II comm. p.309.

Connect: nonnullos . . vectos . . . declinantes . . . . pervenire.   p. 100.26–p. 101.2
vectos: can best be taken praesentially.
clipeis. Cf. Müller Milit. (op. cit. I): "**Clipei** werden der **römischen** Infanterie 24.2.5; 24.2.14; 24.6.10 wohl irrthümlich, vielleicht mit Recht aber den Gardetruppen gegeben, die den Constantius bei seinem Einzuge in Rom. 16.10.8 begleiten".

praeruptas undarum occursantium molis. Praeruptus in connection with   p. 101.1
water, as here, is said of the steep crests of the rushing waves, very rare.
a   Cf. Claud. 15. 139 sq.: (De bello Gild.)
(Africa speaks) . . . . . . "Quid magne moraris
         Jupiter, avulso nexu, pelagique solutis
         Legibus, iratum populis immittere fratrem?
         Mergi prima peto. Veniant **praerupta** Pachyno
         Aequora. Laxatis subsidant Syrtibus urbes;
ibid. 22.460 sq. (de laud. Stilich. II):
         Non torvo fremat igne Leo, nec bracchia Cancri
         Urat atrox acstas, madidae nec prodigus urnae
         Semina **praerupto** dissolvat Aquarius **imbre.**
b   **moles,** of the congesting, surging masses of water, also Verg. Aen. 1.333 sq.:
         iam caelum terramque meo sine numine, venti,
         miscere et tantas audetis tollere **moles**?
ibid. 5.789 sq.:
         Ipse mihi nuper Libycis tu testis in undis,
         Quam **molem** subito excierit: maria omnia caelo
         Miscuit Aeoliis nequiquam freta procellis.
Curt. Ruf. 3.1.5: Ceterum, quamdiu intra muros fluit, nomen suum retinet: at, cum extra munimenta se evolvit, maiore **vi** ac **mole** agentem undas Lycum appellant (where **vi** refers to the turbulence, **moles** to the mass).

a   **obliquatis meatibus declinantes. Declinantes:** conative. The verb also: p. 101.1
15.1.3; 17.5.2; 22.14.2; 22.9.5; 30.4.22. Cf. 30.1.9: praeruptos undarum occursantium fluctus **obliquatis meatibus declinabant**; 28.4.10: Ex his quidam cum salutari pectoribus oppositis coeperint, osculanda capita in modum taurorum minacium **obliquantes**. Post-class. and poetical. Perhaps Verg. reminiscence? Cf. Aen. 5.14 sq.:
         . . . . Sic deinde locutus
         Colligere arma iubet validisque incumbere remis
         Obliquatque sinus in ventum, ac talia fertur.

b **meatibus.** The word is post-class. Cf. Krebs Antib. II p. 64 (with lit.); ad 16.1.5, p. 72.8; Veget. r.m. 4.42 (= Lang p. 161): Haec reciprocantis **meatus** ambiguitas cursum navium secunda adiuvat, retardat adversa (low and high tide). This is the only passage in Veget. r.m. In Claud. 15 times.

p. 101.2 **ripas.** Pluralis poeticus. Cf. 16.12.59; 17.13.15; 18.2.8; 18.7.6; 21.13.3; 24.6.4; 25.6.14; 25.8.1; 28.5.11. The singularis in the same sense e.g. 19.8.9. Cf. Hagend. St. A. (op. cit. I) p. 86. Cf. et. ad 16.12.56, p. 100.20.

p. 101.2-3 **Spumans denique cruore barbarico decolor alveus insueta stupebat augmenta.** For similar personifications. cf. Blomgren (op. cit. II) p. 94 sq.
a **spumans.** Post-class. and poetical. Cf. Verg. Aen. 5.124; Ciris 475; Cic. de div. 1.7.(13): Saxaque cana, salis niveo **spumata** liquore (trans.); Claud. (also trans.; of Pluton's horses) 33. 280 sq. (de raptu Proserp. I):
        Stagnaque tranquillae potantes marcida Lethes
        Aegra soporatis **spumant** oblivia linguis.
ibid. 3.271 (In Rufin. I):
        Frangitur **obiectu** scopuli, quaerensque **meatum**
        Spumat et **illisa** montem circumtonat unda.
(the underlined words also occur in Amm.);
ibid. 29.124 (Laus Seren.): **spumantia** cedunt//aequora.
(In Claud. 8 times; not in Veget. r.m.).
For the entire sentence cf. Ovid. Trist. 4.2.42: **Decolor** ipse suo **sanguine** Rhenus erat. Cf. et. ad 16.2.10, p. 73.20 (also for the word **decolor**).
b **alveus.** On **alvus** and **alveus** (in connection with 22.15.18) cf. Blomgren (op. cit. II) p. 150 sq. According to him **alvus** does not occur in Amm.
c **insueta stupebat augmenta.** Cf. 25.1.14: ad quorum stridorem odoremque et **insuetum** aspectum, magis equi terrebantur (sc. elephantorum). For **stupebat** c. accus. cf. Verg. Aen. II 31: Pars **stupet** innuptae donum exitiale Minervae; Mulder Stat. Theb. II comm. p. 302; Claud. 17.22 (de Fl. Mall. Theod. cons.):
        .... Ipsa haec amplissima sedes
        Orantem stupuit, bis laudatura regentem;
ibid. 34.45 (de raptu Pros. II Praef.):
        Te Libyci **stupuere** sinus: te maximus Atlas
        Horruit, imposito cum premerere polo.
Cf. et. Hofm.-Leum. p. 605 (182b).
d **augmenta.** Cf. 17.3.5: nihilo minus tamen, diu postea **indictionale augmentum** oblatum sibi nec recitare nec subnotare perpessus, humi proecit (sc. Iulianus; = rise in taxes).

dum haec ‹aguntur›. Aguntur add. A.G. Cf. ad 15.3.1 (= III p. 27).   p. 101.4
rex Chnodomarius. Cf. ad 16.12.1(b). (p. 91.3–5).

XII, 58

per funerum strues. Cf. 17.4.2: urbem priscis saeculis conditam, ambitiosa   p. 101.5
moenium strue et portarum centum quondam aditibus celebrem. Cf. Tac.
Hist. 2.70: ..... aggerem armorum, strues corporum intueri; ibid. 3.83:
simul cruor et strues corporum; Liv. 23.5.12: hunc (militem) natura et
moribus inmitem ferumque insuper dux ipse efferavit pontibus ac molibus
ex **humanorum corporum strue** faciendis.
lapsus. Büchele: "über ganze Haufen von Leichen **dahingleitend**". Something like that also Gall.-Font. Inaccurate, in my view, Seyfarth: "über Leichenhaufen **stolpernd** ....".

cum satellitibus paucis celeritate rapida properabat ad castra.   p. 101.5–6
a Note the alliterating **r** in the second half of the sentence part.
b **satellitibus. Satellitibus** undoubtedly alludes to the Teutonic "Gefolgschaft". Cf. Stroheker, Germanent. u. Spätantike (1965), p. 129, 140 (with lit.); Stein, Spätr. Gesch. I p. 365 (op. cit. I): **buccellarii**; etc. The word occurs once in Claud. (not in this sense) and not at all in Veget. r.m.

celeritate rapida properabat. Cf. 15.5.29: rapida celeritate; Hagend. abund.   p. 101.5
(op. cit. I) p. 202 sq. (with lit.); Koziol (op. cit. I) p. 37 sq.

a **ad castra quae prope Tribuncos et Concordiam munimenta Romana fixit**   p. 101.6–7
intrepidus. Intrepidus here in an unfavourable sense: in reckless fearlessness.
b **Tribunci** = Tribuci = Triboci. The name is Celtic. Cf. Schönfeld (op. cit. I) p. 241. Because the capital is **Brotomagus** (cf. ad 16.2.12, p. 73.26), the name used here (16.12.58) will presumably be that of the people instead of the capital. Thus **Tribuncos** = **Brotomagum**. Cf. et. Gall.-Font. I p. 284, note 355 with lit.).
c **Concordiam.** Mentioned in the Itiner. Anton. Aug. (= Wesseling p. 253) in the enumeration: Argentorato, **Brocomago. Concordia**, Noviomago, Bingio etc., on the route, therefore to Colonia Agrippina (Cologne). The name of the place **Concordia** occurs more often; cf. Itin. Burdig. Geyer p. 7 (= Wesseling p. 559): **Civitas Concordia** (on the road from Mediolanum to Aquileia). **Concordia** could be the present Weissenburg. But in that case the distances given in the Itiner. Anton. Aug. are faulty, because Weissenburg is situated 42 K.M. North of **Brotomagnus**. It seems better to me, in connection with the context, to assume that the distance Trib.-

Conc. is not too great. Cf. et. Gall.-Font. I p. 284 (with lit.). The localisation, therefore, remains doubtful.

d **munimenta** = fortresses. Cf. 18.10.1; 25.7.9; 27.12.6. In the first passage **munimenta** is used later for **castella** Romana; in the second instance **Castra Maurorum** are called: **munimentum** perquam oportunum; in the third place Artogerassa is first called an **oppidum**, but later **munimentum**. (On the **castella** and the defense of the frontier cf. Grosse Milit., op cit. I, p. 66 sq., p. 275 sq.). In a comparable sense only once in Veget. r.m. I. 21 (= Lang p. 25): Non solum autem considentes sine castris ista patiuntur, sed cum in acie casu aliquo coeperint cedere, **munimenta castrorum** (genit. explic.), quo se recipiant, non habent ... **Munimentum** is a general word, not a term. techn. mil.

f **fixit.** Very unusual for: (col)locare, (com)munire, ponere, constituere castra.

p. 101.7 **escensis navigiis.** Ascensis G. Exscensis E. Cf. Gronov. ad Liv. 8.17.9 (= Drakenborgh IV p. 162): "Memineris autem distinguere inter **escendere** et **exscendere**: illud est sursum niti scandendo; hoc e navi descendere"; Krebs Antib. I p. 516: "Sodann aber ist zu beachten, dass **ascendere** und **escendere** nicht schlechthin congruente Begriffe sind, sondern dass bei **escendere** an eine bedeutendere Höhe und die Mühe des Ersteigens gedacht wird .... bei **ascendere** hingegen dieser Nebenbegriff wegfällt." Starting from "correct" Latin, only G's version is right. But V reads **escensis**, which is not suitable for **small** boats (and that must have been the case). But did Amm. know the difference between **escendere** and **ascendere**? **dudum** = iam dudum.

ad casus ancipites = ad casum certaminis ancipitis. **Casus:** plur. poet.

p. 101.8 **secretis <se> secessibus amendaret.** Se add. Vales. **in** for **secretis** del. Heraeus Clark Seyfarth. V **emendaret.**

a For **secessus** cf. ad 16.1.5, p. 72.6–7. In general post-class. and poetism. Not in Claud. and Veget. r.m.

b Note the alliteration.

c **amendare** = amandare. V's version is of course a corruptela. Amendaret is closest to V. (For **amendare** cf. Georges I p. 354 opm.). Cf. 28.1.49: Sed Fausiana damnata inter reos recepti vocatione edictis **semet abstrusius** (= better hidden: extremely rare adverb.) **amendarunt.** In legal lit. **amandare:** Cod. Just. 1.7.3. Obviously not elsewhere there (= to banish). Not in Claud., Veget. r.m. either of the two verbs.

XII, 59

territoria sua = ad terram suam. **Territorium** is really the territory belonging to a town (or colony, village). In jurid. lit. the following meanings also occur: 1. territory over which the jurisdiction of a magistrate extends. 2. **district** (Cod. Just. 11.58.4, a° 393). 3. piece of land (Cod. Just. 8.11.12, a° 396). One also finds **territorium metallorum, -legionis, -saltus,** with a quasi-communal organisation. (Cf. Willems, op. cit. I, p. 498, with lit.). Cf. et. Madvig, Verf. u. Verw. des röm. Staates II p. 5; ad 16.12.34, p. 96.21 (plebs).

p. 101.9

ripis. Cf. 16.12.57, p. 101.2.

p. 101.10

lacunam palustribus aquis interfusam circumgrediens ut transiret.
a **lacunam.** Cf. 18.8.9: unde quidam praecipites pulsi, implicantibus armis, haeserunt, ubi vadosus est amnis, alii **lacunarum** hausti **vertigine,** vorabantur (= whirlpool of shallows of the river). Here in Amm. it probably means a shallow subsidence of the soil, forming a kind of bog in the immediate vicinity of the Rhine. There are many of these near the Rhine. The basic sense is clear from Varro r.r. 1.29.3: qua aratrum vomere **lacunam** striam fecit, sulcus vocatur (where **stria** is elucidated by **lacuna**; cf. edit. Keil comm. p. 83). Cf. et. Aus. Mos. 120 sq.:

p. 101.10–11

          .... cultor
          Stagnorum, querulis vis infestissima ranis,
          lucius, obscuras ulva caenoque **lacunas**
          obsidet (= pool, marsh, bog).

In Claud. twice (49.65 and 60.3), not in Veget. r.m. Far-fetched word: the entire passage (**lac.-transiret**) poetically coloured.
b **interfusam** = flooded. Probably a poetic reminiscence. (Vergilius? Cf. Georg. 4.480; Aen. 4.644; 6.439). Verg. Horat. Stat. Once in Claud., (33.23: Verg. imitation), not in Veget. r.m.
c **circumgrediens**: conative. Very rare verb. Sall. Tac. Aur. Vict. Caes. 21.5. Not in Claud., Veget. r.m., (who characteristically uses the even rarer **circummeare**). The subst. **circumgressus**: 22.2.3 and 22.8.30.
d **transiret** sc. Rhenum.

calcata mollitie glutinosa. Calcata = part. **praes.** pass.
a For the verb. cf. ad 16.12.38, p. 97.20 (g).
b **mollities.** With variatio 22.16.9: cum quondam (sc. naves) .... harenarum inlisae **glutinosae mollitiae** frangerentur. Cf. et 15.11.5: moribus **ad mollitiem lapsis** (cf. Cic. leg. 2. 15.38: quarum mores lapsi ad mollitiem).

p. 101.11–12

283

c **glutinosus**. Cf. 23.6.16: hic et naptha gignitur picea specie **glutinosa**; 22.16.9 (above). Rare adj. Col. Cels. Apul. Not in Claud., Veget. r.m.

p.101.12 **equo est evolutus**. Cf. ad 15.2.10 (= III p.27). In the same sense Ovid. Metam. 12.518) sq.:
> Deficit interdum, modo se super aëra frustra
> Tollere conatur iactasque **evolvere** silvas.
> (= to roll off oneself).

confestim. Cf. 15.1.3 (= III p.9).

p.101.12 *a* **licet obeso corpore gravior. licet.** For the construction cf. ad 14.1.5 (= I p.59 sq.) and ad 16.10.11, p.86.5–6(a)
b **obesus** (X gracilis). Verg. Horat. Quint. Plin. N.H. Suet. Colum. Cels. Apul. Claud. (In Eutr. I, 132). Cassiod. Apul. Met. 10.15: **corpus obesa** pinguitie compleveram somewhat resembles our Amm. passage (note the abundantia, just as frequent with Apul. as with Amm. and the extremely rare **pinguities**).
c **gravior**: normal comp.: rather heavy, too heavy.

p.101.13 *a* **ad subsidium vicini collis evasit. Subsidium** = refuge. **Vic. coll.** is genit. explic. Cf. Tac. Ann. 4.67: solitudinem eius placuisse maxime crediderim, quoniam inportuosum circa mare et vix modicis navigiis pauca **subsidia**; ibid. 5.8: qui punito Seiano in hortos Pomponii quasi fidissimum ad **subsidium** perfugisset.
b **evasit**. Cf. 19.8.5; 25.8.18; 30.7.11.

p.101.13-17 **Construction: quem agnitum ... statim ... cohors ... secuta ... aggerem ... obsidebat, perrumpere verita, ne .... exciperetur**
Secuta is (as so often with Amm., the main point is expressed in the partic.) logically "heavier" than **obsidebat**. **Verita** is causal and explains **cautius**. Seyfarth: "umstellte die bewaldete Anhöhe mit Bewaffneten und umlagerte sie vorsichtig, da sie sich scheute, gewaltsam vorzustossen; **denn er sollte nicht im Dunkel der Zweige durch einen geheimen Schlupfwinkel entweichen**". The underlined sentence has been inaccurately translated. The subject of **exciperetur** is **cohors**! Different and right Gall.-Font.: "cerna de ses hommes en armes cette hauteur boisée et l'investit avec beaucoup de prudence, n'osant l'attaquer de vive force de peur de tomber dans une embuscade invisible, dissimulée à l'ombre des branches".

p.101.13-14 **celare qui fuerit. Celare** with dependent question. Cf. Tibull. 1.8.1–2:

284

> Non ego **celari** possum quid nutus amantis
> Quidve ferant miti lenia verba sono.

Georges I p. 1065 also quotes passages from Cic. Nepos and Plaut. **Celare** with indirect question seems to me to be far from general. One would expect: **qui esset** or: **qui sit** (for the **repraesentatio** in indir. interrogative sentences cf. Ehrism. op. cit. I p. 20 sq.). For the translation is as follows: he could not keep hidden who he **was** (not: had been!). Ehrism. does not note the "faulty" tense.

anhelo cursu. Cf. Ovid. Metam. 11.346 sq.:   p. 101.14
> Quae dum Lucifero genitus miracula narrat
> De consorte suo, **cursu** festinus **anhelo**
> Advolat armenti custos Phoceus Anetor.

Definitely a poetism.

a **circumdatum aggerem nemorosum.** Of **circumdatum** the same is true as   p. 101.15
has been said previously of **secuta** (16.12.59, p. 101.13–17)

b **agger.** It is apparent from the context that **agger** is completely identical to **collis**. Agger is nearly always an artificial elevation, dam, dyke, bank, etc. Relatively little used of **natural elevation.** Cf. Verg. Aen. 6.831: Aggeribus.... Alpinis; Seneca Herc. Oet. 168; Sil. Ital. 4.742: aggere montis. Poetic reminiscence?

c **nemorosum.** Cf. Ovid. Art. amat. 3.427 sq.:
> Saepe canes frustra **nemorosis montibus** errant
> Inque plagam nullo cervus agente venit.

Although in this sense (= wooded) also occurring e.g. in Plin. N.H., Colum. still a poetical word. For the numerous adjectiva ending in -osus cf. Liesenberg (op. cit. I) p. 27 sq. (1888); (in Statius) Theb. I comm. H. Heuvel p. 140. The adj. does not occur in Claud. Veget. r.m.

inter ramorum tenebras exciperetur occultas. For the **hyperbaton** cf. Blom-   p. 101.16–17
gren (op. cit. II) p. 25 sq.

exciperetur: to wait, -surprise in an ambush, in its usual sense.

ad ultimos metus: plur. poeticus. Cf. ad 16.12.57, p. 101.2. Exactly like   p. 101.18
this Florus 2.6.43 (Fletcher Rev. de Philol. LXIII 1937, p. 392); and in general cf. Finke (op. cit. I) p. 30 sq.

XII, 60

se de<di>dit. Bentley Clark Gall.-Font. Seyfarth. dedit VEAG Pighi. But   p. 101.18

VEAG also give 17.2.3: sponte se propria **dederunt,** whereas Bentley, Clark, Seyfarth: **de< di >derunt.** I see absolutely no reason, not even a metric one, to alter the good handwritten version. Probably **se dare = to surrender** was normal for the Greek-feeling Amm., because in Greek one also has: διδόναι ἑαυτόν τινι, in the same sense.
comitesque. Cf. ad 16.12.58, p. 101.5–6(b). Cf. et. ad 15.4.10 (= III p. 64) **amici iunctissimi.** Cf. Ovid. Metam. 9.548:

      Elige, utrum facias. Non hoc inimica precatur
      Sed quae, cum tibi sit **iunctissima,** iunctior esse
      Expetit et vinclo tecum propiore ligari; Tac. Hist. 4.52:

suum cuique sanguinem indiscretum, sed maxime principibus, quorum prosperis et alii fruantur, adversa ad **iunctissimos** pertineant.

p. 101.19   *a*   **flagitium arbitrati post regem vivere.** Cf. Tac. Germ. 14; Curt. Ruf. 4.15.24. The idea fits the old-Teutonic concept of "loyalty". For the difference between **flagitium** and **scelus, facinus** cf. Krebs Antib. I p. 596 sq., with lit.

    b   **post regem.** For the brachylogical use of the temporal **post** cf. Hofm.-Leum. p. 501 (94); Krebs Antib. II p. 333; both with lit. This use particularly in late Latin.

p. 101.20   **si ita tulerit casus.** Cf. Ehrism. (op. cit. I) p. 34; ad 16.7.2, p. 78–27(b),

XII, 61

p. 101.20-21   *a*   **utque . . . . . secundis.** For this unfavourable portrayal of the barbarians (in casu the Teutons) cf. Ensslin, Zur Gesch. schr. etc. (op. cit. I) p. 30 sq.; Stroheker, Germ. tum. u. Spätantike p. 31 sq. (with notes).

    b   **utque.** Cf. ad 16.12.37, p. 97.6(a).

p. 101.21   **nativo.** Cf. ad 16.12.14, p. 93.8–9; 24.1.13: licentiores militum per longinqua discursus adfabilitate **nativa** prohibendo vel minis. (= innate). Cf. Claud. 45.20 (hystrix):

      Evolat excusso **nativum** missile tergo.

ibid. 49.55 (Aponus):

      Devehit exceptum (sc. fluvium) **nativo** spira meatu.

ibid. 28.8 (De VI cons. Honor.):

      Indigenas habitus **nativa** Palatia sumunt

("naturalia Romano Imperatori": Gesner); Veget. r.m. 4.36 (= Lang p. 153): Nam quae virides conpinguntur, cum **nativum** umorem exudaverint, contrahuntur et rimas faciunt latiores . . . . (In Veget. r.m. once,

in Claud. 3 times). Inter al. Cic. Nep. Lucr. Ovid. Tac. Plin. N.H. Gell.
humiles in adversis, disparesque in secundis.
Twice Claus. III (dialysis of -que!), with the chiasm **not** being applied. Cf.
ad 16.12.36, p.97.5.

servus alienae voluntatis. Cf. Cic. pro Cael. 32(79): quem vos supplicem   p.101.22
vestrae misericordiae, **servum potestatis** (= obnoxium potestati vestrae:
v. Wageningen) etc. Certainly here a Cic. reminiscence.
pallore confusus. Cf. Claud. 5.130 sq. (In Rufin II):
    At procul exsanguis Rufinum perculit horror:
    Infectae pallore genae. Stetit ore gelato
    Incertus peteretne fugam, veniamne subactus
    Posceret etc. (Cf. Curt. Ruf. 8.3.13: Confuderat (= effecerat ut
confunderentur) oris **exsanguis** notas (= lineamenta oris) **pallor,** where
confundere has been used in the original sense. Cf. et. Curt. Ruf. 7.7.23:
Alexander, non ira solum, sed etiam **pudore confusus** (= confused), quod
superstitio quam celaverat detegebatur..; Colum. 10.260: rosa ingenuo **confusa rubore** (= perfusa). The latter sense also here with Amm. Cf. et. Krebs
Antib. I p.328 (with lit.). **Pallor not** in Veget. r.m. and 3 times in Claud.

claudente noxarum conscientia linguam. Cf. 29.5.27: gentem petit Muso-   p.101.22-23
num, quam **conscientia rapinarum et caedum,** actibus congregaverat Firmi..;
29.2.11: cumque ... nullam confessionem exprimere tormenta gravia potuissent, ablegatosque ab omni huius modi **conscientia ipsa** viros ostenderet
claros **(ostenderent:** Rolfe; **ostenderet V;** veritas ipsa ost. G; res ipsa ost. Ernesti, Wagner). The personificatio has not been understood by the makers
of conjectures. Cf. Blomgren (op. cit. II) p.83 sq. The linking of words is
curious. Perhaps somewhat comparable Liv. 44.45.12: Horum ferocia
vocem Euandri **clausit.**

immensum quantum ab eo differens. Cf. ad 15.8.15 (= IV p.39); Liesenberg   p.101.23
(op. cit. I) 1889, p.15.

lugubres. Although in general a poetical word, in the metaph. sense, not   p.101.24
in Claud., nor in Veget. r.m.

a **cineribus Galliarum insultans.** Cf. 25.10.5: cuius (sc. Iuliani) suprema   p.101.24
et **cineres** (= sepulchrum); 24.4.11: devota **cineribus** patriae (sc. Maiozamalchae; = ruinae. but 31.8.8: domoque extorrem, quam concidisse vidit
in **cinerem** et ruinas); Verg. Aen. 2.431; 10.59; Sen. Tro. 29; Hagend. St.

Amm. p. 77 (with lit.). Poetic reminiscence. Here used in more than one sense: "incensis a se civitatibus" (Wagner).

b **insultans.** Cf. 14.9.6: et ducebatur intrepidus, temporum iniquitati **insultans,** imitatus Zenonem....; 24.7.7: **insultantesque** nobis longius Persae ...; 26.3.4: et nulli vel admodum pauci, in his versati flagitiis, vigori publico **insultarunt**... 27.12.4: Aspacurae cuidam potestatem eiusdem detulit gentis, diademate addito, ut arbitrio se monstraret **insultare** nostrorum.

p. 101.24-25 **multa minabatur et saeva.** Note the placing of the words (cf. Blomgren, op. cit. II, p. 27) and the alliteration.

XII, 62

p. 101.26 **favore superni numinis.** Cf. ad 16.12.52, p. 99.26–p. 100.1(d).

p. 101.26-27 *a* **post exactum iam diem.** Cf. 23.6.4: ... **post** finitima cuncta ... subacta; 18.3.1: .... quod hae volucres (sc. apes) **post** compositas sedes opesque congestas fumo pelluntur...; Reinhardt (op. cit. I) p. 54; Liesenberg (1890) (op. cit. I) p. 11. Amm. frequently uses **post** with substan., adj., participia etc. instead of a complete sentence. Cf. et. ad 16.12.60, p. 101.19.

b **exigere.** = expel: 31.12.8; 25.10.12; = to demand from (of): 31.5.10.

p. 101.27 *a* **occinente liticine.** For the musical instruments cf. ad 14.1.1 (= I p. 105) and ad 16.12.27, p. 95.16(c).

b **occinere** = to blow close by, besides. Cf. 31.15.13: sed **bucinis** optimatum monitu **occinentibus,** instauratum est proelium (probably without any difference in meaning from 16.12.62). Only in Amm.? Not in Iust. Phil. Veget. r.m. Claud.

c **liticen.** Cf. 14.2.16: viso itaque exercitu procul, auditoque **liticinum** cantu .... stetere praedones; Stat. Silv. 4.7.17 sq.:

        Ecce me natum propiore terra
        Non tamen portu retinent amoeno
        desides Baiae **liticenve notus**
        Hectoris armis (sc. Misenus).

Although mentioned in Cic. de r. publ. 2.22(40), this antiquarian word seems to me rather the result of his reading of Gellius (Amm. was very familiar with Gellius). Cf. Gell. 20.2.1: Sed Caesellius Vindex in commentariis **lectionum antiquarum** scire quidem se ait **liticines** lituo cantare et **tubicines** tuba etc. Not in Iust. Phil. Veget. r.m. Claud. **supercilia Rheni.** Cf. ad 14.2.9 (= I p. 71); ad 16.12.56, p. 100.20; ad 16.12.57 p. 101.2 (**margines** and **ripae**).

tendebat. Well-known term. techn. mil. tendere = tentoria habere = σκηνοῦν. Cf. Caes. b.G. edit. Meusel[17] (1913) 6.37 (= II p. 220, note); Tac. Ann. 1.17 (ed. Nipperdey I p. 78, note). Transitively Veget. r.m. 1.23 (= Lang p. 26); 3.8 (= Lang p. 84). Both times: **papiliones** (= tents) **tendere. Scutorum ordine multiplicato vallatus.** Cf. 21.12.4: ordine itaque **scutorum gemino** Aquileia circumsaepta ...; 24.4.10: Iamque imperator .... oppidum (sc. Maiozamalcha) **ordine circumdatum trino scutorum;** 19.2.2: quinquies **ordine multiplicato scutorum** cingitur civitas (sc. Amida). **Vallatus** naturally does not mean here: provided with a rampart (for **vallum** cf. ad 16.12.12), but just: defended by, surrounded by. By the **scuta** (cf. ad 14.10.8 II p. 105; ad 16.12.57, p. 100.26–p. 101.2) are, of course, not meant the shields **only,** for that would be a worthless defense (though Lipsius had this peculiar idea!). I agree with Müller (op. cit. I) that they are **sentries;** who by their (three) double or manifold rows replace a **vallum** with **fossa** which according to military custom were part of the usual **castra** (cf. ad 16.12.12). They form a temporary, hastily formed or provisional line of defense, protection or siege. **Scutum** in the above sense is undoubtedly a **t.t.mil.,** which I have not found in other authors. For the **metaph. sense** cf. Florus 2.6.27; Liv. 3.53.9.

victu. Cf. ad 16.12.12, p. 92.27(a).

XII, 63

The numbers of **Alamanni** killed correspond with those given by Zosimus (3.3.3; except that Zos. has an equal number, viz. 6000 jump into the Rhine and be drowned; with Amm.: alii inaestimabiles mortuorum acervi). Liban. or. 19.60 mentions the number 8000. The critical reader can't help smiling at the **exactly** given number of losses to the **own** side: 243 men and 4 commanders, with on the other hand the extremely large **roughly counted** number of enemies killed on the other: 6000. Nevertheless I believe that in this case one should not be (mis)led either by the mendacity of modern war-bulletins or by chauvinistic or rhetoric exaggerations, as we find so often in the Roman annalists. Compared with these Teutons, the "Roman" soldiers, even at **this** late date, were still far superior by their experience, discipline and tactics, especially when they had an able commander. So that the number of 6000 **need** not be too much of an exaggeration.

rectores. General term. Cf. ad 14.10.8 (= II p. 106). = commanders. **Bainobaudes Cornutorum tribunus.** For **B. C.** and **trib.** cf. ad 16.11.6, p. 89.4–5; ad 14.11.14 (= II p. 127); ad 14.5.8 (= I p. 129).

p.102.1 *a* **adaeque Laipso. adaeque:** old Latin and late Latin. = aeque. Cf. Krebs Antib. I p.81 (with lit.); Fesser (op. cit. I) p.42; Blomgren (op. cit. II) p.35. Here ἀσυνδέτωσ has been placed; with **et** 17.13.19: Taifalorum auxilium **et** Liberorum **adaeque** Sarmatarum adsumptum est.
b **Laipso:** unknown.

p.102.2 *a* **Innocentius catafractarios ducens. Innocentius:** unknown. The Latin name does not say anything about his nationality. The name **Bainobaudes** may come from other sources; but **Laipso** and **Innocentius** undoubtedly figured in Julianus' account. (cf. ad 16.12.1, p.91.3).
b **catafractarios.** Cf. ad 16.2.5, p.73.2; ad 16.10.8, p.85.16–22.
c **ducens** = commanding. Well-known t.t.mil, also in class. Latin.

p.102.2 **et vacans quidam tribunus.** For **tribunus** cf. ad 12.63, p.102.1 (above); for **tr. vacans** ad 15.3.10 (= III p.50).
quidam has been used "correctly" here.

p.102.2–3 *a* **cuius non suppetit nomen.** Note the placing of the words; Cf. Blomgren p.25 sq. (op. cit. II).
b **suppetit.** In this sense e.g. Cic. Verr. 1.11(31): vererer ne mihi crimina non **suppeterent** (= to get an idea, to come to mind). Not in Iust. Phil. Claud. In Veget. r.m. 4 times (in the fixed formula: **suppetat copia**).

p.102.3–5 **corporum ... campo constrata .... fluminis ferebantur**
Note the alliteration.

p.102.4 **constrata.** Cf. 27.2.8: per aperta camporum sequebatur et mollia, calcando semineces et **constratos,** quos vulneribus frigorum asperitate contractis, dolorum absumpserat magnitudo (V semine cesset constratos. **a ex ic. constrictos** EA Gardthausen Clark: cf. 22.15.5: cum hiemes frigidae cuncta **constringunt**); 31.13.11: super his obstruebant itinera iacentes multi semineces cruciatus vulnerum † inconferentes, cum quibus aggeres quoque equorum **constrati** cadaveribus campos implerunt (Novák: **constructi**). Consternere = prosternere. Cf. Blomgren (op. cit. II) p.155 sq. (with lit.).

p.102.3 **corporum** = (dead) bodies. Thus also in Caes. b.g. 2.10.3; 2.27.3; Liv. 33.8.9; Ovid. Met. 13.471; Fasti 2.835; etc.
For a different use of **corpora** (a poetism) cf. 24.5.2: cervicibus iubatis leones armisque hispidos apros et ursos ... et alia lecta immania **corpora** bestiarum. Cf. Hagend. St. A. (op. cit. I) p.10; Stat. Theb. II 483 sq. (c. comm. Mulder p.275).

inaestimabiles. Cf. 26.8.13: Arbitionis domum .... mobilis census **inaestimabilis** plenam (Büchele: "dessen Mobilien einen unschätzbaren Wert hatten); 29.5.38: averterunt eum **inaestimabilium** turmarum specie dira perterrefactum; 31.7.5: vulgus **inaestimabile** barbarorum. Cf. Krebs Antib. I p. 705: "Dieses Adj. wurde ebenso wie **aestimabilis** von Cic. in Prosa eingeführt (Cic. fin. 3.20) .... Beide Wörter finden sich übrigens nur hier bei Cic.; sonst ist **inaestimabilis** nachklass. bei Liv. Val. Max. Sen. u. spätlat. bei Amm. Lact. u.a., **aestimabilis** aber ist ἅπαξ εἰρημένον". Not in Claud. Veg. r.m.

XII, 64

tunc Iulianus .... Augustus ... appellatus ....milites increpabat ... The main point is indicated again by the participium, the subsidiary one by the verbum finitum. Cf. ad 16.12.59, p. 101.13–17; Blomgren p. 79 sq.

ut erat fortuna sui spectatior. Cf. ad 14.11.15 (= II p. 129). Büchele: "dessen Glück sich dieses Mal selbst übertraf"; Gall.-Font.: "Alors, Julien, en homme supérieur à sa fortune"; Seyfarth: "Damals wurde Julian, da er durch sein Glück angesehener .... war ...". Rolfe: "Thereupon, since Iulian was a man of greater mark than this position ...". S. referring to Schickinger (op. cit. I) p. 16 notes: "Das pronomen **sui** gehört zum Ablativ **fortuna** anstelle von **sua** entsprechend dem griechischen κρείττων τῆσ ἑαυτοῦ τύχησ". But then the translation by S. is careless, to say the least. In my opinion Rolfe gives the best translation. **Fortuna** is here, as so often in Latin, **position, social rank.** This meaning is also apparent from the following words: **meritisque ... potens,** which contain an explanation. Cf. et. 31.7.9: eventum licet ancipitem, ut numero satis inferiores, prosperum tamen ob iustiorem **sui** causam mentibus exspectantes inpavidis.

Augustus adclamatione concordi totius exercitus appellatus
a Cf. Veg. r.m. 2.5: Iurant (sc. milites) autem per Deum et Christum et sanctum Spiritum et per maiestatem imperatoris, quae secundum Deum generi humano diligenda est et colenda. Nam imperator cum **Augusti** nomen accepit, tamquam praesenti et corporali Deo fidelis est praestanda **devotio** (cf. ad 15.1.2 = III p. 8). inpendendus **pervigil** famulatus (for **pervigil** cf. ad 14.8.13 = II p. 80).

For **Augustus** cf. et. Willems, Droit publ. rom.[6] (op. cit. I) (1888) p. 406, 410, 419, 422, 423, 541 (with lit.); Bréhier, Les Inst. de l'Empire Byzantin (1949) p. 48 sq.

For **adclamatio** Friedländer (op. cit. I) 2¹⁰ 4–8 (1922); Mommsen, R. Str. (op. cit. I) III 949, 951; Const. Porphyr. 2.80 (= edit. Vogt II p. 154 sq. and Comm. II p. 163 sq.).
For the **Christian accl.:** Woordenboek der Oudheid, Afl. I, p. 14 (Bartelink), with lit. (1965).
Such an **adclamatio** as seen here has to be legalised by the acknowledgment (acceptance) by the ruling emperor(s). If this is not done and the person elevated to Augustus keeps his title, he is considered by the emperor as an usurpator. This is often more a question of power and diplomacy than of legal rights. Nevertheless the **principle** of legality is very important. **Adcl.** not in Claud. Veget. r.m.

p. 102.7–8 *a* **ut agentes petulantius milites increpabat** = milites increpabat qui agerent petulantius. us = ὡσ. Lit. translation: because, in his opinion, they acted too boldly.
petulanter. Fairly rare adverbium, also in Cic. Iust. Aug. **Comparativus:** Cic. Iust. Not in Claud. Veget. r.m. Claud. only has **petulans** (74.7: petulans audacia).

p. 102.9 **iurando.** Less usual for: **iure iurando.** Probably for the sake of euphony. **laetitia concilio (lac. 9. litt.) mus peciare.** The corruptela appears me as yet unsolvable. But the best conjecture seems to me that by Pighi: **concilio concesso eum spectare.** Cf. et. edit. Clark (textcrit. app.) I p. 102.

XII, 65

p. 102.10 **Chnodomarium sibi iussit offerri.** Gall.-Font.: "donna l'ordre de lui amener Chn."; Seyfarth: "liess er sich den Chn. vorführen". The translations are correct but the use of **offerre** here is unusual for: **(ad)ducere.** Though there is a comparable use in legal lit.: to take before the Court, before the judge. (Cf. Heum.-Seckel p. 387 with ex.). Cf. et. Souter p. 275.
curvatus: of bent body and bent parts of the body. Verg. Ovid. Horat. Stat. Cels. Tac. Apul. Lact. etc. In connection with **curvamen** (Cf. 20.3.8; 20.11.26; Hagend. St. A. p. 33 sq.). which occurs 9 times in Ovid., perhaps a poetical reminiscence. Elsewhere Amm. has: pacem **curvatis** genibus orare. The absolute use is reminiscent of Verg. Ecl. 3.42: **curvus** arator. Compare also the **following** annotation.

p. 102.10–11 *a* **deinde humi suppliciter fusus.** Cf. Verg. Aen. 1.192 sq.:
    Nec prius absistit, quam septem ingentia victor
    Corpora **fundat humi,** et numerum cum navibus aequet.

b Cf. Curt. Ruf. 5.10.14: **Preces** deinde **suppliciter** admotae Darium, natura simplicem et mitem ... flere etiam coegerunt: Ovid. Fasti 2.437 sq.:
> Huc ubi venerunt, pariter nuptaeque virique
> **Suppliciter** posito procubuere genu.
> (= curvatis genibus Amm.)

gentilique prece veniam poscens. See previous annotation. **gentili:** in his native tongue. In the sense of: belonging to the same tribe, nation, **gentilis** is post-class. and late Latin and even then is not very frequently used. Cf. Krebs Antib. 1.620 sq.: Claud. (Epigr.) 73. 11 sq.: (only here)
> Et medium te Zona liget variata colorum
> Floribus, et castae manibus sudata Serenae,
> Persarum **gentile decus.** The word does not occur in Veget. r.m.

In late Latin it also often means: barbarian, non-Roman (Cf. Souter p. 160). Cf. et. **gentilitas** 31.7.11: Et Romani quidem voce undique Martia concinentes, a minore solita ad maiorem protolli, quam **gentilitate** appellant **barritum** (cf. ad 16.12.,43, p.98.14), vires validas **erigebant. gentilitas** is here: nomen gentile = non-Roman name. (For **erigebant** cf. ad 16.12.37, p.97.8). Cf. et. ad. 15.5.6 (= III p.81); ad 14.7.9 (= II p. 27 sq.).

p.102.11

esse est iussus. Clausula I. Unless one wants to assume **synizesis.** In that case the less usual clausula ⌣ ⌣ ⌣ ⌣ (cf. Blomgren (op. cit. II) p.93 sq.). But in either case an unmelodious word-ending. Cf. Norden Ant. Kunstpr. (op. cit. I) 2. p.839 note 3 (with lit.).

p.102.11-12

XII, 66

a **comitatum.** Cf. ad 14.5.8 (= I p.129); Willems, Dr. publ. rom. (op. cit. I) p.582, 603; Grosse Milit. (op. cit. I) p.60 (with lit.).
b Probably the **comitatus** was at that time (§ 66) in Sirmium (cf. Seeck Regesten, op. cit. I, p.204 sq.), and no longer in Ravenna or Tridentum. Cf. et. Pieper (op. cit. II) Tab. 14 and p.47.

p.102.12

The main point is expressed once more in the **participia:** = ductus est .... **missusque,** .... morbo veterni consumptus est (Blomgren p.82).

p.102.12-14

a **in castris peregrinis quae in monte sunt Caelio.** There were 2 barracks on the mons Caelius: 1. **castra peregrina.** 2. Statio Cohortis V vigilum. No. 1 housed the **peregrini,** a detachment of non-Italian soldiers, perhaps set up by Septimius Severus. In the camp was a temple (chapel) of **Iupiter Redux** built by the soldiers for Alexander Severus and Mammaea. Inscriptions

p.102.13-14

293

C I L VI 231, 354, 428 found in front of the Sta Maria in Domnica, where the famous **navicella** is kept, which is considered a copy of a consecratory gift from the region of the **castra peregrina.** Cf. E. Nash, Bildlexicon zur Topographie des antiken Rom (1961) I p. 219 sq.; Topographie der Stadt Rom² (Richter), 1901, p. 337; Morton, The waters of Rome, p. 157; Gall.-Font. I p. 284 (357).

According to others **peregrini** is (here) = **frumentarii,** a kind of militarised secret police, abolished by Diocletianus, but replaced by him (or by Constantine the Great) by the **agentes in rebus** (Cf. ad 14.11.19 = II p. 134 sq.; Grosse Milit., op. cit. I, p. 105). Where these **frumentarii** (agentes in rebus) performed many courier services and had to travel widely, it is not surprising that they brought consecratory gifts. This explains the presence of the **navicella** there as well as similar ships found in that place.

c **Sta Maria in Domnica** is situated North of the Villa Celimontana (Mattei) and West of the **S. Stefano Rotondo,** on the Piazza della Navicella.

p. 102.14 *a* **morbo veterni consumptus est.** Cf. Verg. Georg. 1. 122 sq.:

   (Iupiter) . . . . primusque per artem
   Movit agros, curis acuens mortalia corda,
   Nec torpere gravi passus sua regna **veterno.**

(Forbiger ad h.l.: substantive usurpatum, idem fere significat quod vetustas, in primis sordes inveteratas; tum vero etiam i.q. **lethargus,** et inde omnino torpor, inertia, segnities nulli operi apta); Colum. 7.5: Pecudes mediocriter exercere et quasi torpentes excitare, nec pati **veterno** consenescere atque exstingui; Horat. Ep. 1.8.9 sq.:

   Fidis offendar medicis, irascar amicis,
   Cur me **funesto** properent arcere **veterno;**

Cic. ad fam. 2.13.3: veternus civitatis; 8.6.4: nisi ego cum tabernariis et aquariis pugnarem, **veternus** civitatem occupasset; etc. Cf. et. Souter p. 441; Heum.-Seckel p. 621 (**veternosus**). **Veternus** not in Claud. Veg. r.m.

b Cf. Nepos Reg. 2.1: Horum alter Babylone **morbo consumptus est. His tot ac talibus prospero peractis eventu.** Note the alliteration (twice).

XII, 67

p. 102.15 **palatio.** Cf. ad 16.12.66, p. 102.12.

p. 102.16 **quidam** = **nonnulli.** Cf. ad 16.12.53, p. 100.7.

p. 102.15-18 "Logically" constructed the sentence would read as follows: in palatio Constanti quidam Iulianum **culpabant,** ut princeps ⟨hac re⟩ ipse delectaretur, inrisive Victorinum ideo **nominantes,** quod, verecunde referens .... indicabat ... It should be borne in mind that **referens** is concessive here. Seyfarth: "**Oder** sie nannten ihn spöttisch "Siegerling" translates this whole passage far too carelessly in my view. Correct: Gall.-Font.

princeps. The term is misleading. The emperor **dominus** has been absolute   p.102.16
monarch for a long time, already before Diocletianus, under whose reign the **dyarchia** disappeared, also constitutionally. **Princeps** is not an official title. That is **Imperator.** But in later years **Princeps** has acquired practically the same meaning. Cf. Willems, Dr. publ. rom. p. 406, 422 (with lit.).
  inrisive. Only in Amm. and Schol. Iuven. 4.13; 13.33, as far as I know. Cf. Souter p. 221. For the **adjective** (not in Amm.). Georges II p. 451 only quotes Gloss. IV. 245.14 (edit. Löwe-Götz, 1888 sq.).

Victorinum. Cf. Gall.-Font. 1. p. 285 (358): "Sous le prétexte de dauber sur   p.102.16–17
les victoires de Iulien, les courtisans font ainsi une allusion perfide au troisième des quatre usurpateurs gaulois du siècle précédent (260–274 environ): **Victorinus** avait été en effet le successeur de Postumus et Marius et le prédécesseur de Tétricus; cf. p. ex. R. Rémondon, La crise de l'Empire romain ...., Paris 1964, p. 107 sq. **Victorinus** remplace comme empereur Postumus quand celui-ci est massacré par ses soldats. Il demeure seul maître de l'Empire gaulois dans le premier semestre de 269. Il meurt massacré à son tour pendant le premier semestre de 271 ...". Cf. et. Bidez, La vie de l'Empereur Julien p. 163; Geffcken Julian (op. cit. I) p. 38–39, p. 134; Dessau Inscr. (op. cit. I) I 739 (quoted by Geffcken); Niese-Hohl (op. cit. I) p. 374 sq.

a **verecunde referens quotiens imperaret.** For **verecundus** cf. ad 14.6.6   p.102.17
(= I p. 91). Here = diffidently, modest. The word is typical of the relation between the **Caesar** and the **Augustus,** who, although both relative and co-worker, is still a subject, however highly-placed.
b **referens** well-known t.t. for the military communications system.
c **quotiens imperaret** = as often as he was commander-in-chief. Cf. Veget. r.m. 3.10 (= Lang p. 93): Metellus in Africa **Albino imperante** subiugatum accepit exercitum, quem ita emendavit .... For the **coniunct. iterat** cf. ad 16.12.33, p. 96.11(a).

indicabat: to make known, to inform, to announce. In Veget. r.m. 6 times   p.102.18
in this sense. Not in Claud.

XII, 68

p. 102.18 *a* **interque exaggerationem inanium laudum. Inter + accus.** substitute for a temporal sentence. Cf. ad 14.1.3 (= I p. 57); ad 14.6.1 (= I p. 89); Reinhardt (op. cit. I) p. 55; Liesenberg (1890; op. cit. I) p. 15; Hofm.-Leum. p. 511 (with lit.); Svennung Pallad. p. 360 (note 3),

b **exaggeratio.** Cf. Gell. 13.24.9: num onerandi vel exprobrandi criminis causa **exaggerationem** aliquam speciosam facit? As a t.t. rhet. in Aug. serm. 101.8. Also in another sense (metaph.) Cic. Tusc. 2.26(64) and (liter.) Iust. Phil. 2.1.20. Rare word. Not in Claud. and Veget. r.m.

c **interque.** For -que cf. ad 16.12.37, p. 97.6(a).

p. 102.18–21 In this § we are faced with quite a few problems concerning the interpretation. Büchele: "Auf der anderen Seite fachten sodann diese Leute unter einer Masse des eitelsten Lobes, durch welches der leere Schein augenfällig hindurchleuchtete, gewohnheitshalber **den natürlichen Stolz des Kaisers** noch bis ins Ungebührliche an, indem sie Alles, was auf der ganzen weiten Erde geschahe, seinen glückbringenden Auspizien zuschrieben". Seyfarth: "Durch häufige Wiederholung leerer Lobesreden **und Hinweise auf klar zutage liegende Dinge** machten sie den Kaiser wie üblich noch hochfahrender. **Denn nach ihren eigenen Vorstellungen** schrieben sie ohne Massen alles, was im ganzen Erdkreis geschah, seinem Glücksstern zu". Gall.-Font.: "Entre l'accumulation de vaines louanges **et l'étalage de faits clairs aux yeux de tous,** ils exaltaient suivant leur habitude la vanité de l'empereur, **qui était naturellement démesurée,** en attribuant à ses heureux auspices tout ce qui se faisait sur toute l'étendue de la terre". The underlined words are translations which are open to discussion, in my opinion. Explanation: **lucentium may** be a genit. plur. neutr., but the connection with **laudum** is far simpler; **aperte lucentium** corresponds with **inanium**.

Lucere has been used transitively (= to radiate, to show clearly; cf. Georges **luceo** sub II: this meaning probably occurs more frequently than is indicated by the lexica). When one considers **nimium** as an adjective, it is used as in Vop. (H. Aug.) Aur. 8.2–3: ne tu (nec tamen Peter) id diutius iudicabis, si bene scieris quantae sit Aurelianus severitatis; **nimius est,** multus est, gravis est et ad nostra iam non facit tempora. In that case **suopte ingenio** should be linked with this **nimium**. **Quicquid . . . . adsignantes** then explains **inflabant . . . . nimium**. Seyfarth's translation of **suopte ingenio** etc. seems improbable to me. He considers **nimium** as an adverbium belonging to **adsignantes.** If one insists on considering **nimium** an adverbium, the best solution seems to me to assume that after **suopte ingenio** a word has dropped out, for instance **inanem** (there need not be any metric objections).

Of the **iteratio** (consciously or unconsciously) there are many examples in Amm. (Cf. Hagend. St. A. p. 109; Blomgren op. cit. p. 138 sq.).

ostentatio. Cf. 22.7.3 (philosphum Maximum) exosculatum susceptumque reverenter secum induxit per **ostentationem** (= conspicuous ostentation) intempestivam; 27.3.14: Neque ego abnuo, **ostentationem** (bragging) rerum considerans urbanarum, huius rei cupidos ob impetrandum quod appetunt, omni contentione laterum (= lungs) iurgare debere. p. 102.19

inflabant = (they) inflated. The verb not in Veget. r.m. and twice in Claud. in its lit. sense. Cf. 16.8.11.

Suopte ingenio. Cf. ad 14.11.3 (= II p. 117). p. 102.20
nimium. Cf. et. Krebs Antib. II p. 149 (with lit.).
quicquid ... agebatur. "Correct" use of the indicativus. Cf. ad 16.12.33, p. 96.11.
ambitum. Cf. 14.2.5; 15.1.4; 19,2.3; 22.16.7; 22.16.15; 24.6.13 etc.; ad 16.2.1, p. 72.12(b).

felicibus eius auspiciis. Cf. ad 16.12.18, p. 94.3-4 **(felix).** The pluralis **auspiciis** (= auspicio = conduct of the war, army command) in general post-class. and late Latin, fairly frequent. Cf. Krebs Antib. I p. 226. p. 102.21

XII, 69

quocirca. Gives the impression of being a "high-class" word for: quare, quam ob rem. Varro, Cic., (later writings), Verg., Horat., Val. Fl. Not in Claud. Veget. r.m., nor in juridicial texts, which is the more striking where in general these are not averse to flowers of speech of this kind. Archaism? Cf. Hofm.-Leum. p. 516. (109 Zus. a). p. 102.21

magniloquentia (in unfavourable sense) = boasting, ostentation. Cf. Liv. 44.15.2; Gell. 1.2.6. In general: late Latin, in **this** sense. **elatus.** Cf. ad 16.12.4, p. 91.20.

adulatorum. Cf. 14.9.1: adulatorum oblatrantibus turmis. Auct. ad Her., Quint., Suet., Treb. Pollio. Not in Claud. Veg. r.m. Iust. Phil. Cf. et. Thes. I 877. p. 102.22

a **edictis propositis. Proponere** = to publish, to announce, to hang up a notice; well-known t.t. of the constitutional law. The abbreviation P.P. is found appended to the law, eg. Cod. Iust. 2.11(12).20: Impp. Diocletianus et Maximianus AA conss. Fortunato. (follows the law). **P.P.** XVI k. p. 102.22

297

Mart. ipsis IIII et III AA conss. The **proposita** should not be confused with the **data** and **accepta** nor with the imperial signature **(subscriptio).** On the difficulties caused by the **proposita** for the chronology cf. Seeck, Regesten p. 79 sq. For the **subscriptio** cf. ibid. p. 2 sq.; Willems Dr. publ.rom. p. 429 (note 11); Amm. 15.5.4. Cf. et. Heum.-Seckel p. 470.

b **edictis.** Cf. Dig. 1.4.1.1: Quodcumque igitur imperator per epistulam et subscriptionem statuit vel cognoscens decrevit vel de plano interlocutus est (to pass sentence before begun or finished causae cognitio; de plano X pro tribunali) vel **edicto praecepit,** legem esse constat. Haec sunt quas vulgo constitutiones appellamus (Ulp. L. I Instit.); Willems, Dr. publ. rom. p. 415 (with note 6); Hermesdorf (op. cit. II) 232, 249, 304.

c **edictis propositis.** Cf. ad 16.12.69, p. 102.23-24.

p. 102.22 **adroganter.** Cic. Caesar. Tac. Plin. Gell. Oros. Not in Iust. Phil. Veget. r.m. Claud. (For the **adjective** cf. Pighi St. A. p. 82).

satis multa. Normal and quite frequent connection, also in class. Latin. Cf. et. ad 16.12.54, p. 100.10; ad 16.12.3(c), p. 91.14.

p. 102.23-24 *a* **et dimicasse et vicisse et ... erexisse.** Note the **homoeoteleutum** with the clausulae: et dimicásse et vicísse (´˘ ˜ ˜ ˜ ´˘ ˜ or with synizesis (claus. I): ´˘ ˜ ˜ ´˘ ˜) and géntium erexísse (claus. III). Cf. Blomgren p. 117 sq. (on the **homoeot.**)

b For the threefold **et** cf. Blomgren (op. cit. II) p. 24 sq.

c For the contracted form **dimicasse** cf. Hagendahl, La prose métrique d'Arnobe p. 183 sq.; Ernout (op. cit. I) p. 165 (288); Grandgent (op. cit. I) 177 sq. (423 sq.).

p. 102.24 **aliquotiens scribens. aliquotiens** = saepe. Very frequent with Amm. Cato. Cic. Sall. Veget. r.m. 3.9: loca eligere angusta ... et **aliquotiens** montuosa. Not in Claud. Cf. et. Pighi St. Amm. p. 80 (with note 2).

p. 102.24-p. 103.1 **verbi gratia** = exempli gratia. Cic. On the differences between **verbi gratia (causa)** and **exempli gratia (causa)** Cf. Krebs Antib. I p. 542 sq. (with passages and lit.).

p. 103.1 **eo agente. Agere** = to be on official business, inter al. in Tac. Eutr. Cf. Eutr. 9.7: Hinc Licinius Valerianus, in Raetia et Norico **agens,** ab exercitu imperator et mox Augustus est factus; Tac. Hist. 3.57: et Apinius Tiro praetura functus ac tum forte Minturnis **agens** ducem se defectoribus obtulit.

Agere (= se agere) can also mean: to find oneself, to stay (somewhere). This second meaning not to be confused with the first, a t.t. Cf. et. Fesser p. 23; Heum.-Seckel p. 25(3).

a **dux quidam egisset fortiter contra Persas.** For **dux** cf. ad 14.7.7.(c) (= II p. 23). p. 103.1
b **egisset.** Cf. ad 14.1.7 (= I p. 62). Coniunct. iterat.
c **fortiter.** Cf. ad 16.12.29, p. 95.27.

nulla eius mentione ... facta ... litteras ... mittebat = nullam eius mentionem **faciebat ... mittens** etc. The main point is rendered by the **participium.** Cf. ad 16.12.59, p. 101.13–17. p. 103.2-3

a **per textum longissimum. textus** = story, report. Cf. 14.4.7: ... nunc ad textum propositum revertamur; 31.6.1 (series of events): Hoc gestorum textu circumlato nuntiis densis; Arnob. adv. nat. 5.35 (= Reiffersch. p. 205): si enim ad finem a capite **textus** omnis expositionis et series obtentionibus allegoricis clausa sunt..; Krebs Antib. II p. 660. Late Latin. p. 103.2
b for the use of **per** (= in + abl.) cf. Liesenberg (1890), op. cit. I, p. 13; Reinhardt (op. cit. I) p. 21 sq.
c this **textus longissimus** therefore formed the contents of the **laureatae litterae** (see following note).

a **laureatas litteras ad provinciarum damna mittebat.** p. 103.2-3
Cf. Plin. H.N. 15.30.40: **(Laurus)** Romanis praecipue laetitiae victoriarumque nuntia additur litteris et militum lanceis pilisque; Plin. Paneg. 8 (= Baehrens p. 8): adlata erat ex Pannonia **laurea,** id agentibus dis ut invicti imperatoris exordium victoriae insigne decoraret; Madvig, Verf. u. Verw. d. Röm. St. II p. 535; Tac. Hist. 3.77; Lampr. Sev. Alex. 58.1; etc. Quite right Gall.-Font.: "Wagner a justement observé que l'attribution du mérite, à la personne impériale, des victoires remportées par des généraux est, sous l'Empire, chose normale: c'est bien le **ius auspicii** de l'**imperator** qui est délégué à ses exécutants. Il est donc exact de conclure avec Wagner qu'Ammien en ce passage a injustement critiqué Constance par affection pour le César Julien". Although also occurring in Cic. and Liv., the adjective is not generally used, as it is mainly a t.t. Not in Iust. Phil., Veg. r.m., Claud. In the Cod. Theod. 6.4.25; 6.4.29 a **praetor laureatus** is mentioned, not a very enviable function. Cf. comm. Gothofr. ad h.l.
b These **damna** allude to the **aurum coronarium,** a sort of taxes raised at the assumption of the emperorship by the ruling emperor(s) or at the occa-

sion of related jubilea, but also in connection with his victories. Arbitrariness of the civil servants concerned as well as a severe lack of money resulted in **imaginary** victories being invented; so that the **aur. cor.** became a plague for the subjects. Cf. Madvig, Verf. etc. II p. 398 sq.; p. 449 sq.; Willems, Dr. publ. rom. p. 470; p. 602; Cod. Theod. 12.13.1–5 (c. comm. Gothofr. ad h.l.); annot. Vales. (= edit. Wagner II p. 244). The **aur. cor.** was collected in this period by the **decuriones.** (Cf. ad 14.7.17 = II p. 42). Cf. et. Gall.-Font. I p. 285(360).

p. 103.3 **inter primores** = the most distinguished, prominent. But here a flower of speech for: inter primos. Cf. Krebs Antib. II p. 377 (with lit.). Not in Veget. r.m.; Claud. Veg. r.m. uses for **inter primores: inter principia** e.g. 1.20 (= Lang p. 23): nec erant admodum multi, qui cedentes, si proelii necessitas conpulisset, inter **principia legionum** recipi solebant, ita ut acies inmota consisteret. But cf. ad 16.12.49 p. 99.13–14 (cf. et. Liv. 2.65.2; 3.22.7; Sall. Jug. 49.6; 50.2; Tac. Hist. 2.43).
N.B. These **principia** should not be confused with the **principes,** originally the 1st rank; then in battle, the heavy armed, who stood between the **hastati** and the **triarii,** and then formed the **2nd rank.** Nor with the **principia** (= sergeants): cf. ad 15.5.16 (= III p. 95).

p. 103.4 *a* **cum odiosa sui iactatione. Odiosus** inter al. in Plaut., Terent., **Cic. (fairly often),** Lucret., Phaedr., Gell. Not in Veg. r.m. and Claud. Twice in the Cod. Iust. (cf. Heum.-Seckel p. 387). Meaning: unbearable, offensive.
b **sui.** Cf. ad 16.12.64, p. 102.5–6; Liesenberg (1890, op. cit. I) p. 7.

XII, 70

p. 103.4–6 **extant denique eius principis dicta, in tabulariis publicis condita, ... delata narrandi extollendoque semet in caelum.** Seyfarth's version similar to Clark's (above). Gall.-Font. reads: ... condita, **in quibus ambitiose delata** narrandi **extollendique** semet in caelum. And before **condita:** Exstant denique eius dicta, **in tabulariis principis publicis.** The same version as Gall.-Font.: Rolfe (who is **not** mentioned in the text-criticisms of Gall.-Font.). Rolfe translates: "In short, there are extant statements filed among the public records of this emperor, in which ostentatious reports are given, of his boasting and exalting himself to the sky" (with the remark: "The text is uncertain, but the general sense is clear"). Gall.-Font. translates more or less to the same effect. **In quibus ambitiose** add. Vales. Gall.-Font. I p. 285 (note 361): "Dans cette conjecture, les deux gérondives au génitif seraient à comprendre en un sens de but qui est dans la tradition de Salluste et Tacite: cf. A. Ernout et F. Thomas, Syntaxe latine, Paris, 1951, § 279d".

(cf. Hofm.-Leum. p. 402, 29a). Vales, places **principis** before **dicta.** But what: in tabulariis principis **publicis** is supposed to mean, I do not know. I have been unable to find a satisfactory solution for this very corrupt passage.

tabulariis. Tabularium = archives, records. Private e.g. Dig. 32.92 (Paulus resp.): In fundo autem uno ex his, qui praelegati sunt, **tabularium** est, in quo sunt et complurium mancipiorum emptiones, sed et fundorum et variorum contractuum instrumenta (= muniment), praeterea et nomina debitorum. For the **tabularia** of the **civitates** cf. Willems, Dr. publ. Rom. p. 587, p. 598. Here the **tabularium Caesaris** = tab. principis are meant (cf. Willems, op. cit., p. 430). On the registers kept in it **(commentarii** = ὑπομνήματα) were written, among others: **edicta,** rescripta, constitutiones, acta principis, decreta principis, beneficia etc. In connection with B G's version **edicta** I am inclined to prefer this to **dicta** (cf. § 69).
Directly or indirectly Amm. must therefore have used these data. The <e>dicta must still have existed at the time Amm. wrote L XVI (in any case after 383 A.D.). As far as the **plural** is concerned, I do not believe one should think of any record-offices other than the one well-known State record-office in Rome (the tabularium, built in 78 B.C. on the edge of the Forum and the Capitol by consul Q. Lutatius Catulus), but rather of the many record-rooms in the building. In what way persons other than civil servants could gain access and to which records, is not known to me. The word **publicis** could be a certain indication (or should V's version **publica** be preferred?). For the **building** cf. Richter, Topogr. der Stadt Rom² (1901) p. 131. Cf. et. Verg. Georg. 2.502; Cic. pr. Arch. 4.8; Liv. 43.16.13; Hirschfeld, Verwaltungsb. (op. cit. I) p. 59 sq., 325. **N.B.** a modern, detailed scientifically well-founded exposé on the Roman archives, their role, the access to them etc. has never been given, as far as I know.

a **extollendoque semet in caelum.** Cf. Cic. ad fam. 12.25.7: De Cn. Minucio, quem tu quibusdam litteris **ad caelum** laudibus **extulisti,** rumores duriores erant; ibid. harusp. resp. 22: nisi eos **in caelum** suis laudibus praeclarus auctor **extolleret;** Krebs Antib. I p. 563 sq.
b **semet.** Cf. ad 16.12.20, p. 94.14(c).

Argentorato. Cf. ad 15.11.8 (= IV p. 63).

a **mansione** = lodging-place, inn, **halting-place,** day's journey. All these meanings post-class. and late Latin. Cf. Souter p. 242; Heum.-Seckel p. 332.

Here the halting-place is meant, the station of the **cursus publicus** for those who made use of it.

Mansione. The word is frequently used in the Itineraria; e.g. Anton. Itin. Hier. (= Geyer p. 185): De monte Sina in Arabia in civitatem, quae vocatur Abila, sunt **mansiones** octo; S. Silv. Peregr. (= Geyer p. 45); Ac tertia die inde maturantes venimus denuo ad **mansionem**, id est in desertum Faran, ubi et euntes manseramus, sicut et superius dixi. A distinction should be made between the **mutationes** (stage, resting-place) and **mansiones** (with lodging facilities etc.). Cf. Itin. Burdig (= Geyer p. 11). Originally the costs of the halting-places were charged to the towns they were in; later, from the 2nd century A.D. onward, they were chargeable to the imperial treasury. On the **cursus publicus** cf. Willems, Dr. publ. rom., p. 472 (with lit.); Madvig, Verf. etc. II p. 740 sq. (with lit.); Woord. d. Oudh. IV p. 759 (1969).

b **quadragesima.** We do not know along **which** road this is calculated, nor do we know the distances between these 40 (39) **mansiones**. Undoubtedly Amm. here indicates the **exact** place. Cf. ad 16.12.66, p. 102.12(b). One can somewhat visualise these distances when one adds the **mansiones** and **milia** along the route **ab Arillato** over Mediolanum, Aquileia, to Sirmium in the **Itin. Burdig.** (= Geyer p. 7 sq.).

c **disparatus** = separated from; a curious flower of speech for the usual: remotus, separatus, seiunctus etc. Plaut. (Rud. prol. 10); Cic.; Caes.; Quint.; Gell. Not in Iust. Phil. Claud. Veget. r.m. The subst. **disparatio** (late Latin) in Amm. 21.12.8: **disparatione** brevi civitatem Natesione amni praeterlabente (Cf. Souter p. 108). In legal lit. Fragm. iur. rom. Vatic. 35.1 (= Huschke p. 610). The partic. here in the concessive sense.

p. 103.7 **describens** etc. One should not get confused by Clark's punctuation, which joins together rhythmic units rather than syntactic ones. **Proelium** is object of **describens**, but the infinitivi: ordinasse, stetisse, fugasse, oblatum ⟨esse⟩ depend on **indicat** (cf. ad 16.12.67, p. 102.18). **falso** of course belongs to **indicat** (for the frequent use of the **praes. hist.** cf. ad 14.11.32 (= II p. 143)).

p. 103.8 **inter signiferos.** Cf. ad 16.12.18, p. 94.3(b).

p. 103.8-9 **Sibique (se) oblatum (esse) falso indicat Chnodomarium.** Note the **hyperbaton** (cf. Blomgren, op. cit. II, p. 25 sq.) **offerri** = se dedere. That is how Gall.-Font. and Seyfarth consider these words. It **could be** possible, but more probably it here has the same meaning as in 16.12.65, p. 102.10 (cf. annot. ad. h.l.). In that case one need only fill in: **oblatum (esse).**

Chnodomarium. Cf. ad 16.12.1, p. 91.3–5(b).   p. 103.9

a **pro rerum indignitas!** For **pro** (c. vocativo) cf. Heuvel, Comm. Stat.   p. 103.9
Theb. I p. 90 (77); Mulder Comm. Stat. Theb. II p. 88; **Rohde**, de interiectionum usu apud aetatis argenteae scriptores Latinos, Königsberg, 1911 (diss.), p. 55 sq.; Krebs Antib. II p. 385 (with lit.); Hofmann, Lat. Umg. spr. (op. cit. I) p. 28: "All diese Entwickelungen sind nicht volkstümlich (viz. of the interjection **pro**), das Weiterleben des Wortes **in der gesprochenen Sprache** ist nicht mehr festzustellen". Not in Veget. r. mil. In Claud. (in the **late Latin use**): III (= In Ruf. I) p. 55 sq.:
> Pro dolor, ipsa mihi liquidas delapsa per auras
> Iustitia insultat, vitiisque a stirpe recisis
> Elicit oppressas tenebroso carcere leges.

b **indignitas.** Cf. ad 16.4.3, p. 75.1–2(b).

super Iuliani gloriosis actibus conticiscens Cf. 24.4.31: Post quae tam   p. 103.9–10
gloriosa. Thus often used by Amm. (cf. Cic. de divin. II. 2(5)). Twice in Veget. r.m.; not in Claud.
a **gloriosus** in the above quoted sense (= glorious, renowned), as well as in the other senses fairly often in Cic. (probably not accidentally!).
b **super.** Cf. ad 14.7.12 (= II p. 40 sq.). Also ad 14.1.6 (= I p. 61); Hassenst. p. 34; Reinhardt (op. cit. I) p. 62; Krebs Antib. I p. 353.
Conticescere de several times in Cic. (with personificatio). Cf. pro Marc. 3.9: neque unquam aetas **de** tuis laudibus **conticescet;** Krebs Antib. I p. 353. With Amm. probably Cicero reminiscence (with the "change" of **de** into **super**).
c **actibus:** post-class. and late Latin for: **res gestae, actiones.** Cf. Krebs Antib. I p. 77 sq. Thus also several times in Claud. e.g. III (In Ruf. I) 283 sq.:
> .... taceat superata vetustas:
> **Herculeos** conferre tuis iam desinat **actus;**

ibid. 34 (De raptu Pros. II praef.) 29 sq.:
> Ille novercales stimulos **actusque** canebat
> **Herculis,** et forti monstra subacta manu.

Iust. Phil. 31.2.1: Denique senatus metu perculsus ad speculandos **actus** (= actiones) Annibalis legatum in Africam ... mittit. Not in Veget. r.m.

a **quos sepelierat penitus ... ni fama res maximas silere nesciret** = ...   p. 103.10–11
sepelivisset ... nescivisset (or: **nesciret,** when it concerns a **general** utterance on the **fama**). Unreal hypothetical period of the past. Cf. ad 14.3.2 (= I p. 79).

    b   Cf. Ovid. ex Ponto 1.5.85 sq.:
>Vosque, quibus perii, tunc cum mea **fama sepulta** est,
>Nunc quoque de nostra morte **tacere** reor.

In my opinion here an obvious Ovid. reminiscence (with as striking feature the use of **silere** instead of the more suitable: **tacere**).

p. 103. 10–11   **vel omumbrantibus plurimis:** even if very many **would like to** obscure them. Cf. Ovid. ex Ponto 3.3.75:
>Tu licet erroris sub imagine crimen **obumbres;**

ibid. Heroid. 17.48. Compare the previous annotation. Cf. et. ad 16.1.5, p. 72.4. Not in Iust. Phil., Claud., Veget. r. mil.